Communicating

中西相遇　文明互鉴

本书为2015年教育部人文社会科学重点研究基地重大项目"20世纪以来印度的中国学研究史"（批准号：15JJD810017）的阶段性成果

本书受四川大学"从0到1创新研究项目"（项目编号：2021CXC18）资助

国际汉学研究书系

张西平 主编

# 印度汉学史

भारत में चीन अध्ययन का इतिहास

尹锡南 著

中原出版传媒集团
中原传媒股份公司

大象出版社
·郑州·

图书在版编目(CIP)数据

印度汉学史／尹锡南著.— 郑州：大象出版社，
2023.10
（国际汉学研究书系／张西平主编）
ISBN 978-7-5711-1886-0

Ⅰ.①印… Ⅱ.①尹… Ⅲ.①汉学-历史-印度
Ⅳ.①K207.8

中国国家版本馆 CIP 数据核字(2023)第 195654 号

国际汉学研究书系

## 印度汉学史
YINDU HANXUESHI

尹锡南　著

| 出 版 人 | 汪林中 |
|---|---|
| 责任编辑 | 李　爽 |
| 责任校对 | 牛志远　万冬辉　张绍纳　安德华 |
| 装帧设计 | 王莉娟 |

出版发行　大象出版社(郑州市郑东新区祥盛街27号　邮政编码450016)
　　　　　发行科　0371-63863551　总编室　0371-65597936
网　　址　www.daxiang.cn
印　　刷　北京汇林印务有限公司
经　　销　各地新华书店经销
开　　本　890 mm×1240 mm　1/32
印　　张　18.875
字　　数　424 千字
版　　次　2023 年 10 月第 1 版　2023 年 10 月第 1 次印刷
定　　价　120.00 元
若发现印、装质量问题，影响阅读，请与承印厂联系调换。
印厂地址　北京市大兴区黄村镇南六环磁各庄立交桥南200米(中轴路东侧)
邮政编码　102600　　　　　电话　010-61264834

# 印度汉学的启示（代序）

张西平

我对印度汉学研究感兴趣要从 1992 年我与徐梵澄先生的交往说起，当时在任继愈先生的带领下，我来具体操办《国际汉学》第 1 期的出版，任先生让我去找徐梵澄先生约稿。当时我完全不知徐梵澄是何人，见面后才知道这是一位曾留学德国，应鲁迅先生之约，最早翻译尼采作品的人，是一位在印度生活了 30 多年后回国，翻译了《五十奥义书》的八十多岁的老学者。徐梵澄先生不仅给《国际汉学》第 1 期撰写了英文的《易大传——新儒家之入门》，也成了我了解印度汉学研究的启蒙老师，每次拜访徐先生，他都会给我讲述自己在印度的生活。先生是印度现代汉学研究的参与者，他在印度出版了一系列的关于中国文化的英文著作，这些后来都收入了孙波所编辑的《徐梵澄全集》中。

从国家图书馆调入北京外国语大学工作以后，郝平校长让我当了几年亚非学院院长，我想起了徐梵澄先生给我讲过的印度汉学家师觉月（Prabodh Chandra Bagchi，1898—1956）教授的事。于是在郁龙余教授等人的帮助下，2008 年 11 月 24 日，北京外国语大学亚非学院举办南亚研究暨纪念谭云山和师觉月诞辰 110 周年国际研讨会。当时我们邀请了谭云山先生的长子谭中教授和师觉月教授的后人参会。读了尹锡南的书我才知道,这次会议后第二年由印度进步出版社(Progress publishers)出版 B. N. 穆克吉主编的纪念师觉月文集《印度与亚洲:师觉月百年纪念集》(*India and Asia: P. C. Bagchi Centenary Volume*)。2008 年北京会议还催生了另一本书的产生,这便是王邦维教授和沈丹森合编的英语文集《印度与中国的佛教与外交关系:师觉月教授论文集》,它收录了师觉月有关中印文化关系研究的论文,其中包括师觉月的女儿 R. 辛哈(Ratna Sinha)英译的三篇孟加拉语论文:《印度文明在中国》《印度音乐在远东的影响》《印度的印度教文化与印度教在中国》。

  2008 年会议后,我们应印度国际大学之邀,又于 2009 年赴印度参加了中印关系的学术研讨会。当时我们参观了泰戈尔的故居,访问了印度国际大学中国学院。当年谭云山先生为中国学院定下的宗旨就是:"研究中印学术,沟通中印文化,融合中印情感,联合中印民族,创造人类和平,促进世界大同。"这个宗旨与泰戈尔的想法完全一致。这样,在国民政府和泰戈尔的支持下,在泰戈尔的家乡建立了国际大学中国学院。

  那天风轻云淡,坐在菩提树下与中国学院的学生们座谈,而后参观了中国学院。当你站在谭云山先生的办公桌前,当你翻开谭云山先生留下的旧作手稿,看着窗外一群群学习中文的学生,心中感慨万千。这位在印度国际大学中国学院工作了整整 40 年的"现代玄奘",以华夏之心点燃天竺之灯,是中印友谊的伟大使者,是印度现代汉学研究的直接推动者。

  从那次印度会议回来后,我就一直十分关注印度汉学的研究进展,发现四川大学的尹锡南教授对印度汉学多有关注,他已经出版的《印度的中国形象》《印度中国观演变研究》《中印人文交流研究》和《华梵汇流》等著作及系列论文的很多内容涉及印度的汉学研究。心有灵犀一点通,2021年初,尹锡南给我来信,希望我帮助他出版新著《印度汉学史》一书,因此我成了这本书的第一读者。

国内目前写国别汉学史的著作有几本,但水平参差不齐,真正有影响的就是已故的严绍璗先生的《日本中国学史稿》。现在从事海外汉学研究的学者百分之九十在从事欧美汉学、日韩汉学的研究,这些国家的汉学传统悠久,内容丰富,这是很自然的事。但印度作为文明古国,作为与中国文化有着千丝万缕关系的国家,一直没有见到专门研究其汉学实绩的著作出版。如作者所说:"中国学者大多习惯美国汉学、日本汉学、英国汉学、德国汉学或法国汉学、俄罗斯汉学等的研究路径或论述逻辑,对于规模相对有限、历史不长的印度汉学则了解不多。鉴于此,学者们须带着'学术同情',尽量理解或还原印度汉学家在印度境内从事中国文史哲研究时面临资料局限的困窘、语言解读之难、孤军奋战之难、西方理论视角禁锢、国内舆论的不利以及政府财政支持的极度缺乏等。"

尹锡南站在"学术同情"的立场,经过10多年的资料积累和在对象国(印度)的"田野考察",撰写了这部系统研究印度汉学的著作即《印度汉学史》,了却了我们长期的一个期盼。

这本书的第一个特点就是对印度汉学做了长时段、全方位的研究。全书从"印度独立以前的汉学研究"开始,按照时间顺序，依次写了"1948年至1964年的印度汉学研究""1965年至1988年的印度汉学研究"和"1989年至2021年的汉学研究"。因此，该书实际应是"印度汉学通史"研究。如书中所说，本书的整体框架围绕一个基本主题而设计：历史而系统地考察、分析20世纪以来印度的传统意义上的汉学研究。它涉及印度汉学在各个主要学科上的研究成果。在中国文学方面，作者选择谭中、邵葆丽（Sabaree Mitra）和谈玉妮（Ravni Thakur）等人的学术代表作为主要分析对象。在中国历史和中印文化关系史方面，作者选择师觉月、K. M. 潘尼迦（Kavalam Madhava Panikar, 1896—1963）、谭中、嘉玛希（Kamala Sheel）、玛妲玉（Madhavi Thampi）、狄伯杰（B. R. Deepak）、沈丹森（Tansen Sen）等人为主要研究对象。在中国宗教、哲学方面，作者选择S. 拉达克里希南（S. Radhakrishnan）和洛克希·钱德拉（Lokesh Chandra, 1927— ）等为主要研究对象。

现在我们也读到一些国别汉学史研究的著作，写得比较好的是侧重一个学科主题，像朱政惠先生的《美国中国学发展史：以历史学为中心》，或者侧重一个时段，像胡优静的《英国19世纪的汉学史研究》，或者侧重一个人物，像陈开科的《巴拉第的汉学研究》、徐志啸的《华裔汉学家叶嘉莹与中西诗学》。有些国别汉学史著作的一些章节也写得很精彩，但全书是一盘散珠，这样的书很难以国别汉学研究来冠名。国别汉学通史的研究对作者的挑战是很大的，因为作者要对国别汉学发展的整体有所观照，而不是局限于一些个案的研究。

国别汉学通史研究，首先要有对象国汉学发展史的整体思考，在叙述的展开上应有自己的逻辑。尹锡南这部书以时间为经，以学科为纬，这也是写通史惯用的写作逻辑。同时，通史的写作要有总体的史观把握，这点尹锡南也做得不错。他为此专列一章"第五章　印度汉学研究基本规律及相关思考"。其中包括三节文字："第一节　基本规律与发展趋势""第二节　印度汉学与中国印度学比较""第三节　中国学者如何与印度汉学界互动"。

国别汉学通史写作的另一个难点就是如何把握宏观逻辑与知识重点细节的关系。目前出版的几部国别汉学史书如《英国汉学史》《荷兰汉学史》等，对这些问题的处理都不是很理想，因其整体逻辑很完美，但历史内容贫乏，这主要是作者对实际汉学著作和汉学家研究不够深入所致。

尹锡南这本书在历史细节上也较为丰富，例如对印度汉学的奠基人师觉月的介绍便是如此。师觉月曾经得到法国著名东方学家列维（Sylvain Lévi）的指导，曾陪同列维参观各地的佛教寺庙和遗迹，研究密教和佛教图像。列维精通梵、藏、吐火罗语，主要致力于翻译、研究印度、中国中原地区和中国西藏地区宗教典籍。他曾游历中、日、印等东方各国，担任法兰西学院、印度国际大学教授。师觉月后又赴法国进行为期 3 年的高级研究，随著名东方学家伯希和（Paul Pelliot）、马伯乐（Henri Maspero）等学习东方学。1927 年，师觉月关于中国汉译佛经的 2 卷本法语博士论文《中国佛教藏经：译者与译文》（*Le Canon Bouddhique en Chine les traducteurs et les traductions*）出版（共计 742 页），尹锡南认为，这可视为现代印度中国学（汉学）研究的正式开端。"将 1927 年视为印度汉学研究或'中印学'正式诞生或正式开端之年似不为过"。这也说明印度汉学与欧洲汉学之间的关联。师觉月是 1947 年后在北京大学担任讲席教授的第一位印度学者，他同胡适、季羡林、金克木等中国学者有密切的交往。"在北京期间，他还与周达甫合作研究菩提伽耶出土的汉文碑铭，并撰写论文《对菩提伽耶汉文碑铭研究的新解读》，发表于《中印研究》"。

书中这样的个案研究很多，例如对谭云山和谭中的研究，对印度史学家高善必（D. D. Kosambi）的介绍，对印度大作家泰戈尔的曾侄孙泰无量（Amitendranath Tagore, 1922—2021）汉学研究的介绍，对印度汉学家洛克希·钱德拉的介绍，对汉学家 M. N. 罗易（Manabendra Nath Roy, 1887—1954）的介绍等等便是如此。对于我这样对印度汉学所知甚少的人来说，书中的每个篇章都很吸引人。长期以来我们对欧美汉学家太熟悉了，张口可以说出几十个人，但我们对印度汉学所知太少，尹锡南这本书对印度汉学研究来说是奠基性的著作。

《印度汉学史》这本书的成功还在于作者长期以来对印度中国研究的耕耘。在这本书定稿以前，作者已出版了《印度中国观演变研究》等书，在学术上有很好的积累。作者在书中展示了不少印度汉学的著作以及他与印度汉学家的交往，说明作者并非是坐在书斋里完成这本书的。看到他与多位印度汉学家的合影以及展示的多部印度汉学著作的书影，便知该书是作者多次访问印度，进行实地调查和访谈后的成果。

好的汉学研究著作大都是这样完成的，严绍璗正是在日本各大图书馆查阅卡片，才写出 3 卷本的《日藏汉籍善本书录》，朱政惠正是在美国各地抄史华慈（Benjiamin I. Schwartz）的档案才编写出《史华慈学谱》，那种仅仅靠外语能力，介绍一些汉学家的著作的研究文章，尽管也有些价值，但看似热闹，终究达不到学术的高度。

作者对印度汉学的特点分析也很有特色。

首先，对印度汉学所存在的问题，作者直言不讳地指出，毫不掩饰。作者认为："整体而言，近30年来，印度学界的汉学研究规模十分有限，仅有的一些研究大多局限于中国现代文学领域（这似乎与研究这一领域的语言门槛较低相关）。整体看，印度学界非常缺乏对中国古代历史、宗教、哲学、语言、艺术、考古、文学与文艺理论的系统了解或研究、翻译，这自然与上述领域要求学者通晓文言文相关，而印度目前尚缺全面系统而稳定持久的文言文教学机制与足够的师资力量。就中国现当代研究领域而言，印度学者太过关注中印关系、中国外交、西藏和新疆问题、南海局势、中国政治局势和经济发展新动向等，而有意或无意地忽视研究红军长征、抗日战争和解放战争等中国学者兴趣浓厚且成果已达'汗牛充栋'的领域（这一点耐人寻味且值得中印两国学者深思），他们也缺乏对中国传统医学、政治学、古代哲学思想、天文地理等的系统研究和全面译介。"

肯定其成就，但不回避问题。这是汉学研究必须坚持的原则。每个国家汉学研究都有其自己的特点，有其长处和短处，作为中国的海外汉学研究者，应该从容、客观地指出各国汉学所存在的问题。目前国内的国别汉学研究缺乏这一点，例如对日本东洋学的研究，缺乏对他们在其中国知识研究上的推进与日本近代脱亚入欧思想影响之间关联的分析，无论是对内藤湖南的研究还是对宫崎市定的研究均是如此。在此意义上似乎可以说，尹锡南的《印度汉学史》研究对整个海外汉学研究有其方法论上的贡献。

其次，作者认为，印度汉学是一种"依附性汉学"，即印度汉学的代表性人物大多是从欧美东方学专业毕业的，师觉月毕业于法国，V.V.郭克雷与P.V.巴帕特分别在德国海德堡大学和美国哈佛大学学习汉语与汉学，拉古·维拉和钱德拉父子涵盖汉学与藏学的东方学研究值得关注。父子二人先后在欧洲汉学重镇之一荷兰攻读博士学位，均受到荷兰汉学的深刻影响。"中印冲突后在福特基金、富布莱特基金等美国基金资助下，许多印度学者选择留学美国，印度学界开始全面接受美国的学术影响，迅疾从欧洲传统汉学模式转入美国区域研究模式的依附式发展，传统汉学被挤压至边缘位置"。典型的例子就是印度的《中国述评》模仿英国的中国研究杂志《中国季刊》（*The China Quarterly*）进行运作。

这个分析对我们研究非西方国家的汉学研究具有普遍性意义。"东方在东方，东方学在西方"，这是东方之痛，让东方学回到东方是几代东方学者的理想。印度汉学的"依附性"对中国学术界是有启发性的，一方面在中国近代学术的转型中，西方汉学起到了重要作用，做出了贡献。另一方面，西方汉学界对中国学术界研究成果重视不够，似乎中国学术界只能提供材料，而理论则要他们提供，西方汉学界订阅最多的中文刊物是《考古》就说明了这一点。学习西方汉学，又不能依附西方汉学，这是印度汉学给我们的启示。

站在中国学者立场，对印度汉学发展史进行客观的评价是这本书的另一个重要特点。例如，在总结印度汉学的第一阶段时，作者认为，"综上所述，20世纪初印度汉学研究出现了师觉月这么一位颇有成就的大家,实属中印现代文化交流史上的一桩幸事。但是,我们也看到,由于缺乏汉学研究的前现代传统,印度汉学呈现'零敲碎打'的散漫状态。这一时期从事严格意义上的汉学研究者很少,学者间联系很少。这种状况在下一阶段(1948年至1964年)也几乎没有多少改观"。进入20世纪后,印度汉学的发展并不理想,像师觉月那样的汉学家已经不再多见。书中引了姜景奎的一个重要观点:"随着自美国引入的'区域研究'范式开始占据主导地位,传统的欧洲'东方学'研究范式以及在此基础上融合中印传统发展起来的'中印学'研究范式在印度逐渐式微。1962年中印边境战争削弱了'中印学'在印度的社会认可度,之后的政治僵局又增加了限制,印度的中国学格局由此改变……印度社会'向西看'的普遍心态大大抑制了中国学传统的发展和恢复。"这个看法是很客观的。印度的汉学家们也承认这点,如一位印度汉学家坦承,他也误将"中国观察"当作自己的主要任务。"'中国观察'不再是中国研究,因为大家一心思考中国而使作为一大文明的中国消失了……这种'中国观察'不需要熟悉中国的地理、朝代历史、文学、哲学、艺术、音乐或思想发展"。这种来自"中国观察"的研究模式,进一步限制了很多印度学者学习汉语和中国文化的兴趣,从而影响到他们的研究质量。

在当下的域外中国研究中,对当代中国进行研究的人数和作品明显在上升,对传统汉学的研究日趋衰落,这是一个事实。但中国学者面对这个问题应该有一个完整的中国观,不能随着海外汉学家的当代中国研究而论。因为中国是一个文明型国家，它有着悠久的历史文化，这种文化和传统思想在当代中国的发展中不但没有消亡，而且发挥着重要的作用。所以，历史中国和当代中国是一个完整的中国。印度汉学发展的起伏既有特殊的历史原因，如中印冲突，也有一个如何理解当代中国发展、中国道路的汉学界普遍面临的问题。尹锡南以敏锐的眼光，站在中国学术的立场指出了印度汉学发展所面临的中国文明研究渐弱，而当代中国实证研究渐强的问题，表现出了学者的思想高度。

在谈到 1965 年出版的由印度汉学家主编的《佛教 2500 年》这部书时，尹锡南认为这部佛教通史，虽然较为全面地介绍了 2500 年来佛教在印度和世界各地的传播概况，但也透露了一些无法遮蔽的缺陷："第一，全书正文 418 页，介绍中国与佛教关系或佛教在中国发展史的 50 多页，篇幅比例与佛教在中国的主题所占比重似乎没有明显失衡，但从编者在书末开列的三页英文参考文献看，几乎都是斯坦因、盖格、奥登伯格、瓦特斯（T. Watters）、劳（B. C. Law）等人的相关英文著述和部分印度学者的英文著述，没有一部中国学者撰写的汉语著作或论文，这就自动遮蔽了中国佛教研究的中国视角与中国话语；第二，该书邀请两位日本学者撰写与中国相关的内容，但却没有一位中国佛学研究者（包括季羡林、金克木和汤用彤等）参与撰写，而其时的汤用彤、吕澂、季羡林等学者已经在佛学研究领域多有著述（如汤用彤在 1938 年出版了代表作《汉魏两晋南北朝佛教史》），而该书似乎对此视而不见，巴帕特来过中国，并与金克木等人过从甚密，但该书排除了中国学者的参与，某种程度上自然降低了该书的学术质量,这不能不说是一种历史的遗憾;第三,该书目录的第一、二页均将中国西藏放在 In Northern Countries(北方国家)的标签下,与中国、韩国、日本、尼泊尔等主权国家相提并论,第一处以 Tibet(Central)and Ladakh 为题,第二处干脆以 Tibet and Nepal 为题,这是主编 P. V. 巴帕特和执笔者 V. V. 郭克雷二人对中国领土或中印边境问题的模糊认知与错误判断。"

这样的批评是基于事实和历史的,显示了中国学者应有的政治立场和学术立场。如何客观评价域外汉学著作,这是汉学研究中必须注意的一个问题。一方面应该看到后殖民主义的研究对西方东方学的批判,认为"西方的东方学是帝国主义的学问"具有一定的合理性;另一方面,又不能跟随后殖民主义理论跑,认为西方东方学是沾着血的学问,应该彻底抛弃。这是非历史的观点。正像马克思说的,"英国(在印度)不管干了多少罪行,它造成的这个革命毕竟是充当了历史的不自觉的工具"。我一直主张建立一个批评的中国学,就在于站在中国学术的立场和政治立场,与汉学家展开对话。对于一些政治问题,例如西藏等问题,我们必须明确自己的政治立场;对一些学术性问题可以展开积极的对话。

这本书的另一个特点就是揭示了印度汉学研究与印度学研究的一致性,这就是关于佛教的研究。佛教成为连接中印文化的纽带,印度早期的历史文化在自己的文字中保留有限,而在汉译佛教文献中却保留了大量的印度早期的历史文献和思想。印度汉学家们对汉文佛教经典的关注,不仅仅是一种汉学的研究,实际也是印度学的研究。这点正如书中所介绍的印度汉学家 K. M. 潘尼迦所言："正是通过这些卓越学者的著述及其中文翻译，我们今天才可知晓印度曾经产生的某些伟大思想家、哲学家的名字。龙树、无著和世亲是一点不逊色于商羯罗和罗摩努阇等晚期哲学家的人，他们也丝毫不逊色于早期的自在黑（Iswara Krishna）和乔荼波陀（Gaudapada）等早期哲学家。"他还说："中文里保存的印度文献非常广泛，假如没有印度学者的精心翻译和中国学者对这种文献的精心保护，它将完全从这个世界消失。"

季先生的《罗摩衍那》翻译与研究中也证明了这一点。季羡林在《〈罗摩衍那〉初探》一书中说："根据中国佛经译文，我们甚至也可以提出一点有关《罗摩衍那》发展演变的设想。三国吴康僧会译的《六度集经》第五卷第四十六个故事讲到一个国王……但是，这里却没有提出罗摩的名字以及他的父亲和他的兄弟的名字。补足这一点的是另外一个故事。元魏吉迦夜共昙曜译的《杂宝藏经》第一卷第一个故事，叫做《十奢王缘》，在这里提到十奢王（十车王），提到罗摩……如果我们把这两个故事合在一起，就同《罗摩衍那》完全一致，连那些细节都无不吻合。因此，如果我们假设，上面这两个故事原来都是独立的、完整的，后来，在发展演变的某一个阶段上，两个故事合二而一，成为今天我们所熟知的罗摩的故事，不是完全合情合理吗？"

从师觉月到 K. M. 潘尼迦等印度汉学家对汉文佛教文献研究投入了极大的精力。印度汉学家 P. V. 巴帕特认为，"藏译三藏包含了巴利语三藏、梵语三藏的几种佛经的各种版本，因此对比较研究而言不可或缺。此外，藏译三藏还包括诸如龙树（Nāgārjuna）、圣天（Āryadeva）、无著（Asaṅga）、世亲（Vasubandhu）、陈那（Dinnāga）、法称（Dharmakīrti）等大师的著作译本。更为重要的是，这里还保存着现已失传的印度原著的几种藏译。这些藏译本是几种重要佛经的唯一线索。除了佛经翻译外，还有一些非佛经著作的翻译。我们发现了迦梨陀娑（Kālidāsa）的《云使》（Meghadūta）和檀丁（Daṇḍin）的《诗镜》（Kāvyādarśa）的藏译，发现了诸如《诗律宝藏》（Chandoratnākara）和《韵律环赞》（Vṛttamālāśtuti）之类诗律著作的藏译"。

印度汉学家们的努力对中国学术研究有着重要意义，这就是汉文佛教的研究，作者认为中印双方的学者聚焦于佛教研究各自取得了不少成就，但"整体而言，20世纪初至今，中印研究对方的内容呈现出很多相似的特点，同时也折射出一些差异。首先，佛教是双方均感兴趣的话题。由于中国古代对印度佛教文化的长期译介，国内的印度学研究具有十分丰富的资源。国人对印度佛教文化的兴趣，使得一些人将此视为印度文化的代表，从而对其展开研究，产生了很多相关的成果，出现了季羡林等著名学者及其代表作。佛教源自印度，很多佛经原文在印度已经失传，因此，印度学者对此保持浓烈的探索兴趣。印度方面以师觉月、P.V.巴帕特和沈丹森等为代表。不过，正是在佛教研究领域，两国学者体现出某些差异。在中国一方，季羡林等注重以梵文和巴利语的印度佛典为基础进行考察，而其他一些学者以古代汉语为工具，专攻汉译佛经和中国佛教，他们的研究也时常涉及佛教的印度文化背景。中国学者在研究中国佛教时，往往联系汉译佛经、西域历史和敦煌文化等。印度学者师觉月重在探寻佛典中的跨文化信息。……师觉月通晓梵文、巴利语和藏语等，用力最多的两个领域为印度学与佛学（主要包括印度佛教经典与中国汉译、藏译佛经）。从研究所涉及的地理范围来看，他跨越了中国、中亚国家和印度在内的南亚国家。目前，中国学者黄宝生的梵汉对勘系列已经出版多种，这是印度和西方学者尚未系统做过的工作。朱庆之提出了佛教汉语的概念，这值得印度学界注意。刘震、叶少勇等青年学者先后进行了涉及佛教经典的相关研究。与中国近年来重视培养多语种的佛教研究后备人才相比，印度学界似乎缺乏通过古代汉语、梵语、巴利语、藏语和日语等全面、深入研究佛典的青年梯队学者。后备力量的学术着力点，将决定未来中印佛典研究或佛教研究的分野。应该说，这一领域应该成为未来中印学术合作的重中之重"。

尹锡南这个学术观照说明他对汉学研究与中国本土学术之间关系的深入了解，从事海外汉学研究如果不观照中国本土学问，不能将汉学研究成果与中国相应的学问内容相结合，这样的汉学研究始终是一种介绍性研究。我曾说过，海外汉学研究是一个内外兼修的学问，如果将它做成像外国历史、外国哲学和外国文学研究那样，只是注重其外学的特点，而对其研究的中国本身的内容不能深入进去，这样的汉学研究或者中国学研究仍处在初级阶段。很遗憾，目前国内的汉学研究整体上仍处在这个阶段，一些看似热闹的文章，其实仍在学术的边缘展开。因此，尹锡南的这本书可以给我们展开海外汉学研究时以重要启示。

2022 年 8 月 14 日

# 目 录

## 绪论
1

第一节 汉学的内涵与外延
1

第二节 学术意义和研究价值
6

第三节 国内外研究现状
9

第四节 本书结构
19

## 第一章

印度独立以前的汉学研究
24

第一节 印度为何缺乏汉学研究传统
24

第二节 印度现代汉学萌芽及其时代背景
34

第三节　师觉月
45

第四节　谭云山
80

第五节　S.拉达克里希南
93

第六节　M.N.罗易
108

## 第二章
## 1948年至1964年的印度汉学研究
130

第一节　概述
130

第二节　拉古·维拉
134

第三节　K.M.潘尼迦
142

第四节　P.V.巴帕特和V.V.郭克雷
150

## 第三章
## 1965年至1988年的印度汉学研究
160

第一节　概述
161

## 第二节 谭中
178

## 第三节 泰无量
197

## 第四节 兰比尔·婆诃罗
203

## 第五节 印度中国研究转型的时代背景
218

## 第六节 《中国述评》简介
231

## 第四章
## 1989年至2021年的汉学研究
253

## 第一节 印度中文教学机构概况
257

## 第二节 中国历史研究
267

## 第三节 中国文学研究
323

## 第四节 中国宗教哲学研究及其他
380

## 第五节 《中印文化交流百科全书》简评
401

## 第五章
## 印度汉学研究基本规律及相关思考
412

### 第一节 基本规律与发展趋势
412

### 第二节 印度汉学与中国印度学比较
427

### 第三节 中国学者如何与印度汉学界互动
438

## 参考资料
445

### 附录1 印度汉学研究部分重要书目
469

### 附录2 《泰戈尔与中国》(选译)
481

### 附录3 印度对《道德经》的回应
513

### 附录4 《在华十三月》的中国书写
528

## 后记
569

# 绪　论

在进入印度汉学史研究的主题之前，先得厘清几个相关概念，说明一些基本的构思。因此，有必要以"绪论"的方式开始介绍。"绪论"主要包括以下几个方面的内容：汉学的概念辨析及其与中国学的联系，研究印度汉学的学术意义和价值，国内外研究印度汉学发展的历史、现状，本书的研究内容、基本框架及20世纪以来印度汉学研究史的大致分期，等等。

## 第一节　汉学的内涵与外延

研究印度的汉学发展历程，首先得对汉学的概念进行辨析。这是因为，长期以来，国内学术界对于中国学与汉学概念的界定与区分存在某些争议。这里引用几位学者的观点，对汉学、中国学的内涵和外延略加说明。

朱佳木先生指出："顾名思义，'中国学'是关于中国的学问，或关于中国问题的研究。很长时间以来，国外有关中国的学问一直被称为'汉学'——在日本有上千年，在欧洲有三四百年，即使作为学术上的独立学科至少也有上百年。但二战以后，特别是新中国成立以后，这门学问在一些国家一些学者中开始被称作'中国学'。目前，国内外学术界对如何称呼关于中国问题的研究，存在着不同的见解。有的主张仍然延续'汉学'的称谓，有的主张'汉学'与'中国学'两种称谓并用，有的主张用'中国学'取代'汉学'的称谓。"[1]他的观点是，将国外有关中国问题的研究统一称为中国学的做法是正确的。因为，国外传统意义上的汉学一般侧重于研究中国的语言、哲学、文学、历史等人文学科，中国学的重点在于当代中国政治、经济、社会等社会科学领域的研究。"在传统'汉学'与'中国学'界限逐渐模糊的情况下，如果要从中选出一个词来称呼国外关于中国问题的研究，'中国学'当然要比'汉学'恰当。何况，现在一些国外研究中国问题的学者也已主张用'中国学'一词取代'汉学'一词。所以，把国内对国外有关中国问题研究的研究称为'国外中国学研究'，而不叫'国外汉学研究'，是合乎实际也是合乎逻辑的。"[2]

何培忠先生认为，在谈论国外的中国研究时，首先应该注意日本、韩国、越南等东方的汉学与西方国家所谓的汉学概念有别。对日本、韩国等东方国家而言，汉学大部分时候是儒学的代名词，还可以理解为广义的中国学术研究。由于地理的缘故，西方国家对中国的接触和研究大大晚于东方。若从意大利传教士利玛窦（Matteo Ricci, 1552—1610）到中国传教，把中国文化介绍给西方算起，

---

[1] 何培忠主编：《当代国外中国学研究·序》，北京：商务印书馆，2009年，第1~2页。

[2] 何培忠主编：《当代国外中国学研究·序》，第2~3页。

西方的汉学研究迄今为止走过了400多年的历史。1814年12月11日，法国汉学家雷慕沙（Abel Remusat，1788—1832）在法兰西学院开设关于汉语文学研究的讲座，这标志着西方经院式汉学研究的开端。此后，英国、俄罗斯、荷兰、美国、德国等西方国家也开始了自己的汉学研究历程。这些事实表明，汉学是在19世纪开始进入西方各国的大学的，并确立了其独立学科的地位。如以雷慕沙为开端，西方汉学作为一个正式的研究学科至今已有两百年的历史。在这两个世纪里，西方汉学以中国语言、文学、历史、哲学等人文学科的研究为主，对中国政治、经济等现实问题的研究不太多见。此外，西方国家后来出现的 Chinese Studies 或 China Studies（中国学）最初多以中国社会问题为主要研究对象，它与 Sinology（汉学）的研究领域和研究方法有别。后者侧重于研究中国语言文学等人文学科，前者侧重于研究中国政治和经济、外交等社会科学领域。从学科地位上看，汉学在中国学出现之前已经获得了相对独立的学科地位，而中国学则被置于区域研究之中。对于有关中国的研究，学术界通常认为汉学的研究范围更为明确，学术性强，凡有资格被称为汉学家的人都有精湛的学问，而中国学的研究范围太过宽泛，无所不包，缺乏明确边界。因此，长期以来，传统的汉学家对当代中国研究总是不屑一顾，认为中国学只是浅显的热点问题研究而已，不值得关注。然而，二战以后，随着中华人民共和国的诞生与国际格局的新变化，风向陡变。研究中国现实问题的"中国学"受到各国重视，发展势头强劲，影响力超过了传统的汉学研究。或许因为这个复杂的背景，有的学者主张将二战前的国外中国研究称为汉学,将二战后的国外中国研究称为中国学。[1]从20世纪后期的国外中国研究看,Sinology与Chinese Studies或China Studies的研究对象在逐渐接近或相互包容,而使用中国学的名称比之汉学更为宽泛,更具包容性。当今国外的中国学不仅涵盖中国语言文学等传统汉学领域,也涉及中国政治、经济、外交等社会科学领域,因此可以将中国学视为传统的汉学在现代的变异性发展。"而使用'中国学'这一称谓,不仅可以包容所有有关中国问题的研究,也可以使人们对历史的中国有更深刻的认识,对现代的中国有更好的理解。出于这些理由,我们认为我国学术界也应跟上时代的变化,将国外对中国的研究统称为'中国学'。"[2]

张西平先生对汉学、中国学的概念也进行了细致的辨析。他指出:"在汉语的传统中,'汉学'指的是与注重义理的宋代理学相区别的,发扬汉代经学中重训诂、考据、版本的清代乾嘉考据学派……在汉语里原本的'汉学'概念有两层含义:在狭义上指的是'清代以训诂、考据为其学术追求的乾嘉学派',在广义上指的是整个中国的学术。"[3]他又说:"国外对历史中国之研究,我们称为'汉学',或者说国外对中国的传统人文学科(如文学、历史、哲学、宗教、艺术、考古等)的研究,我们称为'汉学'(Sinology);国外对当代中国之研究,我们称为'中国学'

---

[1] 以上介绍,参阅何培忠主编:《当代国外中国学研究》,第1~9页。
[2] 何培忠主编:《当代国外中国学研究》,第12页。
[3] 张西平主编、李雪涛副主编:《西方汉学十六讲》,北京:外语教学与研究出版社,2011年,第1~2页。

(Chinese Studies)。"[1]

上述几位学者的观点与目前国内相关研究领域的学者思路基本一致。例如，有的学者指出，美国的中国学研究是国际中国学研究的热点和重点。关于"美国中国学研究"的概念，当前学术界基本认同两个范畴："一是广义的中国学研究，研究内容包括所有学科领域，政治、经济、历史、宗教、法律、哲学、教育、军事、社会学、文学艺术等。二是狭义的中国学研究，主要指具体学科领域的中国问题研究，比如美国学者研究中国政治、政府治理问题，这其中包括对宏观的、微观的、中央政府、地方政府研究的不同路径。"[2] 由此可见，所谓的广义中国学研究，实质上是涵盖语言、文学、历史、宗教、哲学等领域的中国学研究，其外延在汉学研究基础上得以扩展。由此可见，如果将当代世界各国的中国学研究视为包括汉学研究在内的跨学科研究，并不为过。

本书研究对象并非上述汉学外延扩展后的中国学研究。本书主要涉及传统意义上的汉学研究，基本上不包括印度学界对中国政治、经济、外交等诸方面的现实问题研究。因此，书中出现的"汉学"或"汉学家"等字眼，将自动表明其研究和指涉的传统汉学领域。

印度汉学研究特色鲜明。印度不同于日本和韩国等东方国家，因为印度不属于汉字文化圈，依据现存资料看，它在历史上几乎未受汉文化影响；它也不同于西方国家，

---

[1] 张西平主编、李雪涛副主编：《西方汉学十六讲》，第9页。
[2] 仇华飞：《美国的中国学研究》，北京：中国社会科学出版社，2011年，第1页。

因为它缺乏前现代的传统汉学积累。正是这种简单而又复杂的背景，使得印度汉学研究呈现出非同寻常的特色。

## 第二节 学术意义和研究价值

近年来，中国学界对国外汉学研究日益关注，相关的论文和著作不计其数，且有日益增多的良好趋势。根据网络媒体报道，由孔子学院总部暨国家汉办与中国人民大学主办的世界汉学大会，每两年举办一届。2014年9月，第四届世界汉学大会在北京举行，时任国务院副总理的刘延东出席开幕式并致辞。此届参会的境外学者规模和与会学者专业跨度均超过往届，研究领域包括传统汉学和新兴中国学，涵盖中国文史哲，中国政治、外交、经济、社会等多个学科。

据中新社记者报道，2016年11月11日，由孔子学院总部、国家汉办和中国人民大学共同主办的第五届世界汉学大会在北京举行。近百名中外学者共聚一堂，围绕汉学的发展与中西文化交流展开对话。此次大会的主题为"比较视野下的汉学：传统与革新（Sinologies in a Comparative Context: Tradition and Innovation）"。中国人民大学国学院时任院长杨慧林教授表示，汉学是中国与西方思想对话的天然平台。汉学具有跨语言、跨文化、跨学科三大特点。如果说传统汉学更关注中国的古典文献，那么当代研究则更关注今日中国的经济、政治、社会等各方面。西方汉学领域的重要刊物也都在本届大会上亮相，包括已有100多年历史的法国《通报》和80多年历史的德国《华裔学志》。除主题论坛外，大会还设有两个专题论坛。其中孔子新汉学计划博士生论坛吸引了 40 多名各国青年学者；中日韩共用汉字辞典编撰论坛会聚三国学者，讨论三国共同常用汉字表的进一步开发。世界汉学大会自 2007 年举办以来，已成为推动中华文明与世界文明对话、推动新汉学发展的重要平台。世界汉学大会理事会成立并常设于中国人民大学。[1]

2018 年 11 月 3 日，第六届世界汉学大会在中国人民大学开幕，近百名中外学者共聚一堂，围绕"理解中国：包容的汉学与多元的文明（Understanding China：Inclusive Sinologies and Diverse Civilizations）"主题，结合汉学的发展与中西文化交流展开了对话。本届大会的全部发言都采取中外学者直接对话的方式。在三场主旨发言之后，大会设有"汉学的译介与对话""汉学的传统与现代转型""汉学与跨学科研究""汉学发展与人才培养""海外汉学与本土学术"等五场专题会议，30 多位海外学者、40 多位参加"孔子新汉学计划"的海外博士生以及近 30 位来自中国大陆的学者，围绕这些前沿议题进行学术交流。学者们普遍认为，汉学最突出的特质就在于跨文化、跨语言与跨学科。世界汉学大会自 2007 年起已在中国人民大学举办了五届，从"文明对话与和谐世界（Dialogue of Civilizations and a Harmonious World）""汉学与跨文化交流（Sinology and Cross‐cultural Communication）""汉学与当今世界（Sinology and the World Today）""东学西学·四百年（The

---

[1] 马海燕：《第五届世界汉学大会举行》，中国新闻网，2016 年 11 月 11 日。

Exchange and Learning between 'East' and 'West': 400 Years in Retrospect）"到"比较视野下的汉学：传统与革新（Sinologies in a Comparative Context: Tradition and Innovation）"，11年来，世界汉学大会始终倡导对话，增进东西方相互理解。[1]

综上所述，从国内外学界研究兴趣日益升温和积极互动看，从中国政府高度重视文化软实力向海外传播和推广的大势所趋看，全面系统地考察国外学界的汉学研究的重要性不言而喻。在此学术前提和时代背景下，全面系统地研究印度的汉学研究史，其重要性不证自明。

首先，研究20世纪以来印度的汉学研究史，将增进中国各界人士对印度乃至印度中国观的深入认识，为发展健康友好的中印关系提供重要的学术支撑和参考指南。系统研究印度汉学发展史，将使我们深入了解印度学界乃至部分政界人士如何认识中国，以期更好地促进中印关系健康发展。当前，中印关系进入一个新的复杂时期，后疫情时代的中印人文交流将呈现出不同于以往的复杂局面，因此对印度的汉学研究进行全面而系统的探索，成为刻不容缓的急务。

其次，系统考察20世纪以来印度的汉学研究史，将有力地促进中国的南亚学、印度学的健康发展。由于历史、政治等复杂因素，加之长期以来学界在某种程度上存在"西方中心论"的不健康心态和思维方式，印度汉学研究并未成为学界重点关注的领域，这不符合中国学术"可持续发展"的科学规律。目前，中国学界正在兴起对世界汉

---

[1]《第六届世界汉学大会在中国人民大学举办》，中国人民大学孔子学院工作办公室，2018年11月3日。

学的探索热潮，本书的宏观考察和微观解读，无疑将拓展中国的世界汉学研究疆域，有助于深化国内相关领域的学术发展。

最后，系统研究印度的汉学研究史，还将进一步完善中印文化交流史或中印关系史的书写，从而在某种程度上促进中印学界对话，为两国学者深入交流、取长补短创造更好、更多的机会。

## 第三节　国内外研究现状

综上所述可知，对印度的汉学发展历程进行研究颇具学术意义，但是，由于许多复杂的历史原因和现实因素，长期以来，特别是1962年中印边境冲突以后的一段时期，中印学术界缺少正常交流，人员往来与文化互动极不理想，因此国内学界对印度汉学和中国现实问题研究基本上没有多少了解，这一状况的逐步改变还是近10余年的事。长期以来，中国学者对国外汉学或中国学的关注，主要对象是欧美或日本等国的相关领域成果。到20世纪末为止，除了林承节和薛克翘等少数学者，大多数学者限于资料等因素而没有系统考察印度的汉学研究史。[1]

---

[1] 例如，前述的著作《当代国外中国学研究》（北京：商务印书馆，2009年）便存在类似问题。该书是中国社会科学院A类重大课题"改革开放以来的国外中国研究"的最终结项成果，详略不一地介绍了美国、加拿大、德国、法国、英国、荷兰、北欧四国（瑞典、丹麦、挪威和芬兰）、俄罗斯、澳大利亚、新西兰、日本、韩国、越南、新加坡和以色列等十八国的中国学（汉学）研究，但无一涉及印度或南亚国家的汉学研究。这与印度在当今国际舞台与中国学研究中所占位置不成比例，这或许是资料缺乏、研究人员少等因素所致。

就中国对 20 世纪印度汉学研究的介绍而言，金克木等人是发端者。早在印度独立和中华人民共和国成立前，金克木便在后来结集为《天竺旧事》的回忆录中，以《"汉学"三博士》为题，简略地介绍了师觉月、V. V. 郭克雷（Vasudev Vishvanath Gokhale，1901—1991）和 P. V. 巴帕特（Purushottam Vishvanath Bapat，1894—1991）等三位印度学者研究汉译佛经的基本情况。[1]

1949 年至 20 世纪末的半个世纪里，中国学界以学术论文的形式介绍印度汉学的研究者较少，但也有。例如，1991 年，印度著名汉学家哈拉普拉萨德·雷易（Haraprasad Ray，1931—2019）的论文《中国学在印度》被译为汉语，这或许是国内较早介绍印度相关研究成果的译文之一。[2] 再如，四川大学南亚研究所主办的《南亚研究季刊》于 1992 年第 2 期发表了原狄（张力）的近千字短文《印度的中国问题研究》，对印度关于中国现实问题研究的重要领域、存在的诸多问题或缺憾做了极为简要的分析。

1993 年，林承节先生在《中印人民友好关系史（1851—1949）》一书中简介了印度的汉学研究机构。该书第十五章、第二十三章分别涉及中印学会与中国学院建立、中印文化交流进展等两大主题。他简略言及师觉月、拉古·维拉（Raghu Vira，1902—1963）、P. V. 巴帕特和 V. V. 郭克

---

[1] 金克木：《金克木集》（第一卷），北京：生活·读书·新知三联书店，2011 年，第 524~528 页。
[2] [印] H. R. 雷易：《中国学在印度》，《中外关系史论丛》（第 3 辑），北京：世界知识出版社，1991 年。

雷等人的研究实绩。他说："总之，到印度独立、中国解放前，中国学、印度学已作为一门学科在两国开始创立，有了专门的机构、专门的人员，并开始取得研究成果。虽然这还只是很小的迈步，但总算从荒野中初辟蹊径，以后的前进已有路可寻。"[1] 限于著述体例，该书没有涉及印度独立以来的汉学研究。

国内学界对印度的中国研究较为正式的系统介绍，大致发端于21世纪初。例如，郁龙余先生发表短文《中国学在印度》（载《学术研究》2000年第1期），对现代印度中国研究的开端进行了简介，但其范围并未延伸到1949年以后印度学界的中国研究。

邓兵先生在2002年出版的《东方研究》中，以《20世纪印度的中国研究》为题，综合利用中印两国学者此前的研究成果，首次对20世纪印度中国研究的开端和发展、代表性研究机构、代表人物及其重要成果等进行了较为详尽的介绍。[2]

薛克翘先生于2008年出版《中国印度文化交流史》，对当代印度的中国学研究进行了初步介绍。该书最后一章第七节以《印度中国学的现状》为题，以十来页的篇幅，分50年代和60年代至今两个阶段，介绍了印度汉学与中国现实问题研究的重要机构、代表人物、标志性成果。

2010年，笔者在人民出版社出版拙著《印度的中国形

---

[1] 林承节：《中印人民友好关系史（1851—1949）》，北京：北京大学出版社，1993年，第421~422页。
[2] 邓兵：《20世纪印度的中国研究》，载北京大学东方研究院、东方文学研究中心编：《东方研究》，北京：国际文化出版公司，2002年，第534~548页。

象》,该书最后一章的依据来自对印度第一手文献资料的解读,在此基础上对印度汉学界(主要集中于中国文学、中国历史、中印关系史等领域)的某些代表人物及其著述进行了初步介绍。[1] 由于篇幅和议题所限,该章并未涉及当代印度的中国现实问题研究。这一问题,在笔者完成的教育部人文社科重点研究基地重大项目"文化视角下的中印关系研究"中有了新的进展,该成果以《中印人文交流研究:历史、现状与认知》为题出版,最后部分以两章约几万字的篇幅,分别对20世纪以来印度的中国学研究和中国的印度学研究轨迹进行了范围更为广泛的简要介绍和比较。[2]

《南亚研究季刊》2011年第1期发表了华裔印度学者(现为美籍华裔学者)谭中(Tan Chung)先生的论文[3]及笔者与陈小萍的论文[4],两篇文章分别从印度学者视角、中国学者视角切入主题,对20世纪至今的印度中国学做了较为全面的分析。限于篇幅,二文皆未展开对相关代表人物的著述的研究。

2012年12月,章立明撰文介绍印度中国研究的脉络,分三个阶段概述了1937年至今的印度中国学研究。2019

---

[1] 尹锡南:《印度的中国形象》,北京:人民出版社,2010年,第175~205页。
[2] 尹锡南:《中印人文交流研究:历史、现状与认知》,北京:时事出版社,2015年,第240~324页。
[3] 谭中:《现代印度的中国学》,载《南亚研究季刊》2011年第1期,第89~95页。
[4] 尹锡南、陈小萍:《二十世纪以来印度中国研究的脉络和基本特征》,载《南亚研究季刊》2011年第1期,第96~101页。

年，该学者将考察范围扩大至1918—2018年。[1]

2016年6月，在笔者指导下，四川大学历史文化学院硕士生王琼林、李贻娴分别以《师觉月的汉学研究》和《谭中的汉学研究》为题撰写学位论文，获得世界史（地区国别史方向）硕士学位。这或许是国内首次以学位论文形式对两位重要的印度汉学家进行系统研究。

云南社会科学院主办的《东南亚南亚研究》于2016年第4期发表了拙文《从〈中国述评〉看当代印度的中国研究》，该文从印度唯一一份中国学研究期刊入手，小中见大地透析了20世纪60年代以来的半个世纪里印度的中国研究的某些基本特征，一定程度上弥补了国内学界在此领域研究的一个短板。[2]

上述中国学者对印度汉学、中国现实问题研究的相关考察，为该领域的后续研究打下了基础，做出了自己的努力，但客观地看，由于有关印度的一手文献的相对缺乏或各个研究者所取视角的不同，上述成果中有的考察范围较为狭窄，有的则缺乏深度分析而近似于"平面报道"。因此，确有必要撰写一部较为系统的印度汉学史。

---

[1] 章立明：《印度中国研究经历三个阶段》，载《中国社会科学报》2012年12月19日；章立明、周东亮：《印度汉学研究的百年流变及前景展望（1918—2018）》，载《国外社会科学》2019年第4期，第71~78页。第二篇文章某些信息有误，如"印度国际大学的那济世（Arttatrana Nayak）关注中国现代汉语的语法与句法研究……而专注中国佛教研究的劳吉（Lalji Shravak）则与人合著了《丝绸之路上的印度》"便值得商榷，因为那济世并未长期关注汉语语法（其弟子阿维杰特·巴纳吉关注汉语语法研究），《丝绸之路上的印度》是由嘉玛希（Kamala Sheel）、罗尔吉（Lalji Shravak，即前文的"劳吉"）和比利时学者魏查理（Charles Willemen）三人合作主编的论文集。
[2] 尹锡南：《从〈中国述评〉看当代印度的中国研究》，载《东南亚南亚研究》2016年第4期，第64~70页。

就印度学界特别是印度汉学与中国问题研究界而言，关注印度汉学研究领域者不乏其人。历史地看，早在20世纪80年代左右，便有印度学者对印度汉学进行观察和反思，提供了有别于中国学者的某些新视角、新结论。谭中、哈拉普拉萨德·雷易、戴辛格（Giri Deshingkar, 1932—2000，又译"迪香卡"或"戴辛克尔"）、B. 坦克哈（Brij Tankha）、M. 莫汉迪（Manoranjan Mohanty）、室利马蒂·查克拉巴蒂（Sreemati Chakrabarti）、邵葆丽和狄伯杰等人先后撰文介绍或在书中言及20世纪以来印度的中国研究概况。

由B. K. 库马尔（B. K. Kumar）汇编并于1978年出版的《印度眼中的中国：1911至1977年文献选编》值得一提。[1]该书第140页，收录了1911年至1977年间印度学者研究中国的著作与论文信息。这或许是印度学界的第一种相关著述，它在史料方面对印度的中国研究做了阶段性总结。它有1264个条目，分别由18个标题及下一级标题所统摄，这些条目涵盖233本著作和印度学者在印度国内外撰写的19篇博士学位论文、副博士论文的内容。该书还有一章题为"印度观察中国的潜力"（China Watching Potential of India）。这些书和论文主要研究中国近代和现代历史、农村发展、国际关系、文学、政治与治理，但似乎缺乏关于中国古代历史、中国社会、中国艺术与建筑、国防战略、教育、地理、法律、医学、公共卫生和科学技术等方面的研

---

[1] B. K. Kumar, *China through Indian Eyes: A Select Bibliography 1911-1977*, New Delhi: Concept Publishing Company, 1978.

究。《中国述评》(China Report，又译为《中国通讯》)刊载的短评指出："最重要的研究领域是当代中国史、政治与管理、中国经济发展。即使在这些议题上，论文数量远超著作与研究性小册子。明显缺乏关于中印发展模式的比较研究……游记数量很多（有 20 本）。随着中国的大门慢慢地向印度人敞开，其数量不久可能还会增加。"[1] 作者还认为，科技和医疗卫生领域无人研究，但中国与印度不同，因为前者在这些领域往往倾向于将西方知识与本土实践相结合，成就更多。尽管常常谈论中印历史联系，但只有一篇文章讨论孔子思想，两本书讨论道教，五本书讨论藏传佛教，还有一些不同程度地涉及中国佛教的书与论文。论述中外关系与中国政治的著述很多，大约是因为"中国不同寻常的表现"[2]。作者还指出，由于无法获取中国研究印度的信息，很难对中印研究双方的情况进行比较。"作者（指 B. K. 库马尔。——笔者按）显然不满意印度汉学家们缺乏热情的中国观察 (half-hearted China watching)。他呼吁在本科层次开设中国研究课程，德里大学多数学院皆是如此。他还提议，中国研究项目须分散并多样化，印度的中国研究中心与政府之间应建立有效的沟通渠道，以开始有意义的对话，确立优先的研究领域。"[3]

1986 年，戴辛格在《中国述评》上撰文《汉学还是区域研究？》(Sinology or Area Studies?) 对印度中国研究史的发

---

[1] Gopa Joshi, "Chinese Studies in India," *China Report*, Vol. 14, No. 6, p. 59.
[2] Gopa Joshi, "Chinese Studies in India," *China Report*, Vol. 14, No. 6, p. 59.
[3] Gopa Joshi, "Chinese Studies in India," *China Report*, Vol. 14, No. 6, pp. 59-60.

展规律和缺憾进行分析。他认为,20世纪中后期,印度的中国研究出现了重大转型,即主流的传统汉学逐渐转向深受美国区域研究模式影响的"中国观察"(China Watching)。[1]后来,他还以《印度的中国研究》为题,重申了自己的相关立场。[2]

1992年,著名学者哈拉普拉萨德·雷易发表文章《印度的中国研究项目》,内容包括印度的中国研究草创、印度的佛教研究与中印文化交流史研究、关于现代中国的区域研究、德里大学和尼赫鲁大学的中国研究成果综述、新的研究领域、印度各个大学的中国研究一手文献汇总、尼赫鲁大学中国研究博士学位论文及副博士论文一览表等。[3]

1994年,谭中主编的特刊《印度视界》(*Indian Horizons*)出版。戴辛格以《印度的中国学研究述评》(*Chinese Studies in India: An Appraisal*)为题,再次对上述问题进行探讨,但内容和观点并未出现新的变化。该书还刊载了库马尔别具一格的文章《印度中国研究文献史》(*India's China Exploration: A Bibliographic Odyssey*),对泰戈尔时代至20世纪90年代初印度的中国学研究,按照"印度外交官报道""历史研究""中国经济""中国文学""特殊期刊"和"会议论文集"

---

[1] Giri Deshingkar, "Sinology or Area Studies?" *China Report*, Vol. 1, 1986, p. 80.
[2] Giri Deshingkar, "Chinese Studies in India" Tan Chung, ed., *Indian Horizons*, Vol. 43, No. 1-2, New Delhi: Indian Council for Cultural Relations, 1994, pp. 495-502.
[3] Haraprasad Ray, "Indian Research Programmes on China," *China Report*, Vol. 28, No. 4, 1992, pp. 391-404. 该学者的另一篇相关论文也被翻译,参阅哈拉普拉萨德·雷易:《印度的中国学研究概览》,蔡枫、黄蓉主编:《跬步集:深圳大学印度学研究文选》,蔡晶译,北京:北京大学出版社,2011年,第231~237页。

等专题，对现当代印度中国研究的一手文献进行归类整理，对于中印两国学者而言，这一成果具有重要的文献价值。

印度著名的中国问题专家M.莫汉迪发表了《中国学研究：印度学者的观点》一文，该文后来被山佳译为中文，刊载于《国外社会科学》（2004年第6期）。M.莫汉迪显示出与其他印度学者不同的特色，他以文明与文化研究、现代中国政治思想（包括孙中山、毛泽东、江泽民等人的思想）、中印社会制度和经济发展道路的比较、中国的安全观与中印关系等四大主题为线索，对20世纪印度中国研究的主要方面进行了颇有深度的归纳。

印度学者B.坦克哈（Brij Tankha）撰写过《印度的中国学研究：正在改变的范式》一文，后来被张燕晖译为中文并发表于《国外社会科学》（2007年第4期）。该文分三个阶段，对印度中国学研究的基本脉络和代表人物、成果进行了较为全面的介绍。

《中国述评》还刊登过K. P. 古普塔（Krishna Prakash Gupta）题为《中国研究在印度》的文章。2014年，印裔美国学者、纽约城市大学的沈丹森在复旦大学的演讲中，对印度与中国关于中印关系研究的历史与现状、存在的问题等表达了富有启迪、发人深思的观点。[1]

2017年5月，尼赫鲁大学中文教授狄伯杰英文著作的汉译本《中印情缘》在北京出版。该书在倒数第二章《印度"中国热"》中，专门介绍了20世纪至今印度的中国

---

[1] [美]沈丹森：《中印研究的兴起、发展与现状——沈丹森在复旦大学的讲演》，陈源源译，原载《文汇报》2014年5月19日，中国人民大学复印报刊资料《中国外交》2014年第7期全文转载。

研究概况、存在的问题和对策。[1] 由于狄伯杰本人长期从事中国学研究且跨越了很多学科，他对印度方面的研究历史与现状了如指掌，其相关叙述颇有价值。

就上述印度（或印裔）学者的相关成果看，由于他们大多身处印度学术圈，其成果颇具特色。例如，他们客观地认识到大部分印度学者中文修养水平的不理想状况，大多数人注意到印度汉学在1962年后的重大转型与美国"区域研究"模式之间的内在关联，有的则以西方的学术思维、话语体系对印度中国研究的成果进行分类考察。当然，他们的某些分析也存在局限，如限于学术修养和知识结构，他们对印度汉学重要成果的考察还存在一些盲点或不足。

就西方学术界而言，除了沈丹森等极少数经常往返于中、印、美三国之间的印裔美国学者的相关成果，笔者尚未发现对现当代印度的汉学研究史进行分析和归纳的相关论文或专著。

综上所述，中国和印度学界已经在探索印度汉学发展史方面奠定了一定的文献基础，遗憾的是，迄今为止，尚未出现这方面的研究专著。本书正是在这种学术背景下设计的，目的是尝试对相关议题进行全方位的系统探索。

---

[1] [印] 狄伯杰：《中印情缘》，张雅欣等译，北京：中译出版社，2017年，第262~284页。

## 第四节 本书结构

综上所述，国内学界对汉学、中国学的内涵和外延虽然还存在某些争议，但将汉学视为关于中国文史哲等领域（尤其是传统文化）的人文科学研究，将中国学视为涵盖汉学与中国现实问题即中国政治、经济、外交等社会科学领域研究的趋势有增无减。因此，本书在一般意义上，将中国学研究视为涵盖人文领域的汉学和中国现实问题研究的一门学科，并集中探讨印度汉学领域的相关成果。换一个角度看，从某种意义上讲，就英语术语 China Studies 或 Chinese Studies 而言，将其译为"中国研究""中国学"或"中国学研究"均无太大的出入，但称其为"中国学研究"似乎具有更加丰富的学科内涵，这似乎是目前采纳"中国学研究"这一术语的学者日益增多的原因之一。

因此，本书的整体框架围绕这样一个基本主题而设计：历史而系统地考察、分析 20 世纪以来印度的传统意义上的汉学研究。20 世纪以来，印度汉学界对中国文学、历史、哲学和宗教等各方面进行了研究。因此，本书除了对印度汉学进行历史梳理，主要围绕印度本土汉学家进行研究。作为特例，沈丹森和谭中等极少数具有印度和美国双重国籍的著名学者也在考察之列。在中国文学方面，选择谭中、邵葆丽和谈玉妮（Ravni Thakur，或称 Ravni Rai Thakur）等人的学术代表作为主要分析对象。在中国历史和中印文化关系史方面，选择师觉月、K. M. 潘尼迦、谭中、嘉玛希、玛姐玉、狄伯杰、沈丹森等人为主要研究对象。在中国宗教、哲学方面，选择 S. 拉达克里希南（S. Radhakrishnan）和洛克希·钱德拉等为主要研究对象。

至于全面地考察印度学界关于中国政治、经济、军事、外交、社会等现实问题的研究，则属于另一本书的任务。[1]

就本书基本研究内容而言，作者拟分以下几个板块，按时间、主题等进行分期研究。具体说来，本书将印度汉学研究史分为四个阶段进行考察：1918 年至 1947 年、1948 年至 1964 年、1965 年至 1988 年、1989 年至今。

首先考察印度学者在 1947 年印度独立以前进行的汉学研究。历史上，中印文化联系紧密。近代以来，由于殖民主义者的干扰，中印联系一度基本中断。因此，现代学术意义上的中国研究主要发端于 20 世纪初（以 1918 年为起点）。泰戈尔 1924 年访华以后，中印文化交流得以恢复。印度的中国研究也在这一时期亦即泰戈尔时代开始启航。师觉月是这一时期研究中印古代交流史的杰出代表。其他学者如 S. 拉达克里希南、拉古·维拉等也有一些相关的汉学研究成果问世。旅印学者谭云山对中国文化的介绍以及共产国际代表 M. N. 罗易（Manabendra Nath Roy）的中国研

---

[1] 就当代印度的中国现实问题研究而言，下述学者的研究值得关注。例如，关于中国政治，V. P. 杜特（Vidya Prakash Dutt，1925—1979）、M. 莫汉迪等人对毛泽东思想的研究等值得关注；关于中国经济，苏布拉马尼亚·斯瓦米（Subramanian Swamy）等人的著述值得关注；关于中国外交、军事安全，戴辛格、谢钢（Srikantha Kondapalli）、斯瓦兰·辛格（Swaran Singh）等人的相关著述值得关注；关于中印关系，戴辛格、白蜜雅（Mira Sinha Bhattachajea，1930—2009）、白春晖（Vasant V. Paranjpe，1927—2009）、尼米·库里安（Nimmi Kurian）等人的研究著述值得关注；莫汉·古鲁斯瓦米等人对中国经济改革、农村、人口、女性问题等方面的研究也值得关注。

究著作均属于这一时期的特殊成果。对于上述学者及其著述的介绍和分析,构成这一部分研究的基本内容。这一部分还将简略介绍印度汉学草创期的机构设置等基本情况。

第二部分考察1948年至1964年间印度的汉学研究状况。短短10多年间,中印关系经历了由晴转阴的剧烈变化。10多年里,汉学研究仍然局限于少数精英学者,代表人物有K. M. 潘尼迦、P. V. 巴帕特和V. V. 郭克雷等。这一时期,印度中国研究的范围开始扩大,延伸至中国经济、中印关系等领域,如B. N. 甘古里(B. N. Ganguli)所著的《新中国的土地改革》(1953)和K. D. 纳格(K. D. Nag)的《中国与甘地时期的印度》等便是例子。这一时期,由于中印边境冲突的深刻影响,中印关系出现了历史性的倒退,这对印度汉学研究的内容、方法等均产生了深远的影响,意识形态的渗透是这一时期很多研究成果的显著标志。值得注意的是,美国的区域研究模式对印度的中国研究具有特别的示范价值。这也是印度汉学研究开始转型的明显征兆。

第三部分考察1965年至1988年间印度的汉学研究状况。这一时期,印度从事汉学研究者在人员数量和成果上均无法与从事中国现实问题研究(包含中印关系研究)者相比。印度汉学研究虽然步入低谷,但由于谭中等人的坚持,仍然出现了一些高质量的成果,如谭中的博士论文《中国与美好新世界:鸦片战争起源研究》和泰无量(Amitendranath Tagore,1922—2021)的博士论文《中国现代文学(1918—1937)的论战》便是例子。这一时期,关于中国政治、军事、外交、经济发展等方面的研究成果非常丰富，但质量参差不齐。这一部分将突破时间的限制，以印度英文杂志《中国述评》为例，对此转型的内涵进行简介。

第四部分考察 1989 年以来印度汉学发展状况以及最新的发展趋势。由于中印关系的逐步改善，来华调研、留学、访问的机会越来越多，印度学界关于中国研究的各个侧面均体现出新的特点。例如，将学术研究与意识形态逐渐剥离开来，注重基于实地考察而得出结论，强调研究中国问题的文献选择和语言训练，注重与中国学界进行思想互动，是其中值得注意的几点。1989 年以来，印度汉学研究成果更为丰富，中国研究机构逐渐增多，相关研究成果大量出现且参差不齐。其中值得注意的汉学家包括哈拉普拉萨德·雷易、洛克希·钱德拉、嘉玛希、邵葆丽、玛妲玉、莫普德（Priyadarshi Mukherjee，又译为"墨普德"）、狄伯杰、沈丹森、谈玉妮等。在将汉学研究与发展健康友好的中印关系进行对接这一点上，谭中成为关键人物。

最后一部分拟对 20 世纪以来印度汉学研究史的基本特征和发展规律进行思考和总结，并以中国的古典印度学研究为参照，对相关问题进行思考，最后尝试对中印学界如何互动的问题提出一些建议。

需要说明的是，由于本书的初稿完成于 2018 年，此后至今，笔者的工作重心转向其他领域，加之与出版社约定的交稿时间也较为紧张，所以本书基本上很少涉及近三年来的印度汉学成果。期待将来有机会进行弥补。为了配合读者理解书中的相关内容，笔者在附录中特意增加了两篇此前发表过的译文（分别选自笔者的《中印人文交流研究：历史、现状与认知》和《印度比较文学论文选译》二书），它们源自印度学者涉及中国文化或中国观感的著作。为了让读者了解非常重要的印地语游记《在华十三月》的大致内容，笔者附录了一篇长文即《〈在华十三月〉的中国书写》。该书是20世纪初一部涉及汉学萌芽的珍贵的中国游记。同样，为了让读者更好地了解印度汉学家及其汉学著述，了解印度汉语教学和研究的真实情况，笔者根据自己在印度和中国收集的一手文献并适当地辅以网络文献，在正文中插入了大量的人物、书籍、论文等的扫描件或图像。[1] 其中一些图片为笔者与印度汉学家的合影，它们见证了笔者与印度汉学界的历史友谊，也可在某种程度上视为中印两国知识分子在新世纪友好对话的一个缩影。换一个角度看，这或许也是本书即《印度汉学史》作为历史研究著作的题中应有之义。

---

[1] 由于技术原因和其他复杂条件的限制，某些图片的质量并非上乘甚或较为模糊，这一点要请读者谅解。考虑到某些信息如印度学生的汉语作文、《国际大学年刊》（*Visva-Bharati Annals*）的英语文章或佛经英译、哈拉普拉萨德·雷易等印度学者和中国学者的合影等是国内一般读者难以见到的，因此收录的插图内容比较驳杂。其中有的图片如泰无量与中国驻加尔各答领事馆工作人员的合影源自网络。大部分照片为笔者依据自己掌握的一手文献扫描而成，也有部分图片由田克萍老师和黄潇、兰婷、范静等学生提供。一般而言，凡是他人提供的图片，笔者均在图片下方标明提供者姓名。凡是笔者提供的图片，除极少数例外，均未标明提供者信息。——不过，由于笔者无法找到2011年夏秋之际在德里大学图书馆拍摄的某些印度学者如邵葆丽等人著作的书影，相关图片付诸阙如。

# 第一章
# 印度独立以前的汉学研究

任何一位研究印度汉学发展的学者，如果忽略思考印度独立以前汉学研究的独特情况，必将在研究中遇到许多无法解释的现象。因此，本章先探讨印度汉学发展之初的一个独特现象：缺乏前现代汉学研究传统。

## 第一节 印度为何缺乏汉学研究传统

当代学者认为："印度古代文明与埃及、美索不达米亚和希腊文明不同的地方在于，它毫无断裂地得以保存至今……事实上，印度与中国拥有世界上最悠久的连续不断的文化传统。"[1] 印度作为中国当今最重要的邻国之一，其文明的精华自然难逃国内学界有识之士的法眼，诸如古代印度佛教、印度教、印度文学与文艺理论、印度历史、哲学、天文、医学等，都已成为学者们研究的对象。近年来，印度的学术动向也引起国内学界的关注。独具特色的印度汉学或中国学，便是其中的一个亮点。了解当代印度

---

[1] A. L. Basham, *The Wonder That Was India: A Survey of the History and Culture of the Indian Subcontinent before the Coming of the Muslims*, New Delhi: Picador India, 2004, p.4.

# 第一章　印度独立以前的汉学研究

的中国学，无法回避其现代起源问题，因此本章尝试探讨如下几个方面的问题：印度为何缺乏前现代汉学研究传统？现代印度的中国学研究如何萌芽？其正式诞生的标志是什么？标志性人物是谁？师觉月、S.拉达克里希南和 M.N.罗易等人的中国研究都有哪些内容和基本特色？如何评价谭云山在印度汉学发轫期的特殊历史地位？这一系列看似简单实则复杂的问题，必须回到古代印度和中印古代文化交流的历史深处，或须检视20世纪上半叶即印度独立以前的中印友好互动以寻找答案。从本章研究的对象看，它们大多涉及严格意义上的汉学研究。

　　进入正题之前，先说说印度中国研究的分期问题。谭中将现代印度的中国研究分为三个发展阶段：第一阶段是1918年至1962年，印度以文化视角研究中国文化；第二阶段是1964年至今，充满敌意的地缘政治范式成为这一时期中国研究的主流，但也有某种自觉的超越姿态；第三阶段是"将来式"，一批出生于1962年后的年轻学者崭露头角，他们在中印先后崛起于国际舞台的背景下"策划印度的中国研究如何与时俱进"。[1] 应该说，这种分期可使人很快把握印度中国研究的大致脉络，但对细致入微的科学研究而言，似乎显得过于空泛，使人无法把握每一时期的主流人物及其代表作、思想脉络。

　　章立明将印度的中国研究分为三个阶段："一枝独秀的中国学院时代（1937—1962）""以战略分析为导向的中国研究（1963—1987）""遍地开花、多元导向的中国研

---

[1]　谭中：《现代印度的中国学》，载《南亚研究季刊》2011年第1期，第89页。

究（1987— ）"。[1]这种三分法简洁明了，自有长处，但如对印度中国研究发生的源头和印度独立以来的中国研究曲折发展进行分析，似乎可以再分。

本书此处将印度汉学研究发展史分为四个阶段进行考察：1918年至1947年、1948年至1964年、1965年至1988年、1989年至2021年。之所以如此分期，主要是考虑20世纪以来复杂多变的中印关系对印度中国研究施加了非常微妙的影响。此外，采取四分法，也有利于更为细致地观察每一阶段的代表人物及其著述。

接下来对印度为何缺乏汉学研究的前现代传统进行简析。

放眼当今学术界，印度汉学虽无法像德国、法国、美国、俄罗斯等西方国家的汉学或日本等东方国家的汉学那样，成为一门显学，但印度文明的悠久历史与中印文化的千年关系又使人无法释怀：印度应有自己悠久的汉学研究传统。非常遗憾的是，事实胜于幻想：印度没有类似法国汉学、德国汉学、美国汉学、日本汉学的前现代传统。例如，1986年，印度学者戴辛格在《中国述评》上发文指出："在印度的中国学研究迎来自己的时代以前，还有很长的路要走。印度从来没有自己的汉学传统……印度中国研究最大的弱点是，印度学者的语言能力很差。"[2]印度学者的内部视角肯定了印度汉学缺乏近代基础的尴尬事实。

---

[1] 章立明：《印度中国研究经历三个阶段》，载《中国社会科学报》2012年12月19日。

[2] Giri Deshingkar, "Sinology or Area Studies?" *China Report*, Vol. 22, No. 1, 1986, p.79.

那么，如何解释这一看似反常、实则平常而又合理的学术现象呢？且让我们回到历史深处搜寻答案。

中国出版的世界史教材是这样介绍古代印度的："古代印度是一个历史上的地理概念，指喜马拉雅山以南的整个南亚次大陆。它包括了现在的印度、巴基斯坦、孟加拉国、尼泊尔、不丹等国的领土。在古代印度，并不曾有任何一个国家以印度作为自己的国名。可是，波斯人、希腊人都泛称这一地区为印度，我国《史记》《汉书》称之为身毒，《后汉书》称之为天竺，唐代玄奘认为以上音译都不太准确，乃改译为印度。印度作为地域的名称是从印度河的名称引申而来的。"[1] 事实上，印度在中国古代典籍中有多种译名，如身毒、贤豆、天竺、忻都、婆罗门国、欣都思、印毒、印都、印特伽、盈丢等。唐玄奘《大唐西域记》卷二《印度总述》写道："详夫天竺之称，异议纠纷，旧云身毒，或曰贤豆，今从正音，宜云印度。印度之人，随地称国，殊方异俗，遥举总名，语其所美，谓之印度。印度者，唐言月。月有多名，斯其一称。"[2] 自玄奘为印度正名以后，后人沿用至今。正如玄奘所言，印度古代小国林立，随地称国，印度的确是其总名而已。因此，古人又称印度为"五印度""五天竺"，或简称"五印""五天"，即东印度、西印度、南印度、北印度、中印度之总称。但如从学理上考究，玄奘的记载有些失误，他误把"印度"

---

[1] 刘家和、王敦书主编：《世界史·古代史编》（上卷），北京：高等教育出版社，2014年，第54页。
[2] ［唐］玄奘、辩机著，季羡林等校注：《大唐西域记校注》（上），北京：中华书局，2000年，第161页。

一名解释为与之读音相同的梵语名词"indu"的音译,并提出所以称之为"月"(indu)的原因。在他之后去印度留学的义净在《南海寄归内法传》里指出了这种说法的错误:"或有传云,印度译之为月,虽有斯理,未是通称。且如西国名大周为支那者,直是其名,更无别义。"[1]

按照学界的说法,《利论》(即《政事论》)也许是最早记载中国的梵语经典,[2] 这在该书提及中国蚕丝的第二篇(II.11.47)中可以找到证据。季羡林先生赞成该书成于公元前4世纪的说法。他在1991年写成《中印文化交流史》一书,在论述中国的丝通过古代"丝绸之路"传到印度和中国丝衣在印度人心目中占据显赫地位时,他引述了《利论》中的一个句子:"丝(憍奢耶)及丝衣产于支那国。"[3] 原文为 tathā kauśeyam cīnapaṭṭāsca cīnabhūmijā vyākhyātāḥ,见于该

---

[1] 〔唐〕义净著,王邦维校注:《南海寄归内法传校注》,北京:中华书局,1995年,第141页。
[2] 例如,1974年6月,饶宗颐先生在发表于台北《中央研究院历史语言研究所集刊》的论文《蜀布与Cīnapaṭṭa:论早期中、印、缅之交通》中说:"最早言及Cīna的书,要算Kauṭilya的《国事论》(Arthaśāstra),其中有云……"参阅饶宗颐:《梵学集》,上海:上海古籍出版社,1993年,第230页。他又说:"Cīna一字所代表的意义,向来被认为是'秦'的对音……1963年,我在印度Poona和Bhandarkar研究所,见印人Manomohan Ghosh君发表《支那名称稽古》一文,重新讨论这个问题,认为Cīna自当指'秦'无疑。惟始皇帝统一只三十三年,而秦立国甚早,故梵文Cīna一字不会迟过前625年,惜彼于中国史事,仅据马伯乐的《古代中国》一书,所知至为贫乏。"参见该书第233页。上述两处引文,也可参见段渝主编:《南方丝绸之路研究论集》,成都:巴蜀书社,2008年,第390~391页。"《国事论》"即《利论》,Manomohan Ghosh应指《舞论》的梵文编订者和第一个英语全译者高斯。
[3] 季羡林:《中印文化交流史》,北京:中国社会科学出版社,2008年,第13页。季先生译文与原文略有出入,因为他没有完整地翻译原句。

书第 2 篇第 11 章（总第 27 章）第 47 颂（句）。[1] 朱成明博士的相关译文是："野蚕绢与'脂那地'所产绸布，可由此说明。"[2] 所谓的"脂那地"[3] 即cīnabhūmi，可以译为"中国"。朱博士在解释该句时指出："脂那地"到底是不是真的指古代中国尚存争议，但通过《大孔雀咒王经》(Mahāmāyūrīvidyārājñī) 的三个汉译本对该词的统一翻译可以判断，中国被古印度文化经典《利论》称为cīnabhūmi，"并非偶然，此地应该也是指中国"。[4]

历史上的中印交流要早于中国与欧美各国的交流。一本高校教材在提及最早的中印交流时写道："印度在中国古书上称为'身毒'或'天竺'。早在公元前 2 世纪，中国和印度就有经济往来。张骞第一次出使西域，在大夏曾看到中国的邛竹杖和蜀布，询问大夏人得知是从身毒国贩运去的。"[5] 既有历史悠久的经济往来，文化交流自然源远流长、内容丰富。事实的确如此。不过，以印度佛教为轴心运转的中印古代文化交流，显示出极为强劲的单向性。虽然学界对此尚存争议，但也无法完全否认这一历史现象的客观存在。

---

[1] V. Narain, ed., R. Shamasastry, tr., *Kautiliya Arthasastra*, Vol. 1, Varanasi: Chowkhamba Vidyabhawan, 2010, p. 152; Ashok Kumar Shukla, ed., *Kauṭiliya's Arthaśāstra*, Vol. 1, New Delhi: Parimal Publications, 2019, p. 175.
[2] ［古印度］憍底利耶：《利论》，朱成明译注，北京：商务印书馆，2020 年，第 126 页。
[3] 中国古代将梵文Cīna译为"脂那"或"支那"（文物国）、"指难"。参见［宋］法云撰：《翻译名义集校注》，富世平校注，北京：中华书局，2020 年，第 247 页。
[4] ［古印度］憍底利耶：《利论》，朱成明译注，第 126 页。
[5] 朱绍侯、齐涛、王育济主编：《中国古代史》（上册），福州：福建人民出版社，2014 年，第 250 页。

从历史记载看,近代以前中印文化交流的一大特点是,印度对中国的影响一直处于"贸易出超"的状态。因此,欲了解中国的印度记载或汉译佛经概况并不困难,但如观察印度的中国记载却又非常不易。某些学者将之归结为印度来华僧人的文化优越感或宗教使命感所致,这也并非"空穴来风"。[1]这可从中国方面的记载略知一二。根据玄奘归国后所收两位弟子的记载可知,印度僧人的对华印象的确带有某种宗教优越感:"法师即作还意,庄严经像。诸德闻之,咸来劝住,曰:'印度者,佛生之处。大圣虽迁,遗踪俱在,巡游礼赞,足预平生,何为至斯而更舍也?又支那国者,蔑戾车地,轻人贱法,诸佛所以不生,志狭垢深,圣贤由兹弗往,气寒土险,亦焉足念哉!'"[2]从这里的叙述看,印度僧人显然是以佛国之世界中心观戏说其从未真正感知的东土大唐,并以天竺世界这一"佛生之处"对应或贬低"轻人贱法"和诸佛不生的"支那国"(中国)。这一方面说明印度僧人对他们未曾涉足的中国一无所知,另一方面也说明了他们居高临下的文化姿态。[3]在中国长达千年的弘法传教史上,有名或无名的天竺高僧不计其数,当其回到印度后,并未留下多少关于中国历史、文学、哲学、宗教的心得体会。印度当代著名历史学家、尼赫鲁大学罗米拉·塔帕尔(Romila Thapar)教授说过:

---

[1] 这方面的分析,参阅周宁:《"我们的遥远的近邻"——印度的中国形象》,载《天津社会科学》2010年第1期。
[2] 惠立、彦悰著,孙毓棠、谢方点校:《大慈恩寺三藏法师传》,北京:中华书局,2018年,第102~103页。
[3] 以上介绍参阅尹锡南:《印度的中国形象》,第2~3页;尹锡南:《印度中国观演变研究》,北京:时事出版社,2014年,第18~19、23~24页。

第一章　印度独立以前的汉学研究

"众所周知，与中国或地中海世界的古代历史相比较，印度早期的历史记载是模糊的。印度的文献资料只能确认归属于某一段时期而非某个准确的年代（precise date）。"[1] 她还认为："印度历史的现代书写发端于殖民时期对印度历史的认识，这对后来阐释印度历史影响深远。从18世纪起，这种历史书写随着次大陆各个地方开始确立殖民统治而成型。欧洲学者想了解印度历史，但却发现印度没有欧洲人所熟悉的那种历史，某种程度上，欧洲的历史观受到欧洲启蒙思潮的影响。"[2]

我们自然可以从印度人自古不好历史记载等表面因素进行解释，但或许可以这样说，印度古人具有文化优越感或宗教优越意识，这也在很大程度上束缚了他们对中国文化精髓的译介。印度学者D. M. 达塔（Dhirendra Mohan Dutta）在60年前的一篇论文中直言不讳地指出："文化傲慢（cultural vanity）不是一种真正文化的标志，自负会导致停滞不前。到了我们该发自肺腑地扪心自问的时候了：千余年之间，当中国与日本以自己的语言翻译了我们如此之多的作品、西方学者翻译了许许多多此类经典而丰富他们的语言和文化时，我们又以自己的印度语翻译了哪怕一种中国、日本的巨著吗？然而，谁能否认孔子、墨子、杨朱、孟子、老子、卓越的禅宗大师和其他人智慧学说的全

---

[1] Romila Thapar, *The Penguin History of Early India from the Origins to AD 1300*, New Delhi: Penguin Books, 2003.
[2] Romila Thapar, *The Penguin History of Early India from the Origins to AD 1300*, p. 1.

部内在价值？这些智者矗立在人类文明的真正高峰上。"[1] 没有译介，自然没有研究。虽然有些学者勉力搜寻古代印度自动接受、传播中国文化的例子且略有收获，但整体看来，并不足以完全推翻这样一种基本判断：以弘法高僧为代表的印度古人对于向天竺国传播中国文化兴趣不大，否则，车载斗量的印度梵文古籍一定会留下足够令人惊喜的蛛丝马迹。关于这一点，师觉月指出："古代中国文献揭示了悠久的中印关系。奇怪的是，印度方面的文献对两国的交流记载甚微。不过，考底利耶的《政事论》提到了中国丝与中国布，印度史诗《摩诃婆罗多》提到了中国（Cina）。我们不能确定这些作品的成型时间。"[2]

自从印度佛教失去了交流载体的作用以后，中印文化交流的内容主要指通商贸易与外交活动等领域了。在这两方面，明代要远远超过元朝。它的特点是：时间更长，地域更广。[3] 明代的中印文化交流可以从郑和下西洋这一历史事件进行考察。按照季羡林先生的观点，到了明末清初，中外文化交流产生了"大转折"，这迅速改变了中外文化交流的性质。中国同欧洲为代表的西方世界的文化交流，成为"一股激流"，而同亚洲国家的交流，则成为"涓涓

---

[1] Dhirendra Mohan Dutta, "Our Debt to China and Japan," Kshitis Roy, ed., *Sino-Indian Studies*, Calcutta: Visva-Bharati Publishing Department, Vol. 5, Parts 3 & 4, 1957, p.39.

[2] Prabodh Chandra Bagchi, *India and China: Interactions through Buddhism and Diplomacy: A Collections of Essays by Professor* Prabodh Chandra Bagchi, compiled by Bangwei Wang and Tansen Sen, London, New York, Delhi: Anthem Press, 2011, p.205. "考底利耶"也作"憍底利耶"。

[3] 季羡林：《季羡林全集》（第十三卷），北京：外语教学与研究出版社，2010年，第485页。

细流",大有若断若续之势。"中印文化交流就属于这个范畴。"[1] 换句话说,在季先生看来,清初以前是"东土"与"西天"即中国文化与印度文化"合流"的时期,但在大转折后,一切都变了。此后,开始出现新的文化"合流",即中西合流或曰"中西流"。这种迥然有别的"中西流"很快就在声势上盖过了以往风光无限的"中印流"。如此一来,中印文化交流的命运和面貌也将发生巨变。

另一方面,随着近代时期的印度、中国相继沦为西方列强的殖民地或半殖民地,中印两国的人员往来以印度士兵跟随宗主国英国来华镇压太平天国起义和义和团运动等历史事件为标志,印度与中国的近代知识分子直面交流的机会几乎断绝。他们在新的历史条件下,分别绘制着"印西流"和"中西流"的文化图景。换句话说,亡国亡种的民族忧患,加上西方文化的特殊魅力,使得中印两国的文化精英在很长一段时期顾不上打量邻国的文化风景,更谈不上学术层面的系统翻译和深入研究。

由此可见,无论是古代来华后返回印度的高僧,还是近代文化交流几乎隔绝条件下的印度知识精英,他们限于各种主观、客观的因素,缺乏足够的汉学研究动力和兴趣,自然也就难以留下多少有价值的汉学研究著述(当然不能排除因历史资料匮乏而被淹没在世人视线外的少数例外)。因此,戴辛格所谓的"印度从来没有自己的汉学传统",确属精辟之见。

当然,任何事物都没有完全的绝对。诚如前述,几位

---

[1] 季羡林:《季羡林全集》(第十三卷),第508页。

近代印度来华人士的中国叙事中,就是一些耐人寻味的例外。[1] 他们的中国游记包含着程度不一的"汉学颗粒",这可视为20世纪初印度汉学的一种朦胧意识或萌芽。[2]

## 第二节　印度现代汉学萌芽及其时代背景

国内外学界几成共识的是,现代意义或曰欧美意义上的印度汉学萌芽于20世纪初,它与新时期的中印文化互动、西方东方学家S. 列维(Sylvain Levi, 1863—1935)等造访印度和印度智者远涉重洋学习包括汉学在内的东方学以探究印度古代文明的世界地位及其"含金量"等因素密切相关。这一小节拟对印度现代汉学萌芽的时代背景进行简介,其他相关问题在后文论及师觉月等人的汉学成就时一并介绍。

首先遇到的问题是:印度现代汉学的萌芽以何为标志?这里引用国内外几位学者的观点进行说明。

印度学者哈拉普拉萨德·雷易在《中国述评》1992年第4期上撰文指出:"1918年,加尔各答大学为印度历史文化专业的研究生开设了一门'中国语言文学'课程,为将东亚研究提升到学术高度迈出了坚实的第一步。"[3] 林

---

[1] 具体情况参见中印联合编审委员会编:《中印文化交流百科全书》,北京:中国大百科全书出版社,2014年,第301~303页;中印联合编审委员会编:《中印文化交流百科全书》(详编上),北京:中国大百科全书出版社,2015年,第734~735页。
[2] 具体情况参见本书附录4——《〈在华十三月〉的中国书写》。
[3] 哈拉普拉萨德·雷易:《印度的中国学研究概览》,蔡晶译,载蔡枫、黄蓉主编:《跬步集:深圳大学印度学研究文选》,第231页。

承节指出："1918年加尔各答大学开设了中国语言和文学课,这是近代印度大学里研究中国学的第一个步骤。"[1]邓兵认为:"1918年加尔各答大学第一次为学习印度历史与文化的研究生开设了中国语言与文学课程,可谓开了现代印度中国学研究的先河,成为现代印度的中国学研究的奠基之举。"[2]谭中认为:"现代印度大学中最早的中文班始于1918年加尔各答大学历史系,但效果较小、影响不大。大家熟知的是印度'诗圣'、1913年诺贝尔文学奖获得者泰戈尔于1921年在孟加拉邦'和平乡'创办'国际大学'。"[3]

上述几位学者在论及印度的中国研究或中文教学时,不约而同地提到1918年这个关键词。尽管加尔各答大学的中文课影响不大,但它毕竟是印度汉学萌芽期第一声清脆的独立鸣叫,因此将其称为印度现代汉学的萌芽似不为过。与师觉月师承的法国汉学相比,印度汉学的萌芽可谓姗姗来迟。1688年,法国的耶稣会传教士奉命来华,开启了法国汉学的序幕,由传教士转为汉学家的包括洪若翰(Jean de Fontaney,1643—1710)和李明(L. D. Le Comte,1655—1729)等多人。1814年12月11日,雷慕沙的汉语讲座被视为西方汉学的开始。[4]由此可见,印度汉学比之法国汉学的开端,至少晚了200多年。对于人文学科而言,200年的距离不是一个小数。这也是当今印度汉学始终难

---

[1] 林承节:《中印人民友好关系史(1851—1949)》,第229页。
[2] 邓兵:《20世纪印度的中国研究》,张玉安主编:《东方研究》,北京:国际文化出版公司,2002年,第534~535页。
[3] 谭中:《现代印度的中国学》,载《南亚研究季刊》2011年第1期,第89页。
[4] 何培忠主编:《当代国外中国学研究》,第164~165页。

与法国、德国、美国等西方国家汉学相提并论的重要原因之一。

印度汉学研究之所以出现这种"怪相",前文已经分析了其中的某些关键因素。下文对印度现代汉学萌芽的时代背景和相关情况做些简介。

季羡林先生曾将中印文化交流分为七个阶段:滥觞期(秦汉以前)、活跃期(后汉三国,25—280)、鼎盛期(两晋南北朝隋唐,265—907)、衰微期(宋元,960—1368)、复苏期(明朝,1368—1644)、大转变时期(明末清初)和清代的"涓涓细流"期。[1] 按此分期,新时代的中印文化交流发生在最后一个阶段。印度汉学的萌芽和草创,也注定与一个伟大的人物和一所闻名世界的乡村学校发生联系,这便是印度现代伟大的诗人泰戈尔(Rabindranath Tagore,1861—1941)及其创办的国际大学(Visva-Bharati University)。

根据现有资料可知,19世纪中后期至1920年左右,中印之间的交流非常稀少。20世纪初,虽然中国知识界已经开始译介印度文学作品,中印文化界人士仍旧缺乏正常的面对面交往。在这种非常不理想的时代背景中,印度大诗人、亚洲第一个诺贝尔文学奖获得者泰戈尔1924年访华被当代历史学家称为中印文化交流史上的一个"转折点"。[2] 限于中国当时非常复杂的社会政治环境,陈独秀等部分激进知识分子对泰戈尔访华持反对的姿态。虽有激烈的不和谐声浪,梁启超、徐志摩和胡适等人却对来华演

---

[1] 参阅季羡林:《季羡林全集》(第十三卷),第365~539页。
[2] 林承节:《中印人民友好关系史(1851—1949)》,第150页。

讲的泰戈尔表现得非常热情。泰戈尔访华的历史意义不可低估。可以说，这次访问的确打开了现代中印文化交流的正常通道。"自此以后，两国人民发展友谊的内容大大拓宽了。反帝斗争中的合作依然是友谊的主体，但它有了文化交往这个强劲的侧翼……泰戈尔访华的意义还不止此。他是近代印度第一个正式来华访问的友好使者，是抱着恢复和发展两国传统的友谊的愿望而来，是为架设友好桥梁而来。他的访问成功地把两国人民的友好联系推进到建立两国人士正常交往与合作的阶段。中印两国人民近现代友好关系史由此掀开了新的一页。"[1]

自1924年泰戈尔访华后，中印两国文化交流在新的时代背景下逐渐展开。泰戈尔来华前，中国知识界对印度文化的认识与研究有限，主要表现为对泰戈尔作品的译介及对他的研究。因他访华激起的了解印度的热情，以对印度文学、哲学、历史等多方面研究的开展而迸发出来，这体现了泰戈尔访华之于中印文化交流的巨大时代意义。

20世纪初，中国人对印度历史、文学、哲学、佛学等知识领域所进行的现代学术意义上的研究已经开始。[2] 大学里开设印度学课程始于1916年，这年，许季上在北京大学开设印度哲学课，后改为梁漱溟讲授。20年代末30年代初，又有一些大学开设与印度有关的课程，如1931年陈寅恪在清华大学开设佛典翻译文学课。印度方面，直到

---

[1] 林承节：《中印人民友好关系史（1851—1949）》，第150页。
[2] 此处关于中印现代文化交流的发展概况和现代中国学者对印度历史文化研究概况、印度学者的中国学研究概况的介绍，主要参阅林承节：《中印人民友好关系史（1851—1949）》，第22~242、411~454页；同时参阅薛克翘：《中国印度文化交流史》，北京：昆仑出版社，2008年，第460~504页。特此说明。

1921年国际大学创办之前，对中国文化和历史的研究"几乎是一片空白"[1]。这说明了印度汉学缺乏前现代积累的真实一面。有鉴于此，国际大学为中国学者到印度去研究和讲学奠定了物质基础，也鼓励和支持西方学者来印教学和研究，鼓励师觉月等印度学者远涉重洋求取东方学的"真经"。"国际大学的创办，在促进印度的中国研究方面起了重要作用。中国学在该校课程中占特殊重要的地位"[2]。

20世纪初，中国去国外留学者日益增多，主要是去日本、欧洲，没有人去印度。泰戈尔访华后，开始有人去印度了。第一个去印度的中国留学生是曾圣提。他受苏曼殊和泰戈尔的影响去了印度。他在泰戈尔和甘地身边学习过，1925年回国。"第一个去印度从事文化交流的中国学者是谭云山"[3]。谭云山也受到泰戈尔人格的感召，抱着促进中印文化交流的愿望，于1928年9月来到印度国际大学。谭云山在国际大学一面研究佛学和印度文化，一面开设中文班，教授中文，并开始学习梵文。从他去之后，国际大学的中国学研究得到了加强。1931年周游印度后，他写了《印度周游记》，1933年该书出版。蔡元培、于右任等为之题字祝贺，蔡元培题写书名，于右任的题辞是："中印民族与中印文化之联络者"[4] 1935年，谭云山又出版《印度丛谈》，对印度各方面情况予以介绍。"谭云山可说是我国

---

[1] 林承节：《中印人民友好关系史（1851—1949）》，第229页。
[2] 林承节：《中印人民友好关系史（1851—1949）》，第229页。
[3] 林承节：《中印人民友好关系史（1851—1949）》，第230页。
[4] 转引自林承节：《中印人民友好关系史（1851—1949）》，第232页。

近代以来第一位对印度了解最全面最深入的人,他的介绍很好地起到了帮助中国人民较多地了解印度的作用"[1]。印度学者哈拉普拉萨德·雷易认为:"谭云山完全应该称为现代中国的玄奘(the Xuanzang of modern China),对他来说,国际大学就是现代的那烂陀(Nalanda),而泰戈尔身上体现了戒贤(Silabhadra)和迦梨陀娑(Kalidasa)二位的人格。"[2]

20世纪20年代后半期至30年代初,去印度访问的学者和作家还包括徐志摩、许季上、许地山、高剑父、陶行知等人。他们中的很多人都是因为泰戈尔才与国际大学、与印度结缘的。这充分说明,泰戈尔对中印文化交流贡献巨大。

在印度数年后,谭云山对中印文化交流不理想、不顺畅的情况有了颇为清晰的认识。为了改变这一落后局面,1931年,他和泰戈尔酝酿了建立中印学会的计划。[3] 该计划的最初思路得到了甘地首肯。蒋介石和一些国民党要员也对此表示支持。这显示了中国政界和文化界在加强中印文化交流方面的共同立场。1934年5月,印度的中印学会成立,泰戈尔任主席,尼赫鲁后来任名誉主席,普拉沙德、S.拉达克里希南等名人曾任各地负责人。1935年5月3

---

[1] 林承节:《中印人民友好关系史(1851—1949)》,第232页。
[2] Tan Chung, ed., *In the Footsteps of Xuanzang: Tan Yunshan and India*, New Delhi: Indira Gandhi National Centre for the Arts, 1999, p.172.
[3] 关于谭云山与中国、印度的中印学会成立和具体运作的相关历史细节,参阅谭中、郁龙余主编:《谭云山》,北京:中央编译出版社,2012年,第34~85页。

日，中国的中印学会在南京正式成立。[1] 蔡元培当选为理事会主席，戴季陶当选为监事会主席。第一个中印文化交流的民间组织就在中印两国分别成立了。中国的中印学会成立初期主要做了三件事情：一是向印度国际大学捐赠了一批中国古籍；二是向国内呼吁教育界和学术界在大学里设立印度佛学和印度文明史讲座；三是帮助泰戈尔的国际大学募集资金建立中国学院。[2]

1937年4月14日，国际大学的中国学院举行成立典礼，这是中印现代文化交流史上开天辟地的大事件。甘地、尼赫鲁等人高度重视中国学院。泰戈尔在成立典礼上做了题为《中国和印度》(China and India) 的讲话。他激动地说："今天确实是我的大好日子，我期待这一天很久了，期待有此良机可以代表我们的人民，兑现我们历史中潜藏的古代诺言 (ancient pledge)：誓将建立印度人民与中国人民的文化交流与亲切友谊。我们的祖先在1800年前就以无限的坚韧毅力与奉献精神夯实了文化交流的基础。"[3] 泰戈尔接着引述了他曾经对中国友人说过的话："我的朋友们，我来到这里是请求你们重新开启对话交流的渠道，我希冀交流渠道尚存……我的生命尚未达到完美的意识，这种信息 (message) 需要完美意识方可结出硕果。我们印度人是

---

[1] 关于中国、印度的中印学会究竟在哪边先成立的问题，郁龙余依据谭云山在《印度丛谈》里所写的话，做出了不同的解释。他的看法得到了谭中的肯定。参阅谭中、郁龙余主编：《谭云山》，第37~38页。
[2] 参见薛克翘：《中印文化交流史话》，北京：商务印书馆，1998年，第169页。
[3] Sisir Kumar Das, ed., "A Miscellany," *The English Writings of Rabindranath Tagore*, Vol.3, New Delhi: Sahitya Akademi, 2002, p.711.

一个被打败的民族（a defeated race）；我们政治失势，军事弱势，经济乏力。我们不知道如何实实在在地帮助你们，也纳闷怎么会给你们实质性的伤害。不过，幸运的是，我们仍旧可以作为你们的客人、主人（hosts）、兄弟或朋友与你们相逢。就这样吧。如同你们邀请我到你们那儿一样，我邀请你们来到我们这儿。我不知道你们是否知道我在自己的土地上建起的这所大学（国际大学），它的一个目标是：印度欢迎全世界来到它的中心（heart）。"[1] 泰戈尔的讲话融汇了诗人的激情与民间外交大使的睿智、教育家的高瞻远瞩，即便80多年后的今天读来仍然令人感慨。中国学院代表了泰戈尔对恢复中印传统友谊的梦想，而这梦想一旦播种、发芽，中国研究的鲜花就会满园芬芳。

中国学院的成立使中印文化交流有了一条现代通道。泰戈尔与谭云山为中国学院的建立和中印文化交流的恢复立下了不朽功勋。谭云山被任命为中国学院首任院长。他为中印学会和中国学院制定的宗旨是："研究中印学术、沟通中印文化、融合中印感情、联合中印民族、创造人类和平、促进世界大同。"[2] 谭云山至死没有加入印度国籍，他的心属于中印两大兄弟文明。为表彰他对中印文化交流所做出的杰出贡献，中国全国政协于1957年选举他为特邀委员。1979年，印度国际大学授予他文学博士学位。后世有人将谭云山尊称为继玄奘、苏曼殊之后的"白马投荒第

---

[1] Sisir Kumar Das, ed., "A Miscellany," *The English Writings of Rabindranath Tagore*, Vol. 3, pp. 711-712.
[2] 转引自谭中：《现代印度的中国学》，载《南亚研究季刊》2011年第1期，第90页。

三人"。[1]

抗日战争和第二次世界大战爆发以来,客观条件对开展中印文化交流限制颇多,但中印文化界、学术界还是克服困难,勉力为之。和前一段时间比起来,这一时期的新因素是,文化交流成为国民党和国大党两党合作的主要内容之一。1939年尼赫鲁访华期间和之后,两党拟订了中印民族合作运动计划,其中许多项目具有文化交流性质。1942年,蒋介石访印期间,提出了实施交换留学生和学者的计划。于是,文化交流不再只由文化界人士牵头,政治家们也参与进来。这完全可以视为中印现代关系史上最为典型也最为有效的公共外交行为。这使得20世纪40年代的中印文化交流"不仅范围扩大,而且多种渠道,齐头并进"。[2]

先看中国方面。抗日战争开始后,中国去印度讲学和研究的学者主要有金克木(1941)、吴晓铃(1942)、徐梵澄(1942)、陈翰笙(1944)、常任侠(1945)、陈洪进(1945)等。他们回国后都成为研究印度学的著名学者,写出了一批重要著作,或译出了重要的印度文化经典。在此之前,季羡林赴德国学习梵文、巴利文、吐火罗文(1935—1946)。1943年3—4月间,中国文化访问团访问印度,双方协议,当年即互派10位研究生。自此以后的几年中,中国派往印度的留学生主要有杨瑞琳、巫白慧、巴宙(Pa Chow, 1918— )、李开物、周达甫、杨允元等

---

[1] 谭中、郁龙余主编:《谭云山》,第24页。
[2] 参阅林承节:《中印人民友好关系史(1851—1949)》,第410页。

人。他们后来也成为研究印度的学者。就课程设置而言,1942年,云南建立了国立东方语文专科学校,这是中国大学首次设立印度语言文学专业。该校教授印地语、印度历史、宗教等,后迁至南京。1946年,北京大学成立东方语文系,教授印度语言文学。同年,金克木在武汉大学开设印度哲学课程。1949年新中国诞生以前,中国的印度学研究成果(著作和论文)非常丰富,涉及梵语文学与泰戈尔作品的翻译和研究、印度哲学与佛学、印度历史、中印文化交流史等方面。以上各领域研究成果不胜枚举,兹不举例。[1]

再看印度方面。1943年,中印政府决定互派留学生,首批9名印度留学生于当年11月来华。他们在中国主要学习中国历史文化。1947年,印度临时政府派遣10名留学生来华,学习中国语言、艺术、哲学等。1948年,印度独立后又派遣了一批留学生。这些人中,有的后来成为汉学研究者,如前述印度大诗人泰戈尔的侄儿泰无量便是如此。这一时期,就印度研究中国文化的机构而言,主要有下面三处。最早成立的是泰戈尔的国际大学,主要研究者包括谭云山、师觉月、S.列维等人。20世纪30年代,在新德里,拉古·维拉创办了另一个重要的中国学研究机构即印度国际文化研究院。从1937年起,他开始研究中国文化和中印关系史,并与中国同行们进行学术交流,其子洛克希·钱德拉继承了父业,后来成为相关领域的研究专家。这期间,

---

[1] 此处言及的研究者和研究成果详见林承节:《中印人民友好关系史(1851—1949)》,第427~454页。

在浦那的费尔古森学院也建立了一个研究中国文化的机构。P. V. 巴帕特和V. V. 郭克雷二人是这个研究中心的核心人物，他们主要研究中国佛教。这一时期在印度研究佛教并有成果问世的学者还有白乐天（Prahlad Pradhan, 1910—1982）、巴宙、N. A. 夏斯特里（N. Aiyaswami Sastri, 1910—1978）及冉云华（1924—　）等人。[1]

1947年印度独立以前，介绍或研究中国艺术的论文与著作极为罕见。仔细考察，仍可发现极少数著作中出现了中国艺术的影子，如印度加尔各答的学者S. M. 泰戈尔（Sourindro Mohun Tagore）根据各种相关文献汇编而成的《世界音乐史》于1896年出版，他在书的开头介绍亚洲音乐时，首先介绍中国汉地与西藏地区古代音乐概况。该书于1963年再版。[2] 编者在书的开头介绍中国古代音乐，显示了独立以前的印度学者对中国古代文化的高度重视。

此外，印度学者V. G. 奈尔（V. G. Nair）于1947年出版了题为《理解中国与缅甸》的文集。该书多篇短文涉及中印文化交流、人员往来、中国政治局势等主题，例如，其中的《南印度与中国的关系》一文提到历史上卡里库特等地与中国的关系。[3] 作者对中国的现实了解不多，因此出现很多叙述失实或误解之处。例如，他将蒋介石的治国理念解说为按照孔子"天下一家"的思想实现"理想目标"，以保障人民权益。他认为蒋是中国穷人中的"最贫

---

[1] 参阅林承节：《中印人民友好关系史（1851—1949）》，第420~422页。
[2] Sourindro Mohun Tagore, *Universial History of Music*, Varanasi: Chowkhamba Sanskrit Series Office, 1963, pp. 22-30, pp. 42-43.
[3] V. G. Nair, *China and Burma Interpreted*, Santiniketan: Sino-Indian Cultural Society, 1947, pp. 114-117.

穷者",蒋介石与尼赫鲁一样,并无任何私产。[1] 其实,这是对蒋介石道德品行等的全面误读,此等言论不足为信。

历史学家指出:"总之,到印度独立、中国解放前,中国学、印度学已作为一门学科在两国开始创立,有了专门的机构、专门的人员,并开始取得研究成果。"[2] 虽然说这些成果还存在良莠不齐的状况,研究基础还非常薄弱,但却为后来中国学和印度学研究在两国的长期开展打下了基础。

## 第三节 师觉月

与泰戈尔、谭云山一道,师觉月是对印度国际大学中国学院贡献最大的三人之一。他是"印度第一个专门研究中国学的学者"。[3] 印度国际大学中国学院教授那济世(Arttatrana Nayak)在为《中印文化交流百科全书》撰写有关师觉月的条目时指出,他是"印度中印学家。为20世纪中印古典学以及中印文化交流史的研究作出了具有原创性的贡献"[4]。应该说,这种评价基本上合适,因为它大体上概括了师觉月涉及汉学研究的两个基本方面,如对其著述进行全面、深入的分析,我们会发现,师觉月的身份的确远非汉学家(或中国学家)这一标签所能囊括。这一现

---

[1] V. G. Nair, *China and Burma Interpreted*, Santiniketan: Sino-Indian Cultural Society, 1947, pp. 45-46.
[2] 林承节:《中印人民友好关系史(1851—1949)》,第421~422页。
[3] 邓兵:《20世纪印度的中国研究》,张玉安主编:《东方研究》,第544页。
[4] 中印联合编审委员会编:《中印文化交流百科全书》(详编上),那济世撰,张忞煜译,北京:中国大百科全书出版社,2015年,第583页。

象还将出现在后文第五章分析的当代学者洛克希·钱德拉的学术身份上。[1]

## 1. 师觉月的学术生涯

对一般中国人而言,师觉月可能是一个非常陌生的名字,甚至对许多研究南亚现实问题的专家而言,都显得有些陌生,但对研究中印文化交流的学者而言,他的名字不可谓不响亮。王邦维教授说:"就学术研究的角度而言,师觉月的学术论文,已经有相当的影响。其中一些在发表的当时,曾经有着创新的意义。论文中一些结论,至今仍具有说服力,甚至可以说至今仍然还处在研究的前沿,被从事中印研究的学者们所引用。但在此同时,我们也要看到,他文章中涉及的一些题目,在今天的中国和印度,还需要有人去做更多的研究。"[2]

1898年11月18日,本名P. C. 巴克奇(Prabodh Chandra Bagchi, 1898—1956)的师觉月出生于当时属印度、现属孟加拉国的杰索尔(Jessore)。[3] 师觉月的印度原名之姓Bagchi属当地望族婆罗门阶层。他自幼天资聪颖,成绩优异,后入克里希那纳格尔政府学院学习梵文,致力于了解古代印度文明。毕业后,师觉月进入加尔各答大学

---

[1] 本节相关介绍,参考尹锡南:《印度学者师觉月的汉学研究》,《国际汉学》2018年第1期,第66~73页。
[2] Prabodh Chandra Bagchi, *India and China: Interactions through Buddhism and Diplomacy*, 采用王邦维先生自译。
[3] 此处关于师觉月生平的介绍,参考以下几本书的相关内容:Haraprasad Ray, ed., *Contribution of P. C. Bagchi on Sino-Indo Tibetology*, Kolkata: The Asiatic Society, 2002, pp.111-115;[印]师觉月:《印度与中国:千年文化关系》,姜景奎等译,北京:北京大学出版社,2014年,第204~206页;金克木:《金克木集》(第一卷),第524~525页;郁龙余等著:《梵典与华章:印度作家与中国文化》,银川:宁夏人民出版社,2004年,第481~490页。

学习古代史，于 1920 年获得硕士学位。其间，他在宗教学课程上获得最高分，表现优异而获得金质奖章。校长 A. 穆克吉（Asutosh Mukherjee）聘其为加尔各答大学研究生系讲师。此时，师觉月积极参加律师 P. 米什拉组织的革命团体，并参与爱国活动。1921 年，师觉月与 P. 戴薇（Panna Devi）结婚。

1922 年，师觉月被 A. 穆克吉派往圣蒂尼克坦即泰戈尔创办的国际大学所在地，跟随法国著名东方学家 S. 列维学习汉语、藏语和法语等东西方语言。S. 列维当时受泰戈尔之邀，来国际大学做客座教授。和 S. 列维建立师生关系，成为师觉月学术研究的重要起点。此后，师觉月跟随 S. 列维到尼泊尔，在杜尔巴尔图书馆（Durbar Library）即现在的尼泊尔国家档案馆，参与整理梵文和藏文抄本、藏译佛经，还参加梵文回译等工作。其间，他还学习古文书学和尼泊尔当地语言尼瓦利语（Newari）。

1923 年 5 月，师觉月获得游学奖学金，前往科伦坡、印度支那半岛、日本，陪同 S. 列维参观各地的佛教寺庙和遗迹，研究密教和佛教图像。当年 7 月，受印度政府奖学金资助，赴法国进行为期 3 年的高级研究，随著名东方学家伯希和（Paul Pelliot, 1878—1945）、马伯乐（Henri Maspero, 1883—1945）等学习东方学。S. 列维精通梵、藏、吐火罗语，主要致力于翻译、研究印度、汉地和中国西藏地区宗教典籍。他曾游历中、日、印等东方各国，担任法兰西学院、印度国际大学教授。具体说来，师觉月随 S. 列维研究梵语佛经，随伯希和研究涉及中亚地区（西域一带）的印度学，随马伯乐研究中国佛典，随因特·布洛克（Intes Block）研究巴利语佛典，随安托尼·梅耶（Antoine Meillet）学习古代波斯的文化经典《阿维斯塔》。1926年秋，师觉月获巴黎大学文学博士学位。从巴黎返回印度途中，师觉月在意大利做短暂停留，参观著名的庞贝城（Pompeii）、罗马和梵蒂冈，他为米开朗琪罗的作品而震撼。在法国的4年留学生活，法国各位东方学家的悉心培养，对师觉月的印度学研究、中印文化交流研究等产生了巨大的影响。[1] 师觉月从其所继承的法国汉学传统中受益匪浅。

1927年，师觉月关于中国汉译佛经的2卷本法语博士论文《中国佛教藏经：译者与译文》（Le Canon Bouddhique en Chine: Les Traducteurs et les Traductions）出版（共计742页），这可视为现代印度中国学（汉学）研究的正式开端。根据相关记载，师觉月的重要代表作之一《印中千年文化关系》（India and China: A Thousand Years of Cultural Relations，后文统一简称《印中》）[2] 首次发表于《大印度学会》（Greater India Society）杂志1927年第2期而非一般学者所记载的1944年。因此，将1927年视为印度汉学研究或"中印学"正式诞生或正式开端之年似不为过。[3]

---

[1] 关于师觉月接受法国东方学传统影响的具体分析，详见王琼林：《师觉月的汉学研究》，四川大学硕士学位论文，2016年，第48~60页。
[2] 该书的题目又被译为《中印千年文化关系》（刘朝华译，见郁龙余等著：《梵典与华章：印度作家与中国文化》，第486页），还被译为《印度与中国：千年文化关系》（北京：北京大学出版社，2014年）。笔者曾译为《印度与中国的千年文化关系》（见拙著：《印度的中国形象》，第177页）。愚以为，如果体现汉语典雅精练的表达特色，书名译为《印中千年文化关系》似不为过。
[3] 有学者指出："可以说，《印度与中国：千年文化关系》于1944年的出版正式确立了'中印学'这一新的研究领域。"由此可见，这一论断似乎值得商榷。参见［印］师觉月：《印度与中国：千年文化关系》，姜景奎等译，第198页。

# 第一章　印度独立以前的汉学研究

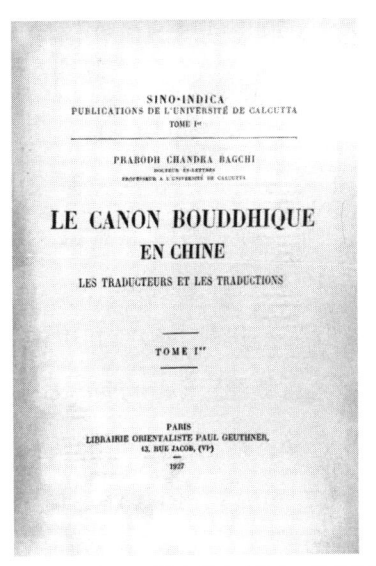

```
SINO-INDICA
PUBLICATIONS DE L'UNIVERSITÉ DE CALCUTTA
TOME Iᵉʳ

PRABODH CHANDRA BAGCHI
DOCTEUR ÈS-LETTRES
PROFESSEUR À L'UNIVERSITÉ DE CALCUTTA

LE CANON BOUDDHIQUE
EN CHINE
LES TRADUCTEURS ET LES TRADUCTIONS

TOME Iᵉʳ

PARIS
LIBRAIRIE ORIENTALISTE PAUL GEUTHNER
13, RUE JACOB, (VIᵉ)
1927
```

图 1　师觉月出版的博士论文封面（黄潇提供）

1926 年至 1945 年，师觉月供职于加尔各答大学，其间于 1929 年至 1930 年前往尼泊尔研究密教和印度教神秘主义思想。他在杜尔巴尔图书馆发现了五种贝叶经。1931 年起，师觉月与 S. K. 查特吉（Suniti Kumar Chatterji）、苏古马尔·森（Sukumar Sen）等人一道建立了名为"语言学会"（Philological Society）的研究小组，"语言学会"于 1938 年并入"印度语言学会"。师觉月是"大印度学会"的创始成员之一。19 年间，他积极参与印度语言学会的工作，被任命为孟加拉亚洲学会研究员和印度文学院（Sahitya Akademi）的成员。师觉月还分别于 1929 年、1937 年在巴黎和加尔各答出版了法语版的 2 卷本《两部梵汉词典：利言〈梵语杂名〉与义净〈梵语千字文〉》（*Deux Lexiques Sanskrit Chinois Fan Yu Tsa Ming De Li Yen et Fan Yu Ts'ien Tsen Wen de Yi-Tsing*），该书共计 559 页。

1945年，当时的中华民国政府在国际大学设立中国文化研究项目，师觉月回到阔别20余年的国际大学，出任项目主任。"泰戈尔是国际大学中国学院的灵魂和源泉，紧随其后的便是谭云山和师觉月。如果说谭云山建构了物理形态上的中国学院，那么师觉月则以其持之以恒的学术研究充实了中国学院。"[1] 在师觉月的主持下，《国际大学年刊》第一卷如期出版，刊载了佛经和中国文化典籍英译几篇，其中包括《撰集百缘经》(Avadānaśataka)和《义足经》(Arthapadasūtra)选译，根据法国东方学家沙畹（Emmanuel E. Chavanness, 1865—1918）的法译本而英译的佛经片段，《瀛涯胜览》《星槎胜览》《西洋朝贡典录》《殊域周咨录》和《明史》片段选译。该期还刊载了论文《浅议〈撰集百缘经〉及其汉译》（A Note on the Avadānaśataka and Its Chinese Translation）[2] 和《帕坦时期孟加拉与中国政治联系》(Political Relations between Bengal and China in the Pathan

---

[1] 郁龙余等著：《梵典与华章：印度作家与中国文化》，第485页。
[2] 英文标题中的Avadānaśataka为Avadanasataka（参见该刊第35页），但在目录页中仍作Avadānaśataka。特此说明。顺便说明一下，2019年12月25日，笔者在评审一项国家社会科学基金项目结项成果时，为主持该项目的学者指出了这条信息，后来该学者出版著作时点明了这一点（参见《缘起：佛教譬喻文学的流变》，上海：中西书局，2020年，第23页）。作者当时的评述是这样的："……7. 作者在研究中注意到印度学者的研究成果，但细究可知，仍有遗漏。例如，印度现代学者师觉月主编的《国际大学年刊》(Visva-Bharati Annals) 第一卷刊载了佛经和中国文化典籍英译几篇，其中包括《撰集百缘经》(Avadānaśataka) 的选译，中国现代学者巴宙对该佛典有过评述（Pa Chow, 'Chuan Tsi Pai Yuan King and the Avadanasataka,' Visva-Bharati Annals, Vol. 1, 1945, Calcutta: Visva-Bharati Publishing Department, p. 35.）——这说明，研究印度佛典的中国学者，须彻底斩断'一切向西看'的顽疾，在重视西方学者、日本学者的研究成果的同时，全面深入地搜集印度学者的文献并有机利用之。因为，印度学者对于自身的传统文化，具有独特的阐发优势。"

*Period*）。该期还介绍了两部佛藏中的药书及其选译。该期的作者或译者包括白乐天、巴宙、师觉月、泰无量和沈兰真（Satiranjan Sen）等。巴宙在介绍佛教时指出："《撰集百缘经》是最重要、最古老的梵文譬喻经之一。它产生于《天譬喻经》（*Divyāvadāna*）之后。"[1]

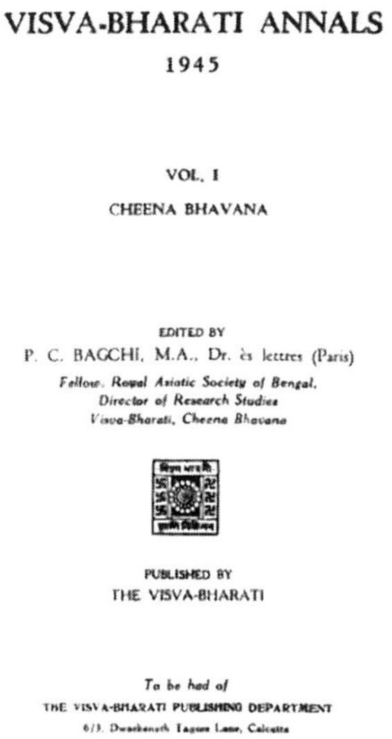
VISVA-BHARATI ANNALS
1945

VOL. I
CHEENA BHAVANA

EDITED BY
P. C. BAGCHI, M.A., Dr. ès lettres (Paris)
Fellow, Royal Asiatic Society of Bengal,
Director of Research Studies
Visva-Bharati, Cheena Bhavana

PUBLISHED BY
THE VISVA-BHARATI

To be had of
THE VISVA-BHARATI PUBLISHING DEPARTMENT
6/3, Dwarkanath Tagore Lane, Calcutta

图 2　《国际大学年刊》封面

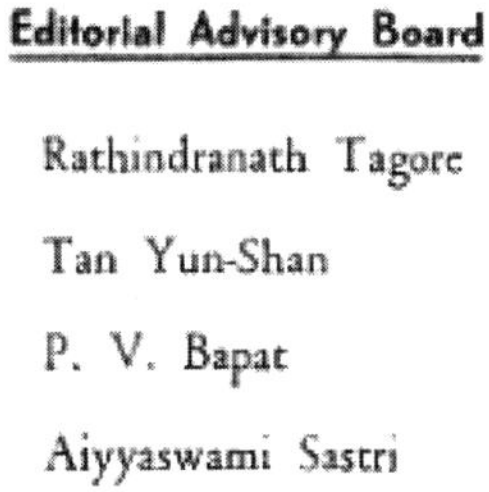
Editorial Advisory Board

Rathindranath Tagore
Tan Yun-Shan
P. V. Bapat
Aiyyaswami Sastri

图 3　《国际大学年刊》编委名单

1945 年，师觉月创办了以中印文化关系史和佛教研究为主要探索对象的期刊《中印研究》（*Sino-Indian Studies*）。[2] 根据季羡林先生于 1947 年撰写的《期刊简介：〈中印研

---

[1] Pa Chow, "Chuan Tsi Pai Yuan King and the Avadanasataka," *Visva-Bharati Annals*, Vol. 1, Calcutta: Visva-Bharati Publishing Department, 1945, p. 35.

[2] 当代部分学者将"Sino-Indian Studies"译为"中印学"而非"中印研究"似乎可溯源至此。不过，季羡林先生等将其译为"中印研究"更为妥帖。"Sino-Indian Studies"实指中印古代关系史或以佛教为纽带的中印古代文化交流史研究。学者们将此短语译为"中印学"，显然有与国内的"红学""莎学"等概念接轨的旨趣。

究〉》一文可以发现，它主要登载佛教研究与中印文化关系研究相关的论文或译文，其第1卷第3期收录了中国学者罗常培的论文《印度对中国音韵学之影响》。师觉月自己涉及中印文化关系和佛经研究的系列论文也在该刊连载。季羡林先生在文中指出，中国学者很少注意欧洲和日本学者关注的中印文化关系领域，印度更无人关注。这是一大遗憾，师觉月的出现改变了这一局面。"他（师觉月）在1945年创办了《中印研究》（*Sino-Indian Studies*），是季刊，每年一月、四月、七月、十月，四个月出版。主要目的是介绍中国关于印度历史和文化的材料，翻译印度已经佚失而在中国译文里还保存着的典籍，此外当然也涉及中印关系的各方面。根据我上面所谈的，这刊物本身已经有很大的意义，尤其是当中印两方面都正在努力恢复以前的文化关系的时候，更值得我们特别注意。"[1]《中印研究》存在了10余年，1957年出版的大约是最后一期，该期题为"李华德专号"（Liebenthal Festschrift）。关于这一点，王邦维教授说："在这期间，他（师觉月）在国际大学创办了《中印学刊》（*Sino-Indian Studies*），集中发表有关的研究成果。这是世界上唯一一份以中印文化研究作为主题的学术刊物，出版后在国际上颇有影响，可惜他去世以后，没有能继续办下去。"[2]

1947年，独立后的印度政府在北京大学设立印度讲席，师觉月获聘，成为现代史上在北京大学担任讲席教授

---

[1] 季羡林：《季羡林全集》（第十三卷），第2页。
[2] Prabodh Chandra Bagchi, *India and China: Interactions through Buddhism and Diplomacy*, 此处引文采用王邦维先生自译。

的第一位印度学者,他受到北京大学校长胡适的热烈欢迎。师觉月任教于北京大学东方语文学系、哲学系,开设哲学系必修课印度哲学史、历史学系选修课印度古代史和印度古代文化等。此外,师觉月与季羡林、金克木等学者参与北京大学印度学研究的学科建设,推进了北京大学在梵语、巴利语、佛教文献等领域的研究。在北京期间,他还与周达甫合作研究菩提伽耶出土的汉文碑铭,并撰写论文《对菩提伽耶汉文碑铭研究的新解读》,发表于《中印研究》。[1]

1948年,师觉月回国,继续任教于国际大学,出任高等研究院(Vidya Bhavan)院长,主持国际大学人文社会科学领域的研究工作。1952年,师觉月随印度独立后的首个访华代表团访问中国。1954年4月,出任国际大学校长。1956年1月19日逝世。1959年,遗稿英译本《释迦方志》由国际大学出版社出版。[2] 师觉月生前还曾与在国际大学访学的中国学者吴晓铃合作翻译了北魏郦道元的《水经注》(《永乐大典》本)。

2008年11月24日,北京外国语大学举办学术研讨会,纪念谭云山和师觉月诞辰110周年,次年由进步出版社(Progress publishers)出版B. N. 穆克吉主编的纪念师觉月文集《印度与亚洲:师觉月百年纪念集》(India and Asia: P. C. Bagchi Centenary Volume)。2008年北京会议还催生了另一本书的产生,这便是王邦维教授和沈丹森合编

---

[1] 师觉月以法语、英语、孟加拉语发表的论文或出版的著作(译著)目录,参见 Haraprasad Ray, ed., Contribution of P. C. Bagchi on Sino-Indo Tibetology, pp. 116-133.

[2] Prabodh Chandra Bagchi, tr., She-Kia-Fang-Che, Calcutta: Visva-Bharati Publishing Departmen, 1959.

的英语文集《印度与中国的佛教与外交关系：师觉月教授论文集》(*India and China: Interactions through Buddhism and Diplomaly: A Collection of Essays by Professor Prabodh Chandra Bagchi*)，它收录了师觉月有关中印文化关系研究的论文，其中包括师觉月的女儿 R. 辛哈英译的 3 篇孟加拉语论文：《印度文明在中国》《印度音乐在远东的影响》《印度的印度教文化与印度教在中国》。[1] 该书主体包括第一部分 16 篇发表于 1927 年至 1952 年间的英语论文（其中绝大多数为 1982 年出版的师觉月论文所收录）、第二部分 4 篇发表于 1944 年至 1953 年间的短文、第三部分 3 篇英译的孟加拉语短文（后来收入新版的《印中千年文化关

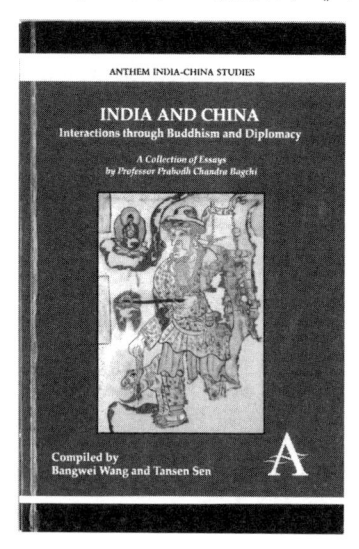

图 4 《印度与中国的佛教与外交关系：师觉月教授论文集》封面

---

[1] Prabodh Chandra Bagchi, *India and China: Interactions through Buddhism and Diplomacy: A Collection of Essays by Professor Prabodh Chandra Bagchi*, pp. 205 - 216.

第一章 印度独立以前的汉学研究

图 5 师觉月在研究中（出自《印度与中国的佛教与外交关系：师觉月教授论文集》）

系》）。该书除了两位编者的感言和中英文导言外，还收录了印度学者 S. K. 查特吉和日本梵文学者汤山明分别对师觉月生平事迹与学术经历的介绍文字。

### 2. 《印中千年文化关系》概述

图 6 《印中千年文化关系》封面

谭中认为，师觉月在法国追随其师著名东方学家 S. 列维于 1926 年获得博士学位后回到印度，成为印度现代第一位汉学家。[1] 之所以称其为"第一位汉学家"或曰印度汉学鼻祖，是因为以《印中》为代表的师觉月著作可以视为现代印度汉学研究的开山之作、拓荒之作或划时代标志。戴辛格说过："就印度的中国研究而言，它有两个不同的动因：首先是古代印度佛教与中国的联系，这便形成关于佛教在中国传播的历史研究……第二个动因应该说来自中印边境冲突和随后这两个邻国间紧张的政治和军事关系。"[2] 这句话恰好说明了20世纪印度汉学研究起航的两个根本缘由，也说明了师觉月汉学研究的背景所在。

曾被季羡林先生译为"中印研究"的 Sino-Indian Studies，被当代部分学者冠以"中印学"的美名，它的诞生与师觉月不无关联。为《印中》第三版作序的哈拉普拉萨德·雷易指出："现在不流行运用 Sino-Indian 这一术语，相反，我们印度人喜欢采用 India-China Relations 和 Indo-Chinese Relations and Studies 这些术语。不过，在师觉月书中相关地方，我没做任何改动，他与他那个时代的人一样，常常运用 Sino-Indian 一词。让读者体验一下历史吧。"[3] 雷易的话说明，所谓的"中印研究"或"中印学"，其初衷与实质是研究以佛经为核心的古代中印文化交流、物质交流等，因此将师觉月从事的"中印研究"理解为中印文化关系或中印古代历史文化联系研究似不为过。

在印度与中国学术界，师觉月无疑是以《印中》一书

---

[1] 谭中：《现代印度的中国学》，载《南亚研究季刊》2011年第1期，第89页。
[2] Giri Deshingkar, *Security and Science in China and India* (Selected Essays), New Delhi: Samskriti, 2005, p. 453.
[3] Prabodh Chandra Bagchi, *India and China: A Thousand Years of Cultural Relations*, New Delhi: Munshiram Manoharlal Publishers, 2008.

博得中印文化关系研究或曰中印学大家的地位的。因此，本节对此书的基本内容做些简介。

就《印中》这部被当作印度学生教科书的著作而言，它的确称得上"近代中印交流史上的标志性著作"。[1] 这本两百来页的小书，被视为"近代印度学者第一部以汉文资料为主（撰写）的专著，自1927年出版至今，一直是中国佛典研究者的案头必备"。[2] 该书主体部分自1927年首次发表以来，先后于1944年（印度）、1950年（印度）、1951年（美国）、1971年（美国）、1975年（美国）、1981年（印度）和2008年（印度）出版，共7次。印度学者评价该书说："这是一部开创性的作品，它首次向通晓英语的学者展现了许多甄选自原始中文文献以及法德专家著述的重要资料。"[3] 日本学者中村元（Ten Nakamura，1912—  ）认为，该书"不愧是博学的师觉月博士的著作，虽是小册子，但内容详实有趣。遗憾的是，书中的引证均未注明出处。书的主要内容是叙述两国历史上的交往"[4]。因此，该书的几位中国译者不得不大量地以"译者注"的方式为其代为疏解。如视其为该书的一个瑕疵似不为过。当然，如果考虑到19世纪末20世纪初东方学者对西方意义上的注解体系处于学习过程的历史现实，

---

[1] 郁龙余等：《梵典与华章：印度作家与中国文化》，第486页。
[2] 郁龙余等：《梵典与华章：印度作家与中国文化》，第484页。括号里的文字为作者所加。
[3] [印] 师觉月：《印度与中国：千年文化关系》，姜景奎等译，第1页。
[4] [日] 中村元：《论中国文化在亚洲的意义》，原载《南亚研究》，方广锠译，尚会鹏校，1981年第2期，第93页。也可参见何兆武、柳卸林主编：《中国印象：世界名人论中国文化》，桂林：广西师范大学出版社，2001年，第376页。

这种瑕疵也是可以理解或宽容的。

《印中》主要涉及以佛教为沟通媒介的中印古代文化交流史，具体涉及中印古代物质交流、人员往来、佛教在中国传播和影响的概况、印度接受中国文化影响与中印文明的共同点和差异处等重要方面。师觉月利用丰富的中文和梵文资料，围绕佛教这条文化"红线"，对中印古代文化交流进行了前所未有的细致梳理。师觉月的这本书使印度的中印文化交流史研究站在一个理想的起点上，有的洞见对后世学者影响深远。[1]

全书分八章。第一章介绍古代中印交通路线和历史接触。作者先介绍中印两大文明古国通过中亚路线和佛教纽带相互联系的事实，并具体叙述了三条陆上通道和海上通道。陆路指途经 Serindia [Serindia 由 Ser-（赛里斯）和 -India（印度）两个词组成，意为"中国与印度之间的地方"，中国史书把这个地区称作"西域"] 地区的线路，穿越尼泊尔和吐蕃（今中国西藏地区）的线路，途经印度阿萨姆、缅甸北部和中国云南的线路。海路则包括经过印度支那等地绕行的路线。师觉月重点介绍了龟兹（Kucha）、敦煌、室利佛逝等地的简况及其在中印文化交流中的具体贡献。他对敦煌在中国和西域的发展关系史上的地位给予高度肯定。他在介绍法显回国的海上路线时，引用了《法显传》的相关记载："从此东行近五十由延，到多摩梨帝国（Tāmralipti），即是海口……于是载商人大舶，汛海西南

---

[1] 本节介绍参阅尹锡南：《印度的中国形象》，第 176~180 页；尹锡南：《印度中国观演变研究》，第 83~88 页。

行,得冬初信风,昼夜十四日,到师子国。"[1] 师觉月还对印度支那半岛的两种文化源头做了分析:"因此,印度支那自古以来就成了中国和印度两个世界的缓冲国。在那里,随着印度雅利安文化的缓慢发展,才开始有规律地吸收来自北方的中国文化。"[2]

第二章介绍古代印度来华传教高僧。师觉月提到最早来华的竺法兰(Dharmaratna)[3]和摄摩腾(Kāśyapa Mataṅga,或译迦叶摩腾),来自中亚的康僧会(Saṅghabhadra)、鸠摩罗什(Kumārajīva)等,来自罽宾(今克什米尔)的僧伽跋澄(Saṅghabhūti)、佛陀耶舍(Buddhayaśas)和求那跋摩(Guṇavarman)等,来自中天竺(古印度的一部分)的昙无谶(Dharmakṣema)、求那跋陀罗(Guṇabhadra)、月婆首那(Upaśūnya)、真谛(Paramārtha)、佛陀跋陀罗(Buddhabhadra)、毗目智仙(Vimokṣasena)、阇那崛多

---

[1] 法显:《法显传校注》,章巽校注,上海:上海古籍出版社,1985 年,第 146~148 页。原文见 Prabodh Chandra Bagchi, *India and China: A Thousand Years of Cultural Relations*, New York: Philosophical Library, 1951, p. 26; Prabodh Chandra Bagchi, *India and China: A Thousand Years of Cultural Relations*, New Delhi: Munshiram Manoharlal Publishers, 2008, p. 26。通过比较,师觉月的原文与《法显传》有很大的出入(Continuing his journey eastwards he came to the country of Tāmralipti, the capital of which bore the same name and was a great port. He embarked there on a large merchant vessel and went floating over the sea to the south-west. It was the beginning of winter and the wind was favourable. After sailing day and night for 14 days he reached the country of Ceylon)。这似乎说明,他改写而非直译了原文,或为其古代汉语功力尚欠火候所致,或为其引述不准确的译文所致。
[2] Prabodh Chandra Bagchi, *India and China: A Thousand Years of Cultural Relations*, 1951, p. 21.
[3] 原文误作Dharmarakṣa即竺法护,参见[印]师觉月:《印度与中国:千年文化关系》,姜景奎等译,第 23 页。笔者参考了该脚注的相关解释。

（Jinagupta）和达摩笈多（Dharmagupta）等，唐代来华高僧则包括波罗颇迦罗蜜多罗（Prabhākaramitra）、菩提流志（Bodhiruci）、善无畏（Śubhākarasinha）、金刚智（Vajrabodhi）和不空（Amoghavajra）等。他最后还提到了宋朝时期最后来华的一些印度高僧。

　　第三章介绍古代赴印取经的高僧，主要介绍法显、玄奘和义净等三位著名高僧的事迹和中国官员王玄策四次出使印度的史实，他还提到虽未到过印度但对佛教文化兴趣浓厚的朱士行和道安。师觉月对几位高僧给予高度评价。他对玄奘译经和创立佛教宗派的情况做了介绍。该章还有两个附录：一为玄奘和印度高僧之间的三封通信，二为法国东方学家沙畹、荷兰汉学家施考德（Gustave Schlegel）和中国学者周达甫均感兴趣的《菩提伽耶的汉文碑铭》的五段铭文。师觉月对玄奘的评价是："不仅在唐朝，而且在所有时代的中印文化关系史上，都扮演了最重要角色的人是玄奘。"[1] 三封信是公元652年5月中印度两位僧人亦即玄奘的朋友智光（Jñānaprabha）和慧天（Prajñādeva）托人捎给玄奘的信（准确地说，是慧天代表他和智光写给玄

---

[1] Prabodh Chandra Bagchi, *India and China: A Thousand Years of Cultural Relations*, 1951, p. 68.

奘的信），以及公元654年玄奘分别写给智光和慧天的回信。[1] 在印度高僧写给玄奘的信中，有一段令人感动的话，它暗含了"千里送鹅毛，礼轻情义重"的中国习俗："今共寄白㲲一双，示不空心，路远莫怪其少。愿领。彼需经论，录名附来，当为抄送木叉阿遮利耶，愿知。"[2] 所谓"木叉阿遮利耶"应指Mokṣācārya（解脱师）。"㲲"是古代的棉布。玄奘在印度赢得许多美名，如"大乘天"（Mahāyānadeva）或"解脱天"（Mokṣadeva）等。这里的"解脱师"也是其中之一。有意思的是，师觉月对于这段话非常欣赏，将其作为扉页题献，以纪念玄奘和智光、慧天之间的历史友谊。标题是：To friends in China。正文如此："To show that we are not forgetful. The road is long, so do

---

[1] 笔者参考的《印中》1951年美国版在第三章末附录了三封通信的英译，而该书2008年印度版没有附录，只是将智光与玄奘的两封通信的英译编入正文，未再单独附录。姜景奎教授等依据该书1981年印度版的译文与该书2008年印度版的相关内容似乎相同。不过，从师觉月的个人论文选集可以看出，原文的确应该是三封而非《印中》2008年版收录的两封书信，参见Prabodh Chandra Bagchi, *Indological Studies: A Collection of Essays*, Santiniketan: Visva-Bharati Research Publications Committee, 1982, pp. 387-392。——笔者未掌握《印中》1981年版和1944年版等其他版本。国内学者似乎鲜见提及《印中》1944年版，如能将《印中》各种版本与其初版（1927年）、1944年版进行对比，或许能发现一些蛛丝马迹。译文参见［印］师觉月：《印度与中国：千年文化关系》，姜景奎等译，北京：北京大学出版社，2014年，第59~60页。原文见Prabodh Chandra Bagchi, *India and China: A Thousand Years of Cultural Relations*, 1951, pp. 82-85；Prabodh Chandra Bagchi, *India and China: A Thousand Years of Cultural Relations*, 2008, pp. 75-76。此外，该书2008年版已经采用当代中国通用的汉语拼音系统，对该书此前各个版本的汉语词汇拼写做了替换，使之更加符合国外汉学家、中国读者的阅读习惯。

[2] Prabodh Chandra Bagchi, *India and China: A Thousand Years of Cultural Relations*, 1951, p. 81. 中文参见慧立、彦悰：《大慈恩寺三藏法师传》，第162页。需要说明的是，2008年秋，笔者在北京大学东方文学研究中心有幸会印度文学及中印文化关系史研究专家薛克翘先生，他指点了该处引言的原始出处。特此致谢薛先生。

not mind the smallness of the present. We wish you may accept it."下面是汉文:"示不空心,路远莫怪其少。愿领。"遗憾的是,该书 2008 年印度版的题献只有英文,汉文缺失。

第四章介绍佛教在中国各个朝代传播的简况,涉及北魏至唐代再至宋元时期的佛教中国化历程,具体论及庐山社、菩提达摩、天台宗、新兴的中国佛教派别(法相宗、俱舍宗、律宗)、密教等。

师觉月还在其孟加拉语论文中谈到了印度教文化对中国的影响。他说:"正是首先通过佛教,印度文化在中国扎根。这也是印度教在中印文化交流史上的地位被忽视的原因。"[1]他梳理印度教文化在中国泉州等地的传播后指出:"可以这么下结论:中国不仅与佛教印度或佛教文化有着悠久的联系,也与非佛教的印度教文化(Hindu culture)存在悠久联系。中国人将后者称为婆罗门文化(Brahmin culture)。佛教和非佛教的多元印度文化均在中国土地上留下了印迹。"[2]

第五章介绍卷帙浩繁的中国佛教典籍,具体论及小乘三藏(律、经、论)和大乘三藏,还涉及《出三藏记集》《大唐内典录》和《开元释教录》等中国佛教著述以及大藏经刻本、密教文献等。师觉月梳理佛教文献在中国的传播后得出结论:"不求助中国如此热心保存给后代的文献,不仅是佛教历史,就连印度文明史的各个方面都无法得以

---

[1] Prabodh Chandra Bagchi, *India and China: Interactions through Buddhism and Diplomacy*, p. 213.
[2] Prabodh Chandra Bagchi, *India and China: Interactions through Buddhism and Diplomacy*, p. 216.

## 第一章 印度独立以前的汉学研究

合理地研究。"[1]

第六章介绍印度艺术和科学在中国的传播情况,具体涉及佛教绘画与雕像、建筑、音乐、天文学、数学、医学等知识在中国的传播。敦煌、龙门和云冈等三大石窟艺术成为介绍的一大重点。师觉月注意到佛教艺术在华传播中的变异现象,即印度元素、西域元素和中国本土文化的融汇。

师觉月在其孟加拉语论文中也谈到了印度古典音乐对中国、日本音乐的影响。他认为,早期的许多中亚民族采用了印度音乐,由于文化交流的深化,中亚民族的音乐元素也被印度古典音乐论著所吸纳。中国古代文献记载了印度音乐在龟兹的传播,苏袛婆充当了印度乐调向中原传播的接力手。印度音乐名著《俗乐广论》(*Brihaddesi*)和《乐舞渊海》(*Sangitaratnakara*)记载的七种纯调式(Suddhajati),或许被中国音乐家所借鉴。中国文献所记载的二十种乐调,或许来用用来记载印度鼓谱或鼓语的节奏(Tala)名称。印度音乐通过中国的中介传入日本。[2] 师觉月进而指出:"印度古典音乐发展史,迄今淹没在遗忘中。只有通过大量研究古代中日文献,方可揭示印度音乐在中国、日本的传播与影响史。"[3]

就师觉月的中印文明融合说而言,第七章《两大文明

---

[1] Prabodh Chandra Bagchi, *India and China: A Thousand Years of Cultural Relations*, 1951, p.145
[2] Prabodh Chandra Bagchi, *India and China: Interactions through Buddhism and Diplomacy* pp.209-211.
[3] Prabodh Chandra Bagchi, *India and China: Interactions through Buddhism and Diplomacy*, p.212.

的融合》和第八章《中国和印度》非常重要。在第七章的开头，师觉月提出了中印文明融合说："中印两个民族住在不同的地域，说着不同的语言，拥有不同的文化和宗教传统。设若这样的两个民族可以在一个共同的平台（common platform）上对话，并为创造一个共同文明（common civilization）而齐心协力，它们这么做，或许有比我们平常想象的还要深刻得多的缘由。两个民族的文化和社会观念存在许多共同之处。人们可能会发现，在许多不同的术语上，中印之间存在一种心灵汇通（community）。同样信仰某种神圣的秩序，依赖相同的传统力量和奉行相似的社会观念，这是中印两大文明的历史特征。"[1] 这里所谓的"共同文明"，其实便是中印文明融合说的代名词。关于"共同文明"的概念，师觉月继而举出一些例子加以说明。如中国的"天"和印度的伐楼那（Varuna，在吠陀文献中为天地创造者）都与神圣的秩序有关："在古代印度教万神殿里，有一位如同中国的天那样的神，他就是吠陀中的伐楼那。"[2] 中国的天子与印度的国王（Rājan）相似，中国祭拜祖先和印度的祖先祭（Pitṛiyajña）相似，中国的道与印度《奥义书》中的梵（Brahman）相似，孔子提倡的礼与印度法论（Dharmaśāstras）中的某些观点相似。

"共同文明"概念的提出耐人寻味。师觉月在第四章指出，佛教对于缔造中印"共同文明"益处甚大："佛教在

---

[1] Prabodh Chandra Bagchi, *India and China: A Thousand Years of Cultural Relations*, 1951, p.174.
[2] Prabodh Chandra Bagchi, *India and China: A Thousand Years of Cultural Relations*, 1951, p.175.

中国确实是一种即将衰亡的宗教,但是它对中国人各个生活领域的巨大影响仍然存在。对于中印这样两个重要的亚洲国家而言,这种影响一直是其努力建设共同文明的例证。"[1] 师觉月在第六章指出,佛教艺术传入中国后,几个世纪以来给中国的民族艺术以潜移默化的影响。佛教艺术在中国不被视为外来的东西,而是被嫁接并产生崭新的艺术品种,这便是"中印式"(Sino-Indian)特殊风格的"中国新艺术"(a new art in China)。[2] 佛教给予"中国艺术发展以新的动力,这种艺术并不恪守中国古典艺术传统,相反,它正如我们说过的那样,高度体现了印度和西域要素(Ser-Indian elements)的融合,印度和西域要素逐渐为中国人的智慧天才所吸纳"[3]。他还在第八章提出佛教的"俱生乘"(Sahajayāna,又名易行乘)或许与道教有关。如果把师觉月的"共同文明"和"中印式新艺术"两个新概念放在谭中等当代学者倡导的"中印大同"语境中考量,他的思想发人深省。

在印度汉学界,师觉月有一个开创性的理论建树即中印文化双向交流说。他指出:"印度与中国的文化联系似乎纯粹的单向度(one-way traffic),因此没有谁认真尝试寻觅中国对印度生活与思想的影响……不过,即使稍微留意

---

[1] Prabodh Chandra Bagchi, *India and China: A Thousand Years of Cultural Relations*, 1951, p.119.
[2] Prabodh Chandra Bagchi, *India and China: A Thousand Years of Cultural Relations*, 1951, p.154.
[3] Prabodh Chandra Bagchi, *India and China: A Thousand Years of Cultural Relations*, 1951, p.155.

一下，也能发现中国对印度生活与思想的影响。"[1] 为此，他在第八章着力探讨中国对印度的文化影响。

师觉月在谈及佛教之于中国的关系时说："印度对中国文明发展极有助益。"[2] 他同意玄奘在《大唐西域记》里的观点，即梨和桃来源于中国。他还补充说，朱砂（硫化汞）、瓷器、各种蚕丝（Cinamsuka）以及茶和荔枝的种植都应该来源于中国。他还认为，更重要的是，中国对于印度的某些文献编撰和神秘信仰也有影响。他写道："严格说来，我们在古代从未形成记载历史和编写年代史（historical annals）的传统。"[3]《往世书》和类似著作缺乏严格意义上的历史记载。有趣的是，中古时克什米尔和尼泊尔都开始安排官方史家记载朝廷统治者的历史。师觉月的推论是："书写朝代编年史对于印度传统来说如此新鲜，以至于人们不禁把它归结为中国的影响。"[4] 师觉月还重点探索了中国哲学家老子的《道德经》对印度宗教哲学思想的深刻影响。尽管这些结论甚或探索本身还存在学术观点的分歧，但它们的确已为师觉月的中印文明融合说亦即"共同文明"说成功奠基。

姜景奎教授在评价《印中》一书时指出："纵观全书的诸多论述，许多观点均已广为人知且得到公认，但也有

---

[1] Prabodh Chandra Bagchi, *India and China: A Thousand Years of Cultural Relations*, 1951, p. 197.
[2] Prabodh Chandra Bagchi, *Indological Studies: A Collection of Essays*, p. 95.
[3] Prabodh Chandra Bagchi, *India and China: A Thousand Years of Cultural Relations*, 1951, p. 199.
[4] Prabodh Chandra Bagchi, *India and China: A Thousand Years of Cultural Relations*, 1951, p. 199.

一些观点中国学者接触较少,值得进一步研究。"[1]例如,该书关于佛教"俱生乘"的看法、关于日本"林邑八乐"与印度古典音乐的关系、关于中印"共同文明"和"中印式新艺术"的提法、关于印度文明接受中国文明影响的初步探索,都是极具前瞻意识的创见。"可以说,《印度与中国:千年文化关系》于1944年的出版正式确立了'中印学'这一新的研究领域。"[2]如除去时间因素可以商榷,这一论断不无道理。

吹毛求疵地看,师觉月的《印中》在中文文献和其他文献的引证注解方面相当粗疏,全书只有极少数注释,且引用中文文献几无说明,这给研究者、翻译者带来了理解和查证的极大困难。该书已于2014年出版了首个中译本。译者之一姜景奎在回顾翻译此书的艰苦历程时不无感慨地指出:"棘手的是,原书由始至终只在极少几处做了注释,大量的引文和事实陈述没有出处,需要核实、查证之处颇多。"[3]此外,师觉月的某些译文与中文原著如《法显传》存在明显差异说明,他在理解原著方面或许还存在不足,解读古代汉语的功力稍欠火候。作为国外学者,这种现象并非个案,因此可以理解。

### 3. 佛教探索及其他

国内学者一般将师觉月称为汉学家或佛学家,但少数中国学者和部分印度学者并不这样认为。例如,金克木先生曾与现代印度三位所谓汉学家师觉月、V.V.郭克雷和

---

[1] [印]师觉月:《印度与中国:千年文化关系》,姜景奎等译,第201页。
[2] [印]师觉月:《印度与中国:千年文化关系》,姜景奎等译,第198页。
[3] [印]师觉月:《印度与中国:千年文化关系》,姜景奎等译,第199页。

P. V. 巴帕特相交甚笃，他这样写道："本世纪（20 世纪）初期，印度有三位'汉学'博士，都不是到中国学习汉文得学位的，而且学习目的也不是研究中国而是研究印度本国，学汉文为的是利用汉译的佛教资料。他们留学的国家正好分别是法国、德国、美国；博士论文题目全是有关佛教的。应当说，他们不是'汉学'博士而是印度学博士。"[1] 另一位印度学者 S. K. 查特吉于师觉月仙逝后次年即 1957 年写下的评述较为契合师觉月的学术身份："迄今为止，在印度，师觉月在印度学领域所展示的特殊才能是非凡的，这便是关于印中关系的研究。在现代印度学者中，师觉月的学术成就近似于联结印度学（Indology）和汉学（Sinology）的一座桥梁。"[2] 事实上，师觉月用力最多的两个研究领域确属印度学与佛学（主要包括印度佛教经典与中国汉译、藏译佛经），而其汉学研究大体上是围绕这两个领域而衍生的结晶。从研究所涉及的地理范围来看，他跨越了中国、中亚国家和印度在内的南亚国家，有时甚至超越了上述范围，这显示了他的学术视野之广、胸襟之阔。由此可见，华裔学者冉云华对师觉月学术生涯的总结也是有道理的："总括师觉月的学术研究有三个方面：佛教典籍与历史，古代印度文化，及早期孟加拉语言与文学。在佛教研究方面，他所研究的课题，包括中文佛典研究，印度佛教传统及密教问题等。他的佛教史研究，也涉及到印度与西亚及中国的关系。他在这些方面的贡献，赢得了印度

---

[1] 金克木：《金克木集》（第一卷），第 524 页。
[2] Prabodh Chandra Bagchi, *Indological Studies: A Collection of Essays*, p. ix.

及国际学术界的重视与尊敬。"[1] 冉先生的话,进一步说明了师觉月的学术身份首先或主要是一位印度学家而非中国学家。

师觉月的佛学研究涉及印度佛教和中国佛教。就印度佛教研究而言,师觉月既探索佛教的源头,也考察佛教衰落之因(应属印度佛教史范畴),还研究佛教的微观细部,并英译部分巴利语和梵语佛经。例如,他在写于1946年的《原始佛教经典和语言》(On the Original Buddhism, Its Canon and Language)一文中,先结合佛经的汉译和藏译,对大众部、根本说一切有部、上座部等部派佛教的发展演变进行介绍,再对佛教原典采用何种语言传播、梵语和巴利语关系如何、佛教原典的外延和内涵、原始佛教的内涵等重大理论问题进行探索。他在该文最后附录了化地部、法藏部、说一切有部、根本说一切有部和大众部的部分律藏的片段英译。师觉月与中国学者季羡林先生一样,大量引用德国学者盖格(W. Geiger)、奥登伯格(Hermann Oldenberg)、吕德斯(Heinrich Luders)、英国学者里斯·戴维斯(T. W. Rhys Davids),以及法国学者S. 列维等西方的东方学家观点,加以自己的思考,形成最后的结论。他认为:"因此,毋庸置疑的是,佛教(Buddhavacana)的原始语言就是摩揭陀语(Māgadhī)。巴利语能否代表摩揭陀语?斯里兰卡的传统说法使我们以为巴利语确属摩揭陀方言(Māgadhinirutti),不过,因为几个非常重要的原因,巴

---

[1] 冉云华:《胡适与印度友人师觉月》,载(台北)中华佛学研究所主编:《中华佛学学报》1993年第6期,第267页。

利语不能视为摩揭陀语。"[1]他还指出："因此，阿育王时期及此前的原始摩揭陀语佛典，不是完全定型的三藏（Tripiṭaka）。"[2]他的一个重要结论是："佛教代表了印度文明的国际化……因此显而易见，没有任何一种印度的文化重建（Cultural reconstruction）可以忽视佛教文明（Buddhist Civilisation）的研究。"[3]

1956年，季羡林先生撰写了中英双语论文《原始佛教的语言问题》，1958年又撰写了《再论原始佛教的语言问题》一文，对师觉月感兴趣的重要命题进行探讨。前一篇文章的英文版发表在师觉月主编的《中印研究》上。季先生与师觉月的观点不尽相似。季先生在前一文中认为，释迦牟尼利用的语言"很可能就是摩揭陀语。从各方面来推测，他活着的时候，还不会有写定的佛典，不管用什么语言"。[4]他同意吕德斯等人的观点，并在后一文里指出："我们必须假定，佛陀和他的大弟子们宣传佛教时所使用的语言，佛教原始经典的语言，不会是纯粹的摩揭陀方言，而是古代半摩揭陀语。"[5]他说："一部用东部方言，更具体一点说，就是用古代半摩揭陀语写成的佛典曾经存在过。这就是所谓原始佛典。"[6]季先生在写于1984年的《三论原始佛教的语言问题》中指出："至于佛说的究竟是摩揭

---

[1] Prabodh Chandra Bagchi, *Indological Studies: A Collection of Essays*, p. 8.
[2] Prabodh Chandra Bagchi, *Indological Studies: A Collection of Essays*, p. 17.
[3] Prabodh Chandra Bagchi, *Indological Studies: A Collection of Essays*, p. 23.
[4] 季羡林:《季羡林全集》（第九卷），北京：外语教学与研究出版社，2009年，第345~346页。
[5] 季羡林:《季羡林全集》（第九卷），第376页。
[6] 季羡林:《季羡林全集》（第九卷），第380页。

陀语,还是半摩揭陀语,学者间的意见也不一致……我自己的看法是,他说古代半摩揭陀语的可能性更大一些。"[1] 从师觉月和季先生的文章看,两人虽曾有过北京大学共事的机会,且有季先生于1947年撰文介绍师觉月创办的《中印研究》的经历,但他们似乎并无佛教研究的深入交流,因此我们很难在师觉月的论文中发现其引述季先生观点的痕迹,季先生对师觉月观点的引用似乎也很少见(或许与二人均未读到对方的论文或著作有关)。这是中印两国佛教研究者在20世纪40年代至50年代留下的不小遗憾。倘若天假以年,仙逝于1956年的师觉月是否会与季先生在学术交流的路上有所突破?历史不允许假设,但愿21世纪的中印文化交流和学术对话有所创新,有所收获。

1948年,师觉月在北京大学担任客座教授,其讲义稿《论佛教》(*Discourses on Buddhism*)后来发表。该文介绍了佛教与古代印度婆罗门教等的思想联系、佛教的发展和传播过程、小乘和大乘佛教概况、佛教在印度人生活中所占位置等。他指出:"不能抛开印度古代思想和宗教研究佛教的起源。"[2] 在发表于1948年的论文《印度佛教衰落及其原因》(*Decline of Buddhism in India and Its Causes*)中,师觉月指出:"因此,无法否认这样一个事实:佛教最后被印度教所吸纳,这种吸收在很大程度上导致乔达摩佛陀的宗教从印度消失。"[3] 不过,他也认为:"佛陀仅仅只是'印度思想绵延不断的发展进程'的一个里程碑,当我们

---

[1] 季羡林:《季羡林全集》(第九卷),第443页。
[2] Prabodh Chandra Bagchi, *Indological Studies: A Collection of Essays*, p. 36.
[3] Prabodh Chandra Bagchi, *Indological Studies: A Collection of Essays*, p. 62.

考虑这一事实时,自然只会将佛教的消亡视为新瓶装旧酒的一种变异(transformation)。佛教只是失去了它在印度思想发展链条上的独立要素,但其刻在印度思想中的印迹不可抹去。"[1]师觉月在《孟加拉佛教神秘思想面面观》(Some Aspects of the Buddhist Mysticism of Bengal,1937)和《佛教的成就师崇拜》(The Cult of the Buddhist Siddhācāryas,1956)等两篇论文中,分别探讨了两个微观的问题。在论文《陶工儿子达尼迦的故事》(The Story of Dhanika, the Potter's Son)中,师觉月通过奥登伯格编辑的巴利语律藏经典《经分别》(Suttavibhaṅga)的"波罗夷第二品"(Pārājika)[2]译文(Horner英译)、《大正新修大藏经》所载说一切有部、化地部、法藏部、根本说一切有部和大众部的相应汉译部分英译,确认了六种文本的同中之异。他的结论是:"在这六个文本中,存在着重要的、耐人寻味的差异。它们提出的问题,可以通过对全部六种律藏经文的深入比较得以解答。"[3]

在汉译、藏译佛经研究方面,师觉月也有不凡造诣。如将这一领域归入印度学研究或印度佛教研究范畴,似无不可,因为它们的源头正是印度梵语、巴利语佛典。这或许是金克木先生称师觉月等三人为"印度学博士"的原因之一。师觉月的法语版博士论文便是这方面的典型代表。笔者不懂

---

[1] Prabodh Chandra Bagchi, *Indological Studies*: *A Collection of Essays*, p. 63.
[2] 波罗夷指巴利律藏所说的八类戒规的第一类,它包括四种比丘尼波罗夷、八种比丘波罗夷,而第二种波罗夷指对偷盗行为的惩戒措施。参阅郭良鋆:《佛陀和原始佛教思想》,北京:中国社会科学出版社,2011年,第6、228页。
[3] Prabodh Chandra Bagchi, *Indological Studies*: *A Collection of Essays*, p. 337.

法语，虽经人帮助掌握了该博士论文电子版，此处也不能进行探讨。这是一个巨大的遗憾。期待未来能有合格的研究者在此领域有所突破。师觉月涉及藏译佛经的论文有《彰所知论》（Chang So Che Lu, Jñeya Prakāśa Śāstra），涉及汉译佛经的论文包括《佛说八大灵塔名号经》（The Eight Great Caityas and Their Cult, 1941）、《浅议〈撰集百缘经〉及其汉译》（A Note on the Avadānaśataka and Its Chinese Translation, 1945）、《无畏三藏禅要》（Bodhisatttva-śīla of Śubhākarasimha, 1945）、《最上大乘金刚大教宝王经》（Vajragarbhatantrarājasūtra, 1945）、《浅说〈缘起经〉》（A Note on the Pratīya Samutpāda Sūtra）、《汉译〈迦叶仙人说医女人经〉残卷》（A Fragment of the Kāśyapa Samhitā in Chinese）、《研究〈啰嚩拏说救疗小儿疾病经〉的新材料》（New Materials for the Study of the Kumāratantra of Rāvaṇa）、《佛说十二游经》（Twelve Years of the Wandering Life of Buddha, 1943）、《〈佛母大金耀孔雀明王经〉药叉地理志》（The Geographical Catalogue of the Yakṣas in the Mahāmāyūrī）等等。师觉月的上述论文，有的如《佛说十二游经》附录同名的汉译佛经英译，有的如《研究〈啰嚩拏说救疗小儿疾病经〉的新材料》附录梵语、巴利语佛典原文。师觉月充分发挥自己擅长母语即梵语和巴利语的天然优势，结合自己熟悉的汉语、藏语、日语、法语等外语的优势，对上述印度佛经的中国译本进行了全方位、多角度探索。例如，他在研究《佛说十二游经》时指出："在公元 4 世纪末的汉译佛经中，保存着题为《十二游经》的一部短小佛经……但是，南条文雄对此经题目的翻译即

Sūtra of twelve (Years) going for pleasure 并不完全正确。从我们对此经的翻译可以发现，该经叙述的是佛陀宗教生涯里获得觉悟后，在开头十二年传教的故事。因此，我将经名灵活地译为 Twelve years of the wandering life of Buddha，尽管经名的字面意思应为 Sūtra of the twelve Wanderings。"[1] 在该文中，师觉月还引用玄奘的《大唐西域记》以及伯希和、斯坦因（Aurel Stein）和 S. 列维等人的观点，对《十二游经》进行延伸研究，比较了中印思想观念、天文地理等。

师觉月研究中国接受佛教影响的相关成果，除了前述的《印中》，相关论文包括《印度对中国思想的影响》（Indian Influence on Chinese Thought, 1952）和《佛教在中国的发端》（The Beginnings of Buddhism in China, 1945）等。《佛教在中国的发端》介绍了自汉明帝时竺法兰与摄摩腾来华传教至隋代以前中国的佛教接受史。《印度对中国思想的影响》承继了此前的《印中》一书相关观点，对印度佛教思想影响中国佛教形成、发展的大致情况做了历史的分析。师觉月引用中国学者胡适论述佛教"征服"中国思想的观点时认为："印度佛教对中国人生活与思想的影响非常巨大……印度对中国思想的影响，首先表现在它主动适应中国人的思维方式。"[2] 他还指出："佛教思想表达了不变实体与暂时现象、永恒与变化、涅槃与再生之间的对立，这些观念非常近似于道家思想表述的有与无、永恒与

---

[1] Prabodh Chandra Bagchi, *Indological Studies: A Collection of Essays*, p. 275.
[2] Prabodh Chandra Bagchi, *Indological Studies: A Collection of Essays*, p. 78.

变化、有为与无为之间的对立。"[1] 师觉月的结论是："印度对中国文明发展贡献颇多。除了某些形式的宗教神学信仰外，佛教向中国引入了再生原则、无常观念和报应信仰……佛教哲学……持久地影响着中国诗人和艺术家，影响了他们的美学观。唐代诗人在这些影响下从事创作……佛教还赐予中国人一种深厚的宗教情感和深刻的信仰，它为卓越的中国艺术作品赋予灵感，我们在云冈、龙门、敦煌等地看得见这些作品。"[2] 师觉月的这些观点不无道理。

在中印古代文化交流研究领域，师觉月发表了一些重要的论文，如《安息早期在华佛教弘法僧》（Some Early Buddhist Missionaries of Persia in China，1927）、《玄奘与印度友人的几封通信》（Some Letters of Hiuan-Tsang and His Indian Friends）、《帕坦时期孟加拉与中国的政治联系》（Political Relations between Bengal and China in the Pathan Period，1945）、《中国的神秘主义》（The Chinese Mysticism，1933）、《关于新发现中国钱币的报告》（Report on a New Hoard of Chinese Coins）、《坦焦尔的中国钱币》（Chinese Coins from Tanjore，1944）等等。

《安息早期在华佛教弘法僧》提到安士高、张骞和班超等历史人物，将触角延伸到古代西亚世界与中印佛教联系的领域，这是对古代"丝绸之路"的文化探源。西汉时，通过新疆的中西陆路交通有南北两条大道：南路从长安出发，经敦煌、鄯善、于阗（和田）、莎车等地，越过帕米

---

[1] Prabodh Chandra Bagchi, *Indological Studies: A Collection of Essays*, pp.78-79.
[2] Prabodh Chandra Bagchi, *Indological Studies: A Collection of Essays*, p.95.

尔高原到达大月氏（Scythian）、安息（Parthia）等国；北路经敦煌、高昌、龟兹（库车）、疏勒（喀什噶尔）等地，到达大宛（Ferganāh）、康居（Sogdiana）、安息、大秦（罗马）。"这两条大路成为当时经济交流的两大动脉。那时，中国的丝织品在国际上享有盛誉，通过这两条通道输出的商品主要是丝织品，所以被称为'丝绸之路'。'丝绸之路'是古代中国同中亚、西亚各国经济文化交流的友谊之路。"[1]因此，师觉月的研究对这一道路的宗教考古意义非凡。

元朝旅行家汪大渊曾在游记中介绍过印度的诸多地方，与朋加剌（孟加拉）相关的记载便是其中之一："五岭崔嵬，树林拔萃，民聚而居之，岁以耕殖为业，故野无旷土，田畴极美……气候常热，风俗最为淳厚。男女以细布缠头，穿长衫。官税以十分中取其二焉。"[2]明朝的严从简这样记叙孟加拉（榜葛剌）："榜葛剌本古忻都州府，即西天竺也。天竺有印度国五，此东印度国，或云此西印度国，释迦得道之所也。海口有察地港，番商海泊于此丛聚，抽分其货。"[3]曾陪同郑和下西洋的明朝巩珍在其《西洋番国志》里将孟加拉称为"榜葛剌国"。他说："自此登岸又西南行三十五站，始到榜葛剌国。其国有城，王居及大小诸衙门皆在城内。地广人稠，风俗良善……国中皆回回人。

---

[1] 朱绍侯、齐涛、王育济主编：《中国古代史》（上册），福州：福建人民出版社，2014年，第249页。
[2] 〔元〕汪大渊：《岛夷志略校释》，苏继庼校释，北京：中华书局，2009年，第330页。
[3] 〔明〕严从简：《殊域周咨录》，余思黎校释，北京：中华书局，2009年，第385页。

男妇皆黑,间有一白者。男子剃头,以白布缠裹。身服圆领长衣,自首而入,下围各色阔手巾,足着浅面皮鞋。及头目俱服回回教礼,衣冠甚洁丽。国语名榜葛俚,自成一家语。说吧儿西话者亦有之。"[1] 巩珍还说:"人家宴饮,皆来动乐,口唱番歌对舞,亦有解数可观。其乐工名根肖速鲁奈,每日五更时即到头目或富豪门首。一人吹锁纳,一人击鼓,一人打大鼓,皆有拍调,初则慢,后渐紧促而止。又至一家吹打而去。及饭时回至各家,皆与酒饭,或与钱财,诸色把戏皆不甚奇。"[2] 众多的中国史籍成为师觉月探索中印古代交流的有力武器。例如,1945年发表于《国际大学年刊》第1期的师觉月论文《帕坦时期孟加拉与中国的政治联系》,依据《星槎胜览》《瀛涯胜览》《西洋朝贡典录》《殊域周咨录》《诸番志》和《岛夷志略》等中国古代交通史籍的相关记载,结合《明史》等,探讨了古代孟加拉地区与中国明朝的历史交流。师觉月指出,随着佛教时代的结束,中印之间自唐代起再无互换使节的官方记录,政治联系确已中断。11世纪中期后,中国方面没有关于印度人来华传教的记载,但明朝时期的中印两国曾经短暂地有过恢复政治联系的尝试。"15世纪上半叶,有许多关于孟加拉和中国互换使节的记载。这些记录使人感到特别有趣,因为它们从一个人们意想不到的角度,展

---

[1] 〔明〕巩珍:《西洋番国志·郑和航海图·两种海道针经》,向达校注,北京:中华书局,2012年,第38页。"吧儿西话"指当时孟加拉的拜火教徒说的波斯语。
[2] 〔明〕巩珍:《西洋番国志·郑和航海图·两种海道针经》,向达校注,第40页。

示了15世纪孟加拉的政治、社会和经济情况。"[1] 季羡林先生在其完成于1991年的《中印文化交流史》中所写的话，从一个侧面佐证和说明了师觉月研究的意义："到了明初，时间相距并不太久，却忽然来了一个突变：孟加拉同中国的关系大大地加强了。我想，其中原因中印两方都有。在印度方面，孟加拉在政治和经济两个方面都有了突然的进步，而在中国方面，又适逢明初努力加强对南洋的统治，屡派使节出使。"[2] 师觉月对孟加拉与中国的古代联系的研究，激发了后来的印度汉学家如哈拉普拉萨德·雷易、沈丹森等人继续关注这一学术领域的兴趣，他们的研究成果或多或少地涉及这一领域。

师觉月在《关于新发现中国钱币的报告》和《坦焦尔的中国钱币》两篇论文中，从一个新的角度解读古代中印物质交流。在发表于《加尔各答评论》（*Calcutta Review*）的论文《中国的神秘主义》中，分析了道家思想在孔子为代表的儒家思想土壤中破土萌芽的过程和《道德经》的核心要旨等。

作为一位倾心佛教研究的学者，师觉月对汉译佛经的应用达到了出奇、出新的效果。例如，在《罽宾与迦湿弥罗》（*Ki-Pin and Kashmir*）一文里，师觉月利用汉译佛经和中文史料如《前汉书》与《后汉书》等，对克什米尔在中国史书中的各种称呼进行考证，最后确认罽宾与迦湿弥罗等是同一个地名。[3] 在发表于1946年的论文《禁蜜舍

---

[1] Prabodh Chandra Bagchi, *Indological Studies: A Collection of Essays*, p. 347.
[2] 季羡林：《季羡林全集》（第十三卷），第498页。
[3] Prabodh Chandra Bagchi, *Indological Studies: A Collection of Essays*, p. 406.

与德米特流士》(*Kṛmiśa and Demetrius*) 中，师觉月还利用《大方广菩萨文殊师利根本仪轨经》和《天譬喻经》等汉译佛经，对禁蜜舍和德米特流士这两位东西方历史人物所从事的印西古代交流进行文化考古。

顺便提一下，师觉月与同时代以及后来的许多印度学者一样，在参考和利用伯希和、斯坦因等西方的东方学家的研究成果时，并未深究这些西方人不择手段在敦煌等地骗取、掠夺中国古代文化宝藏的卑劣行径。例如，斯坦因自己在敦煌藏经室诱骗王道士而取得中国经卷的自叙是："到了半夜，忠实的蒋师爷自己抱着一大捆卷子来到我的帐篷之内，那都是第一天所选出来的，我真高兴极了。他已经同道士约定，我未离中国国土以前，这些'发现品'的来历，除我们三人之外，不能更让别人知道。于是此后单由蒋师爷一人运送，又搬了七夜，所得的东西越来越重，后来不能不用车辆运载了……因此我们立约，用施给庙宇作为修缮之需的形式，捐一笔款给道士作为酬劳。到最后他得到很多的马蹄银，在他忠厚的良心以及所爱的寺院的利益上，都觉得十分满足，这也足以见出我们之公平交易了。"[1] 或许是师觉月当时并未读到或知悉斯坦因、伯希和等人的自叙，又或许是他的选择性遗忘所致，他在著述中从未提及此类让中国人痛彻心扉的故事。这一点在后来接续师觉月学术血脉和理路的印度著名学者、印度文化国际学院（International Academy of Indian Culture）主任、印度

---

[1] [英] 斯坦因：《西域考古记》，向达译，北京：商务印书馆，2016 年，第 204~205 页。

文化关系委员会（Indian Council for Cultural Relations, ICCR）负责人洛克希·钱德拉的相关著述中依然如故。他们不约而同地把中国西藏错误地视为"国家"，且在20世纪50至70年代仍然如此。由此可见，通过对对象国研究而升华为文化认同、情感共鸣，对师觉月、P. V. 巴帕特、V. V. 郭克雷和洛克希·钱德拉等许多印度学者而言，是一个永远在路上且无法抵达终点的过程。

综上所述，客观地看，这也是师觉月在很大程度上担得起"汉学家"这一称谓的例证。金克木先生断言其为"印度学博士"，印度学者将其首先视为印度学家，这些并不妨碍我们将其纳入汉学家的视野进行考察和研究。王邦维教授说："师觉月研究的范围很广，如果要对他的研究做一个全面的评价，可以看到，他不仅仅是一位'汉学家'，也不仅仅是'印度学家'，他也不仅仅是研究佛教，而是跨越于多个方面，只有一个词，'中印文化研究'，大概可以概括研究的领域。他在这方面研究的特点，其实值得我们仿效和学习。"[1] 从印度学、佛学到汉学，师觉月不仅搭建了一座成功跨越喜马拉雅的文化桥梁，也将自我成功地摆渡为印度现代学术史上第一位汉学家。

## 第四节　谭云山

在现代中印文化交流史和印度汉学发展史上，谭云山

---

[1] Prabodh Chandra Bagchi, *India and China: Interactions through Buddhism and Diplomacy*, 采用王邦维先生自译。

的名字具有一种特殊的意义。谭云山的亲戚胡玲玲女士说："顺便说一下谭云山在印度的身份。从 1928 年到印度，至 1983 年逝世，谭云山在印度几乎生活了一辈子，可以算是真正的印度人了。但是，他从来就把自己看成'国际公民'，他和中国的联系一直未断。"[1]谭云山虽然没有加入印度国籍，但却真正融入了印度的社会生活与中印文化交流之中。这与印度诗人泰戈尔对他的巨大影响不无关系，但更加重要的是，中印长达千年的历史友谊使他对印度感情深厚。他在写于 1942 年 1 月 5 日，后来收入自己主编的文集《中国、印度与战争》的文章《印度与中国》中称："印度与中国这对姊妹国（sister countries），具有最博大、最丰富的文化，在世界上具有最为古老而悠久的历史。环顾所有国家（nations）的地理和历史，无论过去还是当今的世界，我们很难发现可与这两国（countries）相比的其他两个国家（nations）。"[2]当代中印政治家对他有目共睹的历史贡献给予高度的肯定，他也赢得了两国学术界的尊敬。

1998 年，谭中主编的谭云山教授诞辰一百周年纪念文集《谭云山与中印文化交流》出版，印度时任总统纳拉亚南（K. R. Narayanan）为此发表祝词，印度前驻华大使任嘉德（C. V. Ranganathan）、印度学者乔杜里（Bhudeb Chaudhuri）和萨卡尔（Kalyan Kumar Sarkar）等分别撰文，华裔学者冉云华和巴宙以及中国学者季羡林、黄心川、巫

---

[1] 谭中、郁龙余主编：《谭云山》，第 99 页。
[2] Tan Yunshan, *China, India and the War*, Calcutta: China Press, 1944, p. 57.

白慧、林承节、金鼎汉、耿引曾、王邦维、王宏纬等也纷纷撰文表示怀念。纳拉亚南认为："谭云山是印度、中国文化之间深刻而持久的纽带的化身。"[1]任嘉德指出："谭云山在现代的朝圣印度和七世纪的玄奘朝圣大有区别。玄奘从印度回国以后毕生致力于在中国人民中间传播佛教，在中国的土地上建立起两大文明之间理智上、感情上的友谊。谭云山朝圣印度延伸到他儿女的毕生事业，在印度广大人民中间传播中国的信息与对中国的洞察，在印度土地上建立起两大文明之间理智上、感情上的友谊。"[2]巴宙称谭云山为"中国第一位驻印'文化大使'"。[3]黄心川认为："谭云山先生是中印驰名的佛学家、印度学家、教育家和社会活动家。"[4]1999年，谭中主编的英文版纪念文集《沿着玄奘的足迹：谭云山与印度》出版，该书收录了上述各位学者的纪念文章，还增加了许多印度学者的回忆录或论文，以表达对谭云山的深切怀念。印度学者哈拉普拉萨德·雷易在文章中称谭云山为"中印研究的先驱及印中文化间的一座桥梁"（the pioneer of Sino-Indian studies and a cultural bridge between India and China）。[5]再看曾于1924年陪同泰戈尔访华的印度学者卡利达斯·纳格（Kalidas Nag）写于1945年的一段回忆："中国一位著名学者谭云

---

[1] 谭中编：《谭云山与中印文化交流·祝词》，黄漪淑译，香港：香港中文大学出版社，1998年。
[2] 谭中编：《谭云山与中印文化交流》，黄漪淑译，第195页。
[3] 谭中编：《谭云山与中印文化交流》，黄漪淑译，第163页。
[4] 谭中编：《谭云山与中印文化交流》，黄漪淑译，第175页。
[5] Tan Chung, ed., *In the Footsteps of Xuanzang: Tan Yunshan and India*, New Delhi: Indira Gandhi National Centre for the Arts, 1999, p. 169.

山写过一本这样的书,1927年7月,他在新加坡准备赴爪哇的途中邂逅了诗人。谭教授记叙了他在1927年至1937年的十年中,如何让自己在圣蒂尼克坦建立一个永久的中国研究中心的美梦成真。这一点,很幸运地得到了他的中国朋友特别是戴季陶先生的慷慨支持……中国向我们呈现了亚洲艺术和文化的新世界。从中国回来以后,我在1925年至1926年间创办了大印度学会(Greater Indian Society)。"[1]

从上文对谭云山的各种评价看,除了向中国学术界介绍印度,他的主要贡献还包括向印度传播中国文化、在中印文化交流和心灵沟通方面搭建跨越喜马拉雅天然障碍的柔性桥梁。客观地说,纵观谭云山的学术成果,他的确无法与饱受法国东方学传统熏陶且著述颇丰的师觉月相提并论,甚至也不及其长子谭中对中国历史文化研究之深,其重要贡献是以英文著述,向印度各界人士特别是知识分子传达中国文化信息,为现代印度汉学奠基。这并非是贬低谭云山的历史功绩,而是将学术奉献与历史事实联系起来进行评价的自然结果。[2]

谭云山居住印度期间,在教学之余从事中国历史文化和中印文化关系的介绍、传播或研究。他的英文论文或著

---

[1] Kalidas Nag, ed., *Tagore and China*, Calcutta: Federation of Indian Music and Dancing and Calcutta Art Society, 1945, p.58.
[2] 2017年11月3日,笔者在印度国际大学参会时,应邀与该校英语系一位女学者对话。对方问及如何比较师觉月和谭云山的学术成就,笔者表达了类似的观点,对方表示赞赏。

作（绝大多数是以小册子形式出版）包括《今日之中国佛教》[1]《中国现代史》[2]《中国与印度》[3]《何为中国宗教》[4]《印度与中国的文化交流》[5]《印度对中国文化的贡献及印度的中国研究》[6]《向泰戈尔致敬》[7]《现代中国》[8]《中国、印度与战争》《国际大学中国学院与中印学会》[9]《印度与中国的文化关系·引言》[10]《中国与战争》[11]等。

中印学会在中印两国分别成立后，1947年7月，谭云山在印度以该学会的名义创办了英文杂志《中印学报》（*The Sino-Indian Journal*），蒋介石和戴季陶为其题词。前者的题词是"交邻有道"，后者的题词是"允执厥中，心

---

[1] Tan Yunshan, *Buddhism in China Today*, Santiniketan: The Sino-Indian Cultural Society, 1937.

[2] Tan Yunshan, *Modern Chinese History: Political, Economical and Social*, Waltair: Andhra University, 1938.

[3] Tan Yunshan, *China and India*, Nanking and Santiniketan: The Sino-Indian Cultural Society, 1938.

[4] Tan Yunshan, *What is Chinese Religion*, Nanking and Santiniketan: The Sino-Indian Cultural Society, 1938.

[5] Tan Yunshan, *Cultural Interchange between India and China*, Santiniketan: The Sino-Indian Cultural Society, 1940.

[6] Tan Yunshan, *Indian's Contributions to Chinese Culture and Chinese Studies in India*, Santiniketan: The Sino-Indian Cultural Society, 1942.

[7] Tan Yunshan, *My Dedication to Gurudeva Tagore*, Santiniketan: The Sino-Indian Cultural Society, 1942.

[8] Tan Yunshan, *Modern China*, Allahabad: Kitabistan, 1944.

[9] Tan Yunshan, *The Visva-Bharati Cheena-Bhavana and the Sino-Indian Cultural Society*, Chungking and Santiniketan: The Sino-Indian Cultural Society, 1944.

[10] Tan Yunshan, *On Cultural Relations between India & China*, Santiniketan: The Sino-Indian Cultural Society in India, 1947.

[11] Tan Yunshan, *China and the War*, Santiniketan: The Sino-Indian Cultural Society in India, 1947.

心相印。化民以学，施无不报"。[1] 该创刊号收入 15 位作者的文章，作者包括泰戈尔、尼赫鲁、沈谟汉（Kshitimohan Sen）、P. V. 巴帕特、陈立夫和谭云山等。

印度独立以后，谭云山继续发表英文论文，如《中印文化中的"不害"》[2]《中国文明与印中文化精神》[3]《亚洲文化合作与亚洲团结》[4]《良知的呼唤与中印关系》[5]《和平之路》[6]《中国语言文学史》[7]《意识的觉醒：奥罗宾多赠与世界的真理》[8]《中印文化中的万物之母及中国的普世主义》[9]《中国佛教面面观》[10] 等。

上述论文，有的是先后数次发表，有的则是先写出初稿，过几年再行发表。1958 年，印度国际大学中国学院的 V. G. 奈尔为其编辑了一册论文集，收录了谭云山的一些代

---

[1] Tan Yunshan, ed., *The Sino-Indian Journal*, Part1, Vol. 1, July 1947, The Sino-Indian Cultural Society in India. "交邻有道"出自《孟子》，"允执厥中"出自《尚书》。
[2] Tan Yunshan, *Ahimsa in Sino-Indian Culture*, Santiniketan: The Sino-Indian Cultural Society of India, 1949.
[3] Tan Yunshan, *China's Civilization and the Spirit of Indian and Chinese Cultures*, Santiniketan: The Sino-Indian Cultural Society of India, 1949.
[4] Tan Yunshan, *Inter-Asian Cultural Co-operation and Union of Asia*, Santiniketan: The Sino-Indian Cultural Society in India, 1949.
[5] Tan Yunshan, *An Appeal to Conscience and Sino-Indian Relationship*, Santiniketan: The Sino-Indian Cultural Society of India, 1950.
[6] Tan Yunshan, *Ways to Peace*, Santiniketan: The Sino-Indian Cultural Society of India, 1950.
[7] Tan Yunshan, *The History of the Chinese Language and Literature*, Santiniketan: The Sino-Indian Cultural Society of India, 1952.
[8] Tan Yunshan, *Awakening of Consciousness: Sri Aurobindo's Message to the World*, Santiniketan: The Sino-Indian Cultural Society, 1957.
[9] Tan Yunshan, *The Universal Mother in Sino-Indian Culture and Chinese Universalism*, Santiniketan: The Sino-Indian Cultural Society, 1960.
[10] Tan Yunshan, *Some Aspects of Chinese Buddhism: Buddha Jayanti Lecture*, Santiniketan: The Sino-Indian Cultural Society, 1963.

表作，这应该是其论文第一次结集。[1] 1998 年，国际大学在谭云山逝世 15 年后出版了谭云山文集《中印文化》，收录了他各个时期的代表作。[2]

图 7 《中印文化》封面
（黄潇提供）

图 8 谭中主编谭云山纪念文集英文版封面

谭云山的很多著述是印度学生的启蒙教材，他力求以浅显的语言将中国历史文化和风土人情解说得条理清楚、通俗易懂。典型的例子是 1938 年结集出版的一本 80 页小书《中国现代史》。这是由五次讲座底稿组成的系列论文。第一讲《中国古代史》主要介绍中国的国名及其含义、中国领土及其地域划分、中国的民族和人口状况、中国古代文明的世界地位、中国历史的世界定位；第二讲《现代中

---

[1] V. G. Nair, ed., *Professor Tan Yunshan and Cultural Relations between India and China*, Madras: Solar Works, 1958.
[2] Tan Yunshan, *Sino-Indian Culture*, Calcutta: Visva-Bharati Publishing Department, 1998. 谭云山的 17 种英文著述目录，参见谭中、郁龙余主编：《谭云山》，第 118~119 页。

国的政治变化》介绍清王朝统治的衰落、辛亥革命、中华民国建立后的内部混乱、国民党所代表的中国政治新时代、南京国民政府的政治体系及运作；第三讲《现代中国的经济发展》介绍中国农业、自给自足的小农经济、中国与西方的贸易状况、古老经济体制的断裂、近期经济重建运动；第四讲《现代中国的社会进步》介绍中国社会结构、中国家庭与女性地位、伦理规范与仪式风俗、新文化运动、新生活运动；第五讲《何为中国宗教》介绍中国人的宗教信仰（第五讲的内容同年还出版了单行本小册子）。面对印度人追问自己信仰什么宗教时，谭云山往往答复自己信仰"中国宗教"（Chinese Religion）。别人继续追问"何为中国宗教"时，他说："现在，Chinese Religion 是一个陌生词汇，不仅外国人，连我们中国人自己也从来没有听说过。使用该词时，我自己觉得很新鲜，然而我发现这是唯一正确的答案。因此，我对第二个问题的回答是：'Chinese Religion is Chinese Religion'（中国宗教就是中国宗教）。"[1] 通过详细的解说后，谭云山形象地写道："目前，'中国宗教'呈现出非常复杂的特征。就形式而言，人民大众一方面供奉圣贤、英雄、祖先，另一方面敬拜天地、神灵、佛陀、耶稣基督和先知穆罕默德。几乎每一家厅堂的高墙上都立着祖先的灵位，此处每早每晚点灯焚香。"[2]

为了让印度人了解中国文明，谭云山于1943年写下了

---

[1] Tan Yunshan, *Modern Chinese History: Political, Economical and Social*, Waltair: Andhra University, 1938, p. 71; Tan Yunshan, *What is Chinese Religion*, Nanking and Santiniketan: The Sino-Indian Cultural Society, 1938, p. 1.

[2] Tan Yunshan, *Modern Chinese History: Political, Economical and Social*, p. 80; Tan Yunshan, *What is Chinese Religion*, p. 13.

《中国文明》一文。他在开头写道:"中国文明即便不是最古老的文明,也是最古老的文明之一。一般认为,埃及、巴比伦、印度与中国是世界上四大最古老的文明……我甚至想说中国文明比埃及文明、巴比伦文明还要古老。"[1]该文介绍了中国的四大发明、朝代变迁、文化发展和中印历史接触等重要命题。

为了让印度学者、学生了解中国宗教状况,谭云山除了写下《何为中国宗教》一文,还撰写了《今日之中国佛教》和《中国佛教面面观》等篇目。《中国佛教面面观》完成于1961年10月,是系列讲座的结集,内容包括引言、佛教的特殊意义、佛陀的真义、中国佛教引论、中国佛教发展、中国佛教宗派、中国佛教的基本原理、结论。他将中国佛教的基本原理归纳为三点:法轮(Dharmacakra)、法印(Dharmamudra)和法界(Dharmadhatu)。[2]

1958年,谭云山还写了《中国哲学》一文,向印度学者介绍中国古代哲学。他在文中介绍了"四书""五经"和儒家、道家、墨家、法家、阴阳家和名家等不同哲学派别。[3]

1951年,谭云山发表《中国语言文学史》一文。他在第一部分先对中国古代的口头语和书面语进行介绍,再说明中国书面文字的来源和20世纪上半叶的语言文字改革。

---

[1] Tan Yunshan, *China's Civilization and the Spirit of Indian and Chinese Cultures*, Santiniketan: The Sino-Indian Cultural Society of India, 1949, p. 5.

[2] Tan Yunshan, *Some Aspects of Chinese Buddhism: Buddha Jayanti Lecture*, pp. 15–19.

[3] V. G. Nair, ed., *Professor Tan Yunshan and Cultural Relations between India and China*, Madras: Solar Works, 1958, pp. 108–112.

第二部分先介绍中国古代文学作品的分类（经、史、子、集），古典历史和哲学文献，古代散文、诗歌、小说和戏剧，最后介绍20世纪初由陈独秀、胡适等人发起的新文学运动。[1]

国学功底深厚的谭云山不时以比较的视角探索中国与印度思想的异同。《中印文化中的万物之母及中国的普世主义》是由1958年、1960年先后完成的两篇短文合成的。谭云山在文中认为，印度的Mahasakti（大性力）近似于中国的太极，《易经》近似于印度最古老的宗教哲学经典《犁俱吠陀》，而中国的普世主义或曰大同思想涉及自然宇宙观和人类社会生活两方面。他还以《易经》、张载思想、曹植诗歌来解释印度现代哲学家奥罗宾多的"高级意识"论。[2] 谭云山在1957年写就的《意识的觉醒：奥罗宾多赠予世界的真理》一文中，以孔子学说与奥罗宾多的神秘思想体系进行比较，显示了中印对话的魅力。关于ahimsa（非杀、不害、非暴力）的实质，谭云山在《中印文化中的"不害"》一文中解释道："ahimsa是形式上消极、意义上积极的一个词。圣雄甘地将其英译为non-violence。中国古代佛教学者将其汉译为不害，意为non-Hurting。它的正面形式是'爱''博爱'，这便是梵语中的Maitri（慈悲）或汉语的'忍'。"[3]

与师觉月一样，谭云山也对中印文化关系研究非常感

---

[1] Tan Yunshan, *The History of the Chinese Language and Literature*, pp. 1–18.
[2] Tan Yunshan, *The Universal Mother in Sino-Indian Culture and Chinese Universalism*, pp. 1–9.
[3] Tan Yunshan, *Ahimsa in Sino-Indian Culture*, Santiniketan: The Sino-Indian Cultural Society of India, 1949, p. 2.

兴趣，先后发表了《印度与中国的文化交流》《印度对中国文化的贡献及印度的中国研究》《国际大学中国学院与中印学会》《印度与中国的文化关系》等文章，对此领域进行探索。其中，《国际大学中国学院与中印学会》介绍了中国学院的诞生历史与发展过程，也介绍了中印学会的相关情况，具有很高的历史文献价值。《印度与中国的文化关系》是戴季陶于1940年在鹿野苑大佛教协会的大会上发表的主旨演讲，谭云山为之写了引言，并将二者一并发表，这也是研究戴季陶和中印文化交流的重要文献。戴季陶于1946年分别给贝拿勒斯[1]印度大学、国际大学、印度方面的中印学会、大菩提协会（Maha Bodhi Society）、加尔各答艺术协会和加尔各答东方文化会议等发来六份贺词或问候，谭云山亲自加上引言一并发表，这是一份珍贵的历史文献。[2]

谭云山从民族性格等方面思考了中印交流的某些局限和难点。他在论及印度对中国的文化影响时说："就印度文化影响中国文明而言，几乎难以言尽。从哲学角度来看，从魏晋时期（220—419 A.D.）起，孔子儒家思想和道家思想就与印度思想紧密结合在一起。"[3] 为此，他举出不少实例进行说明。他还提出一个非常重要且有趣的问题，既然印度文化影响中国宗教和哲学如此深厚，为什么中国

---

[1] 1957年"贝拿勒斯"改名为"瓦拉纳西"，为了指称明确，全书统一用旧称"贝拿勒斯"，下文不再重复注明。——译者注

[2] Tai Chitao, *Goodwill Messages to India with a Biographicaql Introduction by Tan Yunshan*, Santiniketan: The Sino-Indian Cultural Society in India, 1948.

[3] Tan Yunshan, *Cultural Interchange between India and China*, Santiniketan: The Sino-Indian Cultural Society, 1940, p.9.

文化对印度的影响如此稀少？为什么那么多印度经典译成中文，而中国的巨著却没有译为梵文？谭云山给出了三个答案：首先，印度可能在一个时候曾经受到中国文化的影响，但事过境迁，便不了了之；其次，印度人民宗教感情非常强烈，他们只是向其他民族传播宗教福音，而不愿接受其他地方的真理；第三，中国人积极接受和吸收其他优秀文明成果，却不愿向其他文明传播自己的文化。"总之，我觉得中国从印度获益良多但却回报甚少。因此，她应该心存感激，有义务酬答印度。"[1] 谭云山的观点虽有以偏概全的嫌疑，但也揭示了中印文化间建立双向传播均势必然遭遇阻力的一些微妙因素。

谭云山对中印文化关系的梳理催生了他的"中印文化"思想，其核心是联合中印，发展以不杀生为特征、以互识互补为目的的"中印文化"亦即中印一体、中印融合的新型文化，这近似于师觉月的"共同文明"说。谭云山说："'中印文化'（Sino-Indian Culture）这一新名称是 15 年以前杜撰的。"[2] 时间大约在 1934 年至 1935 年中印两国先后建立中印学会期间。在提倡中印文化一体说的基础上，谭云山还提倡"中印学"即中印古代文化交流史研究。有的学者对此解释说，中印文化是一尊神，具有不同面孔，中国文化是其中国脸，印度文化是其印度脸。"中印学"就是研究中印两张脸之间的共鸣呼应。通过中印文化之间的互相认识，也就达到更好地认识自我文化之目的。"中印

---

[1] Tan Yunshan, *Cultural Interchange between India and China*, p. 12.
[2] Tan Yunshan, *Ahimsa in Sino-Indian Culture*, p. 2.

学"包孕了历史、哲学、文学、医学、政治学乃至理科各种学问,是一种综合性学科。[1] "中印文化"或"中印学"的实质与师觉月的两大文明融合说或曰"共同文明"说如出一辙,也是提倡一种中印大同的理念。它对谭云山的儿子谭中关于中印文化关系的思考有直接影响。谭云山与师觉月一样,也在中印文化的对比中寻找相似点,以证明中印文化的亲和力。从另一个角度看,谭云山的"中印文化"说也是对梁启超的中印文化"亲属关系"说的历史呼应。

谭云山在传播中国文化精髓的同时,没有忘记中国的命运与中印合作、亚洲团结等重大现实问题。他在《中国、印度与战争》《中国与战争》《亚洲文化合作与亚洲团结》《良知的呼唤与中印关系》《和平之路》等著作或论文中,发出了一个学者呼唤和平的声音,他期盼祖国摆脱苦难命运,期望中印展开全方位合作。

在1937年中国学院大楼落成典礼上,谭云山发表了演讲。他动情地说:"正如你们明白的那样,我们两国本来就是一对姊妹国(a pair of sister countries)。"[2]他还说,如果中印两国的问题没有解决,世界的问题永远难以解决。目前,中国如此之多的学者、学生到欧美留学,但却无人来印度学习,印度的情况与此相似。这难道不是一种奇怪的现象吗?"难道现代印度及其文化、哲学不值得学习?中国文化难道没有赠予的价值?或者说我们只能学习欧

---

[1] 谭中:《谭云山与中印文化交流》,第96页;郁龙余等:《梵典与华章:印度作家与中国文化》,第472~473页。
[2] Tan Yunshan, *China and India*, p.10.

洲……我不知道你们意下如何，但鄙人为我们无可救药地忽视对方感到羞愧，即便西方商业贸易的方式颇受赞赏。"[1] 从这一段话中，不难读出谭云山的高瞻远瞩，也可理解他为何要克服千难万险，以"当代玄奘"的身份，向印度传播中国文化精髓。从这个意义上讲，谭云山完全可以称为现代印度汉学的奠基人之一。

综上所述，谭云山与师觉月以不同的视角和方法，为印度汉学草创期开辟了两条可供后人遵循、参考的道路，这便是注重中国一手文献的汉学研究，以及以梵语、藏语、汉语等语言为工具进行印度学基础上的汉学研究。前一种路径被谭云山开创、后来被其长子谭中所推陈出新，发扬光大，并培育出一些如今在印度汉学界崭露头角的学人；后一种路径自然是被师觉月与拉古·维拉等所创，这在当代学者洛克希·钱德拉等人身上仍然可见。20世纪上半叶的印度汉学，因为有了谭云山和师觉月等杰出的学者和教育家，方才显得厚重、深沉。

## 第五节　S. 拉达克里希南

作为著名的宗教哲学家，S. 拉达克里希南曾于1944年受邀来华演讲，回国后，他将其系列演讲稿进行修改，并于同年出版，后于1947年、1954年再版。该书题为《印度与中国：1944年5月中国演讲集》（*India and China: Lectures Delivered in China in May 1944*），是对中国儒、释、

---

[1] Tan Yunshan, *China and India*, pp. 11-12.

道三家思想的集中观察和认识，也是对20世纪40年代中国社会状况的一种直观感受。由此可见，他比师觉月扩大了观察与研究中国的范围。

按照英文标题排列顺序，拉氏该书的结构如下："序言""引言""中国与印度""中国的教育理念""中国的宗教：儒教""中国的宗教：道教""佛陀乔达摩及其教义""中国佛教""战争与世界安全""附录""索引"。

在"序言"中，拉氏开门见山地说："本书是以我短暂访华期间（1944年5月6日至21日）发表演讲的记录而写成的，其主要目的是为复兴中印文化理解（cultural understanding between China and India）而尽绵薄之力。因为我不懂汉语，关于中国宗教和文化的认识只能是肤浅的，任何形式的刻板解说，都只是对必要阐释的让步。"[1] 确实如此，拉氏此书多引述西方学者对中国文化经典的翻译，如阿瑟·韦利（Arthur Waley, 1889—1966）、翟林奈（Lionel Giles, 1875—1958）和苏慧廉（William Edward Soothill, 1861—1935）等英译的《论语》《孟子》《道德经》和《庄子》等，也参考许多西方学者的英文著作，如阿瑟·韦利的《中国古代的三种思维方式》（*Three Ways of Thought in Ancient China*）、卫礼贤（Richard Wilhelm, 1873—1930）的《中国文明简史》（*A Short History of Chinese Civilization*, 1929）、翟理思（Herbert Allen Giles, 1845—1935）的《中国古代宗教》（*Religions of Ancient*

---

[1] S. Radhakrishnan, *India and China: Lectures Delivered in China in May 1944*, "Preface," Bombay: Hind Kitabs Ltd., 1954.

*China*，1905）、苏慧廉的《中国三教》（*The Three Religions of China*，1929）和挪威传教士艾香德牧师（Karl Ludvig Reichelt，1877—1952）的《中国佛教真理与传统》（*Truth and Tradition in Chinese Buddhism*，1927）等。拉氏主要参考、利用上述西方汉学家的著述或译著，这使他的汉学研究多了一种雾里看花的意味。此外，拉氏还引用了中国学者胡适发表于1934年的《中国的文艺复兴》或梁启超等人著述的英译，并娴熟地引述《薄伽梵歌》等印度教梵文经典和巴利语佛教经典，显示了极其深厚的古典印度学功底。

拉氏对中国社会现状的观察、对中国文明的初步认识主要体现在该书"引言"中。拉氏看清了近代中国与西方的接触所导致的经济滞后、政治受控的丧权辱国的现实。他不安地观察到现代中国知识界的西化趋势，他为此写道："中国现在正经历着非常剧烈的变化。近几十年来，西方科学与机器渗透迅速。学校正经历现代化的过程。在西方冲击下，数千年来保存着独特范式的一种文明，在日益加剧的思想迷茫中崩塌。许多中国的现代主义者深信唯一的解决办法是，模仿西方的科学与机器效能，或继续充当西方的政治与经济附庸。然而，我还是希望中国保持自己在世界体系中的独特性，因为她已经见证了过度文明（overcivilization）的后果……进步和效能是必须的，但它们并非全部，它们只是通往和平、幸福的手段而已……在我们急欲提高自己的文明的物质财富时，我们可以更为勤勉地运用科学，但我们也不应忽略传统的人文思想。"[1] 他的这些观察和思考，与同时代思考中国问题并开具相应"药方"的泰戈尔、甘地等印度智者并无本质差异，这说明了印度传统思维方式在其观察中国的过程中发挥了作用。站在现在的立场看，拉氏等人具有超前的准确预见，但20世纪上半叶的中国面临救亡图存的艰难局面，要想既保持文化独特性又极为理性地处理现代转型的方方面面，显然是一件不容易的事。

拉氏对中国人民高涨的爱国热情和团结抗日印象颇深："祖先崇拜正在升华为爱国主义热忱。封建时代对父母的孝道正在演变为民族主义情绪。对于这一意识的形成，日本的贡献巨大。抵抗日本造就了精神团结。共同经受苦难产生一种同胞情谊……各阶层的中国人皆为兄弟情谊所整合。在这一方面，中国比之印度明显占优。"[2] 拉氏赞扬中国人的众志成城："民族的坚强只有以心中怀有的梦想来衡量。目前的艰难困苦正在考验着中国……中国并无种族优越感，并不喜欢霸权统治，她在历经艰辛后，将成为一个现代国家，并以平等的姿态与其他国家进行合作。"[3] 他认为："中国共产党人并不是刻板地遵循俄国人的教条。他们的祖国是中国而非苏联。首先且最重要的是，他们是为

---

[1] S. Radhakrishnan, *India and China: Lectures Delivered in China in May 1944*, pp. 70-71.

[2] S. Radhakrishnan, *India and China: Lectures Delivered in China in May 1944*, pp. 28-29.

[3] S. Radhakrishnan, *India and China: Lectures Delivered in China in May 1944*, p. 32.

中国而非共产国际的抗日战争而战。"[1] 不过,他的某些论断显示,他无法准确透视和预测中国的政治现实,例如:"我深信,当前的国民党政府或共产党领导不会做任何事情来削弱抗日民族统一战线,他们在抗战期间建立的联盟,在战后将发展为民主政治体制。"[2] 然而,历史事实却恰好与其预测相反。

关于中国文明的性质,拉氏指出:"中国文明不是城市文明。中国人没有发展出商业和剥削所驱动的城邦国家(city states)。四分之三的人口生活在农村。中国文明本质上是农业文明。"[3] 拉氏对中国文明的悠久历史表示赞赏,也对中国人的生活方式表示肯定:"中国有人们公认的三千多年历史,这使它即便没有政治统一也具有文化的连续性。地理因素和社会形态赋予中国一种明确的生活态度,一种深深扎根于社会各阶层的独特文化模式……与自然和谐相处是中国智慧的精髓。中国人喜欢随遇而安,他们充满人情味,富有忍耐力……他们的世界观不属玄学,其思想不为教条所束缚。他们是经验主义者。他们不喜推理,而随具体情况而变换思维。"[4] 他还指出:"中国文化本质上是人本主义的(humanist)文化,它高度重视人格(personality)。如果说机会均等是民主的本质特征,那么,

---

[1] S. Radhakrishnan, *India and China: Lectures Delivered in China in May 1944*, p. 30.
[2] S. Radhakrishnan, *India and China: Lectures Delivered in China in May 1944*, p. 31.
[3] S. Radhakrishnan, *India and China: Lectures Delivered in China in May 1944*, p. 27.
[4] S. Radhakrishnan, *India and China: Lectures Delivered in China in May 1944*, pp. 25-26.

中国多少个世纪以前就有了民主。这儿没有种姓,没有祭司,没有武士,甚至也消除了贫富差别。官员的选拔以能力为基础,能力以公开考试的智力测试为依据。"[1] 上述论述不乏对中国的善意和美誉,显示出拉氏趋同于英国著名学者罗素(Bertrand Russell,1872—1970)的浪漫主义心态。后者曾经这样写道:"到目前为止我只有一个结论:中华民族是全世界最富忍耐力的,当其他的民族只顾及到数十年的近忧之时,中国则已想到几个世纪之后的远虑。它坚不可摧,经得起等待。"[2] 再如:"我认为,一个普通的中国人可能比英国人贫穷,但却比英国人更快乐。这是为什么呢?因为他们国家的立国之本在于比我们更宽厚、更慈善的观念。"[3] 这种将中国历史与现实生活理想化、浪漫化的心态,使拉氏在试图"破译"中国文明"密码"的同时,忽略了其内在的复杂性。

从拉氏该书内容看,其论述重点在于所谓的"中国宗教",《中国与印度》和《战争与世界安全》两章是点缀或补白之笔,《中国的教育理念》与《佛陀乔达摩及其教义》分别可视为关于孔子思想和中国佛教的知识背景的补充说明。因此,该书三大主要议题分别详见于《中国的宗教:儒教》《中国的宗教:道教》和《中国佛教》等三章。这种章节安排,体现了拉氏的比较宗教研究的学术理路和思维立场。

---

[1] S. Radhakrishnan, *India and China: Lectures Delivered in China in May 1944*, pp. 26-27.
[2] [英]罗素:《中国问题》,秦悦译,上海:学林出版社,1996年,第6页。
[3] [英]罗素:《中国问题》,秦悦译,第155页。

苏慧廉等西方汉学家习惯于将孔子为代表的儒家思想称为"儒教",而儒家思想是否具备宗教的所有要素,这是国内学界向来有争议的一个问题。一般认为,儒家思想倾向于思考世俗而非形而上的神学问题,因此不宜将其视为西方意义上的宗教。受到苏慧廉等人著作的影响,拉氏认同三种所谓的"中国宗教",他指出:"中国人并未将儒教、道教与佛教视为相互排斥的三种信仰。他们视其为相互补充的宗教。在精神和谐的氛围中,三种信仰彼此交融,并以其不同的侧面满足人们的社会、神秘和伦理需求。儒教强调行动(karma)的一面,道教强调神秘或智慧的一面,佛教则在合理对待宗教的这种两面性时提供一种哲学、一种伦理。"[1]拉氏所论基本符合儒、释、道三家在中国思想史、文化史的发展轨迹,但从另一个角度看,他的话在一定程度上遮蔽了佛教中国化过程中的某些曲折。事实上,佛教被儒家、道家思想所融会是一个漫长复杂的过程,绝非"彼此交融"一词可以简单概括的。

关于"儒教"即孔子为代表的儒家思想,拉氏先在《中国的教育理念》一章中,从教育的角度进行叙述。他认为,从历史开端,中国人就始终强调教育在维护社会秩序和进步方面的重要性。"在中国,孔子是以教育为职业并将学者游学的传统固定下来的第一人。他在各阶层人士中广纳门徒。中国古代的绅士,并非祭司、士兵、手工业者或披着黑斗篷的官员,而是教师。知识分子向高层进行迁

---

[1] S. Radhakrishnan, *India and China*: *Lectures Delivered in China in May 1944*, p. 17.

移,是中国文明的显著特征。"[1] 拉氏认为,历史上,中国始终信奉传统的力量。作为最伟大的知识分子的领袖,孔子喜欢遵循古道,阐释古人经典,实践古人的生活方式,努力掌握传统的精神力量,并深信它可指引未来。[2] "孔子赋予我们的教育原理,至今还如他那个时代一样正确。追求真理不只是一种知性过程。"[3] 孔子在《论语》中的话可以佐证拉氏某些判断的准确性,例如:"子曰:学而时习之,不亦说乎?……子曰:弟子,入则孝,出则弟,谨而信,泛爱众而亲仁。行有余力,则以学文。"[4] 再如:"子曰:三人行,必有我师焉。择其善者而从之,其不善者而改之……子以四教:文,行,忠,信。"[5]

拉氏认为,孔子的主要教义在于使个人适应社会秩序。孔子教人孝道、家庭、爱情等伦常之理,也教人忠于国家、热爱邻里。如果所有社会成员都能履行其独特的社会职责,社会就会保持一种良好的秩序。而当每个人都履行其社会职责的时候,也就实现了天下大同的理想局面。拉氏由此认为:"我们在此发现了一种社会主义世界联邦(socialist world-commonwealth)的图景,一个超国家的组织机构,它统辖整个世界,政府由普选产生,管理则以同胞情谊为基

---

[1] S. Radhakrishnan, *India and China: Lectures Delivered in China in May 1944*, p. 51.
[2] S. Radhakrishnan, *India and China: Lectures Delivered in China in May 1944*, p. 56.
[3] S. Radhakrishnan, *India and China: Lectures Delivered in China in May 1944*, p. 60.
[4] 徐志刚译注:《论语通译》,北京:人民文学出版社,2000年,第1、3页。
[5] 徐志刚译注:《论语通译》,第82~83页。

础。不考虑世袭制问题，不能为个人所得而剥夺自然财产。"[1] 与欧洲人重视个人权利的文化观相反，中国人一向把整体的利益放在个人之上，以为国家社会服务为荣。就家庭观念而言，强调个人对家庭的义务。中国人的政治观念便由此引申而来。中国人希望天下的人像一家人一样和睦相处，从而产生了天下一家的"大同"思想。如《论语》说："四海之内，皆兄弟也。"[2] 这便接近于拉氏所谓"社会主义世界联邦"的美好愿景。当然，天下一家的大同思想既使中国人产生了整体大于个人的观念，又导致古代中国产生了以中央集权为特点的内敛性强的君主专制制度，这一点在拉氏那里没有得到揭示，这显示了拉氏观察中国的外部视角的某种局限。

在强调个人义务而非个人权利这一点上，印度文化与中国文化殊途同归，尽管中印"义务"内涵不尽相同。拉氏认为，孔子"确立了中国古代的社会与政治理想，其中不仅包括个人清白与社会职责的规则，而且包括宗教仪式、祭神典礼以及对于死者的崇拜。礼的宗教，犹如摩西法律与摩奴法典一样，在他人中间确立了孝与道德约束的必要性。这正是印度人称之为达摩的东西，是既关于个体也关于社会的"。[3] "达摩"（dhamma）是梵文"dharma"的巴

---

[1] S. Radhakrishnan, *India and China: Lectures Delivered in China in May 1944*, pp. 77-78. 本节以下对拉氏儒家思想论的相关介绍，参阅董平的相关译文，详见何兆武、柳卸林主编：《中国印象——世界名人论中国文化》（下册），桂林：广西师范大学出版社，2001年，第384~388页。
[2] 徐志刚译注：《论语通译》，第147页。
[3] S. Radhakrishnan, *India and China: Lectures Delivered in China in May 1944*, p. 78. 采用董平译文，参见何兆武、柳卸林主编：《中国印象——世界名人论中国文化》（下册），第384页。

利语形式。它既是哲学概念,又是宗教概念,也是伦理道德概念。"达摩"强调宽容与非暴力,强调尊重那些权威人物如婆罗门(印度种姓制度里等级最高的种姓)和佛僧,强调对下人的体贴和仁慈,强调普遍接受对人类尊严有益的理念。[1] 这说明,拉氏是立足于印度本土思想与孔子进行对话的。

关于孔子思想中的所谓"神学"成分,拉氏的论述比较详尽。他认为,孔子对于神学问题的缄默不语,也许是出于他的某种忧虑:孔子担心超自然的信仰导致人民发生分裂,因此不予强调。"他意识到了人的知识的局限。但是,我们并不能说孔子缺乏一种关于无限的神秘感。通过某种表述性的缄默,他暗示了人类精神的有限性以及神圣的神秘感觉。他确信从古代一直传到他那里的那个超验之天的实在性。天是世界万物的创造者、保存者、毁灭者,也是宇宙秩序的护卫者,它明察一切并判断一切。孔子回答了《梨俱吠陀》中伐楼那的问题,也回答了伊朗人阿胡拉·玛兹达的问题。"[2] 拉氏认为,秩序与世界的演进都是孔子心目中"天道"的证明。他断言孔子一生都是"祈祷者。最高等的祈祷者是尊奉天命。他生活在和永恒上帝的交流之中……当有人问他什么是智慧的时候,他答道:'务民之义,敬鬼神而远之,可谓知矣。'他虽然这么说,

---

[1] A. L. Basham, *A Cultural History of India*, Oxford: Oxford University Press, 1975, p. 42.
[2] S. Radhakrishnan, *India and China: Lectures Delivered in China in May 1944*, p. 83. 采用董平译文,参见何兆武、柳卸林主编:《中国印象——世界名人论中国文化》(下册),第 387 页。

第一章　印度独立以前的汉学研究

但还是说'祭如在，祭神如神在'"。[1]拉氏对孔子"神学观"或曰"天道观"的探索有其值得肯定的价值。他看到了孔子"神学观"（即鬼神观念）的矛盾之处。拉氏对于孔子思想矛盾的分析，尽管带有印度哲学思想的窠臼和模式，但也足以显出其正确的一面。

值得注意的是，拉氏基于比较宗教学的立场，对孔子注重社会和人性改造但却缺乏印度或西方式的形而上宗教体系观念颇有微词。这反映了拉氏对中国文化先入为主的"文化误读"。拉氏介绍孔子思想之后，还对墨子、孟子和朱熹等人的理论进行简介。

对于中国道教及其思想鼻祖老子，拉氏的认同程度有限。他首先从道教在理论上的"缺陷"谈起，他认为："道教给中国一种超验的神秘主义，并试图实现那种在中国人心目中根深蒂固的、要从外部世界的羁绊中解放出来的渴望。但是，它没有发展出一种有可能满足人的'理性'要素的形而上学。绝对与现实世界之间关系的确切本质，这两者之间的中介力量，并没有通过任何系统性的阐发而引导出来。在宗教方面，它也不能给出一种令人满意的体系。"[2]在这里，拉氏仍然以印度及西方的宗教哲学模式解读道教，从而得出结论，即道教并不具备"形而上学"的"令人满意的体系"。这和他认为儒家思想缺乏超越性

---

[1] S. Radhakrishnan, *India and China*: *Lectures Delivered in China in May 1944*, pp. 84-85. 采用董平译文，参见何兆武、柳卸林主编：《中国印象——世界名人论中国文化》（下册），第 388 页。

[2] S. Radhakrishnan, *India and China*: *Lectures Delivered in China in May 1944*, p. 112. 采用董平译文，参见何兆武、柳卸林主编：《中国印象——世界名人论中国文化》（下册），第 392 页。

的哲学思辨基本类似。在拉氏看来,道家的形而上学近似于《奥义书》的宗教哲学,而道家的修炼近于瑜伽。[1]

拉氏除了对道教进行"理论解剖"外,还对道家思想在实践层面的"主要缺陷"做了详尽说明。在拉氏看来,道家保持精神宁静的唯一途径就是不为事物的诱惑所动,不管这些诱惑是自然万物的刺激或是社会与政治的干预。庄子别开生面地提出人必须返回自然:"绝圣弃智,大盗乃止。"拉氏认为,道家思想拒绝诉诸传统,并且,老子对于中国一贯提倡的"孝"持冷漠态度,因为所有的祖先"在道那里都一视同仁。道家思想的错误在于没有认识到社会方面对于人是与自然对人一样的。此外它还助长了某种宿命论"。[2] 他还说:"老子把社会与政治生活看作一种错误发展的产物,并企图引导人类脱离这个变易的世界而导向形而上学之真实的世界。"[3] 应该承认,拉氏对道家思想的消极面有所认识,但他对于道家思想之于个人修身养性的积极作用未见发挥。这是一种有意的悬置。循着上述思路,拉氏还说:"在老子看来,社会的邪恶并不仅仅是社会的丑恶,而且也是灵魂的丑恶。驱除诸般邪恶的方法就是要超越理性而进入精神。但遗憾的是,道家却企图使人的

---

[1] S. Radhakrishnan, *India and China: Lectures Delivered in China in May 1944*, p. 117.

[2] S. Radhakrishnan, *India and China: Lectures Delivered in China in May 1944*, p. 115. 采用董平译文,参见何兆武、柳卸林主编:《中国印象——世界名人论中国文化》(下册),第 394 页。

[3] S. Radhakrishnan, *India and China: Lectures Delivered in China in May 1944*, p. 117. 采用董平译文,参见何兆武、柳卸林主编:《中国印象——世界名人论中国文化》(下册),第 395 页。

法律服从于低于物理的与生物的法律。"[1]事实上，老子等人提倡的是一种无为而治的政治思想。他们所反对的东西，有的是当时社会的弊病或统治者的罪恶，有的却是社会发展、历史进步的结晶，但拉氏却一概否定，把婴儿与污水一齐倒掉了。

在该章的末尾，拉氏阐释了自己对儒家和道家思想的综合观："如果说儒家的伦理教导人们如何和谐、有序地相处，道家的超验神秘主义有助于我们超脱于社会并体认道。我们寻求这样一种思想与信仰体系，它将儒家、道家二者的长处结合起来。"[2]这种方案似乎与印度教的人生四要（法、利、欲、解脱）有些牵挂，它反映了拉氏作为印度教徒的个人无意识或宗教无意识。

相比儒家和道家而言，中国佛教是印度学者、政治家最关注的文化领域。原因很简单，佛教发源于印度，中国佛教也是印度宗教的产物，他们因而聚焦于印度佛教的中国化。

与尼赫鲁和师觉月对中国佛教的考察姿态相似，拉氏首先论及佛教中国化的特点："当佛教进入中国人思想的时候，它与儒家和道家的思想相混合而发展形成了一种独特的中国样式。它既强调禅定的智慧，也强调对于社会的服务。通过其认知、情感以及意志等方面的统合，佛教思想

---

[1] S. Radhakrishnan, *India and China: Lectures Delivered in China in May 1944*, p. 116. 采用董平译文，参见何兆武、柳卸林主编：《中国印象——世界名人论中国文化》（下册），第 395 页。

[2] S. Radhakrishnan, *India and China: Lectures Delivered in China in May 1944*, p. 117.

深深地吸引了知识阶层以及富有精神者的兴趣。"[1] 拉氏的论述基本上符合中国佛教产生和发展的历史事实。他还说："我们可以计算中国基督徒和穆斯林的数量，但却难以统计中国佛教徒的数量。前二者的信条是明确的、唯一的，而佛教影响了人们的整个生活、艺术与文学。佛教的再生观念和伦理教义已经构成了人们的精神要素。"[2]

拉氏还谈到佛教为中国人所接受的心理机制。他认为，当佛教在中国为人所知的时候，接受它的时代条件非常有利。在当时，佛教唤起了人们宗教思考的欲望，有人甚至认为它来源于西天即印度。中国人"极为欣慕佛教的精神性及其所有壮观的祭拜礼仪。佛教把中国人对于已故双亲的诚敬，保留在对死者的祭仪之中。它也满足了人们那种自然的永生不死的渴望"[3]。拉氏还探索了佛教中国化进程中的心理预设，这是其中国化成功的客观原因，它与前面提到的佛教主动适应中国国情的主观因素形成照应。

拉氏具体考察了天台宗、密教、喇嘛教、净土宗（莲宗）以及禅宗等中国佛教。例如，关于净土宗，拉氏认为，该派的教义不考虑所有形而上学的精深微妙，只要信仰阿弥陀佛并诵其名号，就能导向解脱。净土宗是大乘佛教的一种发展。"一旦躬身参与其中，我们就必须过一种为苦难

---

[1] S. Radhakrishnan, *India and China: Lectures Delivered in China in May 1944*, p. 145. 采用董平译文，参见何兆武、柳卸林主编：《中国印象——世界名人论中国文化》（下册），第396页。

[2] S. Radhakrishnan, *India and China: Lectures Delivered in China in May 1944*, p. 20.

[3] S. Radhakrishnan, *India and China: Lectures Delivered in China in May 1944*, p. 146. 采用董平译文，但据原文有改动，参见何兆武、柳卸林主编：《中国印象——世界名人论中国文化》（下册），第397页。

的人类而献身的生活。这一宗派强调以信仰达到解脱,强调能把我们引向西方乐土的伟大新生,而在那里,君临一切的伟大慈父已经降下最有力量的神灵以人的形式来到人间(观音),而他则正以其慈悲精神把人们引向他的身边。显然,这一大乘教派赋予了中国的宗教精神一种激发其心灵的信仰。"[1] 所谓净土宗,是指宣扬信仰阿弥陀佛,称念其名号以求死后往生其净土的佛教派别。它又叫念佛宗。净土宗有西方净土、唯心净土和东方净土等区分。净土即佛国,它在佛典中被描绘得非常美妙、快乐、幸福,是脱离了一切恶性、烦恼与垢染的处所。"出离秽土,往生净土,是印度大乘佛教的理想。这种净土信仰传入中国,令僧人们大为向往,成为净土宗的直接渊源。"[2] 可以说,近代以来,整个 20 世纪是净土宗对社会做出巨大贡献的时期。净土信仰在 20 世纪的中国相对盛行,这是因为,净土信仰的优势表现在,它以"往生"给转型社会里绝望无助的迷惘民众以一丝希望,以"他力"强化了信仰者的心理支撑,它极其强调伦理,可以填补转型期社会的道德断层。[3] 因此,净土宗得到拉氏如此高的评价当之无愧。

在考察佛教之于中国现实社会的作用时,拉氏认为,中国佛教强调在祈祷中与神交流、感受佛的喜悦、接受佛的道德垂训、体验佛的神圣伟大。但是,在他看来,中国

---

[1] S. Radhakrishnan, *India and China*: *Lectures Delivered in China in May 1944*, pp. 153-154. 采用董平译文,参见何兆武、柳卸林主编:《中国印象——世界名人论中国文化》(下册),第 401 页。
[2] 陈杨炯:《中国净土宗通史》,南京:江苏古籍出版社,2000 年,第 1 页。
[3] 陈兵、邓子美:《二十世纪中国佛教》,北京:民族出版社,2000 年,第 319 页。

佛教有一种"退化"的趋势，信徒只有形式的崇拜而没有内心的虔诚。拉氏觉得，中国人缺乏浓烈的宗教情感，因此中国的佛教亟须改革。在他看来，要实现宗教改革，最为根本的是返回历史上的佛陀。为此，他引用了太虚大师的一些相应观点进行说明。他指出："如果他（太虚）的计划成功实施，怀疑主义与实利主义的传播势头会得到抑制。假如中国的统治者采纳古代皇帝的传统做法，敬重所有宗教，假如佛教寺庙得以现代化，那么，中国将会出现一种伟大的宗教觉醒（a great religious awakening）。"[1] 拉氏以一位宗教哲学家的思想姿态，希冀着用革新宗教的方法来革新当时被"实利主义"所统治的中国，这和泰戈尔1924年访华时的观感类似，体现了他们对中国国情的陌生和隔阂，因此他们的文化误读也就不可避免。

## 第六节　M.N.罗易

印度学者塔尔孔德（V. M. Tarkunde）说："从许多方面看，罗易都是一位特立独行的人（unique person）。"[2] 他还指出："罗易是一位思想巨人（intellectual giant）。他总是提出一些创见。终其一生，他将其卓越的思想力量运用于理想的自由事业。自由是他整个一生的基本动力和强烈情感。"[3] 确实如此，M. N. 罗易（Manabendra Nath

---

[1] S. Radhakrishnan, *India and China: Lectures Delivered in China in May 1944*, p. 168.
[2] M. N. Roy, *Men I Met*, New Delhi: Ajanta Publications, 1968, p. 1.
[3] M. N. Roy, *Men I Met*, p. 6.

Roy，1887—1954，下文简称"罗易"）是一位喜欢独立思考的人。即使与列宁这样伟大的思想家、革命家交流时，他也不盲从。他在回忆录中曾谈到这点。[1] 在中国现代史和中印现代关系史上，罗易无疑是一个特殊的重要人物。如果说泰戈尔1924年访华拉近了中印人民心灵对话的距离，那么罗易1927年来华履行共产国际赋予的特殊使命，却将他自己置于宿命的逆境和失败的结局（鲍罗廷等在华人士的结局几乎相同），也使后人对中国现代史的书写处于尴尬的境地。与当时来华指导中国革命的其他共产国际代表一样，罗易的一生大起大落，经历非常复杂。他的一些言行对处于异常危急之中的中国革命产生了极具戏剧色彩和争议性质的后果。不过，在中国的经历也使罗易开始深度思考中国历史与现实政治，他在论文与著作中不断书写中国、思考中国，这使他在20世纪上半叶印度的中国学研究阵营中占据不可或缺的一席，尽管他的研究多带感性和幻想色彩，而这又与其非专业研究者（其身份首先是革命家和社会活动家）的特殊身份相关。[2]

### 1. 罗易其人其事

罗易生于孟加拉，原名Manabendra Nath Bhattacharya，18岁就参加了反对英国殖民统治的印度民族独立运动。第一次世界大战期间，他前往德国及中国上海，之后前往印尼、日本、韩国、墨西哥、菲律宾及美国，并在美国改名

---

[1] M. N. Roy, *M. N. Roy's Memoirs*, Bombay: Allied Publishers Pvt. Ltd., 1964, pp. 379-380.
[2] 本节关于罗易的中国研究的介绍，参考尹锡南：《印度中国观演变研究》，第61~78页。

为 Manabendra Nath Roy。罗易于 1917 年抵达墨西哥，他与当地知识分子及政治领袖关系都十分密切，并与当时在墨西哥的苏联共产党人鲍罗廷熟识，二人一起创建墨西哥共产党。罗易成为共产国际驻墨西哥代表。1920 年，罗易受列宁之邀前往莫斯科参加共产国际第二次大会，在会上发表关于民族及殖民问题的演讲。从这时起，罗易开始参与共产国际事务，同年于塔什干成立印度侨民共产党。1922 年为共产国际远东局负责人之一，之后曾为共产国际主席团成员。

1919 年 3 月 2 日，第三国际在莫斯科成立，各国共产党是它的支部，共 57 个支部。1922 年 7 月，中国共产党第二次全国代表大会决定，中共加入第三国际并成为它的支部。1927 年年初，罗易被共产国际任命为共产国际驻中国代表团团长，负责指导中国革命，并策划如何挽救即将崩溃的第一次国共合作。罗易于同年 2 月底抵达广州，4 月初抵达武汉。4 月 12 日蒋介石及国民党右派在上海发动反革命政变，导致宁汉分裂。罗易与当时中共主要负责人陈独秀、谭平山以及鲍罗廷等针对革命方略发生争论。在这个关键时刻，按照史学家的说法，罗易犯了一个致命的错误："（1927 年）5 月，共产国际给中国共产党发来紧急指示，提出如下挽救革命的措施……陈独秀等不加分析地认为这个指示所提出的各项任务全部无法执行，坚持主张党的'迫切任务是要纠正过火行为'。不仅如此，共产国际代表罗易为了表示对汪精卫的信任，竟把这个指示拿给了汪精卫。这个指示便成了汪精卫进行'分共'的一个主要借口。"[1] 这引起鲍罗廷和中共人士的极大愤慨，他们要求共产国际召回罗易，同年8月罗易返回苏联莫斯科，随后到柏林开展工作。

罗易于1929年共产国际六大后与共产党决裂，他公开批评共产国际，因此被共产国际开除，随后回到印度。1931年7月，他在孟买被英国当局逮捕，出狱后继续进行革命和研究工作。罗易出狱后宣扬反对极权主义，支持反法西斯战争。同时为自由印度起草宪法，提出地方分权的经济政策。二战爆发前，罗易违反当时印度国民大会领袖及印度共产党的主张，力主印度与英国合作对抗希特勒及法西斯，认为只有自由的英国得到胜利，印度才能获得独立。第二次世界大战爆发后，罗易站在反法西斯立场支持英国政府。从此，他脱离马克思主义，渐渐趋向自由主义。1954年1月25日，罗易病逝。

罗易将他从中国带回的有关报告、文章、决议等汇编成《中国革命和共产国际》，于1929年在莫斯科用俄文出版。他的《中国革命与反革命》（*Revolution and Counter-revolution in China*）于1931年在德国用德文出版，但在希特勒上台后就停止发行。1946年，该书英文版在加尔各答出版。罗易还在监狱里写下了《我的中国经历》（*My Experiences in China*），出狱后于1946年将其在孟买出版。罗易晚年时撰写并于孟买出版长篇回忆录《多重世界：自传》（*Many Worlds: An Autobiography*）。罗易还撰写过很多

---

[1] 王桧林主编：《中国现代史》（上册），北京：北京师范大学出版社，1991年，第218页。

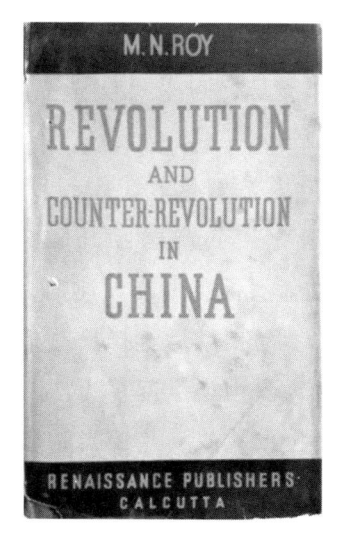

图9 《中国革命与反革命》封面（黄潇提供）

与中国相关的文章。他的其他著述包括《俄罗斯概观》(Russian Panorama)、《飞驰的三驾马车》(Flying Troika)、《灯与灯柱》(Lamp and the Lampstand)、《印度与冷战》(India and the Cold War)、《印度的复兴》(The Resurgence of India)、《印度人眼中的列宁》(Lenin through Indian Eyes)、《新人道主义宣言》(New Humanism: Manifesto)、《伊斯兰教的历史作用》(The Historical Role of Islam)、《新方向》(New Orientation)、《超越共产主义》(Beyond Communism)、《政治、权力与党派》(Politics, Power and Parties)、《从野蛮到文明》(From Savagery to Civilization)、《科学与哲学》(Science and Philosophy)、《唯物主义》(Materialsim)、《罗易回忆录》(Memoirs of M. N. Roy)、《理性、浪漫与革命》(Reason, Romanticism and Revolution)、《科学与迷信》(Science and Superstition)等等。

罗易在涉及中国的相关文章和著作中，对中国历史、中国社会现实和中国革命方略等均有不同程度的论述。他对中国革命现状和前途的某些论述经受了时间的考验，但对中共领导人与国共合作的看法也存在很多问题。谭中认为："必须从中国的立场来考察罗易人格的另一主要侧面……他对中国共产主义运动的一大贡献是他作为外来者所给予的深刻影响。对于中国现代史研究而言，他的主要贡献是他在华几月的关键时期所留下的文献与论述，罗易不仅是这一历史阶段的主要角色，也是重要的评论家和历史记录者。"[1] 下文对他的中国历史研究、中国现实观察进行简介。

## 2. 罗易对中国古代史及近代史的研究

与后来来华的 K. P. S. 梅农、K. M. 潘尼迦、尼赫鲁和 S. 拉达克里希南等人一样，身为革命家的罗易也对中国历史有过一些深入的思考。罗易认为，中国历史对印度有示范价值，中国经验对印度有益。罗易关于中国历史的论述后来成为一些印度学者研究中国历史的重要参考，他们直接引用罗易的观点作为自己的立论依据。[2]

《中国革命与反革命》是罗易的重要代表作，正文长达672页。谭中指出："罗易的《中国革命与反革命》应该被视为一部经典之作。按其质量和重要性来说，它是印度可堪与此前哈佛大学教授费正清（John K. Fairbank）的《美

---

[1] Tan Chung, "China: M. N. Roy's Paradise Lost," *China Report*, Vol. 24, No. 1, 1988, p. 35.
[2] A. K. Singh, *A History of China in Modern Times*, New Delhi: Surjeet Publications, 1984, p. 32.

《国与中国》匹敌的著作。在该书中，罗易向人们展示了他对中国的理解，他没有将中国文化视为似乎从火星来到现代文明世界的对象。对罗易来说，中国属于这个真实的世界。"[1] 这些话自然不乏过分的溢美之辞，但也说明，罗易在该书中贯彻了从中国历史内部考察中国的清晰思路。

罗易关于中国历史的思考集中体现在该书的前半部分。他认为，马克思论述的"亚细亚生产方式"已经在论述封建主义问题的学者们那里产生了困惑。他说："如果学者们很少质疑资产阶级汉学，就很难利用马克思主义对中国史进行研究。马克思和恩格斯关于中国的少量著述来自于很不充分的资料，因此不能视为中国史研究的权威论断。迄今为止，机械地引用科学社会主义创始人的只言片语，仍是马克思主义汉学（Marxist Sinology）的出发点。很明显，这样一种难以称得上马克思主义的方法，并不能有助于理解中国社会历史的奥秘……很多马克思主义汉学家至今仍然敬畏于资产阶级汉学威风凛凛的博大精深。"[2] 从这些话来看，罗易分明是想解构此前的"资产阶级汉学"，同时对科学社会主义创始人的中国观进行某种程度的质疑。因此，他不刻意研究老子和孔子的思想体系，而想从他们的某些观念出发考察中国历史发展的一般规律，以及中国历史区别于欧洲历史发展的独特规律。在他看来，即使在东方社会，古代中国和印度的发展与埃及、巴比伦社会的

---

[1] Tan Chung, "China: M. N. Roy's Paradise Lost," *China Report*, Vol. 24, No. 1, 1988, p. 35.
[2] M. N. Roy, *Revolution and Counter-revolution in China*, Calcutta: Renaissance Publishers, 1946, p. 1.

发展规律也有区别。

罗易信奉线性进步的历史观。他认为，现在深深地扎根于过去的历史。只有对过往历史进行深入探索，才能正确地理解现在和清晰地展望未来。理解中国历史事件的风起云涌也应如此。虽然中国文明与地中海文明和闪族文明同时进入人类社会早期阶段，但却在后来的现代文明发展阶段被落下了。他说："但是，中国并未随同巴比伦和古埃及一道消逝。她艰难奋进，但却被舞台上晚起的其他角色所超越。就此奇特的历史变化而言，除了将之视为难以理解的特殊个案之外，中国并未在人类进化的研究中得到应有重视。对许多人来说，中国成为一个难以理解的复杂问题。她似乎是违背公认的社会进步原则的'中国之谜'。"[1]但在罗易看来，如将历史问题视为科学的问题并以现代方法进行研究，就没有什么历史之谜不可解决。为此，罗易在历史深处寻找中国文明跌宕起伏后仍然不断向前发展的原因。

在对中国历史进行分析的过程中，罗易就中国人起源问题挑战西方学者的观点。瑞典著名地理学家安德森（Johann Gunnar Anderson，1874—1960）曾经认为，中国人起源于西亚人种。这种学说曾经流行于西方学界。不过，罗易认为，中国的原始人并未像雅利安人和闪米特人那样，经过了大规模的民族迁徙。"由于原住地的自然馈赠，古代中国人很可能要比其他任何人类先进入稳定的居住状态。

---

[1] M. N. Roy, *Revolution and Counter-revolution in China*, p. 13.

中国或许是最早的、有组织的人类社会家园。"[1]

对于中国社会发展的停滞之因，罗易首先将之归因为儒家思想和道家思想，这种观点有以偏概全之嫌。但他也认为，帝国主义的炮舰政策才是导致近代中国社会发展滞后的主要因素。罗易认为，中国社会绕过了奴隶社会阶段，直接从原始社会跃入封建社会时期。值得注意的是，罗易的思想与一些中国史学家的主张类似。例如，1931—1933年间，《读书杂志》相继出版了四辑《中国社会史的论战》，围绕中国社会史性质、亚细亚生产方式和中国历史上有无奴隶制社会等问题进行辩论。郭沫若和吕振羽等人认为，中国古代存在奴隶制社会。而托派学者李季和杜畏之等人则坚持认为，中国古代没有奴隶制社会。[2] 郭沫若等人的观点似乎更为后来的学者所认可。他在1930年出版的《中国古代社会研究》一书中指出，中国社会历史的发展可以分为西周以前的原始共产制、西周时代的奴隶制、春秋以后的封建制和近百年来的资本制。"所以中国的社会也算经过了三次的社会革命，和这三次的社会革命相应的也就有三次的文化革命的时期。"[3] 这种正统的思想未得罗易的赞赏。

罗易是少数高度评价太平天国历史意义的外国学者之一。关于太平天国运动的特色和性质，罗易认为有这样八点，即具有宗教色彩、具有原始共产主义趋向、反对地主

---

[1] M. N. Roy, *Revolution and Counter-revolution in China*, p. 21.
[2] 王桧林主编:《中国现代史》（上册），第368~369页。
[3] 谢保成、魏红珊、潘素龙主编:《中国近代思想家文库·郭沫若卷》，北京：中国人民大学出版社，2014年，第239页。

阶级、仇视清朝政府、大力发展工业贸易、与外国人修好、信奉自由社会和强烈渴望平等。罗易认为,太平天国与基督教的联系纯属偶然,并不紧密。他写道:"太平天国运动在宗教上反对偶像崇拜,政治上反对清朝政府,但在社会制度上信奉共产主义。对于太平军起义的原则、特色和成就的简述清楚地说明,它本质上是一场民主运动。从一个大的范围来说,它类似于德国农民起义,但是它更类似后来的资产阶级民主革命。太平军起义还未达到资产阶级革命的地步,因为中国农民的力量仍然很弱。"[1]罗易此处所谓的"资产阶级民主革命"其实是指法国大革命。他在后文明确地指出这一点,从而推翻了自己此前的结论。他说:"历史地看,同法国大革命一样,中国的太平军起义也是一场资产阶级民主运动。"[2]从这些论述来看,罗易显然人为地拔高了太平天国运动的性质。之所以如此,是因为他以欧洲资产阶级革命的模式观察太平军起义,并以自己对共产主义革命的理解来进行补充,使得一场地地道道的反封建农民起义成了名不副实的资产阶级民主运动。这是对太平天国的文化误读。事实上,太平天国虽然表现了坚决的反封建精神,但它"毕竟是农民战争,农民阶级不是新的社会生产力的代表者,它不能创造新的生产方式,不能建立一个符合历史发展的新社会"。[3]另一方面,1524—1526年间发生的德国农民战争却是"一场具有资产阶级革命性质的反封建的农民战争,斗争目标是要建立统

---

[1] M. N. Roy, *Revolution and Counter-revolution in China*, p. 136.
[2] M. N. Roy, *Revolution and Counter-revolution in China*, p. 164.
[3] 李侃等著:《中国近代史》(第四版),北京:中华书局,1994年,第69页。

一的德国和消除封建压榨。由于斗争失败,这两项任务均未完成……这次农民战争与过去历次农民起义有别,它具有资产阶级革命的性质和特点"。[1] 太平天国运动与法国大革命的相似点不大。例如,洪仁玕在1859年发布了为太平天国统筹全局的方案《资政新篇》,它具有鲜明的资本主义色彩,符合当时中国社会的发展要求,但它从未在太平天国运动期间真正实行过,与太平军起义没有关系。而此前发布的《天朝田亩制度》"既具有革命性,又具有封建落后性,这个矛盾是由农民小生产者的经济地位决定的"。[2] 而1789年8月26日正式发表的《人权宣言》是"法国大革命的纲领性文件,里面阐明了18世纪启蒙思想家的政治思想和主张,明确宣布了资本主义社会的基本原则"。[3] 从太平天国与法国大革命所发表的纲领性宣言或文件便可清晰地看出,它们之间的差异性要远远大于相似性。

关于义和团运动,罗易认为,它是反对帝国主义和中国反动势力阴谋联合的一场斗争,它与反帝反封建的太平军起义有着历史的联系。他说:"对于太平军起义的镇压是义和团起义产生的原因。在两场起义中,反动势力的联合都是相同的。这是一种人民大众对外国帝国主义与本国反动派联盟的斗争。"[4] 这种将两场运动联系起来进行论述

---

[1] 刘明翰主编:《世界史·中世纪史》,北京:人民出版社,1996年,第503页。
[2] 李侃等著:《中国近代史》(第四版),第64页。
[3] 刘祚昌等主编:《世界史·近代史》,北京:人民出版社,1984年,第197页。
[4] M. N. Roy, *Revolution and Counter-revolution in China*, p. 192.

第一章　印度独立以前的汉学研究

的做法有一定的道理，但却有简单化嫌疑。对于某些学者将义和团运动视为由清政府发动的说法，罗易表示反对。他说："义和团起义是一场革命大众的运动，因为它是在封建统治者的剥削下造成的。清政府官员也不大可能从朝廷那里得到支持，以保护或促进义和团运动。事实上，从一开始，清廷及全国高官非常害怕这聚集的风暴，从而寻求外国帮助以确保对义和团的镇压。"[1] 这些论述基本符合事实。因为，虽然义和团在运动高潮期间提出"扶清灭洋"的口号，并在某些时候得到清政府一定程度的扶持，但归根结底，义和团被慈禧太后为代表的清廷所出卖，最后为中外反动势力所绞杀。"中国人民通过这一次血的教训，进一步认清了清政府已经变成帝国主义的忠实走狗，不打倒它，中华民族不可能有振兴之日。"[2]

对于孙中山1905年10月在《民报》发刊词中所归纳的作为同盟会纲领的三民主义，罗易颇有微词。他认为，民族主义、民权主义和民生主义等三民主义并不能对旧的封建秩序构成致命挑战。这是因为："孙中山的三民主义原则不具颠覆性。它们有些保守，并不能代表一个革命阶级的进攻思想，而是一个处于防御态势的阶级的意识形态。"[3] 罗易此处的观察比较合理。事实上，孙中山的三民主义即民族主义（驱除鞑虏，恢复中华）、民权主义（推翻封建统治以建立资产阶级民主共和国）和民生主义（平均地权）虽是比较完善的资产阶级民主主义革命纲领，

[1] M. N. Roy, *Revolution and Counter-revolution in China*, pp. 193-194.
[2] 李侃等著：《中国近代史》（第四版），第306页。
[3] M. N. Roy, *Revolution and Counter-revolution in China*, p. 295.

也对动员群众推翻清朝统治起过巨大历史作用，但它又是一个不彻底的民主革命纲领。"它主张民族主义，但没有明确提出反帝的号召；它主张民权主义，但又不敢依靠广大工农群众；它主张民生主义，但缺乏使农民获得土地的内容。同盟会纲领中的这些弱点，反映了中国资产阶级的软弱性和妥协性。"[1] 这种软弱性和妥协性是罗易贬其为"不具颠覆性"的根本缘由。

综上所述，罗易的论述虽然存在这样那样的缺陷，但也在某种程度上接近了中国历史本貌。

### 3. 罗易关于中国现代史的思考

在对中国历史进行考察后，罗易转而对中国现实政治进行考察。这涉及他对国民革命的观察、对国民党和共产党人的认识、对中国革命的命运和策略等方面的分析。

1924年至1927年是中国现代史的重要阶段，在此期间，出现了全国性的革命高潮即以第一次国共合作为基础的国民革命。这一阶段的历史，以国共合作开始，以蒋介石和汪精卫先后叛变革命并完全抛弃孙中山三大政策结束。国民革命遭到彻底的失败。罗易在大革命处于低潮即第一次国共合作即将失败的关口来华，这使他的中国观察更具真实的意味。对于北伐运动与国民革命失败的关系，罗易的判断有些真实，但也不乏偏差或谬误的成分。他说："随着北伐的成功，国民革命被严重的危机所笼罩，这粉碎了国民党。它不再成其为革命斗争的机构。内部的阶级斗争迅速演变为一场猛烈的冲突，这对孙中山的三民主义原则

---

[1] 李侃等著：《中国近代史》（第四版），第349页。

是一种嘲弄。资产阶级首先成了被打击的对象……蒋介石所领导的国民党反革命势力得以巩固，这纯粹是北伐战争的结果。"[1] 这种分析显然将蒋介石集团分裂和背叛革命的复杂动因简单化。当然，罗易对第一次国共合作破裂亦即大革命失败后的国民党的定性是基本准确的。他说："在资产阶级与封建军阀联盟的基础上，蒋介石完全劫取了北伐的成果。国民党因此不再成为反对帝国主义和本国反动势力的革命斗争的机构。"[2] 在罗易看来，国民党的完全堕落，使它蜕变成反革命的工具。"在脱离与民主力量的革命联盟之后，国民党在国内赢得了封建军阀的支持，在国外获得了帝国主义列强的庇护。"[3] 在《我的中国经历》中，罗易还对蒋介石政府的反动性质做了进一步说明："靠着中国资产阶级的经济支持和国际帝国主义的大量准备，以上海为基地，蒋介石可以打败国内任何对手，除非对手是彻底的民主革命领袖。"[4] 这种叙述符合历史事实，说明罗易对蒋介石叛变革命成功的国内外原因有了一番认真的思考。

值得注意的是，罗易将蒋介石称为"民族主义事业的叛徒"。[5] 他后来对自己的观点进行了修正。他认为蒋介石自始至终不信仰共产主义，也就谈不上对"民族主义事业"（nationalist cause）的背叛，蒋介石的言行举止"如同

---

[1] M. N. Roy, *Revolution and Counter-revolution in China*, pp. 418–419.
[2] M. N. Roy, *Revolution and Counter-revolution in China*, p. 442.
[3] M. N. Roy, *Revolution and Counter-revolution in China*, p. 488.
[4] M. N. Roy, *My Experiences in China*, Calcutta: Renaissance Publishers, 1945, p. 38.
[5] M. N. Roy, *Revolution and Counter-revolution in China*, p. 503.

一个地道的民族主义者……他的思想观念来自中国传统,社会文化背景塑造了他的人格与性格。蒋不是一位具有现代思想的人……可以如此这般地看待他,但将其奉为世界民主阵营的领袖实属荒唐"。[1] 由此可见,离开中国多年后的罗易对中国的政治观察令人难以苟同,这自然与其对中国现实的隔膜有关。

罗易将阎锡山和冯玉祥称为"左派军阀"。[2] 对于汪精卫先伪装进步再叛变革命,罗易开始的认识有些混乱。例如,他在中央执行委员会上坚持国民党对国民革命的领导权,他说:"今日之中国革命确实遭遇了危险。但我认为,如果中国革命需要一位领导的话,那么只有中国的国民党才能肩负这一职责。"[3] 后来,真相大白,罗易对汪精卫集团迅即进行无情的揭露:"共产党拯救国民党的努力被视为与汪精卫等人的同流合污。当共产党人保护被压迫的中产阶级利益时,国民党'左'派却背叛了他们。"[4]

对于宁汉合流后的局势和革命性质,罗易进行了分析。在他看来,武汉国民政府的垮台与小资产阶级"左"派领袖投靠封建主义和资本主义阵营,标志着中国革命一个发展阶段的结束。随之而来的是历史转折期,但革命仍属资产阶级民主性质。"然而,资产阶级民主革命的历史任务在中国尚未完成……封建军阀仍然没有被摧毁,只是由一个

---

[1] M. N. Roy, *Men I Met*, pp. 114-115.

[2] M. N. Roy, *Revolution and Counter-revolution in China*, p. 487.

[3] Huang I-shu, "Chinese Source Materials on M. N. Roy," Sibnarayan Ray, ed., *M. N. Roy: Philosopher-Revolutionary*, New Delhi: Ajanta Publications, 1995, p. 107.

[4] M. N. Roy, *Revolution and Counter-revolution in China*, p. 525.

军阀代替另一个军阀而已。最后,帝国主义统治没有被推翻。中国的局势没有变化,这便阻碍了正常的经济发展……民族资产阶级与封建地主、新军阀的同流合污,将阻止这一时期革命的发展。但是,历史地看,资产阶级民主革命不仅只对资产阶级是一种必然。"[1]事实上也是如此。

对于第一次国共合作的不幸结局,罗易凭借个人力量和美好心愿无法左右,但其相关著述对于考察印度革命家的现代中国观具有重要的历史意义。罗易认为,中国的国民革命之所以遭受挫折,是由几个原因造成的。首先,大革命失败是当时部分共产党人的机会主义作祟的结果。罗易在《我的中国经历》中认为,在中国革命处于转折点的时候,陈独秀等人的碌碌无为、犹豫不决令人失望,因为失败主义情绪到处弥漫。的确,当时的陈独秀等人犯有严重的右倾机会主义错误,后来的瞿秋白又犯了严重的"左"倾盲动主义错误。这些都为大革命失败前后的几大败笔。罗易说:"听天由命的思想是机会主义的另一个源头……要是那种几乎已经注定的灾难可以避免的话,那才真是一场奇迹!"[2]对于1927年大革命失败后中共的对策,罗易既肯定了南昌起义,也对广州起义持非议态度。1938年,罗易在《我的中国经历》中对大革命失败之于中共的启示进行思考,他说:"内战也给中国人民造成了极大的灾难。中国还不具备无产阶级革命的条件,苏维埃政府

---

[1] M. N. Roy, *Revolution and Counter-revolution in China*, p. 529.
[2] M. N. Roy, *My Experiences in China*, p. 41.

对目前的形势来说并不合适。中共应该在很早以前就明白这一点。在此情况下，过去八年的悲剧也许可以避免。"[1] 这些论述有隔靴搔痒的嫌疑，毕竟这时的罗易已经远离革命家必需的中国体验。他看出了这场内战所带来的历史灾难，但是没有认识到它是背叛革命的蒋介石反动集团蓄意发动的反共、反人民的四一二反革命改变的必然结果，因此臆断"中国还不具备无产阶级革命的条件"，这是罗易对中国政治变局的判断出现严重失误的根本原因。

  罗易认为，年轻的中共过于幼稚，没有独立思考的能力和勇气，失去了自我发展的机会和决定权，不知道发动群众，不知道争取革命武装和对人民群众的领导权，坐失了许多良机，眼睁睁地看着大革命走向失败。这些是罗易通过自己的亲身体验得出的结论，值得思考。他说："对于年轻的中共来说，学习伟大的俄国革命和布尔什维克党的经验很有必要。但是，同样必须明白，如何有效地将这些经验运用于本国的情境中。这就要求一种创造性思维和批评的勇气，这在温室条件下不可能办到。采取联合反帝的革命统一战线方针后，中共的发展势头惊人。但是，她内部的成熟远远落后于外部的成长。"[2] 这些观点有其正确的一面，因其认识到陈独秀等人的右倾机会主义思想与第一次国共合作彻底失败的关系，但却忽视了毛泽东同志等人当时正在努力将马列主义原理与中国革命实践相结合的历史事实。

---

[1] M. N. Roy, *My Experiences in China*, p. 68.
[2] M. N. Roy, *My Experiences in China*, pp. 20-21.

他还认为，国共合作失败的根源除了陈独秀等人的机会主义，还有莫斯科遥控指挥的失误、共产国际缺乏自我批评意识等因素。罗易说，共产国际当然得负起领导者的职责，必须指导全世界的共产党进行革命。对于东方国家的共产党来说，更是如此。问题的另一面在于："但是，不幸在于，实地指导中国共产党的伟大职责和复杂任务实实在在地落到了许多年轻的俄国共产党肩头，而他们在掌握权力以前，却没有革命斗争的经验。"[1]虽然对共产国际领导层的遥控指挥和共产国际代表的实地指挥均持批评态度，并暗示中共领导人应该培养独立思考能力，但是，如前所述，罗易仍然没有完全放弃共产国际领导或指挥中国革命的初衷。这说明，罗易本人对中国共产党的独立成长始终没有信心，历史发展证明了他的错误与偏见。

对于第一次国共合作破裂后中国革命的特色和共产党人的历史使命，罗易坚持认为："中国革命在完成自己的民主革命任务之前，已经具有了某种无产阶级和社会主义特色。为了履行历史赋予的角色，即彻底实行被资产阶级所出卖的民主革命，工人阶级需要自己的斗争机构。这便是中国共产党。"[2] 1928年6月，中共六大在莫斯科召开。大会正确地肯定中国现阶段的革命尚未转变为社会主义革命，仍然是资产阶级民主革命。1928年10月，毛泽东为大革命失败后如何发展红色政权、开展"工农武装割据"进行了论证，从而形成了关于建立农村革命根据地，以农

---

[1] M. N. Roy, *My Experiences in China*, p. 20.
[2] M. N. Roy, *Revolution and Counter-revolution in China*, p. 530.

村包围城市最后夺取城市的中国革命道路的"最初表述"。[1] 在此前提下,以红军的存在为武装割据的必要条件,中国红色政权的存在和发展便解决了理论上的必然性和可能性,红色根据地的存在也不证自明。这便是中国新民主主义革命理论的重要内容之一,也是马克思列宁主义中国化的重要理论结晶。关于红色政权的存在及其性质,罗易进行了分析。他说,苏维埃是无产阶级专政的机构,也是无产阶级革命的独特产物,红军是工人阶级掌权后所创造的。但是,在中国大革命失败后,无产阶级专政的前途已经被堵死了。中国共产党遭到破坏,这又决定了未来的革命发展特色。反革命的白色恐怖破坏了工人阶级的组织力,革命被迫转入乡村,但革命的社会基础产生了变化。他继续分析道:"中国革命已经演变为一场纯粹的农民运动。1928年以来,中国的农民暴动几乎都是在共产党领导下进行斗争的。但是,他们确实不是为共产主义而战。1927年大革命的沉重失败甚至使革命退却到资产阶级革命以前的阶段。在内战年代,(中国农民的)革命运动与欧洲农民战争极其相似。"[2] 写下这段文字的时候,罗易已经不在中国,他对中国革命实际情况的了解已经有限,这使得他的观察和思考存在一些问题。究其实,这是因为罗易无法摆脱共产国际对中国革命所设计的斗争道路或模式的影响。罗易要求或建议中国执行的革命路线,其实便是典型的瞿秋白式"左"倾机会主义或盲动主义路线,它曾

---

[1] 王桧林主编:《中国现代史》(上册),第247页。
[2] M. N. Roy, *Revolution and Counter-revolution in China*, p.639.

使中国革命遭到了很大的挫折。这说明,罗易离开中国后的中国观察有时是正误参半。他的主张与瞿秋白和李立三等人的极左路线相似。例如,罗易说:"革命的紧迫任务是以斗争推翻南京的军事独裁政府。在组织斗争的过程中,中共将重新恢复自己对革命的领导角色。"[1]

罗易虽然早早地离开了中国,但他一直关注中国。例如,他对抗日战争爆发后的第二次国共合作便有一些论述。他以自己的中国经历告诫中国共产党注意国民党抗战的两面性:"然而,国民政府的抗战仍在持续。危险并不在于从长远来看必将崩溃的日本帝国主义势力;危险在于国民党统治集团和国民政府可能会再次背叛革命。"[2]几年后发生在新四军身上的"皖南事变"充分地证明了罗易的准确判断。不过,真理过了一定界限就成了谬误。罗易身在中国以外,对于当时的中国局面并无多少了解,因此他无视中国当时复杂的抗战态势,轻率地将中国共产党与国民党联手抗日的第二次国共合作方针视为错误。他将此举视为中国共产党的"新机会主义"和"新民族主义"思想。[3]他对中国共产党坚决执行抗日民族统一战线的举措持批判态度。在《中国革命与反革命》一书的结尾处,他对国共两党合作前途或中国未来命运大决战做出了悲观的预测。[4]

[1] M. N. Roy, "The Colonial Question-China II," Sibnarayan Ray, ed., *Selected Works of M. N. Roy (1927-1932)*, Vol. 3, Delhi: Oxford University Press, 1990, p. 408.
[2] M. N. Roy, *Revolution and Counter-revolution in China*, p. 658.
[3] M. N. Roy, *Revolution and Counter-revolution in China*, p. 662.
[4] M. N. Roy, *Revolution and Counter-revolution in China*, pp. 671-672.

综上所述,与罗易对中国历史的论述一样,他对中国现代历史发展的诸多论述虽有一些真知灼见,但却存在很多缺陷。不过,若将他的相关论述放在中国革命的时代语境中进行打量,其所具有的历史文献价值仍值得肯定。这至少有助于研究者们深入考察中国现代史的特殊一页和中印现代交流史的独特一章。

若将罗易的相关论述放在 20 世纪印度中国研究的时代与学术语境中观察,拥有中国体验的罗易比师觉月、P. V. 巴帕特等人似乎显得更接地气。就其引用的参考文献而言,罗易和师觉月、P. V. 巴帕特等却有相同之处,即大量借鉴、采用英文(包括英译)资料。不同的是,罗易的参考文献不仅包括西方英文著述,还包括中文与日文著述的英译。例如,他的《中国革命与反革命》参考了美国来华传教士卜舫济(Francis Lister Hawks Pott, 1864—1947)于 1900 年出版的《中国的暴动》(*The Outbreak in China*)[1]、J. M. 麦凯(John Milton Mackie)的《太平天王传》(*The Life of the Taiping Wang*)[2]、日本学者铃木喜一的《中国哲学史》英译本[3]、汤良礼于 1928 年出版的英文著作《现代中国之基础》(*The Foundations of Modern China*)[4]。他

---

[1] 通过网络查询可知,罗易将书名写错了,原书名为 *The Outbreak in China: Its Causes*(《中国暴动的起因》)。他还在另一处将此书的标题误写为 *History of the Outbreak in China*。参见 M. N. Roy, *Revolution and Counter-revolution in China*, p. 107, p. 201.

[2] M. N. Roy, *Revolution and Counter-revolution in China*, p. 149.

[3] M. N. Roy, *Revolution and Counter-revolution in China*, p. 36, p. 41.

[4] M. N. Roy, *Revolution and Counter-revolution in China*, p. 297. 汤良礼在中国现代史上被认定为汉奸,他早年毕业于伦敦大学,后任汪精卫伪政权的"宣传部政务次长官"。

还参考了中文资料如1926年国民党发布的《农业委员会报告》[1]和孙中山1916年与人通信的英译[2]。有时,他还引用《论语》的英译说明道理。[3]

综上所述,20世纪初印度汉学研究出现了师觉月这么一位颇有成就的大家,实属中印现代文化交流史上的一桩幸事。但是,我们也看到,由于缺乏汉学研究的前现代传统,印度汉学呈现"零敲碎打"的散漫状态。这一时期从事严格意义上的汉学研究者很少,学者间联系很少。这种状况在下一阶段(1948—1964)也几乎没有多少改观。

---

[1] M. N. Roy, *Revolution and Counter-revolution in China*, p. 53.
[2] M. N. Roy, *Revolution and Counter-revolution in China*, p. 321.
[3] M. N. Roy, *Revolution and Counter-revolution in China*, p. 39, p. 40.

## 第二章
## 1948 年至 1964 年的印度汉学研究

20 世纪 50 年代至 60 年代中期的 10 多年时间，是印度与中国的关系由非常亲密逐渐转向交恶的过渡时期。由于时间短暂，加之印度汉学的中坚人物和卓越代表师觉月在 1956 年仙逝，这一时期的印度汉学并没有印度独立以前那么丰富多彩。但是，仔细梳理文献仍可发现，印度学者在中国文学、中国历史的研究中没有停下脚步。本章对这一情况进行简介。

### 第一节 概述

1947 年、1949 年，印度与中国先后获得民族独立与解放，进入全新的社会建设与发展时期。10 余年间，中印关系经历了由晴转阴的过渡、转折期。汉学研究仍然局限于少数精英学者，且基本延续了印度独立以前遵循欧美传统汉学研究的思维模式，这方面的代表人物是前述的师觉月，也包括拉古·维拉、K. M. 潘尼迦和 P. V. 巴帕特等。在进入专题研究之前，笔者先对相关学者的一些成果进行简介。

与下一章将要介绍的泰无量（Amitendranath Tagore，1922—2021）一样，V. P. 杜特（Vidya Prakash Dutt，1925—

1979）是20世纪中期来华留学的印度年轻学者之一。V. P. 杜特于1956年至1958年在华学习。"1961年，通过印度国际关系学院向德里大学提交博士论文，题目为《1911年的中国革命：起源与影响》。当时，几乎没有印度学者能够像他一样严肃地探讨现代中国问题，并在研究中使用原始的中文资料。"[1] V. P. 杜特的主要研究领域是中国外交。[2]

1956年，S. 森在其六次系列演讲基础上，整理出版了

---

[1] 中印联合编审委员会编：《中印文化交流百科全书》，玛姐玉撰，杨衡宁译，第501页。遗憾的是，笔者未搜集到V. P. 杜特的博士论文，因此无法在此进行简介。

[2] 在研究中华人民共和国早期外交思想的印度学者中，V. P. 杜特是先行者。1964年，他在孟买的亚洲出版社出版了印度最早的中国外交研究著作之一《中国的外交政策》(China's Foreign Policy: 1958—1962)。1966年，该书修订后在美国纽约再版，书名改为《中国与世界：共产主义中国的外交政策分析》(China and the World: An Analysis of Communist China's Foreign Policy)。V. P. 杜特在该书1966年修订版的"序言"中认为，1958年是中国内政外交的一个"分水岭"年份。它标志着中国此前寻求与其他国家和平相处的外交政策有了"变化"。毛泽东等中国领导人开始重新评估与以苏联为首的共产主义阵营的力量平衡问题。中国的国家利益要求与美国进行斗争，防止美国与苏联可能出现的战略缓和。"本书旨在研究共产党中国外交政策的主要趋势，研究1958年以来北京与世界主要国家、地区外交关系的历程。它分析各个阶段北京外交政策及其潜在的动机、国内背景、中国外交政策目标的传统因素。"(V. P. Dutt, China and the World: An Analysis of Communist China's Foreign Policy, "Preface," New York: Frederick A. Praeger Inc. Publishers, 1966) 该书主体为8章，附录一个"尾声"。8章标题依次为"背景：国内政治与外交政策""影响当前中国外交政策的因素""中国与美国""中国与苏联：一""中国与苏联：二""中国与亚洲：一""中国与亚洲：二""中国与非洲""尾声"。V. P. 杜特在书的开头写道："内部政策与外交政策之间始终存在紧密的联系。两者很少分离。就共产党中国而言，这两者的关系非常密切，外交政策的改变与内部形势的变化直接相关。"(V. P. Dutt, China and the World: An Analysis of Communist China's Foreign Policy, p. 1) V. P. 杜特似乎有意忽视美国等西方外部势力对新中国的高压，这是其研究方法的一种缺陷。因此，他的某些推论是错误的。V. P. 杜特的思维与当时的许多西方学者，尤其是美国外交家们的对华思维没有多大的区别，他在书中提出了许多错误的观点。由此可见，V. P. 杜特对20世纪50年代末至60年代初的中国外交的分析，带有明显的时代局限和冷战氛围。20世纪70年代末，V. P. 杜特对中国外交政策的看法有了一些改变，但对中国外交的观点、立场基本没有改变。

《中国人眼中的印度》一书,对玄奘、义净等人笔下所记叙的历史印度(涉及国家面貌、民风习俗、学者、诗人、哲学家、国王、教育等),分别做了专题探讨。[1]

1957 年,于 1945 年创刊的《中印研究》最后一期出版,由于师觉月于 1956 年仙逝,主编改为 K. 罗易(Kshitis Roy)。为祝贺奥地利汉学家、佛学研究者李华德(Walter Liebenthal, 1886—1982) 70 岁生日,该期题为"李华德专号"(Liebenthal Festschrift)。该期正文 290 页,共刊载 27 篇文章(其中一半与佛教研究相关),其中包括 5 位印度学者、5 位日本学者的文章,其余皆为西方学者所撰,无一出自中国学者之手。[2] 个中信息,耐人寻味。

值得一提的是,印度学者 S. K. 查特吉在加尔各答的《亚洲学会学报》(Journal of the Asiatic Society) 1959 年(第 1 卷)第 1 期上发表了一篇颇具新意的论文《印度与中国的古代交流:印度从中国接受了什么》(Indan and China: Ancient Contacts, What India Received from China),次年在莫斯科举行的第 28 届国际东方学大会上宣读该文基本内容。[3] 该文主要讨论中印文明的异同、通过佛教传播与印度学和汉学研究建立的联系、中印文明并非单向交流(中国曾经影响印度思想)的例证、梵语中的中国词汇、中国概念传入印度、中国艺术在印度的传播痕迹、中印古

---

[1] Surendranath Sen, *India through Chinese Eyes*, Madras: University of Madras, 1956.
[2] 具体情况参阅 Kshitis Roy, ed., *Sino-Indian Studies*, Calcutta: Visva-Bharati Publishing Department, Vol. 5 Parts 3 & 4, 1957.
[3] Suniti Kumar Chatterji, *Select Papers*, Vol. 3, Calcutta: Prajna, 1984, pp. 50-109.

人认识自然的态度、古代中印生活方式的比较、古代中印宗教哲学思想互动、中印古代数学联系等。作者在文章开头部分指出:"中印都是非常古老的国家,它们所建立的文明和生活方式历经千年。中国文明及其生活方式有些独特,印度也是如此。中国和印度的背景存在某些基本差异,但它们也有一些非常深刻的一致。"[1]他还说:"印度的思维比中国更为宗教化,她的态度更具哲学色彩。但是,中国人的思想并不缺乏深刻的宗教性。当前共产党领导下的中国,新的意识形态将给中国的生活方式带来某些显著的变化,这恰好与个人主义的新力量和新经济正在影响传统的印度生活方式相似。"[2]关于道教与印度的联系,S. K. 查特吉说:"乍一看,密教(Tantrism)似乎曾是中国传入印度的舶来品。但是,仔细审视年代,至少会使人产生这样的想法:密教的一切可能真正属于道教。"[3]在文章最后,S. K. 查特吉指出,正如李约瑟(Joseph Needham)指出的那样,中国道教的思想与实践对于印度密教的科学影响是显著的。"印度与中国的影响不是单向度的,而是相互的,思想观念的互动也是如此……印度与中国的科学、文学合作已逾千年,这是早期国际关系史上颇有教益且启迪人心的篇章。中印学者均有义务拾起失落的合作之线,沿着古代未知的不同的思考路径,在哲学宗教的直接领域和科学的间接领域,谱写国际合作的传奇故事(story)。"[4]由此可见,S. K. 查

---

[1] Suniti Kumar Chatterji, *Select Papers*, Vol. 3, p. 51.
[2] Suniti Kumar Chatterji, *Select Papers*, Vol. 3, p. 53.
[3] Suniti Kumar Chatterji, *Select Papers*, Vol. 3, p. 88.
[4] Suniti Kumar Chatterji, *Select Papers*, Vol. 3, p. 109.

特吉的中印文明互动观受到了师觉月的深刻影响。

20世纪50年代，印度中国研究的范围开始扩大，延伸至中国社会、政治和经济等领域的观察和认识，如B. N.甘古里所著的《新中国的土地改革》（1953）和K. D.纳格的《中国与甘地时期的印度》等便是例子。1959年，由于达赖进入印度引起了连锁反应，中印关系进入复杂微妙的时期，1962年的中印边境冲突更使两国关系陷入历史低谷。在此背景下，印度的中国研究开始接受美国的区域研究模式，进入重要的转型期，其标志之一是《中国述评》的创刊。限于某些重要资料如B. N.甘古里和K. D.纳格等人的著作尚未掌握，笔者在此只能依据现有资料，以拉古·维拉和K. M.潘尼迦等人的相关研究为标本，对这一时段的汉学研究进行简介。

## 第二节　拉古·维拉

洛克希·钱德拉曾经在2016年出版的《印度和中国》一书中，收录了他和姐姐合编、翻译的拉古·维拉印地语版中国印象录即《拉古·维拉教授中国之旅》。该书的"拉古·维拉教授搜集艺术品与经籍"一章为拉古·维拉当年的访华日记实录。钱德拉在书中自述道："我与姐姐辛佳尔博士（S. D. Singhal）于1969年合编了《拉古·维拉教授中国之旅》一书，将其编为'百藏丛书'第97号。它是拉古·维拉教授1955年访华时的日记。在我们从纳格普尔（Nagpur）搬到德里前，它于1956年印刷，但作为配有图片和索引的一卷，却是在14年后发行。因其原文为印地语，将其压缩概括后,收入本书第 106 页至 282 页。"[1] 这在全书 470 页的篇幅中,占了不小的比例。通过该书的介绍可知,拉古·维拉访华时,父女俩受到了周恩来总理的亲切接见,并与郭沫若等学者有过交流。他访问了敦煌等地,并搜集了大量的汉文、藏文、蒙文、满文佛经刻本,有的则为中国政府的赠礼。满载而归后,他受到了印度领导人尼赫鲁等的接见。下面是几幅关于拉古·维拉访华的历史照片。[2]

图 10 拉古·维拉(右)参观敦煌石窟隋代造像

图 11 敦煌研究院首任院长常书鸿陪拉古·维拉(左一)参观

图 12 拉古·维拉(右一)和常书鸿在一起

---

[1] Lokesh Chandra, *Indian and China*, New Delhi: International Academy of Indian Culture and Aditya Prakashan, 2016, p.435.
[2] Lokesh Chandra, *Indian and China*, p.168, p.171, p.180.

拉古·维拉的相关著述包括他编译的《翻梵语》(1943年初版，2007年改名再版)，1941年收到中国画家丰子恺赠书后编译的《中国诗画中的非暴力》(*Chinese Poems and Pictures on Ahimsā*)[1]，主编的梵文、藏文、蒙文、满文、汉文《佛教术语五语辞典》(*Pentaglot Dictionary of Buddhist Terms*, 1961)等。拉古·维拉还于1938年与日本学者山本(Chikyo Yamamoto)合作出版《印度雕像中的佛陀与菩萨》(*The Buddha and the Bodhisattva in Indian Sculpture*)和关于汉译佛经《杂宝藏经》中十奢王故事等的小册子《〈罗摩衍那〉在中国》(*Rāmāyaṇa in China*)。

关于《〈罗摩衍那〉在中国》的出版经过，拉古·维拉在"序言"中这样写道："《〈罗摩衍那〉在中国》是我们为《罗摩衍那》精校本编订的几种小册子之一，其第一册发行于1938年。标题以'十奢'取代'十车'，是由于混淆了'十车'(daśaratha)和'十奢'(daśarata)的缘故。这种混淆在中国翻译文学中很普遍。巴利语三藏第461号也是同样的书名，但是它与汉译不一致。为方便参考，我们从劳斯(W. H. D. Rouse)的书中全部摘引了巴利语版本，该书于1901年由剑桥(大学)出版。汉译文的梵语(或巴利语)原文完全不存。这就凸显了汉译的价值。"[2] 拉古·维拉接着指出，《罗摩衍那》在汉译佛经中

---

[1] Raghu Vira, *Chinese Poems and Pictures on Ahimsā*, Nagpur: International Academy of Indian Culture, First edition, 1954, Second edition, 1955. 1956年1月9日，拉古·维拉将此书签名赠予中国，该书现藏中国国家图书馆。

[2] Ragu Vira and Chikyo Yamamoto, *Rāmāyana in China*, Nagpur: International Academy of Indian Culture, First edition, 1938, Second edition, 1955, p. 5. 1956年1月9日，拉古·维拉将此书签名赠予中国，该书现藏中国国家图书馆。

的记载,以两部佛教的相关记载为代表。第一处是可以倒译为Six-Pāramitā-collection-Sūtra(《六度集经》)的第四十六个故事(实则为第五卷第四十六个故事),由康僧会翻译,可见于日本学者高楠顺次郎和渡边海旭等发起编订的《大正新修大藏经》第152号。第二处为《杂宝藏经》第一卷第一个故事《十奢王缘》,可见于《大正新修大藏经》第203号。[1] 拉古·维拉等在小册子中收录了这两个故事的汉译佛经原文,并附录了相关的英译。

拉古·维拉的上述研究成果对于中国学者季羡林先生有重要的启发。例如,1979年9月,季羡林先生出版《〈罗摩衍那〉初探》一书。他在书中这样写道:"根据中国佛经译文,我们甚至也可以提出一点有关《罗摩衍那》发展演变的设想。三国吴康僧会译的《六度集经》第五卷第四十六个故事讲到一个国王……但是,这里却没有提出罗摩的名字以及他的父亲和他的兄弟的名字。补足这一点的是另外一个故事。元魏吉迦夜共昙曜译的《杂宝藏经》第一卷第一个故事,叫做《十奢王缘》,在这里提到十奢王(十车王),提到罗摩……如果我们把这两个故事合在一起,就同《罗摩衍那》完全一致,连那些细节都无不吻合。因此,如果我们假设,上面这两个故事原来都是独立的、完整的,后来,在发展演变的某一个阶段上,两个故事合二而一,成为今天我们所熟知的罗摩的故事,不是完全合情合理吗?"[2] 在注释中,季先生还这样写道:"印度

---

[1] Raghu Vira and Chikyo Yamamoto, *Rāmāyaṇa in China*, pp. 5-6.
[2] 季羡林:《季羡林全集》(第十七卷),北京:外语教学与研究出版社,2010年,第149~150页。

方面也很重视研究《罗摩衍那》与中国的关系。印度学者罗怙·毗罗（Raghu Vira）与日本学者 Chikyo Yamamoto 合著《〈罗摩衍那〉在中国》（*Rāmāyaṇa in China*）一书。1938 年第一版，1955 年第二版。这一部书从汉译佛经中翻译了两个故事，一从《六度集经》，一从《杂宝藏经》，我在本文中都提到了。"[1]

季先生还在 1984 年 2 月 23 日完成的长文《〈罗摩衍那〉在中国》中写道："中国古代译佛经为汉文的佛教僧侣，包括汉族、少数民族以及印度僧侣在内，确实对《罗摩衍那》这一部史诗是熟悉的，不过可能因为它与宣传佛教无关，所以他们只在译经中翻译过它的故事，提到过它的名字，而没有对全书进行翻译。"[2] 季羡林先生说："这两个故事合起来，就形成一个完整的梵文《罗摩衍那》。这暗示，在古代印度大史诗《罗摩衍那》形成时确实是把两个故事合并起来的。我们不要忘记，这个骨干故事在印度本土也是多种多样的……汉译佛经中这两个故事竟然同蚁垤的《罗摩衍那》几乎完全一样，它们属于同一个发展体系，这一点非常值得注意。"[3]

拉古·维拉在其编译的《中国诗画中的非暴力》中写道："过去两千年间，中国与某些最重要的印度思想联系紧密……印度思想穿透了中国生活的方方面面，它以各种方式焕发了勃勃生机。我们在下述页码中复制了关于非杀

---

[1] 季羡林：《季羡林全集》（第十七卷），第 257 页。"罗怙·毗罗"即拉古·维拉。
[2] 季羡林：《季羡林全集》（第十七卷），第 305 页。
[3] 季羡林：《季羡林全集》（第十七卷），第 310 页。

(Ahimsā) 的中国诗画。(毛笔) 书写的字中包含的敏锐意识，与对面一页页素描的动人力量，在印度是无与伦比的。无论是佛教徒、耆那教徒，还是毗湿奴派信徒，都没有类似的奉献。只有中国的天才才可理解为了食物、开心或戏谑而睿智地或愚昧地加诸可怜动物的残忍，并以一颗宁静而宽容的灵魂，优美而有力地刻画了同样的这一点。"[1]

由上述两种篇幅不大的小册子可知，拉古·维拉对印度古代大史诗的在华传播产生了浓厚的兴趣，其成果在世界汉学界也可谓独树一帜，因其最早关注《罗摩衍那》在汉地的流传。当然，由于各方面条件的限制，他没有后来的季羡林先生所掌握的丰硕文献，也就无法对《罗摩衍那》在中国汉族和少数民族文献中的更加详细的传播痕迹做出全面考察，自然就留下了诸多遗憾。拉古·维拉对中国古代诗人的"非杀"诗的翻译和相关论述，反映了他对中国文化与印度文化差异的认识，也体现了他以"印度之眼"看中国文化的自然心态。

限于文献匮乏，此处不再对拉古·维拉做更多的介绍。期待未来能有学者在全面搜集拉古·维拉的相关文献的基础上，对他进行更为理想的专题介绍。下面依据《〈罗摩衍那〉在中国》和《中国诗画中的非暴力》附录相关信息，以飨读者。[2]

---

[1] Ragu Vira, *Chinese Poems and Pictures on Ahimsā*, 1955.
[2] 《〈罗摩衍那〉在中国》和《中国诗画中的非暴力》的拉古·维拉签名本现藏中国国家图书馆。

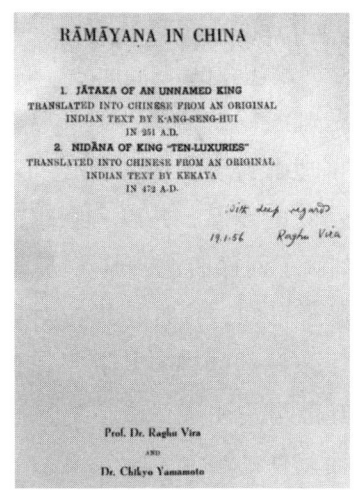

图 13 《〈罗摩衍那〉在中国》的扉页（含拉古·维拉签名）

图 14 《〈罗摩衍那〉在中国》内封信息

图 15 《〈罗摩衍那〉在中国》内封信息

图 16 《中国诗画中的非暴力》扉页（含拉古·维拉签名）

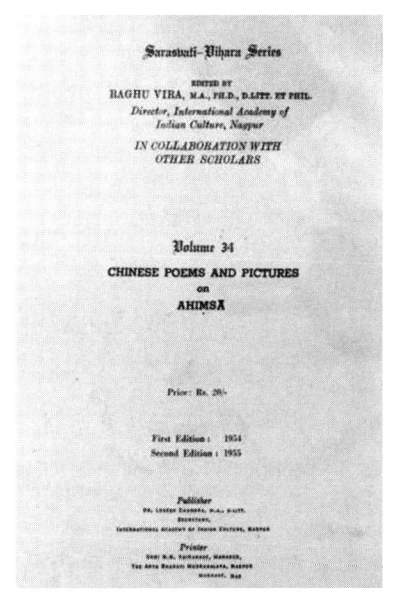

第二章　1948 年至 1964 年的印度汉学研究　　　　　　　　　　　141

图 17　《中国诗画中的非暴力》内封信息

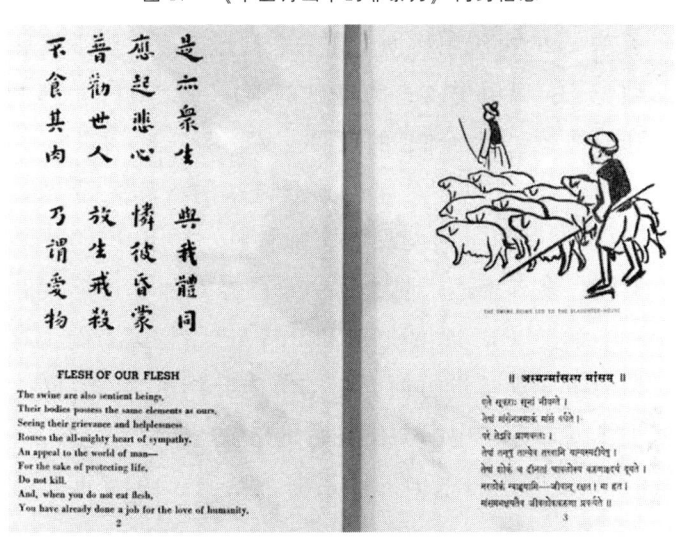

图 18　《中国诗画中的非暴力》正文示例

## 第三节　K. M. 潘尼迦

1947年，时任印度驻华总代理 K. P. S. 梅农在当年出版的中国游记中写下了这样一段话："考底利耶以印度的马基雅维利而知名。两千三百年前，他将敌人界定为'与自己的国境接壤的国家'。换句话说，成为某国现实的或潜在的敌人，不在其所作所为，而只在其与之接壤。这是一种冷酷的定义（brutal definition），但却为世界历史所证实。中国与印度的情形是个例外，我们也期望她们一直如此。然而，对于我们在国际政治中所持的理想主义心态而言，考底利耶的现实主义是一种有益的矫正。"[1] 这段话是对后殖民时期中印关系发展的一种颇有远见的预测，因为它道出了左右20世纪中后期中印关系乃至印度中国学发展史的两种姿态：以历史友谊为基础的浪漫主义或曰理想主义心态和以地缘政治为轴心的现实主义立场。

1948年至1959年是印度独立以来的中印关系"蜜月期"。这段时间里，印度汉学家师觉月、P. V. 巴帕特等人老当益壮，多有著述。前文第一章已经对师觉月等人做过介绍，本章仅以 K. M. 潘尼迦和 P. V. 巴帕特等为例，对这段时期的印度汉学进行简介。本节先介绍 K. M. 潘尼迦及其代表作《印度与中国文化关系研究》。

K. M. 潘尼迦与中国的联系非常紧密。1948年即国民

---

[1] K. P. S. Menon, *Delhi–Chungking: A Travel Diary*, London: Oxford University Press, 1947, p. 29.

## 第二章 1948年至1964年的印度汉学研究

党统治即将在中国大陆崩溃的前一年，K.M.潘尼迦来到中国，任印度驻中华民国大使，国民党政府垮台后又任印度驻中华人民共和国首任大使。在华期间，K.M.潘尼迦耳闻目睹了国民党腐败统治的纷繁乱象，感受至深。K.M.潘尼迦后来在中国回忆录《在两个时代的中国：外交官回忆录》(*In Two Chinas: Memoirs of a Diplomat*)一书中多有记述。他在自传中说，蒋介石对中国的统治"与希特勒和墨索里尼的独裁专制非常相似"[1]。K.M.潘尼迦认为，将毛泽东与尼赫鲁进行比较更加合理。就K.M.潘尼迦而言，他的中国观建立在长期的中国体验基础上。自然，他对国民党的了解更为透彻，对中国共产党及其信仰的共产主义思想的了解却似乎不尽如人意，这当然也影响到他对共产党人的感性观察与理性思考。K.M.潘尼迦自己也承认这一点："我对共产主义思想的了解只来自书本。事实上，除了驻南京的苏联和东欧集团外交官外，我根本不认识任何共产党人。"[2] 但是，随着对国民党的了解加深，K.M.潘尼迦对共产党的认识也更趋理性。

就中国研究而言，K.M.潘尼迦的相关成果体现在其演讲录《印度与中国文化关系研究》中。根据作者透露，1956年春，他接受了位于古吉拉特邦巴罗达的摩诃罗阇·娑耶吉·拉奥大学（Maharaja Sayaji Rao University）校长的邀请，在此做印中关系的系列演讲。该书遂在演讲录基础上衍生而成。同为演讲录的汇编，此书在详细而规范的注解方面，显

---

[1] K.M. Panikkar, *An Autobiography*, Delhi: Oxford University Press, 1979, p. 200.
[2] K.M. Panikkar, *In Two Chinas: Memoirs of a Diplomat*, London: George Allen & Unwin Ltd., 1955, p. 72.

然比不上训练有素的比较宗教学者 S. 拉达克里希南的《印度与中国》。此书共 107 页，分为如下几个部分："引言""印度与中国""附录一：印中关系中的（中国）西藏""附录二：印度的中国朝圣者""附录三：印中艺术交流"。从引述资料看，K. M. 潘尼迦借鉴了西方、印度和中国学者的观点，其中包括征引法国东方学家沙畹、意大利佛教学者杜齐（G. Tucci）、印度学者师觉月和 S. 拉达克里希南、日本学者冈仓天心（Kakuzo Okakura）、中国学者胡适等人的西文著述。其中，他在介绍佛教中国化时，大量借鉴了胡适为哈佛大学建校三百周年纪念文丛而写的英语论文《中国的印度化：一个文化借用的案例研究》（*The Indianisation of China: A Case Study of Cultural Borrowing*）。[1] 关于为何大量引述胡适的观点，K. M. 潘尼迦的解释是："我们已经较为详细地分析、探讨了胡适博士的论文，这不仅因为他是旷日持久地思考这一问题的最著名的现代中国思想家，也因为他一贯认为，印度影响对中国的自然发展进程是有害的，不可将其定义为亲佛教者。他的主要观点是，中国佛教渗透了道家和儒家学派，并以中国化形式呈现自身，这在本质上正确且几

---

[1] 王邦维先生在介绍北京大学的印度学研究时指出："胡适在五四前后是思想界和学术界最有影响的人物之一，也是北大的名教授……他在文学史和佛教研究中讨论的问题，往往与印度有关。认为中国古典小说《西游记》中的孙悟空的原型来自印度大史诗《罗摩衍那》中的神猴哈努曼，这一说法，就是由胡适最早提出的……胡适是一位活跃于国际学术界的学者，他从 20 年代到 30 年代，陆续用英文在欧美发表过一些文章，讨论中印之间在思想文化上的关系。这些文章，在西方学术界也颇具影响，其中例如《中国的印度化：一个文化借用的案例研究》（*The Indianization of China: A Case Study of Cultural Borrowing*），文中的观点虽可商榷，但在当时和后来却一直引人注意。"王邦维：《北京大学的印度学研究：八十年的回顾》，《北京大学学报·哲学社会科学版》1998 年第 2 期，第 98~99 页。

乎无可置疑。但是，他对11世纪以来佛教影响式微所做的解释，只是部分地正确，其他或许更加重要的一些因素也导致了佛教影响的式微。"[1] 这些观点说明，他对胡适的思想有误读之处。

K.M.潘尼迦在"引言"中指出，在阅读勒内·格鲁塞（Rene Grousset，1885—1952）等欧洲学者的相关著述如《佛陀的足迹》（*In the Footsteps of the Buddha*）时，他发现，印度学者很少知道印度历史上与中国存在着紧密的联系。"然而，几千年来，印度与中国的交流构成了亚洲历史的一种重要事实。"[2] 为此，他还引用冈仓天心的相关论述进行说明。他进而指出："毋庸置疑，使非伊斯兰的亚洲地区（non-Islamic Asia）形成一种思想、文化统一的，是印度与中国的长期交流。尽管有过将近一千年的断裂，但这一交流仍然是亚洲历史的重要组成部分。"[3] K.M.潘尼迦还追述了印度与中国文化在东南亚地区的碰撞与交流。

该书的主体内容题为《印度与中国》，共66页。它又分为三个部分。第一部分借鉴意大利学者和师觉月等人的研究成果，粗线条地勾勒了中印物质与精神文化交流的历史轨迹。该部分重点提到了玄奘、郑和、敦煌、大夏、贵霜、大月支、于阗（今于田）、喀什、长安、西藏、阿萨姆、迦摩缕波、中亚、吉尔吉特等关键词，这些词语足以勾起人们对印度与中国围绕佛教而建立起来的悠久的历史

---

[1] K.M. Panikkar, *India and China: A Study of Cultural Relations*, Bombay: Asia Publishing House, 1957, pp.53-60.
[2] K.M. Panikkar, *India and China: A Study of Cultural Relations*, p.viii.
[3] K.M. Panikkar, *India and China: A Study of Cultural Relations*, p.x.

记忆。与师觉月相似，K.M.潘尼迦也将古代印度与中国的交通要道分为三条陆路和一条海路。他说："因此，经由不同路径穿越中亚的主要交通线为三条：经过梵衍那（Bamiyan）和大夏（Bactriana）；经过喀什，穿越塔里木盆地；经过克什米尔、吉尔吉特和亚欣，翻越帕米尔高原。公元2世纪后，这些路线仍然重要。直到9世纪中叶，当伊斯兰教徒在此横插一脚，造成实实在在的障碍后，它们仍旧是最重要的交通要道。最初经过阿萨姆和缅甸的线路从未失去实用价值，尽管在经过中亚地区的印中交通日渐增长后，总体上来说，它对印度的重要意义已大大降低。海路交通，特别是通往南印度的交通的重要性持续上升，直到葡萄牙人封锁中国海岸时，它在印中关系中仍然保持着非常重要的地位……郑和舰队最后一次造访南印度是在1424年。"[1]

第二部分主要介绍来华传播佛教的古代印度高僧。K.M.潘尼迦首先指出："事实上，每一位印度学童都知道法显、玄奘和义净的大名。但是，对于许多著名的印度学者，印度却一无所知。这些学者生活在中国，翻译印度书籍，在寺庙里传教，传播的基本上是印度思想。我在这里想介绍一下他们。"[2] 他先后详细介绍其历史事迹的印度高僧包括摄摩腾、鸠摩罗什、昙无谶、真谛、菩提达摩（Bodhidharma）、金刚智。他还提到藏传佛教奠基者莲花生（Padmasambhava）以及龙树、无著和世亲等著名的佛教思

---

[1] K. M. Panikkar, *India and China: A Study of Cultural Relations*, pp.14-15.
[2] K. M. Panikkar, *India and China: A Study of Cultural Relations*, p.25.

想家。他简略梳理了藏传佛教在元朝时期的蒙古传播的一般情况，认为通过中国西藏地区传播到中国内地、蒙古国及其他国家的是密教，而非无著、世亲和马鸣等人的佛教思想。关于来华高僧的历史贡献，K. M. 潘尼迦指出："正是通过这些卓越学者的著述及其中文翻译，我们今天才可知晓印度曾经产生的某些伟大思想家、哲学家的名字。龙树、无著和世亲是一点不逊色于商羯罗和罗摩努阇等晚期哲学家的人，他们也丝毫不逊色于早期的自在黑（Iswara Krishna）和乔荼波陀（Gaudapada）等早期哲学家。"[1] 他还说："中文里保存的印度文献非常广泛，假如没有印度学者的精心翻译和中国学者对这种文献的精心保护，它将完全从这个世界消失。"[2]

第三部分介绍印度佛教中国化的历程和特点。他首先以胡适在此问题上的观点为基础展开叙述。胡适认为，佛教中国化经历了如下四个阶段：大规模借鉴（mass borrowing）、抗拒与迫害（resistance and persecution）、归化（domestication）、利用（appropriation）。K. M. 潘尼迦整段整段地引用胡适的原文进行叙述，显而易见他对后者的思想非常欣赏。K. M. 潘尼迦指出："（佛教在中国的）同化进程是渐进式的，中国自然抛弃了她无法消化的东西。简化的程序是必需的，尤其是在宗教观念范畴。菩提达摩用他的禅宗派提供了这方面的例证……当印度文化的影响贯

---

[1] K. M. Panikkar, *India and China: A Study of Cultural Relations*, p. 44. 自在黑和乔荼波陀是古代印度宗教哲学六大流派之一即数论派的重要理论家。参见姚卫群：《印度宗教哲学概论》，北京：北京大学出版社，2006年，第52页。

[2] K. M. Panikkar, *India and China: A Study of Cultural Relations*, p. 46.

穿道教和儒家思想时，这便是最后的同化过程。"[1] K. M. 潘尼迦不同意胡适对佛教影响式微的原因分析，在他看来，以下几个因素才是佛教在中国影响式微的根本缘由：公元8世纪起，从印度经过中亚地区到达中国的线路中断，中国佛教丧失了灵感之源；10世纪末，即使在北印度，佛教也不再享有重要地位；印度自身受到来自西北的穆斯林侵袭。[2] 但他也指出："尽管到10世纪时，印度文化通过佛教和佛教僧团的直接传播已经停止，但如认为印度对中国的其他影响难以抵达，这是一个误会……因而，直到相当晚近的时期，小规模的佛教、印度教思想仍然横跨了喜马拉雅山谷。"[3] 包括胡适在内的众多中国学者认为，印度与中国的千年交流只是一种单向度交流（one-way traffic），是一种中国的印度化（Indianization of China）。K. M. 潘尼迦对此不以为然。他说，研究文化交流的学者们否认这种一边倒的影响（one-sided influence）模式。亚洲与欧洲的文化交流证明，即便是最强势的社会，也不会在长期的交流中不受弱势一方的影响。对中国来说，学者们的确曾研究印度的语言、文献和思想，而赴华的印度学者学习中文，目的是影响对方而非接受中国文化的影响。然而，印度与中国的交流充满活力且旷日持久，否认中国文明对印度的影响是荒谬的。"在经济和物质领域，即便现在也可追寻到这种影响……宗教领域特别是靠近中国的边境地区，也存

---

[1] K. M. Panikkar, *India and China: A Study of Cultural Relations*, pp. 56-57.
[2] K. M. Panikkar, *India and China: A Study of Cultural Relations*, pp. 60-62.
[3] K. M. Panikkar, *India and China: A Study of Cultural Relations*, p. 63.

第二章　1948年至1964年的印度汉学研究　　149

在中国信仰的某些影响。"[1] K. M. 潘尼迦引用师觉月的一些观点进行证实。他以阿萨姆一带历史上受道教影响为例进行说明。他的一个观点是："有一点是清楚的：中国对印度的影响这一主题还没有认真地进行研究，这是值得印度和中国学者们认真关注的事。"[2] K. M. 潘尼迦最后以这样的乐观调子结尾："现在开始了相互影响的新时代。交流的路线已重新开辟。现代印度与中国面对彼此，准备相互学习。这个新时期无疑将产生辉煌而持久的成果，一如我们两大文明从前的碰撞（confrontation）。"[3]

"附录一：印中关系中的（中国）西藏"是对正文部分介绍中国西藏地区佛教传播的补充说明。"附录二：印度的中国朝圣者"简略提及法显和义净，但其笔墨集中于对玄奘的介绍，凸显了玄奘在中印文化交流史上的特殊重要性。"附录三：印中艺术交流"以云冈石窟、敦煌石窟等为例，介绍了印度文化对中国雕塑、绘画等的影响，还探讨了中国寺庙建筑受印度影响的问题。在文末，K. M. 潘尼迦自然涉及中国对印度的影响问题。他指出，很难正确估量中国对印度传统艺术所发挥的影响，不过，一些实实在在的例子是无法忽视的。为此，他举例说，印度西海岸房屋的人字形屋顶（gabled roofs）明显可见中国建筑的影响痕迹。印度的传统绘画难以发现中国绘画的影响痕迹，但莫卧儿帝国时期的印度画在云朵和岩石的处理上，无疑可见中国画的影响，只是这种影响是通过伊朗间接地发挥作

---

[1] K. M. Panikkar, *India and China: A Study of Cultural Relations*, p. 64.
[2] K. M. Panikkar, *India and China: A Study of Cultural Relations*, p. 65.
[3] K. M. Panikkar, *India and China: A Study of Cultural Relations*, p. 66.

用的。早期莫卧儿细密画确实可以发现中国画的影响痕迹。莫卧儿帝国时期才开始流行的印度玉雕（jade carving），或许也有中国的影响。"总体上看，可以说，就目前的证据而言，中国在印度艺术发展中发挥的影响，受到了忽视。"[1]尽管 K. M. 潘尼迦举出的这些例子，不一定完全经得起实证，但他与师觉月挑战传统思维，大胆假设，小心求证，其勇气可嘉。他的上述观点富有启发性，给后来的中印文化交流研究者启迪颇多。

整体上看，K. M. 潘尼迦该书的论述范围没有超越师觉月的《印中千年文化关系》，但他作为外交官，能在同时代学者的启迪下，继续探讨印度与中国千年文化交流的某些重大问题，且有某些新见解，实属难能可贵。K. M. 潘尼迦对胡适的观点引述，显示他对中国现代学术界的动向有了某种新的把握，这是他有别于师觉月的一点。

## 第四节　P. V. 巴帕特和 V. V. 郭克雷

一位学者在为《中印文化交流百科全书》（下简称《百科》）撰写有关 P. V. 巴帕特的条目时指出，他是"印度佛教学者，印度中国学奠基人之一"，他一生著述颇丰，在佛教研究及相关领域出版著作、发表论文 100 多部（篇），他"对促进中印文化交流做出了重要贡献"。[2] 在印度著名历史学家 D. D. 高善必（D. D. Kosambi）的指导

---

[1] K. M. Panikkar, *India and China: A Study of Cultural Relations*, pp. 106-107.

[2] 参阅中印联合编审委员会编：《中印文化交流百科全书》（详编上），那济世撰，张忞煜译，第 34 页。此处相关介绍参考该页内容。

下，P.V.巴帕特于1919年获得孟买大学巴利语硕士学位。1929年前往哈佛大学学习汉语和藏语，参与翻译《清净道论》，后获得博士学位。1932年回国任教。1945年至1948年间，P.V.巴帕特到谭云山主持的国际大学中国学院从事教学和科研工作。在此期间，P.V.巴帕特和师觉月、金克木、徐梵澄、杨允元和陈乃蔚等人合作交流，将汉译本《义足经》译为英语，发表在《国际大学年刊》1945年的创刊号上。1956年，为纪念佛灭2500年，P.V.巴帕特受印度政府委托主持编写佛教通史《佛教2500年》，并亲自撰写相关章节。该书于1956年初版，1959年、1964年、1971年三次重印。1956年，P.V.巴帕特随印度中国友好协会访华。他于1957年出任德里大学佛教研究教授，并为德里大学成立单独的佛学系立下头功。1960年退休后，他返回普纳潜心治学。1965年至1966年，他将《善见律毗婆沙》即巴利语律藏注释《一切善见律毗婆沙》汉译本译为英语，并于1970年出版。此外，P.V.巴帕特还参与将德光的《律经》第一卷（即《家事》）由藏文回译为梵文的翻译。

《百科》在介绍V.V.郭克雷（1901—1991）时指出，他是印度历史学家，佛教学者。V.V.郭克雷早年留学于德国波恩大学，1930年以论文《郁楞伽之〈缘生论〉：汉本校勘与德译》获得博士学位。[1] 他还翻译了汉译、藏译的

---

[1] 金克木先生说："他（郭克雷）到德国海德堡大学学了汉文和藏文，研究佛教哲学，写出论文译解《大乘缘生论》，得到博士学位，回国便去教他那个二十五年不能脱身的学院（费尔古森学院）。"金克木：《金克木集》（第一卷），第525页。

《百字论》。回印后与 D. D. 高善必、P. V. 巴帕特等就职于费尔古森学院。1945 年至 1948 年到国际大学中国学院工作，在此期间，与中国学者金克木合作校勘梵本《阿毗达摩集论》，并指导中国学者周达甫攻读孟买大学博士学位。1948 年至 1950 年，作为英属印度殖民当局的代表在中国西藏拉萨工作，发现并搜集了《稻秆经》《中观心论》和《缘起心论》等梵文佛经抄本。[1] V. V. 郭克雷具有强烈的民族自尊心和爱国热情，他曾对金克木说过："最可怕的是精神奴役。印度在政治上独立不会再等很久了，可是精神上和文化上的奴役往往是不知不觉的，难摆脱啊！"[2]

金克木先生曾与 P. V. 巴帕特、V. V. 郭克雷等印度佛教研究者相交甚笃，他在介绍 P. V. 巴帕特时说："另一位在这一时期学中文的 P. V. 巴帕特教授的情况完全相同，不过去留学的地方是美国哈佛大学，研究的也是佛教，论文是巴利语本《清净道论》和汉译本《解脱道论》的比较研究和考证。他回国后也是在同一个学院（指位于普纳的费尔古森学院）教二十五年书。"[3] 他在介绍 V. V. 郭克雷时回忆说，他们俩曾经共同校勘梵本《集论》即《大乘阿毗达磨集论》。V. V. 郭克雷先将该经的藏译一句句读成梵文，金克木再将玄奘的相关汉译一句句读成梵文，然后两人一起对照写本残卷的原文，看汉译本和藏译本与梵文原本有无差异。结果使他俩吃惊的不是汉译和藏译的逐字"死

---

[1] 参阅中印联合编审委员会编：《中印文化交流百科全书》（详编上），那济世撰，张忞煜译，第 234 页。
[2] 金克木：《金克木集》（第一卷），第 526~527 页。
[3] 金克木：《金克木集》（第一卷），第 525 页。

译"的僵化，而是"死译"中还保持了汉语和藏语本身的特点。"三种语言一对照，这部词典式的书的拗口句子竟然也明白如话了，不过需要熟悉他们当时各自的术语和说法的'密码'罢了。找到了钥匙，就越来越快，文字形式不是难关了。（校本后来在美国刊物上发表）"[1] V.V.郭克雷由此感慨万端，他说："如果中国人和印度人合作，埋藏在西藏的大量印度古书写本可重见天日，而且不用很久就可以多知道一些印度古代的文化面貌了。"[2]

1957年10月21日，P.V.巴帕特在德里大学佛学教授的就职典礼上发表演讲，这便是两年后出版的小册子《印度与外国的文化联系及佛教在确立联系中的作用》（*India's Cultural Contacts with Other Countries and the Role of Buddhism in Establishing the Same*）。在这个小册子里，P.V.巴帕特先简单介绍了印度古代与外部世界交流的一些路线，然后逐一介绍古代西方世界、中亚（西域）一带、中国、日本、尼泊尔、南亚、东南亚（包括马来半岛、苏门答腊、爪哇、巴厘岛）和马达加斯加等地区或国家与印度的佛教交流，最后再简介东南亚某些国家的历史风情，东南亚地区有关佛教的考古发现、东南亚建筑、绘画、习俗、语言（泰语、老挝语、柬埔寨语、印尼语等）和印度梵语及巴利语文化的联系。关于中国与印度的历史联系，P.V.巴帕特分五个

---

[1] 金克木：《金克木集》（第一卷），第527页。
[2] 金克木：《金克木集》（第一卷），第527页。

阶段介绍了摄摩腾至最后一位来华高僧智吉祥（Jñānaśrī）[1]的中印佛教交流。他还提到以云冈石窟、麦积山石窟、四川大足石刻等为代表的中国佛教艺术。他说："佛教是所有汉译三藏佛经的灵感动力。中国佛教徒对于印度心存感激，因为印度把伟大的宗教创立者乔达摩佛陀赠予他们，也赠予整个世界的佛教徒。"[2]

P.V.巴帕特对中国西藏地区保存佛教文献的特殊贡献毫不讳言。他说："藏译三藏包含了巴利语三藏、梵语三藏的几种佛经的各种版本，因此对比较研究而言不可或缺。此外，藏译三藏还包括诸如龙树（Nāgārjuna）、圣天（Āryadeva）、无著（Asaṅga）、世亲（Vasubandhu）、陈那（Dinnāga）、法称（Dharmakīrti）等大师的著作译本。更为重要的是，这里还保存着现已失传的印度原著的几种藏译。这些藏译本是几种重要佛经的唯一线索。除了佛经翻译，还有一些非佛经著作的翻译。我们发现了迦梨陀娑（Kālidāsa）的《云使》（Meghadūta）和檀丁（Daṇḍin）的《诗镜》（Kāvyādarśa）的藏译，发现了诸如《诗律宝藏》（Chandoratnākara）和《韵律环赞》（Vṛttamālāstuti）之类诗律著作的藏译。"[3]他还提到波你尼（Pāṇini）等人的语

---

[1] 智吉祥为宋朝（1053）来华的西印度僧人，曾翻译佛经《佛说清净毗奈耶最上大乘经》2卷。有的学者认为指空是印度来华的最后一位高僧。参见段玉明：《指空：最后一位来华的印度高僧》，成都：巴蜀书社，2007年。这说明，要确定谁是最后一位来华的印度高僧，颇有难度，或许是因为中国的相关记载并非尽善尽美。

[2] P.V. Bapat, *India's Cultural Contacts with Other Countries and the Role of Buddhism in Establishing the Same*, Delhi: Delhi University Press, 1959, p.14.

[3] P.V. Bapat, *India's Cultural Contacts with Other Countries and the Role of Buddhism in Establishing the Same*, p.16.

第二章 1948年至1964年的印度汉学研究

法书(《八章书》等)、《长寿字库》(Amarakośa)等词典、《八支心要方本集》(Aṣṭāṅgahṛdayasamhitā)等医药书、工艺建筑论著《工巧论》(Śilpaśāstra)和炼金术著作《金丹》(Rasāyana)等的藏译情况。

由于笔者没有掌握P.V.巴帕特和V.V.郭克雷的博士论文,也未掌握二人英译或梵译的各种汉译、藏译佛经文献,加之笔者的治学领域不在佛学,因此不能对两人的佛教研究展开深入分析、评价。此处仅以搜集的P.V.巴帕特演讲录和他主编、V.V.郭克雷参与撰写的《佛经2500年》为例,对他们的佛教研究做点粗浅的介绍。

P.V.巴帕特主编的《佛教2500年》于1956年出版,由印度著名宗教学家S.拉达克里希南作序,师觉月、V.V.郭克雷、维迪耶(P.L.Vaidya)和马宗达(R.C.Majumdar)等著名学者加盟,参与撰写。加上P.V.巴帕特自己,撰稿者达27人之多。其中包括两位日本学者,一位是曾在普纳取得博士学位的日本东京大学哲学与梵文系高崎博士(J.N.Takasaki),另一位是大谷大学(Otani University)的佛学教授佐佐木(G.H.Sasaki)。

《佛教2500年》分为十六章,具体内容为:1.印度与佛教(P.V.巴帕特)。2.佛教的起源(维迪耶)。3.佛陀的觉悟和传教生涯。4.佛教经典的四次结集。5.阿育王与佛教的发展(涉及佛教在印度国内、中日韩及西域和中国西藏地区等的传播,还包括锡兰、缅甸、马来半岛、暹罗、占婆、印尼等南传佛教的发展)。6.主要的佛教派别。这一部分介绍了印度国内的十二个主要派别:上座部(Sthaviravādins)、化地部(Mahīśāsakas)、说一切有部

（Sarvāstivādins）、雪山部（Haimavatas）、犊子部（Vātsīputrīyas）、法藏部（Dharmaguptikas）、饮光部（Kāśyapīyas）、经量部（Sautrāntikas）、多闻部（Bahuśrutīyas）、阇提耶迦派（Caityakas）、中观派（Mādhyamika）、瑜伽派（Yogācāra）；还介绍了中国佛教的八个流派：禅宗、律宗、密宗、唯识宗、净土宗、华严宗、中观派和天台宗；日本的五个流派：天台宗、真言宗、净土宗、禅宗和日莲宗；尼泊尔、锡兰（今斯里兰卡）、缅甸、泰国、柬埔寨等的宗教派别。7. 介绍巴利语、梵语的佛藏文献。8. 佛教的教育。9. 阿育王以后印度、中国、日本和中国西藏地区的著名高僧（如弥兰陀王、迦腻色伽、觉音、马鸣、无著、龙树、鸠摩罗什、空海等）。10. 中国旅印高僧。11. 印度和其他亚洲国家的佛教艺术简介。12. 北印、西印和南印的佛教圣地。13. 佛教的晚期变化（涉及密教、真言乘、俱生乘和印度教吸纳佛教等内容）。14. 近期佛教研究（包括中国、日本、印度和欧洲的著名佛教学者以及佛教在欧洲、美国、印度和锡兰、缅甸、泰国、柬埔寨、老挝、越南、中国和日本的研究动向）。15. 佛教与当代世界（包括佛教的文化与政治影响、以大佛教协会成立为标志的印度佛教复兴）。16. 回顾。

  V. V. 郭克雷主要撰写中国西藏的藏传佛教和尼泊尔佛教的发展状况，篇幅不大。[1] 涉及中国佛教的内容主要为 P. V. 巴帕特等学者撰写，这包括：第五章中由师觉月简短

---

[1] P. V. Bapat, ed., *2500 Years of Buddhism*, New Delhi: Publications Division, Ministry of Information and Broadcasting, Government of India, 1971, pp. 65-73, p. 109.

提及的中国接受佛教的历程;[1] 第六章里由日本学者佐佐木介绍的中国佛教的八个流派：禅宗、律宗、密宗、唯识宗、净土宗、华严宗、中观派和天台宗;[2] 第八章中由印度学者达特（S. Dutt）简短提及的中国旅印高僧及其历史记载的学术意义;[3] 第九章里由佐佐木介绍的在华传播佛教最得力的五位高僧：鸠摩罗什、真谛、菩提达摩（Bodhidharma）、玄奘（Yuan Chwang）和菩提流志;[4] 第十章里由印度学者夏斯特利（K. A. Nilakanta Sastri）介绍的法显、玄奘和义净等三位赴西天取经的中国高僧;[5] 第十四章里由 P. V. 巴帕特介绍的现代中国佛教研究新动向。[6] 上述关于佛教与中国关系的介绍，大多属于平铺直叙的事实介绍，没有多少学术深度。当然，也有一些地方的论述值得关注，例如师觉月说："因为佛教是比孔子学说更加丰富的一种宗教，且比道教有更为深厚的哲学思想，它便很快吸引了中国人。中国的知识精英开始主动地传播佛教。"[7] 再如，P. V. 巴帕特在介绍中国现代的佛教发展动向时，提到了康有为、谭嗣同、杨文会、太虚大师、汤用彤等著名人士，还提到 1920 年至 1949 年间刊载佛教研究的杂志《海潮音》，这在一定程度上向印度学界传播了中国佛学界的新气象、新信息。

---

[1] P. V. Bapat, ed., *2500 Years of Buddhism*, pp. 58-60.
[2] P. V. Bapat, ed., *2500 Years of Buddhism*, pp. 110-115.
[3] P. V. Bapat, ed., *2500 Years of Buddhism*, pp. 162-164.
[4] P. V. Bapat, ed., *2500 Years of Buddhism*, pp. 210-220.
[5] P. V. Bapat, ed., *2500 Years of Buddhism*, pp. 225-243.
[6] P. V. Bapat, ed., *2500 Years of Buddhism*, p. 346, pp. 381-382.
[7] P. V. Bapat, ed., *2500 Years of Buddhism*, p. 59.

综上所述，P. V. 巴帕特主编的这部佛教通史，虽然较为全面地介绍了 2500 年来佛教在印度和世界各地的传播概况，也体现了佛教研究国际合作（即印度与日本的佛学研究者合作）的积极趋势，但也透露了一些无法遮蔽的缺陷：第一，全书正文 418 页，介绍中国与佛教关系或佛教在中国发展史的 50 多页，篇幅比例与佛教在中国的主题所占比重似乎没有明显失衡，但从编者在书末开列的 3 页英文参考文献看，几乎都是斯坦因、盖格、奥登伯格、瓦特斯（T. Watters）、劳（B. C. Law）等人的相关英文著述和部分印度学者的英文著述，没有一部中国学者撰写的汉语著作或论文，这就自动遮蔽了中国佛教研究的中国视角与中国话语；第二，该书邀请两位日本学者撰写与中国相关的内容，但却没有一位中国佛学研究者（包括季羡林、金克木和汤用彤等）参与撰写，而其时的汤用彤、吕澂、季羡林等学者已经在佛学研究领域多有著述（如汤用彤在 1938 年出版了代表作《汉魏两晋南北朝佛教史》），而该书似乎对此视而不见，P. V. 巴帕特来过中国，并与金克木等人过从甚密，但该书排除了中国学者的参与，某种程度上自然降低了该书的学术质量，这不能不说是一种历史的遗憾；第三，该书目录的第一、二页均将中国西藏放在 In Northern Countries（北方国家）的标签下，与中国、韩国、日本、尼泊尔等主权国家相提并论，第一处以 Tibet（Central）and Ladakh 为题，第二处干脆以 Tibet and Nepal 为题，这是主编 P. V. 巴帕特和执笔者 V. V. 郭克雷二人对中国领土或中印边境问题的模糊认知与错误判断。

当然，P. V. 巴帕特和 V. V. 郭克雷的某些缺陷，在师觉月的著述中也偶尔可见。例如，1946年，师觉月在第十三届全印东方学会议上发表演讲，该演讲后来收入其个人论文集，他在文中错误地将 Tibet 归入 all these countries 之列，[1] 这显然是部分印度知识精英的集体无意识作祟所致。发人深思的是，师觉月的个人论文集出版于1982年，而 P. V. 巴帕特主编的著作初版后重印数次，均无任何学者加以注解进行说明。当代中印关系曲折坎坷，以上几位现代著名学者的错误的历史地理书写，从一个人们平时很少注意的角度，形象而有力地说明了许多问题。

---

[1] 例如：Besides Buddhism is still a living force in *Tibet*, Mongolia, the Siberian steppes, Manchuhria, Corea, Japan, Annam, Cambodia, Siam, Burma and Ceylon. *In all these countries* the ancient holy texts are zealously studied either in their Indian originals or their ancient translations。Prabodh Chandra Bagchi, *Indological Studies*: *A Collection of Essays*, p. 8。斜体字系引者所加。

## 第三章
## 1965年至1988年的印度汉学研究

由前文第一、二章的叙述可知，现代印度没有前现代汉学的厚实积累，而是经由师承和借鉴法国汉学等欧洲汉学而来。印度独立后至20世纪60年代中期，除了师觉月等少数学者，也没有产生引起国际汉学界注意的大师级人物。相反，正如本章内容所示，自从引入美国区域研究模式后，对于中国现实问题的关注成了大多数研究中国的印度学者的首选，汉学研究成了绝对边缘化后的一种"奢侈"。具体而言，1962年中印边境冲突至1988年印度总理拉吉夫·甘地访华即中印关系的"坚冰"开始融化的时期，严格意义上的汉学研究（涵盖中国历史、文学、哲学、语言等领域）较之独立以前呈现出新的特征。汉学研究的中心逐渐转向德里大学和尼赫鲁大学等处于首都地区的高校或科研机构。随着师觉月于1956年去世，泰戈尔时代起步的国际大学汉学研究，已经难以在汉学领域继续"执牛耳"。以前备受汉学家们关注的中国宗教哲学思想，由于各种因素而渐渐淡出学者们的视野，难以成为研究者们的首选。1956年，尼赫鲁决定在德里大学设立佛学系，该系由P. V. 巴帕特等学者领衔，但是这未能挽救汉学界对中国宗教哲学研究的整体下滑趋势。因为研究中国宗教哲学需要扎实的中国古文功底，再加上独立以后对于中国现实问题的关注分散了大部分学者的精力，因此这方面的学者越来越少。不过，由于华裔学者谭中等人坚持不懈的努力，加上少数关注现实问题的学者如 K. P. 古普塔等有时也"客串"汉学领域，印度汉学研究仍旧取得了某些重要成就，但就研究成果的数量而论，它无法与现实问题研究成果的汗牛充栋相提并论。毋庸讳言，20 世纪 60 至 80 年代，印度汉学最大的问题是，中印关系的长期恶化以及西方中心主义思潮的巨大惯性，不同程度地削弱了本来脆弱的研究基础。这种来自政治层面的消极因素，使得汉学研究的一些方面无法保持独立以前的优势，严格意义上的汉学研究发育不良且标志性成果非常有限，现实问题的研究成果不胜枚举且质量参差不齐，因而其发展生态严重失衡。下面依据笔者掌握的部分资料，对 1965 至 1988 年间印度学界关于中国历史、文学等领域的研究做一简介。

## 第一节 概述

首先看看印度学者的中国历史研究，他们关注的重点是中印关系史与中国现代史的各个领域。先以《中国述评》刊载的相关论文为例略做说明。

20 世纪 70 至 80 年代，在研究中国现代思想史和中印现代关系史的学者中，K. P. 古普塔首先值得关注。尽管其观点较为偏激，但其研究视野之广，确实不可否认。K. P. 古普塔的长篇文章《从社会历史视角分析印度的现代中国观》可以视为其重要代表作，它以两期连载的形式发表于

《中国述评》1972年第4期和第5期。该文带有浓厚的意识形态偏见，但其将研究视野扩展为古代、近代到1970年代的中国认知或中印相互认知，这是中印学界的开创性贡献。[1] 这可视为中印现代关系史领域的一种特殊研究。

K. P. 古普塔探讨了近代以来中印相互认知错位（perception asymmetry）或曰双向认知不对称、认知失衡的怪象。他的观点虽然屡有偏颇或失实之处，但也不乏中的之言。他说："在中印相互认知这一点上，所有一般的解释完全无效。无法解释中印相互认知历史错位（historical asymmetry）或曰历史不对称的严酷现实。在民族自我认知的每一个时期，印度历来表现出对中国文化和文明的普遍崇拜，然而，中国却总是贬低印度的思维方式和行为方法。"[2] 这些话有以偏概全和歪曲事实之嫌，但它还是多多少少道出了中印相互认知失衡的历史真相。当然，中国方面的反应冷淡还得联系当时中国思想界与西方进行互动要强于与印度互动等复杂因素进行分析。

K. P. 古普塔还认为："早在印度知识界在脑海中酝酿这种中印精神联合战线的念头之初，中国的改革家们就已将印度表述为失败和停滞的负面样板。文化体系极大地制约了中国的知识精英，使其难以接受和吸纳亚洲复兴的观念。对于信奉儒家思想的人而言，印度改革家们所信奉的东方精神力量只是中国思想精华的一种表现而已。在中国，

---

[1] 关于K. P. 古普塔对中印相互认知的认识，参阅尹锡南：《印度中国观演变研究》，第124~131、167~168页。

[2] Krishna Prakash Gupta, "Indian Approaches to Modern China-I: A Social-Historical Analysis," *China Report*, Vol. 8, No. 4, 1972, p. 31.

第三章　1965年至1988年的印度汉学研究

印度普遍鼓吹的东西方融合,却以中国与西方精神融合的方式面世。"[1] K.P.古普塔某种程度上揭示了中印知识分子的近代认知失衡之因。

在K.P.古普塔看来,整个1950年代,印度国内至少存在三种互不相关但内核一致的消极中国观。这三派声音组成了印度中国观的支流。"第一派是反共的右翼分子,第二派是对社会主义反感的人,第三派是由印度中国观主流派中的持不同政见者组成。在理论基础上,每一派都和罗易存在本质的差异,但他们对中国的实质性判断似乎在一些重要方面得到统一。每一派都在中国身上发现了异乎寻常的'暴力制度',他们以此'制度差异'作为价值判断的一种标准。中国并不仅仅只是共产主义或民族主义国家,而是与印度众所周知的理想观念截然不同的一类国家。"[2]

K.P.古普塔在《中国述评》1973年第4~5期连载长文《现代性的传统:亚洲与西方体系比较研究》,将理性触角从中国的印度认知史延伸到中印近代以来传统意识与西方现代意识发生剧烈碰撞的亚洲思想史层面。[3] 他以马克斯·韦伯(Max Weber)和S.N.艾森斯塔特(Shmuel N. Eisenstadt)等人的相关理论为基础,联系孔子、康有为、梁启超、毛泽东、辨喜(Swami Vivekananda)、提拉克

---

[1] Krishna Prakash Gupta, "Indian Approaches to Modern China-I: A Social-Historical Analysis," *China Report*, Vol.8, No.4, 1972, p.34.
[2] Krishna Prakash Gupta, "Indian Approaches to Modern China-II: A Social-Historical Analysis," *China Report*, Vol.8, No.5, 1972, p.39.
[3] Krishna Prakash Gupta, "Traditions of Modernity: A Comparative Study of Asian and Western Systems-II," *China Report*, Vol.8, No.5, 1972, pp.51-71. 笔者未掌握该论文第一部分,有兴趣者可以查阅《中国述评》相关网络文献。

(Tilak)、戈卡勒(Gokhale)和甘地等中印思想家,历史地考察了中印接受现代西方思想观念、社会革命理论的复杂进程。K.P.古普塔认为,以"资本主义"和"共产主义"的现代标签描述印度和中国,逻辑上接近于"精神东方"与"物质西方"的过时的二元对立。"就目前使用的这些术语而言,'资本主义印度'和'共产主义中国'的标签,暗示两国业已成为现代'物质'文化的一部分……和西方社会科学家相比,中印学者更应为迷信这种虚假的观念而自觉愧疚。"[1]他的这些极端尖锐的观点,一般是与中印政治现实相联系的。他没有意识到或刻意忽略中印两国思想家对西方思想不同程度的改造和变异,因此出现一些看似合理动听、实则偏激的结论。

关于中国现代思想史、文化史与中印现代关系史的研究,一定程度接受 K.P. 古普塔研究范式影响的潘翠霞(Patricia Uberoi,又译为胡佩霞)也有所奉献。她在《中国述评》1973 年第 5 期发表《革命性变迁的文化、品格及其阐释》一文,接续 K.P. 古普塔的论述逻辑,从中国传统文化、毛泽东和中国革命等关键词切入,对中国现代思想史进行探索。[2]潘翠霞在该刊 1974 年第 3 期载文《泰戈尔在中国:中印文化关系的一段插曲》,对中印现代文化交流史的里程碑事件进行探索。[3]她在文中考察了 1917 年

---

[1] Krishna Prakash Gupta, "Traditions of Modernity: A Comparative Study of Asian and Western Systems-II," *China Report*, Vol. 8, No. 5, 1972, p. 69.

[2] Patricia Uberoi, "Culture, Personality and the Explanation of Revolutionary Change," *China Report*, Vol. 9, No. 5, 1973, pp. 72-81.

[3] Patricia Uberoi, "Tagore in China: An Episode in Sino-Indian Inter-cultural Relations," *China Report*, Vol. 10, No. 3, 1974, pp. 32-43.

后泰戈尔诗歌在中国的影响、1923年后泰戈尔受闻一多等人批评的历史,其结论是"作为一位思想家和诗人,泰戈尔在中国的影响史,描述了文化交流的悖论与陷阱。作为思想家,他的观点在中国几乎被所有人拒斥,甚至那些相信他东方灵性优于西方物性的泛泛之论的人也不接受。作为诗人,他先被奉为进步者和现代者,接着被斥为极不适合中国的'西化者'。泰戈尔信奉的东方文明本质统一的思想理念,显得虚幻不实,他的影响到头来只是印度与中国不平衡交流链条上的又一个插曲而已,这种不平衡交流成了中印现代关系的一个特征"[1]。潘翠霞的这种悲观论断既是当时中印关系陷入历史低谷的必然反应,也是她囿于各种因素未对现代中国接受泰戈尔影响的积极一面进行考察、分析所致。潘翠霞在《中国述评》1987年第4期发表文章《"科学""民主"与"五四运动"的世界观》,考察了西方科学、民主思想在现代中国的传播历程及其诸多复杂现象或问题。[2] 此前即1981年,潘翠霞以《革命话语的认知研究:〈新青年〉与中国新文化运动》(A Cognitive Study of Revolutionary Discourse: New Youth and the Chinese New Cultural Movement)为题,获得了德里大学博士学位。《"科学""民主"与"五四运动"的世界观》便是对其博士论文进行浓缩、加工与提炼而成。

那罗纳罗延·达斯(Naranarayan Das)在《中国述评》

---

[1] Patricia Uberoi, "Tagore in China: An Episode in Sino-Indian Inter-cultural Relations," *China Report*, Vol. 10, No. 3, 1974, p. 41.
[2] Patricia Uberoi, "'Science', 'Democracy', and the Cosmology of the May Fourth Movement'," *China Report*, Vol. 23, No. 4, 1987, pp. 373-395.

1975 年第 3 期发表《当代中国的历史编纂》，探讨中华人民共和国时期的历史书写问题。他主要聚焦三个有争议的问题：如何评价中国历史上的农民起义？如何处理中国古代的历史分期？如何评价中国历史人物和传统思想遗产？那罗纳罗延·达斯撰写此文旨在考察当代中国历史书写的深层思想结构，以阐释毛泽东等中国领导人在这些涉及"重建中国历史"（to reconstruct China's past）的关键问题上的思想立场。[1]

研究中印现代关系史的马哈拉斯特拉邦学者夏丽妮·萨克瑟纳（Shalini Saksena）在《中国述评》1987 年第 3 期发表文章《费正清论中国革命》，向印度汉学界及时介绍了美国汉学家费正清上一年刚刚在纽约出版的新著《伟大的中国革命：1800 年至 1985 年》（*The Great Chinese Revolution: 1800—1985*）。[2]

由于精通古代汉语的印度学者较少，这一时期从事中国古代史研究的印度本土学者极为罕见。哈拉普拉萨德·雷易是一个例外。他在《中国述评》1987 年第 2 期发表文章《龙的第八次航海从未进行：明朝早期航海中断之因探析》，对明朝官方起初鼓励航海后又禁止的原因做了考察。[3] 他依据《明史》等古代文献与吴晗、费正清等中外

---

[1] Naranarayan Das, "Contemporary Chinese Historiography," *China Report*, Vol. 11, No. 3, 1975, pp. 6-20.

[2] Shalini Saksena, "Fairbank on the Chinese Revolution," *China Report*, Vol. 23, No. 3, 1987, pp. 325-333.

[3] Haraprasad Ray, "The Eighth Voyage of the Dragon That Never Was: An Enquiry into the Causes of Cessation of Voyages during Early Ming Dynasty," *China Report*, Vol. 23, No. 2, 1987, pp. 157-178.

学者的研究成果，对这一历史现象进行多方面考察后得出结论："换句话说，国家主导的海上贸易失败的原因是，官僚机构利用帝国的政策，贯彻儒家所谓'怀柔远番'的方针，以谋取自己的私利……总之，国家主导的贸易归于失败，让位于私人贸易。这便是中国中断航海的主要原因。"[1]

关于中国古代的政治思想，密歇根大学的美籍印度学者皮拉伊（Padmanabh Vijai Pillai）于1977年出版《印度与中国的权力观：关于公元前7世纪至公元前2世纪之间两个世纪政治权力观的分析》（Perspectives on Power: India and China: An Analysis of Attitudes Towards Political Power in the Two Countries Between c. Seventh and Second Centuries B.C.），在中印比较的视角下对此进行考察。该书除作者自己撰写的"前言"外，正文包括九章，论述主题依次为"统治的界定""现实政治的理论与实践""统治的非正统性和优势""《摩奴法论》与统治""等级制与竞争""政治权力与道家思想""墨翟的超越性功利主义""权力的逻辑""结语"。作者在书中说："本研究所运用的文献资料的真实本质在于，有助于阐明中国与印度视角的基本的、不可通约的（irreducible）差异。"[2] 通观全书，其论述的重点在于印度古代的政治思想，对于中国古代政治思想的论述较为薄弱，这使其比较研究流于泛化。

---

[1] Haraprasad Ray, "The Eighth Voyage of the Dragon That Never Was: An Enquiry into the Causes of Cessation of Voyages during Early Ming Dynasty," *China Report*, Vol. 23, No. 2, 1987, p. 177.

[2] P. V. Pillai, *Perspectives on Power: India and China: An Analysis of Attitudes Towards Political Power in the Two Countries Between c. Seventh and Second Centuries B. C.*, Ahamedabad: South Asia Books, 1977, p. 189.

20多年间，以著作形式探索中国古代、近现代历史的较为少见，但仔细观察，还可以发现几本这样的书。

1966年11月24日至26日，即中印边界战争后第四年，K. P. S. 梅农在加尔各答发表三次系列演讲。在此基础上，他出版了《中国的过去与现在》一书。K. P. S. 梅农在书中向印度读者介绍了中国近代以来的历史发展概况。他认为："没有什么比我们对中国历史无知更加难以置信、更加不可饶恕的了。"[1] 他说："中国历史确实可以描述为儒家思想上升、衰落和失势的历史。"[2] 在他看来，辛亥革命是破坏成功，建设失败。蒋介石虽然声称三民主义，但他不懂民主民生。这些话说明，虽有误差，K. P. S. 梅农仍在一定程度上接近了中国的"过去与现在"。受当时国际反华大气候和中印交恶小气候的影响，K. P. S. 梅农对中国现代史存在很多误解和偏见。时代语境对他的中国形象建构产生了不可忽视的作用。当然，K. P. S. 梅农也清醒地意识到，中印联合将极大地保证亚洲与世界的和平稳定。"将我们之间的友谊提升到'印度中国是兄弟'的水平不太可能，但将中印友谊保持在一个不太热乎的水平上应该是我们的目标。"他坚信，中印和苏联等国的友谊是"亚洲稳定与世界和平的最好保障"。[3]

1970年，印度史学家 D. D. 高善必的代表作《印度古代文化与文明史纲》出版。在书中，D. D. 高善必将中国文

---

[1] K. P. S. Menon, *China: Past & Present*, Bombay: Asian Publishing House, 1968, p.7.
[2] K. P. S. Menon, *China: Past & Present*, p.10.
[3] K. P. S. Menon, *China: Past & Present*, pp.70-71.

明作为阐释印度历史的参照，以增强论述的说服力。他对中国文明给予高度评价："亚洲文化和文明的两个主要源泉，就是中国和印度。"[1] D.D.高善必不仅在书中大量引用玄奘、义净等人的著述或相关事迹，以陈述或佐证自己的观点，还以中国古代史学著述丰富来说明印度古代史学欠发达的事实："我们一开始就碰到了一个看来是难以克服的困难，那就是印度实际上没有历史记载值得提及。在中国则有帝王的编年史、各县县志、古代历史学家如司马迁等人的著作、墓碑以及卜骨等等，能有把握地把中国历史追溯到大约是公元前1400年。"[2]

1974年，S.K.帕塔卡出版了研究中国西藏地区与印度古代文化交流史的著作《印度正道论在西藏》。该书主体内容为六章，标题依次为"西藏历史概览""印藏文化交流""印度正道论文学的一般特征""印度正道论的藏译""译著评价""印度本土正道论"。作者在"引言"中说，印度正道论著作的藏译，提供了中印古代文化交流的一个例证。"藏人重视印度智慧，因其教诲他们在今生来世获得至福的正道。"[3] 根据季羡林先生的说法，"正道论"似乎应包括印度古代寓言故事集《五卷书》。"在印度，《五卷书》被认为是一部Nitiśāstra，意译是'正道论'。Niti这个字用别的文字来翻译很困难，可以译为'正道'或'世故'或'治理国家的智慧'。总之是一部教人世故和学习

---

[1] D.D.高善必：《印度古代文化与文明史纲》，王树英等译，北京：商务印书馆，1998年，第10页。
[2] D.D.高善必：《印度古代文化与文明史纲》，王树英等译，第11页。
[3] Suniti Kumar Pathak, *The Indian Nītiśāstras in Tibet*, "Introduction," Delhi: Motilal Banarsidass, 1974.

治国安邦术的教科书。它的前提是，人们不避世成为仙人，而是留在人类社会中，用最大的力量获取生命的快乐。"[1]

印度独立后出现了一个新动向，部分学者开始编写中国历史教科书或相关著作。这类书大多存在两个问题：一是作者不懂中文，利用西方学者的英文著作"炒现饭"，没有什么新意，体现的是西方而非印度的中国历史观；二是受冷战气氛感染和中印边境冲突影响，很多学者评价中国当代史缺乏客观和理性，容易走向妖魔化对方的地步。这里略举几例。

1974年，R. S.古普特出版了厚达600多页的《中国现代史：中国的民族主义和共产主义》。书中介绍了老子、孔子、林则徐、毛泽东、蒋介石等历史名人，简略提及李白和杜甫的诗歌及中国古代绘画的特点，并对红军长征、抗日战争、中苏交恶等中国现当代史上发生的重要事件进行点评。作者认为，中印文明的特点影响了中印古代智者对待科学的态度，但两者都无法应对西方的挑战。"他们古老的文化却使其难以有效地应对西方。他们天真地迷信古代智慧与古代文化的优越，只能说明其无力回应西方的挑战。"[2] 这一观点有些道理。作者还认为："蒋介石是能够统领中国抗日的唯一人选。"[3] 这是对中国现代史的无知和误读。涉及中国当代史时，该书作者的偏见暴露无遗。这说明，R. S.古普特的书在向印度学界介绍中国历史的同

---

[1] 季羡林译：《五卷书》，北京：人民文学出版社，2001年，第393页。
[2] R. S. Gupte, *History of Modern China: Nationalism and Communism in China*, New Delhi: Sterling Publishers, 1974, p. 54.
[3] R. S. Gupte, *History of Modern China: Nationalism and Communism in China*, p. 296.

时，也在某种程度上误导了印度学者。

20世纪80年代中期，印度学界推出了两本中国历史著作，这就是A. K. 辛哈的《中国现代史》和S. 库马尔等人合著的《1839年至1980年的中国现代史》。这两本书侧重介绍中国近代以来的历史，它们对中国历史的评价有了新的起色。A. K. 辛哈在书中认为，中国共产主义是马克思主义的东方化或东方"变异"。A. K. 辛哈还对毛泽东的新民主主义革命道路进行分析。他指出："和马克思主义、列宁主义一样，毛泽东思想教导中国人民如何改变和学习，如何正确地、辩证科学地思考问题。"[1] S. 库马尔等在书中评价了清朝末代皇帝溥仪及其在位时腐朽衰败的清王朝。在他们看来，蒋介石是中国现代史上富有争议的人物。他们认为，和越南共产党领导人胡志明（Ho Chi Minh）一样，毛泽东也属于亚洲最伟大的革命家。二人的贡献在于，他们将马克思主义看作民族解放的工具和发动广大民众投身民族自由斗争的手段。"毛泽东的天才之处是使马克思主义适合于中国实际，或是将马克思主义中国化（Sinifying Marxism）。这是他改变中国命运和中国绝大多数人民观念的最大贡献。"除此之外，毛泽东贡献之二是"他坚信农民是革命力量"[2]。S. 库马尔等人对中国的看法多为负面。[3] 他们对中国的负面印象，显然只有放在中印交恶的特定语境下方可理解。从这两本书的总体内容看，部分印

---

[1] A. K. Singh, *A History of China in Modern Times*, New Delhi: Surjeet Publications, 1984, p.150.
[2] A. K. Singh, *A History of China in Modern Times*, pp.129-130.
[3] Shive Kumar & S. Jain, *History of Modern China (1839—1980)*, New Delhi: S. Chand & Company Ltd., 1985, p.159.

度学者对中国现当代史的评价有了新的起色，如他们对毛泽东的评价开始变得客观，摆脱了此前妖魔化、脸谱化的刻板姿态。但是，由于各种复杂因素，他们对中国当代史和中印关系史的探索还有一个曲折的过程。

印度古代史料严重缺乏，这已成为世界东方学界的一种共识。因此，部分印度学者致力于翻译欧洲东方学家的相关著述，为探讨印度古代史和中印古代文化交流史提供素材。例如，中国唐代的王玄策先后三次出使印度，回国后写了《中天竺国行记》（或称《王玄策西国行传》）一书，可惜已经失传。法国东方学家 S. 列维曾经著书探讨相关史实。印度学者 S. P. 查特吉英译了 S. 列维的《王玄策出使印度》(Les Missions de Wang-Hiuen-Ts'e dans l'Inde) 一书，并于 1967 年在印度出版。[1]

少数印度学者对中国西藏地区的历史文化、风土人情感兴趣，从而出版了有关著述。例如，K. 昌多拉便在书中追溯了中国西藏地区和喜马拉雅一带的风土人情、宗教建筑、贸易历史等。[2] 当然，由于历史的原因，这类书不同程度地存在关于中国领土的认知偏差。

20 世纪 60 至 80 年代，由于中印关系陷入历史低谷，学术交流与人员往来基本陷入停滞状态，许多印度学者如 K. P. 古普塔、白蜜雅、嘉玛希和 M. 莫汉迪等只得远赴欧美特别是美国大学的中国研究机构攻读与中国研究相关的

---

[1] M. Sylvain Levi, *The Mission of Wang Hiuen-Ts'e in India*, Translated by S. P. Chatterji, Calcutta: Indian Geographical Society, 1967.
[2] Khemanand Chandola, *Across the Himalayas through the Ages: A Study of Relations between Central Himalayas and Western Tibet*, New Delhi: Patriot Publishers, 1987.

硕士、博士学位，有的则赴中国港台地区的大学与研究机构研修中国问题或攻读相关学位。这一时期，他们分别写出了各自的中国研究论文，有的及时刊发在《中国述评》和欧美的英文期刊上，如嘉玛希基于博士论文撰写的《后"太平天国"时期的土地所有制变化：江西北部和安徽南部初探》[1]。嘉玛希等人的书出版于1990年后，因此，此处不再介绍其关于中国历史、中印关系史等领域的研究成果。

或许是对语言能力要求更高，中国文学研究基本上不受印度学者重视，相关成果也较为少见。下面以笔者掌握的有限资料做点介绍。

华裔学者谭中及其夫人黄漪淑（Huang I-shu）通晓汉语，自然是介绍和研究中国文学及中印古代文学关系的热心者。事实上也是如此。例如，黄漪淑在《中国述评》1987年第3期发表文章《"变文"：接受印度影响的中国文类》，就变文的发生、发展及其印度文化因素进行了深入探讨。[2]

进入80年代以来，印度学界对于中国现代文学的研究有了新的起色。例如，尼赫鲁大学的达雅万迪（Dayawanti）研究以《家》《春》《秋》"激流三部曲"蜚声中外文坛的现代著名作家巴金并取得了成果。还有印度学者对其他中国现代作家进行专题研究。不过，印度汉学界倾心研究的现

---

[1] Kamal Sheel, "Post-Taiping Change in Land Tenure: A Preliminary Investigation of Northern Jiangxi and Southern Anhui," *China Report*, Vol. 21, No. 6, 1985, pp. 459–471.

[2] Huang I-shu, " 'Bianwen': A Genre of Chinese Literature with Indian Influence," *China Report*, Vol. 23, No. 3, 1987, pp. 287–298.

代著名作家是鲁迅。

鲁迅研究历来是印度学者的一大热点和重点。例如，1981年11月9日至11日，尼赫鲁大学举行纪念鲁迅诞生100周年学术研讨会。此次会议论文后来结集，成为《中国述评》1982年第2至3合期的"鲁迅特刊：文学、社会与革命"。担任该期主编的是潘翠霞。这是印度学者关于鲁迅研究成果的首次集中展示。该期特刊共计122页，包括谭中、K. S. 穆尔提（K. Satchidananda Murty）、M. 拉瓦特、谈玉妮、H. K. 古普塔、黄漪淑、潘翠霞、J. 玛马克和 N. M. 潘克吉等人的9篇论文，还包括潘翠霞的"引言"和G. 乔希的一篇书评，评价对象是 M. 潘迪等人于1982年主编出版的印地语著作《鲁迅的遗产》（*Lu Xun ki Virasat*）。他们的论文涉及对鲁迅代表作如《阿Q正传》《狂人日记》和《伤逝》的评价、鲁迅与日本的关系、鲁迅与外国文化的影响、鲁迅的政治思想、鲁迅的杂文、鲁迅与文化革命、毛泽东对鲁迅的评价等诸多议题。其中，谭中和谈玉妮等人的相关评价值得重视。例如，谈玉妮在论述鲁迅受外国文化影响时说，鲁迅是独特的这一个。他的思想接近于马克思主义立场，但又不全然如此。"鲁迅的生活态度从根本上说是个人主义，正是这一点足以将他与真正的马克思主义者区分开来。鲁迅的文学理念（literary mind）是包罗万象的（universalized），但他过去一直是、将来也仍旧是鲁迅自己。"[1] 谭中对鲁迅的代表作《阿Q正传》等进行了

---

[1] Patricia Uberoi, ed., "Special Number on Lu Xun: Literature, Society and Revolution," *China Report*, Vol. 18, No. 2 & 3, 1982, p. 67.

分析，并重点探讨了鲁迅与李立三、李大钊等共产党人的思想联系，但其重点是毛泽东和周扬等对鲁迅的评价及鲁迅本人的思想性格。谭中认为，鲁迅与毛泽东的相似点在于，两人都是"硬骨头"性格。因此，鲁迅塑造的人物形象在某种程度上反映了毛泽东的思想理念，因此为后者所欣赏。[1] 对于某些关于鲁迅的评价，谭中坦率地发表了自己的观点："就开展中国的鲁迅研究而言，三个'伟大'和一个'方向'却变成了障碍。就鲁迅的形象而言，它们形成一种虚假的模式。这束缚了人们的新思维，助长其评价鲁迅时的主观臆断，如'神化''拔高'和'掩饰'……为了避免对鲁迅进行刻板定型的研究，人们必须不带成见地评价他。"[2] 对于某些学者将鲁迅比作堂吉诃德，谭中认为不无道理，但他又说："鲁迅同太多的人发生论战，这种方式某种程度上近似于堂吉诃德……但鲁迅与堂吉诃德之间有一个根本的区别，即鲁迅没有自欺欺人。"[3] 从这些论述来看，谭中的鲁迅研究特色明显。

潘翠霞在《中国述评》1968年第5期上载文《毛泽东主义文学原理的基本要素》，从毛泽东1942年5月发表的《在延安文艺座谈会上的讲话》切入，探讨了讲话的历史背景、延安文艺座谈会的目的、毛泽东关于文艺创作的基本

---

[1] Patricia Uberoi, ed., "Special Number on Lu Xun: Literature, Society and Revolution," *China Report*, Vol.18, No.2 & 3, 1982, p.15.
[2] Patricia Uberoi, ed., "Special Number on Lu Xun: Literature, Society and Revolution," *China Report*, Vol.18, No.2 & 3, 1982, p.19.
[3] Patricia Uberoi, ed., "Special Number on Lu Xun: Literature, Society and Revolution," *China Report*, Vol.18, No.2 & 3, 1982, p.24.

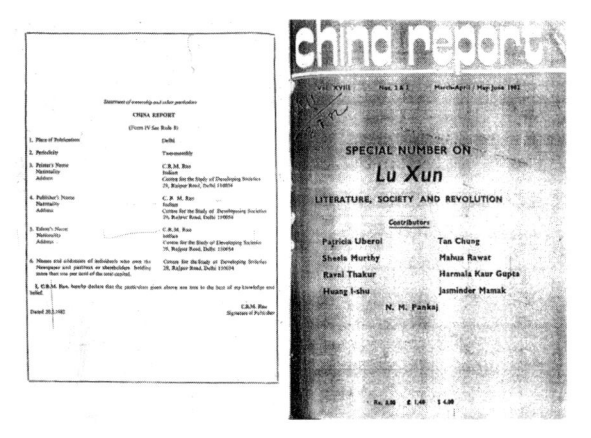

图19 《中国述评》1982年"鲁迅特刊:文学、社会与革命"封面(原刊物存德里大学图书馆)

图20 《中国述评》1982年"鲁迅特刊:文学、社会与革命"目录

观点等。[1] 这是较为少见的探讨毛泽东文艺理论思想的文章。由于当时的历史语境所限，潘翠霞对毛泽东文艺思想存在不少误读。

1965 年至 1988 年，就中国古代、现代文学的翻译而言，除谭中的相关译文外，印度汉学界的英译乏善可陈。不过，值得注意的是，那济世、马尼克（Manik Bhattacharya）、邵葆丽等少数汉学家将鲁迅等人的作品分别译为奥里亚语和孟加拉语等印度现代语言。[2] 限于语言解读能力和资料所限，印度学者的这些成果只能留待通晓相关语言的其他学者来日介绍和探索。

K. S. 穆尔提是为数甚少的研究中国宗教哲学的印度学者。他曾数次应邀访华，在中国人民大学、中国社会科学院等发表过学术演讲，与季羡林、黄心川等中国学者有过接触。他在 1976 年出版了涉及中国哲学的著作《远东哲学》（*Far Eastern Philosophy*）。K. S. 穆尔提在书中进行了中印古代哲学比较。在他看来，《易经》哲学的玄妙境界与印度的吠陀哲学和《奥义书》思想是相似的。[3] 他认为，佛教进入中国后，中国人的世界观的确发生了改变。佛教也开始中国化，禅宗是这方面的一个极好例子。他说："菩

---

[1] Patricia Uberoi, "The Essentials of Maoist Literary Doctrine," *China Report*, Vol. 4, No. 5, 1968, pp. 2-9.
[2] 2011 年 11 月，笔者在印度瓦拉纳西的贝拿勒斯印度大学（BHU）开会时，幸会那济世先生。他向笔者展示了自己多年前出版的关于鲁迅作品的奥里亚语译本。据悉，其他学者如马尼克、邵葆丽、莫普德等皆有关于中国文学作品的孟加拉语译文。
[3] K. Satchidananda Murty, *Far Eastern Philosophy*, Mysore: University of Mysore, 1976, pp. 35-39.

提达摩的教诲把中国和印度的思想联结和融合在一起。"[1]

就中国哲学与宗教、语言等领域而言，1965年至1988年间的相关研究成果不太多见。这段时期的某些成果，将在后文予以穿插介绍。

## 第二节　谭中

20世纪60至80年代，由于前述各种复杂因素，可以视为印度汉学的低潮期，当然也可视为其力量、底蕴的积聚期。大部分印度学者如嘉玛希、玛妲玉等远涉重洋，跟随西方的中国研究专家或汉学家从事汉学或中国现实问题领域的研究。他们后来成为各自领域的卓有成就者。在此背景下，深得国学真传并将其发扬光大的华裔印度学者谭中（现为美国国籍）可谓一枝独秀。作为谭云山先生的长子，谭中具有中英文表达的双重优势，在中国史研究领域独领风骚。可以说，谭中是20世纪中后期印度汉学界的杰出代表。

谭中，祖籍湖南，1929年生于马来西亚柔佛邦，1931年至1954年在中国长大，先后就读于湖南湘乡陶龛小学、兰田长郡中学初中、国立师范学院附属中学及上海交通大学。1955年到达印度，先后获印度国际大学学士（1957）、德里大学历史学硕士（1962）、历史学博士（1971）等学位。1958年至1959年，任印度国防学院中文讲师，1959年

---

[1] Tan Chung, ed., *Indian Horizons*, Vol. 43, No. 1-2, New Delhi: Indian Council for Cultural Relations, 1994, p.238.

至 1963 年，任印度国防部外国语学校中文讲师，1964 年至 1970 年，任德里大学中文讲师，1971 年至 1978 年任德里大学中文副教授兼中日系（即现在的东亚学系）主任，1978 年至 1994 年任尼赫鲁大学中文教授，其间曾先后担任尼赫鲁大学亚非语文系及东亚语文系主任。他在德里大学、尼赫鲁大学等高校供职近半个世纪，现定居美国芝加哥，为芝加哥大学东亚研究中心访问学者。其代表性成果为中国近代史研究著作《中国与美好的新世界：鸦片战争起源研究（1840—1842）》(China and the Brave New World: A Study of the Origins of the Opium War 1840—42) 和《海神与龙：帝国主义与 19 世纪的中国》 (Triton and Dragon: Studies on Imperialism and Nineteenth Century China)，它们后来成为印度各大学的东亚史教科书。谭中还曾应印度外交部邀请编辑《印度视界》的一期特刊《印度与中国》，主编《跨越喜马拉雅鸿沟：印度寻求理解中国》(Across the Himalayan Gap: An India Quest for Understanding China)、《踏着玄奘的脚印：谭云山与印度》(In the Footsteps of Xuanzang: Tan Yunshan and India)、《段文杰眼中的敦煌艺术》、《谭云山与中印文化交流》等。2004 年，谭中与北京大学耿引曾教授合作出版英文著作《印度与中国：两千年的文明互动与激荡》(India and China: Twenty Centuries of Civilizational Interaction and Vibrations)，该书后来成为"印度文明之科学、哲学与文化历史丛书"(The series of History of Science, Philosophy and Culture in Indian Civilization) 第三卷第六册。该书中文版《印度与中国：两大文明的交往和激荡》于 2006 年由北京商务印书馆出版。迄今为止，谭中不断主编各种著作，参加各种学术活动（包括各种国际学术论坛与会议），并在海内外中英文报刊上先后发表有关中印关系、中印文化交流等领域的论文，显示出强劲的学术活力。

图 21 《中国与美好的新世界：鸦片战争起源研究（1840—1842）》封面（兰婷提供）

图 22 《海神与龙：帝国主义与 19 世纪的中国》封面（黄潇提供）

图 23 《段文杰眼中的敦煌艺术》封面（黄潇提供）

图 24 《跨越喜马拉雅鸿沟：印度寻求理解中国》（2016 版）封面

客观地看，谭中的汉学成就主要出现在 20 世纪 70 年代至 80 年代，90 年代后，他的主要精力被分散到社会活动和组织学术项目等杂务中，其个人独立著述虽未中断，但与严格意义的汉学研究似有某种距离，或不再具有规模性质。

《中国述评》不仅培养了 K. P. 古普塔和嘉玛希等其他学者，也是谭中学术生长的一块宝地。他的很多研究成果都发表于《中国述评》。下面略举几例。

他于 1973 年在该刊发表的论文《评中国中心主义》，或许是他在该刊发表的第一篇英语论文。在文章的开头，谭中大量引述美国汉学家费正清等围绕"天下""中国"等关键词引申的中国历史观，然后进行分析和反驳。谭中揶揄地写道："传统很难消亡。""前帝国时期"的某些概念和术语，仍然活在"中华帝国"的文献中，这便导致某些现代学者心生困惑。"无论出于何种情况，将汉语中的一个夸饰词即'天下'视为中国中心观（sinocentric idiosyncrasy）的一种表现，这不仅是不公正的，也显示出对中国古代政治发展缺乏理解。"[1] 谭中指出，"中国"是一个普通而平常的词语，是一个没有什么动机的专有名词。它与古希腊语中的 Mediterranean（地中海）和印度梵文词 Madhyadesa（中国）类似。"那些坚持认为中国人以'中国'一词命名其国就是犯错的人，至少还欠我们一个解释：如何理解中

---

[1] Tan Chung, "On Sinocentrism: A Critique," *China Report*, Vol. 9, No. 5, 1973, p. 46.

国知识分子关于'中'这个表示各方领土的词的各种用法?"[1] 这是开启谭中治学方向之一的一篇论文,字里行间透露出作者对中国历史文化和国家形象的有力辩护,故土情结和文化乡愁非常浓烈。

谭中在《中国述评》1978年第2期发文《1840年至1842年鸦片战争与中英冲突》,对鸦片战争性质进行定义。他在《中国述评》1978年第3期载文《追求太平梦的中国农民战争:1850年至1864年》,对中国近代史上的太平天国起义进行分析。[2]《中国述评》1978年第4期载文《论鸦片战争》,谭中和A.密特拉在文中对当年该刊第2期发表的谭中论文进行切磋和对话。[3]

谭中在该刊1985年第6期发文《中国敦煌与吐鲁番学会1985年乌鲁木齐会议报告》,向印度学界介绍了该次会议的详细情况,使印度学界得以了解中国的敦煌学最新进展。[4]

谭中在该刊1985年第1期发文《中国文学的印度形象历史回顾》,梳理了中国古代诗歌等文学作品中的印度形象塑造史。[5]

---

[1] Tan Chung, "On Sinocentrism: A Critique," *China Report*, Vol. 9, No. 5, 1973, p. 50.

[2] Tan Chung, "Chinese Peasant War for Taiping Dreams: 1850 – 1864," *China Report*, Vol. 14, No. 3, 1978, pp. 8 – 39.

[3] Ashok Mitra, Tan Chung, "On the Opium War," *China Report*, Vol. 14, No. 4, 1978, pp. 94 – 99.

[4] Tan Chung, "A Report on the 1985 Conference of the Chinese Association of Dunhuang and Turfan Studies at Urumqi," *China Report*, Vol. 21, No. 6, 1985, pp. 503 – 507.

[5] Tan Chung, "Indian Images in Chinese Literature: A Historical Survey," *China Report*, Vol. 21, No. 1, 1985, pp. 51 – 64.

该刊 1986 年第 1 期发文《中国文学中的印度形象》，其内容包括哈拉普拉萨德·雷易与那罗纳罗延·达斯二人对谭中 1985 年文章的商榷以及谭中的回应。[1]

谭中在该刊 1986 年第 2 期发文《印度的汉语教学》，对印度汉语教学的时代背景、内容、方法等进行了充分的论证。[2]

1988 年，谭中在《中国述评》上发表文章《中国：M. N. 罗易的"失乐园"》，评述 20 世纪 20 年代后期来华的共产国际代表罗易。[3] 谭中认为，罗易来华的重要意义丝毫不逊于历史上的鸠摩罗什和尼赫鲁派来中国的五人医疗队。罗易是一个被误读的政治家。在谭中看来，因为斯大林和共产国际对于中国问题的决策失误，罗易来华使命必然失败。但是，全面分析罗易会发现，他对现代中国而言，不仅是一位历史舞台上的演员，还是一位重要的评论家和纪事者。他保存了很多珍贵的中国共产党历史资料，他是研究现代中国的重要史学家，也是一生同情中国的朋友。罗易的成果后来成为一些印度学者研究中国历史的重要参考，他们直接引用罗易的观点为自己立论。[4] 1937 年 12 月 26 日，罗易在印度发表文章《中国在燃烧》，强烈谴责日本侵略中国，同情中国人民，支持中国抗日战争。谭

---

[1] Harprasad Ray, N. Das, Tan Chung, "Discussion: Indian Images in Chinese Literature," *China Report*, Vol. 22, No. 1, 1986, pp. 45–60.
[2] Tan Chung, "Teaching Chinese Language in India," *China Report*, Vol. 22, No. 2, 1986, pp. 163–194.
[3] Tan Chung, "China: M. N. Roy's Paradise Lost," *China Report*, Vol. 24, No. 1, 1988, pp. 1–42.
[4] A. K. Singh, *A History of China in Modern Times*, New Delhi: Surjeet Publications, 1984, p. 32.

中认为："某种程度上，罗易和中国互相铸造对方。没有中国体验，罗易的传奇生涯会缺少光彩和意义；没有罗易，中国现代史会缺失一些意义和内容。"[1] 翻阅一些中国现代史著作，发现罗易的名字在其间只是蜻蜓点水地一带而过。谭中从中印友好交往角度出发，对罗易进行严谨的重新审视，将许多埋藏在地表下的历史挖掘出来，还罗易一个真面目，还中国现代史一个真貌。

谭中在该刊 1992 年第 2 期发文《中印跨文化的内化：敦煌视觉传统》，介绍和分析了敦煌艺术及其所负载的中印古代文明互动信息。[2]

除了《中国述评》，谭中还在其他地方发表相关论文。例如，他在美国汉学杂志《清史问题》（*Ch'ing-Shih Wen-T'i*）上发表过研究鸦片战争的论文《1840 至 1842 年鸦片战争阐释之评论》。[3] 他在《中国文学中的古代印度》中认为，古代中国翻译的佛经文学也是中国文学的一部分，其中也有中国人对印度亦真亦幻的印象记录。他说："如果我们能将这些真实成分进行提炼，就会获得有关印度的许

---

[1] Tan Chung, "China: M. N. Roy's Paradise Lost," *China Report*, Vol. 24, No. 1, 1988, p. 42.
[2] Tan Chung, "Sino-Indian Intercultural Internalisation: An Aspect of the Dunhuang Visual Tradition," *China Report*, Vol. 28, No. 2, 1992, pp. 93-112.
[3] Tan Chung, "Interpretations of the Opium War (1840 - 1842): A Critical Appraisal," in *Ch'ing-Shih Wen-T'I*, Vol. 3, Supplement 1, 1977, pp. 32-46. 根据网络资源查询可知，《清史问题》（*Ch'ing-Shih Wen-T'i*）专门研究清代历史，它创刊于 1965 年 5 月，几乎与印度的《中国通讯》同时创刊。《清史问题》起初是美国清史研究会（Society for Qing Studies）的内部通讯，由芮玛丽（Mary Wright）创立，1969 年成为正式出版物。1979 年起，该刊于每年 6 月、12 月固定出版，成为半年刊。1985 年，该刊更名为《帝制晚期中国》（Late Imperial China）。该刊现由霍普金斯大学出版社出版。

多信息。"但是,这有一个前提:必须花大力气将汉译佛经回译为印度语言。[1] 谭中的另一篇文章《中国小说发展中的印度文化因素》探索中国古代小说的成长道路,以及印度文化因素在这一过程中发挥的重要作用。在谭中看来,"中国必须感激印度文化使得她赢得这一殊荣"。但矛盾的是,印度文明并未给现代印度小说家留下可以在创作时借鉴利用的小说创作传统。他认为,中印文学发展史上的这一复杂现象的学术原因值得中印学者继续探讨。[2]

接下来对谭中的两部史学著作进行简介。

1978年即谭云山先生逝世5年前,谭中出版基于博士论文修改而成的史学著作《中国与美好的新世界:鸦片战争起源研究(1840—1842)》(下文简称《新世界》)。8年以后,他又推出一部长达640页的论文集《海神与龙:帝国主义与19世纪的中国》(下文简称《海神》)。此二书被印度各大学采用为中国历史的基本教材。

谭中以"brave new world"即"美好新世界"一词为自己的书命名,其中蕴含玄机。[3] 根据周宁先生的研究可知,美国的社会主义者尼尔伦夫妇于1958年初来到中国,正赶上大跃进时代,他们遂将自己的游记命名为《美好新世界》(*Brave New World*),这也是英国作家A.赫胥黎的乌

---

[1] Tan Chung, "Ancient India in Chinese Literature," Abhai Maurya, ed., *India and World Literature*, New Delhi: Indian Council for Cultural Relations, 1990, pp. 239-245.
[2] Tan Chung, "The Indian Cultural Factor in the Development of Chinese Fiction," Amiya Dev & Sisir Kumar Das, eds., *Comparative Literature: Theory and Practice*, Shimla: Indian Institute of Advanced Study, 1989, pp. 159-188.
[3] 有趣的是,谭中在著述中多次将"brave new world"译为"勇敢新世界"而非其义"美好新世界"。这或许是一种刻意的误译。

托邦小说的标题。此时，中国形象在这些西方人的眼中，成了历史进步的标志。"此时中国已远不是一个满足某种异国情调想象的美学化的乌托邦，它明确地出现在西方社会政治期待中，甚至成为西方社会需要学习的具有严肃意义的榜样，一个'现实的乌托邦'……红色中国是一个'美好新世界'，它的意义不在自身，而在对西方人的启示。"[1] 20世纪50年代，百废待兴中的印度也处于寻找"美好新世界"以启迪国家建设方略的关键时期，他们把目光投向了中国。谭中在书中将殖民主义势力的典型代表大英帝国命名为"brave new world"，其讽刺和批判的锋芒非常犀利。鸦片战争是中国史学界与西方汉学界的研究重点之一，谭中对此充满了强烈的探索兴趣。

《新世界》除"序言"和"结语"外，正文分为8章（第八章为"结语"），其中第一至第七章的主题依次为"学术争论""历史真实与荒唐理论""满洲的政策与中英贸易""大英帝国在华贸易利益""中英冲突与冲突升级""英国进犯与中国受害""反鸦片战争与镇压反鸦片战争"。

谭中在《新世界》一书开头即引出西方学者J. Q. 亚当斯的观点。J. Q. 亚当斯认为，鸦片战争的起因是傲慢自负的中国皇帝坚持主张来华西人必须磕头觐见，这场战争是一场文化战争。谭中通过研究得出结论："鸦片战争既非文化战争也非贸易战争。战争是国家之间不可调和的社会经

---

[1] 周宁：《天朝遥远：西方的中国形象研究》（上卷），北京：北京大学出版社，2006年，第262页。

济利益冲突的最终解决方式。"[1] 他还认为，中国对英国所代表的"美好新世界"的伤心体验使人们无法认同文化战争理论。英国在鸦片贸易中利用牺牲中国的方式来填补印度的亏空，中印是英国"殖民统治下的患难兄弟"（colonial twins）。英国在华所作所为有力地驳斥了"文化战争"理论的荒唐。幸运的是，当年鸦片战争中林则徐的遗恨由毛泽东在天安门上的庄严宣告得以弥补："中国人民从此站起来了！"谭中认为，这一举动"结束了中国和'美好新世界'之间长期的激烈冲突"[2]。在书中，谭中还批驳了美国汉学家费正清的"中国中心主义"思想。谭中在书的结尾说："只是在最近的岁月里，我们才看到这个新崛起的中央王国（中国）作为光荣的一员，渐渐融入国际大家庭，与其他国家平起平坐。我们企盼历史不会重复，也不要再去争论中国与外部世界的战争不可避免的问题。"[3]

关于谭中的《新世界》，《中国述评》1978 年第 6 期刊载了简短书评。[4] 书评指出："谭博士的书正如其副标题所显示的那样，引入了一种新的理论研究鸦片战争（1840 年至 1842 年）。这个主题一直催生学术热情，它抛弃马丁（W. A. P. Martin）、莫尔斯（H. B. Morse）和李剑农等学者提倡的'文化战争论'，也拒斥格林伯格（Michael

---

[1] Tan Chung, *China and the Brave New World: A Study of the Origins of the Opium War 1840-42*, New Delhi: Allied Publishers, 1978, p. 222.
[2] Tan Chung, *China and the Brave New World: A Study of the Origins of the Opium War 1840-42*, p. 221.
[3] Tan Chung, *China and the Brave New World: A Study of the Origins of the Opium War 1840-42*, p. 230.
[4] Attar Chand, "China's First Confrontation with the West," *China Report*, Vol. 14, No. 6, 1978, pp. 57-58.

Greenberg)、费正清和张馨保所热衷的'贸易战争论'。谭博士旨在'复兴鸦片战争观',尽管这一视角'具有以鸦片战争为名的传统合法性的长处,但将其确立为合理的学术命题,支撑它的学术成就还远远不够'。"[1] 书评最后写道:"谭中强调英国的鸦片贸易攻势是鸦片战争的主要起因,认为中国和印度是均可视为英国的殖民难兄……这本书在鸦片战争起源背后动机的争论上引入一种新的观点,确实有助于建设性思考与争论。对学者们而言,书末附录的书目提高了书的质量。不过,人们存在这么一种印象:谭博士过于关注驳斥对方的理论,相反,他应该阐释自己的有效理论。"[2] 客观地看,这一观点有些道理。谭中在书中的反驳甚至讽刺都非常犀利,但在以自己的理论框架支撑自己的论点方面确实显得单薄甚或力不从心。这或许与谭中的治学风格有些关联,这在他后期甚至近期的某些文章、著作中仍然隐约可见。

1986年出版的《海神》由多篇独立文章组合而成,相当于一本论文集。《海神》除"引言"外,其正文分为4篇:"背景介绍"(分为"认识19世纪中国""1771至1840年英中印贸易三角"和"论中国中心主义"等3

---

[1] Attar Chand, "China's First Confrontation with the West," *China Report*, Vol. 14, No. 6, 1978, p. 57. 张馨保(1880—1963)是美国汉学家费正清的弟子,1964年在哈佛大学获得博士学位,其博士论文为《林钦差与鸦片战争》(*Commissioner Lin and the Opium War*),在学界反响甚巨。该书已有中译本面世。(张馨保:《林钦差与鸦片战争》,福州:福建人民出版社,1989年)关于此书及其作者,中国台湾学者有相关评述。参见洪健荣:《近四十年鸦片战争史研究的典范:评述Hsin-Pao Chang(张馨保)》,载《台湾师范大学历史学报》1999年第27期,第195~205页。

[2] Attar Chand, "China's First Confrontation with the West," *China Report*, Vol. 14, No. 6, 1978, p. 58.

章),"帝国主义"(分为"1840至1842年鸦片战争和中英冲突""好土洋泥:英国对华鸦片贸易""不平等条约:蛮横的帝国主义体制""欧洲鹰身女妖吮吸中国肉汁:商业贸易帝国主义个案研究""上帝逃离天朝:19世纪在华传教士""美国门户开放政策与中国"等6章),"农民起义"(分为"1850年至1864年中国农民战争的太平梦""中国农民反叛新解""义和团运动:地球上最勇敢的拳击""中国群众反叛的佛教动因:1900年义和团起义研究"等4章),"改良:1898年改良者通往现代化的非暴力之路"。书中的"美国门户开放政策与中国"一章为 D. N. 古普塔所撰,其他文章全部为谭中独撰。

该书的一些文章曾经先后发表于《中国述评》。谭中在书中对英国历史学家汤因比和美国汉学家费正清的中国历史观亦即中国形象建构给予犀利的解构。两位西方学者认为,近代以来中国与西方的接触可以用"挑战与反应"的模式来解释。这影响了很多西方学者的中国观。对此谭中认为,不能否认西方给予中国的重要影响。问题的关键在于,我们是将中国视为人类发展进程不可分割的一部分,还是将其视为现代世界迥异于西方文明的一条支流。事实上,不能将中国与西方视为停滞与发展的对立双方。停滞与发展互相依存,影响与给予是相互的。尽管19世纪的中国处于接受外来影响的地位,但它也在改变着西方的发展进程。因此,谭中断言:"费正清学派的最大缺陷是将中国装进一个与世界发展相隔绝的密封舱里……中国同样受到影响其他国家发展的内外动力的影响。将中国视为完全的异类是反历史的。"[1] 谭中认为,应该与那种将中国与西方历史分为古典传统和现代转化时期的"费正清模式"决裂。挑战与反应模式甚至为许多中国历史学家不同程度所接受。论者指出,从二战结束到20世纪60年代,美国的中国研究大致受三个模式的支配,分别是"冲击与回应"模式、"传统与现代"模式、"帝国主义"模式。[2] 三个模式中,第一个侧重研究中国政治史,第二个侧重研究中国思想史,第三个侧重研究中国经济史。尽管这三个模式有所区别,但它们又有一些共同点:它们都没有摆脱19世纪已经形成的"西方中心论"视角下的中国观影响,认为中国社会是"停滞"的,只有用西方的社会发展模式进行改造,才可实现中国的近代化(或曰现代化);它们把文化与价值观念的差异视为中国与西方国家之间的冲突根源;费正清等美国汉学家均采用西方的尺度,判断何为"停滞"社会或有生命力的社会,何为传统或近代。这样,三个模式都排除了以中国为中心,从中国内部观察中国近代史的可能性。"用上述三种模式来研究中国历史的方法之所以在20世纪50—60年代盛极一时,是与当时的时代氛围密切相关的。第二次世界大战以后,美国在国际事务中的影响不断扩大。在部分美国知识阶层的意识形态中,西方价值观念的优越感空前膨胀。中国革命的成功无疑成为美国政府必须正视的新问题。如何使中国重新纳入西方世界的轨道,成为美国统治阶层对华决策的基础,而上述三种

---

[1] Tan Chung, *Triton and Dragon*: *Studies on Imperialism and Nineteenth Century China*, New Delhi: Gian Publishing House, 1986.
[2] 张西平主编,李雪涛副主编:《西方汉学十六讲》,第386页。

模式在客观上恰恰迎合了美国决策者对华战略思想的需要。"[1]

由此可见，谭中凭借一双"中国之眼"，在中国内部发现历史，从而挑战了阐释中国历史的西方模式或曰美国模式，实际上也就还原了中国历史的本貌。循着上述思想逻辑，谭中对马克思关于中国历史的分析提出疑问。他还对近代史上闹得沸沸扬扬的1793年马戛尔尼（George Macartney，1737—1806）来华事件做出回应。在他看来，乾隆皇帝的表现证明："从来没有哪个中国皇帝对一个外国使节如此重视。"乾隆对英国人已尽义务和地主之谊，但西方人却用西方文化模式来理解东方文化，而非适应东方礼仪。谭中还说："中国人也许已成为欺骗的牺牲品。但是他们从未像其他人那样，满世界担负起'白人的负担'。"[2]谭中认为，许多西方人嗅出了中国文化中的中国中心主义（Sino-centrism）气息，但欧洲中心主义作为一种历史现象更是不能忽视。中国中心主义论者是用静止而非互动观点去看待中国文化。相反，某些西方学者如贡德·弗兰克（Gunder Frank）在中国历史深处发现了欠发达条件下的经济发展模式，这是一种正确的学术姿态。谭中还认为，太平天国革命具有毛泽东式的意识形态胚胎，是中国传统文化的产物。这一革命和中国的共产主义运动存在异同点。

比较而言，谭中与其父谭云山在中国历史研究上存在一些差异。谭云山主要涉及中国古代历史，而谭中更倾心

---

[1] 张西平主编，李雪涛副主编：《西方汉学十六讲》，第388页。
[2] Tan Chung, *Triton and Dragon*, p. 108.

于中国近现代史研究,且其范围更为广阔。谭云山大多是启蒙性地介绍,间或提出自己的创见,而谭中更加注重从历史资料和前人观点出发,尝试创新。

2006年,谭中与耿引曾合著的《印度与中国:两大文明的交往和激荡》在中国出版,该书英文版在印度面世。谭中在书中说:"我个人认为,本书的几十万字中,分量最重的就是'中印合璧'这四个字。我差不多使尽了所有分析能力与智慧才把这四个字的分量开发出来。"[1] 的确如此。谭中在书中以佛教为出发点,尽力阐释古代中印文化联系或曰印度佛教影响中国文化的蛛丝马迹,以建构中印文化合璧的历史图景。

再对谭中主编的几本代表性著作做点介绍。

1994年,在中印关系发展进入正常化阶段时,谭中应印度文化关系委员会之邀主编了一期《印度视界》。他邀请了中印著名专家学者撰稿,还刊登了泰戈尔、尼赫鲁、季羡林、袁水拍等人的文章或诗歌。该期杂志设《泰戈尔与中国》《尼赫鲁与中国》《谭云山与中国》《亚洲巨人们的未来》和《理解对方》等十多个专栏,充分展示了谭中的一个设想,即通过文化对话达到中印心灵交流的理想局面。一些印度学者或政界人士在这里畅所欲言,或追忆自己的中国经历,或纵论老子《道德经》与印度《奥义书》哲学的相似点,或畅谈中国人的性格爱好,或描摹中国的风土人情与经济发展。一些学者如 D. 巴纳吉和 M. 约西等

---

[1] 谭中、耿引曾:《印度与中国:两大文明的交往与激荡》,北京:商务印书馆,2006年,第521页。

人对邓小平的"亚洲世纪"说做出了热烈回应。D. 巴纳吉认为，中印应该在边界问题解决、武器研制与生产、开发"南方丝绸之路"（即从四川成都市经云南、缅甸、印度阿萨姆、孟加拉国再到西孟加拉邦）和建立泛亚太安全体系等方面进行战略合作。D. 巴纳吉说："当两个主要大国能解决彼此间问题并进行区域合作时，整个亚洲的和平稳定才能得到保障。只有这样，'亚洲世纪'才能完全实现。"[1]

1998 年，谭中主编的大型论文集《跨越喜马拉雅鸿沟：印度寻求理解中国》出版，2016 年该书由原出版社即英迪拉·甘地国家艺术中心（Indira Gandhi National Centre for the Arts，IGNCA）重印。该书 550 多页，它将视野延伸到历史、哲学、政治、经济、军事、外交安全、中印关系、教育、妇女、艺术等多个领域，由印度各个领域的汉学家或中国问题专家撰稿，也刊登了一些政治家和外交官的文章或回忆录，作者达 50 人之多。它似乎显示印度学界在中印试图理解对方方面已走在中国同行的前边。尼赫鲁大学国际关系学院的苏吉特·曼辛格（Surjit Mansingh）在《理解中国的重要性》一文中叙述了印度必须理解中国的五个理由：中国文明历史悠久，21 世纪中国影响世界局势的重要潜力；中国是印度最大的邻居；中国在过去 20 年间创造了惊人的外交和经济发展成就；印度官方和印度中国研究所（Institute of Chinese Studies，ICS）等智库已经意识到支持中国研究的重要性并有所动作；印中

---

[1] Tan Chung, ed., *Indian Horizons*, Vol. 43, No. 1–2, p. 341.

合作可以创造更多的就业机会。[1] 该书关于文化艺术的 8 篇文章标题依次为《印度与中国（中亚）艺术中的本生画》（作者为 M. C. Joshi 与 Radha Banerjee）、《印度与中国的内外联系》（作者为 Lokesh Chandra）、《情定中国艺术》（作者为 M. N. Deshpande）、《文化联系的图像》（作者为 D. C. Bhattacharyya）、《中国佛教艺术中的文化融合》（作者为 Arputharani Sengupta）、《新疆艺术的新启迪》（作者为 Priyatosh Banerjee）、《源自观世音的慈悲女神的塑造》（作者为 Bagyalakshmi）、《摩尼教对中国文化艺术的影响》（作者为 Radha Banerjee）。该书关于历史与文学的 9 篇文章标题依次为《有争议的客人：泰戈尔 1924 年访华》（作者为 Sisir Kumar Das）、《泰戈尔对中国新诗的启迪》（作者为谭中）、《考底利耶与孙子：古代印度与中国的战略思想》（作者为戴辛格）、《〈政事论〉与〈孙子兵法〉》（作者为 V. R. Ragavan）、《一位作家的辉煌高度：我之鲁迅观》（作者为马尼克）、《1976 年至 1989 年中国文学再迎百花齐放》（作者为邵葆丽）、《毛泽东的愿景：中国、世界与印度》（作者为白蜜雅）、《回忆尼赫鲁岁月》（作者为戴辛格）、《回忆四十年前印度对中国农业的考察》（作者为 S. K. Bhutani）。

进入 21 世纪后，谭中主编各种著作的热情不减。2006 年，张敏秋主编的《跨越喜马拉雅障碍：中国寻求了解印度》在重庆出版社出版。这本书的出版无疑受益于谭中在

---

[1] Tan Chung, ed., *Across the Himalayan Gap*: *An Indian Quest for Understanding China*, New Delhi: Gyan Publishing House, 1998, pp. 541–546.

印度的示范。他本人也非常支持该书的出版，并为该书撰稿。谭中及其印度弟子谈玉妮约请各方人士和部分中方作者，将张敏秋主编该书的部分论文译为英语，再加上其他部分中国学者的论文英译，于2013年在印度推出英文版。这就是谭中、张敏秋和谈玉妮合编的英文版《跨越喜马拉雅障碍：中国寻求了解印度》。[1] 如此说来，1998年初版并于2016年重印的英文版《跨越喜马拉雅鸿沟：印度寻求理解中国》迄今尚无汉译，不能不说是一大遗憾。

"中印大同"是谭中近年来坚持呼吁和努力实践的一个文化对话理念。2007年4月底，深圳大学举办"中国印度关系国际研讨会"，并举行谭中主编的《中印大同：理想与实现》一书的首发式。谭中在书中说："这本书所代表的不只是出书，而是掀起一个学术运动，要把'CHINDIA/中印大同'的理想推向政治，推向国际关系领域。"[2] 谭中的印度学生谈玉妮无比乐观地预测道："从这种迹象来看，我们的'CHINDIA/中印大同'进行时已经有了一个很好的开始。假以时日，必然会变成两国人民，甚至世界人民的共识。"[3] "中印大同"思想虽然在印度国内响应者寥寥无几，但其倡导者的初衷是美好的，也曾经赢得许多中国学者的赞赏。虽然当前中印关系再次遭遇复杂的跌宕起伏，但也无法否认"中印大同"思想所蕴含的特定的时代意义。

---

[1] Tan Chung, Zhang Minqiu and Ravni Thakur, eds., *Across the Himalayan Gap: A Chinese Quest for Understanding India*, New Delhi: Konark Publishers, 2013.
[2] 谭中主编：《中印大同：理想与实现》，银川：宁夏人民出版社，2007年，第2页。
[3] 谭中主编：《中印大同：理想与实现》，第90页。

2009年到2012年,印度、美国、中国、新加坡等国举办了多次泰戈尔国际学术研讨会纪念其150周年诞辰。在这种学术背景下,谭中、王邦维等4位中印学者合编的中英双语版《泰戈尔与中国》先后在北京和新德里出版发行。正文包括《泰戈尔的"伟大中国之行"》《泰戈尔的中印大同理想》《泰戈尔的中国兄弟》《泰戈尔论亚洲》《泰戈尔与中国文学的共鸣》等篇目。谭中在书中指出:"我顺便指出,徐志摩和泰戈尔都是被自己的国人有所误解的。因为泰戈尔的地位更高,他在印度被误解的程度超过徐志摩在中国被人误解的程度。因此,强调这次访问是由泰戈尔与徐志摩所代表的中印文明交流具有重要意义。"[1]

谭中热心主编上述著作,的确有经世致用的考虑。位于新德里的英迪拉·甘地国家艺术中心主管人瓦赞嫣(Kapila Vatsyayan)女士在1990年访问敦煌时,曾对时任敦煌研究院院长的段文杰先生说:"印度和中国过去一直是通过西方去寻求对彼此的认识与了解,现在我们应该面对面来直接了解彼此了。"[2] 在以学术研究响应"面对面直接了解彼此"这一点上,谭中走在所有中印学者前边。通过组织各种研讨会、主编和出版论文集的方式,他不断推进中印相互理解的跨世纪伟业。就此而言,这些重要的工作也是其汉学研究的必然延伸。

---

[1] 王邦维、谭中主编:《泰戈尔与中国》,北京:中央编译出版社,2010年,第91页。
[2] 张敏秋主编:《跨越喜马拉雅障碍:中国寻求了解印度》,重庆:重庆出版社,2006年,第2页。

## 第三节 泰无量

20世纪60年代至70年代，印度出版的中国文学研究著作非常罕见。例外的是，印度大作家泰戈尔的曾侄孙泰无量（1922—2021）[1]研究了"五四运动"以后中国文学的不同流派，并在日本出版了研究成果《中国现代文学（1918—1937）的论战》。泰无量还把《道德经》译为孟加拉语。印度国际大学中国学院教授那济世在为《中印文化交流百科全书》撰写有关泰无量的条目时指出，他是"印

---

[1] 2021年7月3日上午，笔者通过微信联系印度朋友即国际大学中国学院院长阿维杰特·巴纳吉教授，获悉泰无量先生当年早些时候（具体时间待确认）仙逝，享年99岁。根据中国驻加尔各答总领事馆的相关报道，2016年4月19日，时任总领事马占武先生（2015年9月至2018年10月在任）登门拜访泰无量先生。该报道这样写道："2016年4月19日，中国驻加尔各答总领事马占武拜访泰戈尔家族后人、印度早期汉学家阿米坦德拉纳特·泰戈尔（Amitendranath Tagore），并与其亲切交谈。总领馆李素云领事、陈安恺领事随员以及印度摄影家马拉·穆克吉夫妇等在座……他用流利的中文热情欢迎马总领事一行到访，并满怀深情地回忆起对诗人泰戈尔的印象、在和平乡国际大学中国学院学习中文以及前往北京大学留学的经历。老先生还兴致盎然地介绍了家中悬挂的一张他受到周恩来总理接见的照片，展示了他撰写的有关中国文学的著作以及他所翻译的中国诗歌作品。他还介绍说，他本人是诗人泰戈尔的曾侄孙，他的祖父是诗人泰戈尔的侄子，也是印度著名画家。他曾在美国密歇根州奥克兰大学现代语言文学系教授中国语言文化，长达23年之久……马总领事表示，诗人泰戈尔为中印友谊和两国文化交流做出重要贡献，中国总领馆将于5月7日为纪念其诞辰155周年在加尔各答举行'泰戈尔与中国'专题研讨会，邀请阿米坦德拉纳特·泰戈尔老先生出席。对方欣然接受邀请，并对中国总领馆举办这一活动表示赞赏。马总领事还称赞阿米坦德拉纳特·泰戈尔老先生为传播中国语言文化所做贡献，希望其与中国总领馆保持联系。对方感谢马总领事一行登门拜访，表示很高兴与总领馆建立关系，希望马总领事等经常过来做客。"中国驻加尔各答总领馆：《驻加尔各答总领事马占武拜访泰戈尔家族后人》，参见中国领事服务网2016年4月20日。

度中国现代文学研究学者"[1]。中国学者陈漱渝指出："据我所知，在中国现代文学研究史上，最早涉及文学论争的学术专著是李何林先生1938年出版的《近二十年中国文艺思潮论》。在这部书的影响下，国外也出了几部类似的著作，如印度诗人泰戈尔侄孙阿米吞德拉纳施·泰戈尔的《1918—1937年间中国文艺论争》，美国梅尔·戈德曼的《共产主义中国的文学歧见》。"[2]

泰无量在《中国现代文学（1918—1937）的论战》一书的扉页上写到，该书的原型是1962年提交给印度国际大学的博士论文，原来的题目是 Left-wing Literary Debates in Modern China (1918-1937)。扉页的题献是 Dedicated to my grandfather Abanindranath Tagore (1871-1951), who taught modern India the meaning of "art"。他在"序言"里写道："本研究所需基本资料，是我在北京大学的导师赵燕声先生有力指导下，在北京收集的。1947年至1950年，作为印

---

[1] 中印联合编审委员会编：《中印文化交流百科全书》（详编下），那济世撰，乔安全译，第501页；中印联合编审委员会编：《中印文化交流百科全书》（详编下），那济世撰，乔安全译，第649页。该书相关条目是："（泰无量）在汉学研究领域的代表作有《1918—1936现代中国的文学论战》和《道德经》的孟加拉语译本。"这里的书名《1918—1936现代中国的文学论战》有误，对照英文原著封面可知，应为《1918—1937现代中国的文学论战》。显然，这是原作者笔误或记忆偏差所致。

[2] 刘炎生：《中国现代文学论争史》，广州：广东人民出版社，1999年，第7页。根据泰无量著作第244页附录的参考文献看，他参考了李何林的三种书，即1929年版《中国文艺论战》（上海北新书局）、1935年版《鲁迅论》（上海北新书局）和1948年版《近二十年中国文艺思潮论》（上海生活书店）。陈先生此处将泰无量误作"泰戈尔之孙"，其实，泰无量的曾祖父为1913年获得诺贝尔文学奖的大诗人泰戈尔的哥哥，泰无量应为泰戈尔的曾侄孙。

度政府的研究学者（Research Scholar），我在北京大学学习。"[1] 他同时感谢北京大学的吴晓铃、沈从文、杨振声以及清华大学的陈梦家和李广田等中国学者给予的指导和帮助。曾于1948年在北京与泰无量见过面的美国宾夕法尼亚大学中文教授D.博德（Derk Bodde）为该书撰写了"前言"。该书分为7章，标题依次为："引言""白话语言文学运动和文学社团的建立（1918年至1928年）""关于革命文学的论战（1928年至1930年）""左翼作家联盟建立的效应（1930年至1934年）""国防文学运动（1935年至1936年）""关于"民族革命战争的大众文学"口号的争议（1936年至1937年）""后记"。泰无量在"序言"开头点出自己的研究旨趣："本研究旨在对1918至1937年间中国发生的重要文学论战进行客观阐释。从引入新的白话文学的最初阶段起，中国作家们按其文学立场分歧明显，其中最重要且多产的当数那些按照马克思主义阐释文学的人。这些作家及其支持者成就了那些激烈的论战。"[2]

泰无量在"引言"部分按照历史发展逻辑，对中国现代文学30年发展历程的头20年（1918年至1937年）概况进行简述。他认为，这20年中，中国大量引进新旧的欧美文学理论，主体承担者是留学外国的中国知识分子。"文学领域向西方寻求导航，主要是因为中国现代知识分子存在自卑情结（inferiority complex），这种情结源自目睹自己

---

[1] Amitendranath Tagore, *Literary Debates in Modern China*：*1918-1937*, Tokyo：The Centre for East Asian Cultural Studies, 1967, p. vii.

[2] Amitendranath Tagore, *Literary Debates in Modern China*：*1918-1937*, p. vii.

引以为豪的祖国在政治、经济和军事上遭到羞辱。毫不意外的是,西方文学理论的输入,并不一定产生希望的效果,因为高喊口号容易,但要遵循它创造作品特别困难。此外,这方面需要记住的最重要一点是,中国的情况与阐述那些理论的西方很不相同。"[1] 泰无量认为,这20年的中国现代文学,是吸收和试验所有西方文学理论、口号和作品的一个时期。中国作家在此过程中,逐渐地成长起来,开始独立行走,但仍保持创作上向西方看齐的习惯心态。[2] 在论及左翼作家时,泰无量的推论是:"人们因此可以说,中国左翼革命文学的形成,早于中国共产党完成真正的政治革命,因为这种提前的胜利,现代中国文学某种程度上成为政治革命的先驱。"[3]

就1917年至1927年的文学论争而言,它涉及胡适等文学革命倡导者与折中派、新文学家与鸳鸯蝴蝶派、新文学家与学衡派、文学研究会与创造社、革命作家与新月派、左翼作家与"自由人"和"第三种人"、"两个口号"等的论争,几乎涉及现代文学所有重要作家。泰无量在该书第二至六章的论述中,大致涉及了上述所有重要的文学论争,但其笔墨分明集中在与左翼作家相关的文学论争上。这说明,泰无量主要从政治视角看待现代中国的文学论战。例如,他在评述左联时指出,左联的成立更多的是一种政治行为而非文学运动,对创作领域的贡献并非其首选。这些文学人士与社会各界一道,极大地帮助了中国共产党。中

---

[1] Amitendranath Tagore, *Literary Debates in Modern China: 1918-1937*, p. 32.
[2] Amitendranath Tagore, *Literary Debates in Modern China: 1918-1937*, p. 33.
[3] Amitendranath Tagore, *Literary Debates in Modern China: 1918-1937*, p. 34.

国现代作家的大量作品唤醒、激励了社会各界对中国革命的热情支持。"因此，与国民党政府相比，在将作家组织在旗帜下这一点上，中国共产党赢得了重要的思想胜利。"[1]所谓"两个口号"的论争，是指1936年以鲁迅和周扬为代表的两派左翼作家围绕"国防文学"和"民族革命战争的大众文学"的两个口号而进行的激烈论争。[2]泰无量对此评述说，"两个口号"的论争暴露了中国现代作家的根本弱点——"渴望控制文学领域的小圈子"。[3]

首先，通观泰无量的著作，其最大的特色在于，作者在论述中运用了大量的中文文献而非英译作品。这在20世纪中期至今的印度学界，可谓难能可贵的典范。但是，如从中国现代文学论争史来看，他在书中略去1937年至1949年的文学论争或论战，又是很大的遗憾。这是因为："（20世纪）40年代由于战争带来历史的大变动、大转折，文艺思潮也随之呈现出纷繁复杂的状况，文学论争比以往更为频繁和激烈。论争难免有文坛宗派的纠纷，或受特定政治因素的左右，甚至有一些负面的影响，但总的来说，还是促进了对一些重大文学问题的探讨，促成了一些批评家的诞生。"[4]这些重要的文学论争包括林冰和郭沫若、茅盾、胡风等人关于"民族形式"问题的论争，周扬和王

---

[1] Amitendranath Tagore, *Literary Debates in Modern China: 1918-1937*, p. 118.
[2] 刘炎生：《中国现代文学论争史》，第392页。
[3] Amitendranath Tagore, *Literary Debates in Modern China: 1918-1937*, p. 211.
[4] 钱理群、温儒敏、吴福辉：《中国现代文学三十年》（修订本），北京：北京大学出版社，2000年，第462页。

实味等关于文艺与政治、生活关系的争论,等等。[1] 例如,王实味的冤案涉及陈伯达、康生等政治人物,远远超出一般的文艺论争范畴,值得深入研究。[2] 其次,泰无量集中阐述中国现代文学论争时,在判断其审美价值时忽略了沈从文等京派作家对中国文学传统的继承,因而出现贬低中国现代文学整体的倾向。实际上,京派小说"整合了传统与现代、雅与俗等各种因素,成为特具中国文化风貌的文学"[3]。京派作家的代表人物沈从文"取的是地域的、民族的文化历史态度……由此,沈从文的作品丰富了(20世纪)30年代中国文学的多样、多元的特征"[4]。

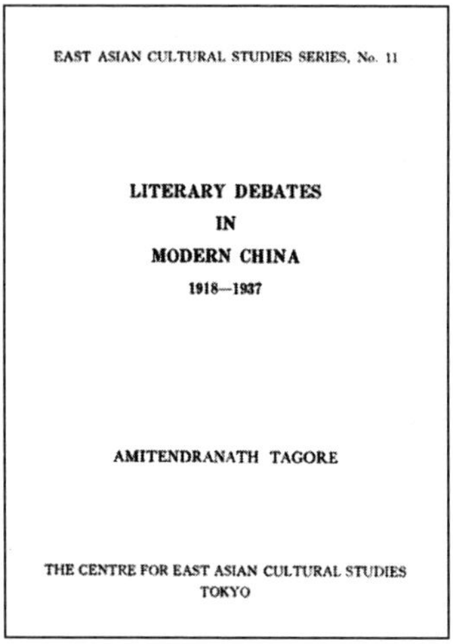

图 25 泰无量著作的扉页

---

[1] 钱理群、温儒敏、吴福辉:《中国现代文学三十年》(修订本),第 462~470 页。
[2] 具体细节,参阅叶永烈:《陈伯达传》,成都:四川人民出版社,2017 年,第 154~167 页。
[3] 钱理群、温儒敏、吴福辉:《中国现代文学三十年》(修订本),第 315 页。
[4] 钱理群、温儒敏、吴福辉:《中国现代文学三十年》(修订本),第 276 页。

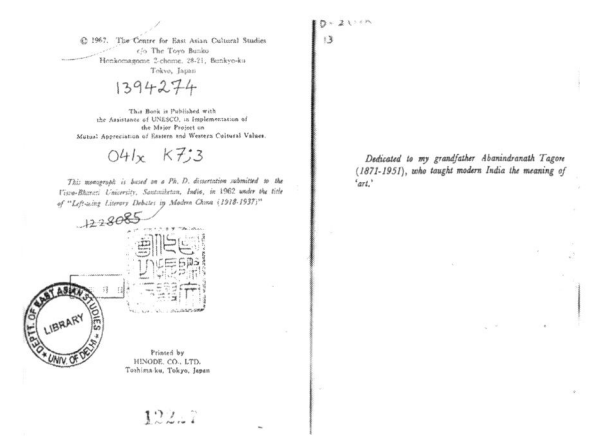

图 26 泰无量著作版权页和他对祖父（即泰戈尔的侄子）的题献

尽管存在一些遗憾，泰无量的选题，无疑具有敏锐的问题意识。这是因为，在中国现代文学发展史上，诸多文学论争的"次数之多，程度之激烈，内容之丰富，实为世界文学发展史罕见……可以认为，回顾中国现代文学论争的历史，是有丰富的内容和经验教训值得总结的。因而，文学论争作为中国现代文学发展过程中的一个突出现象，有必要加以认真的研究和总结"[1]。

## 第四节　兰比尔·婆诃罗

老舍（1899—1966）是中国现代文学史上的著名作家之一，曾经先后创作长篇小说《老张的哲学》（1926）、《猫城记》（1932）、《骆驼祥子》（1936）、《四世同堂》（1944—1948）和话剧《龙须沟》（1951）、《茶馆》（1957）等作品。

---

[1] 刘炎生：《中国现代文学论争史》，第 1 页。

他早年毕业于北京师范学校，1924年赴英国伦敦大学东方学院教授汉语，后回国，历任齐鲁大学和山东大学等校教授。1956年，老舍与茅盾、周扬、叶圣陶、冰心、严文井、叶君健等一道出席在印度新德里召开的第一次亚洲作家会议。老舍对印度社会和文化很感兴趣，其作品《骆驼祥子》被译为印地语。[1] 罕为人知的是，一位印度学者早在20世纪60年代，便在美国哈佛大学写出了研究老舍的专著《老舍与中国革命》（*Lao She and the Chinese Revolution*）。有人称此书"可能是迄今为止最为详尽的研究老舍的专著"[2]。此书作者便是《中印文化交流百科全书》中提到的印度学者兰比尔·婆诃罗（Ranbir Vohra，下文简称"婆诃罗"）。[3] 遗憾的是，该书没有对婆诃罗及其汉学研究实绩予以介绍，留下了一个空白。迄今为止，一些国内学者在研究中先后提到婆诃罗的老舍研究著作，但是对其进行专题研究者罕见。实际上，婆诃罗不仅研究老舍，还对中外文化交流做出了特殊的贡献，例如，凤凰网上一篇文章介绍加拿大华裔学者梁丽芳时指出："梁丽芳进入卡加利大学就读。那时整个校园看不见几个华人面孔。而当时信息闭塞，西方社会关于新中国的信息几乎全部来自美国……她一直感恩当年影响了自己毕生事业的教授们、朋友们——她师从曾是印度外交家的中国通Ranbir Vohra，他

---

[1] 中印联合编审委员会编：《中印文化交流百科全书》（详编上），那济世撰，张悫煜译，第356~357页。

[2] 张丽军：《盲目的欲望之流：〈鼓书艺人〉秀莲的"身体叙事"研究》，《山东师范大学学报》2010年第2期，第26页。

[3] 中印联合编审委员会编：《中印文化交流百科全书》（详编下），那济世撰，乔安全译，第1067页。

也是哈佛大学著名汉学家费正清的学生。Ranbir Vohra 曾经开设了一门课"革命中的中国",激起她对汉学的兴趣。他很欣赏梁丽芳的勤学善问,鼓励她毕业后读硕士学位,还为此写了完美推荐书,让她顺利进了不列颠哥伦比亚大学,师从诗词大师叶嘉莹教授。"[1]

图27 《老舍与中国革命》封面(黄潇提供)

1974年,婆诃罗在美国哈佛大学出版社出版英文著作《老舍与中国革命》。作者指出,该书是在美国著名汉学家费正清指导下撰写的博士论文基础上修改而成的。"这本著作最初是一篇研讨会论文(seminar paper),是我读研时写给费正清教授的,进而成为我在哈佛的博士论文。我深深感激费正清教授经常的鼓励,他在我研究和写作的每一个阶段均耐心地给予指导。我从史华慈教授(Benjamin I. Schwartz)那儿获益匪浅,其哲学洞见常常为我的思考

---

[1] 李爱英:《敬佩!温哥华最低调的开拓者——她为加中架起一座隐形的桥梁》,凤凰网2019年10月26日。

提供了框架。"[1] 婆诃罗还提到，为了搜集老舍研究的文献，他专程访问日本和中国香港、中国台湾等地，也接受了刘雪梨（Sydney Liu，音译）、张春吾（Chang Tsun-wu，音译）、温春义（Wen Chun-yi，音译）等华人学者的帮助。

有的学者将婆诃罗称为美国学者或西方学者，并对其研究老舍的时代背景（20世纪60年代）和老舍创作于1932年的《猫城记》于1964年在美国英译出版的缘由等做了分析："对美国的威胁主要来自当时的苏联，而中国之加入共产主义阵营增加了美国的恐慌。中美的隔离和这种恐惧情绪一直持续到1972年尼克松访华，在此之前红色围墙之后的中国既神秘又'具有威胁性'。《猫城记》在这样的背景之下被译入，对美国来说喜忧参半。喜的是，他们认为自己获得了有关中国'现状'的真实资料；忧的是，他们在《猫城记》译本中发现了政治他者的'现状'，似乎印证了他们的想象，恐惧有增无减。美国在这一特殊时期迫切希望了解中国的状况，而他们的了解仅限于很少的渠道，了解的动机又较为复杂与微妙。他们一方面希望知道真实的状况，并希望这个状况与自己先前的想象契合；一方面又希望发现出乎意料的内容，越'糟糕'越好。这种愿望在《猫城记》中得到回应……《猫城记》是一部文学作品，但出版商和译者选择将它英译，并非认为其具有较高的文学性，而是看中这部小说里的'信息'。"[2] 关于

---

[1] Ranbir Vohar, *Lao She and the Chinese Revolution*, Massachusetts: Harvard University Press, 1974.
[2] 夏天:《〈猫城记〉1964年英译本研究》,《外语教学理论与实践》2012年第2期, 第83页。

这种西方想看到的"信息",婆诃罗在书中指出:"因此,在《大明湖》之后的小说《猫城记》中,老舍迫切地需要严肃地抛弃幽默,一心采用讽刺。就内容而言,《猫城记》是其所有小说中最具政治色彩的一部,它有时读起来像连缀起来的系列编辑述评,联系很弱。这部小说是对中国的辛辣讽刺,给人描绘了一幅并不轻松的、完全悲观的景象:这个国家在死亡线上痛苦挣扎。"[1] 选取老舍1932年创作的有争议的小说为英译范本,实则为20世纪60年代美国的中国想象选择一个现实的"寓言"或参考指南。这便是《猫城记》1964年译本出版的目的之一。婆诃罗虽为印度学者,但其身处哈佛大学,且接受美国汉学家费正清的指导,自然要选择这么一位背景特殊且最后选择自杀的中国作家作为观察中国的对象。

自觉接受西方学术训练的婆诃罗在该书"引言"的开头写道:"一般而言,政治史需要社会思想史的肌肉覆盖其骨骼。文学创作的研究是通往后者的一条路径,因为它呈现关于社会的一种复杂真理。尽管文学缺乏'硬朗的事实'(hard fact),它却是理解时代精神(Zeitgeist)必不可少的素材。如果说西方文学确实如此,中国文学更是确切。中国现代文学具有某种独特的性格,这使其区别于其他国家的文学……和世界其他文学相比,中国现代文学与革命或许有一种更加紧密的、戏剧性的联系……因此,中国现代文学创作具有某种政治内涵,反映了作家们对其国其民的深深关切。这种严肃的目的使得作家们不可能脱离社会,

---

[1] Ranbir Vohar, *Lao She and the Chinese Revolution*, p. 61.

或完全聚焦内省的心理主题,或创作类似侦探小说的'无聊'文学。"[1] 婆诃罗认为,作为文艺创作者和思想者的中国现代作家扮演了三种角色:试图"启蒙"中国的时代变迁引路人、传统知识分子卫道士的继承人、在作品中敏锐记录传统文化衰落时普通人心绪迷茫的艺术家。[2] 婆诃罗还指出:"因此,中国现代作家的创作及其生活为我们了解中国民族主义与革命提供了极为重要的素材。在此背景下,对于老舍的研究,首先聚焦其作品的内容而非其文学特质。"[3]

由此可见,婆诃罗首先是在一种社会学或政治学意义上解读老舍及其作品。这与某些学者的观察是一致的:"最早用比较文学眼光对老舍进行影响、平行研究的就是这批欧美学者。他们或者'求同',将老舍与西方进行平行比较……或者'求异',尤其是喜欢用他国眼光审视老舍创作的非中国因子(对'变异'的异国形象更感兴趣),比如在分析《二马》时,运用如形象学、性别政治、结构主义、后结构主义、后殖民主义等理论方法对中英两组人物形象进行社会文化意义的开掘,加深了对文化差异与国民性格、种族问题及老舍批判性反思民族振兴之路的主题研究。研究者抽丝剥茧的精密和跨学科的大胆关联给人留下深刻印象。英语世界学者较早关注老舍中短篇小说和戏剧创作,发现其相对老舍长篇小说体现出更明晰的实验性质……汉学家从一开始就将静态文本分析和动态社会历史、

---

[1] Ranbir Vohar, *Lao She and the Chinese Revolution*, p. 1.
[2] Ranbir Vohar, *Lao She and the Chinese Revolution*, p. 1.
[3] Ranbir Vohar, *Lao She and the Chinese Revolution*, pp. 1-2.

创作思想思潮变化结合起来,将与老舍有关联性的中西作家重重联系起来,体现'纵横'比较的理念。"[1] 正是因为婆诃罗聚焦作品的社会内容而非文学特质,加之对中国文学魅力的某种隔膜,他对老舍创作民族化与个性化的追求、老舍语言艺术的巨大成功和独具特色的文体风格等视而不见。例如,关于老舍的创作倾向,婆诃罗指出:"如果说描写贫穷的、受剥削的社会群体与强调国家和社会需要急剧变革构成'左派思想'(leftism)的话,那么老舍可以视为未与任何左翼团体立场保持一致的左翼作家。他是一位有倾向的左翼作家,探索着一种合适的意识形态(ideology),在其高产的42年创作生涯中,他从未真正发现一种。"[2] 这种似是而非的判断,或许包含某种真实的要素,但其着力点在于探索老舍的"意识形态",却是典型的西方心态。《老舍与中国革命》这个书名便蕴含了意识形态笼罩下的某种探索旨趣。

事实上,老舍对于中国现代文学的巨大贡献,并非首先源自其"意识形态"确立与否,而是与其多方面造诣相关。中国学者这样评价老舍:"他第一个把'乡土'中国社会现代性变革过程中小市民阶层的命运、思想与心理通过文学表现出来并获得了巨大成功……老舍的作品在中国现代小说艺术发展中有十分突出的地位,与茅盾、巴金的长篇创作一起,构成现代长篇小说艺术的三大高峰。老舍的贡献不在于长篇小说的结构方面,而在于其独特的文体

---

[1] 续静:《"变异学"视野下的英语世界老舍研究》,《广西社会科学》2015年第7期,第174页。
[2] Ranbir Vohar, *Lao She and the Chinese Revolution*, p. 3.

风格……老舍是'京味小说'的源头。老舍创作的成功，标志着我国现代小说（主要是长篇小说）在民族化与个性化的追求中已经取得重要的突破。"[1] 他们还说："老舍的语言艺术也得力于他对北京市民语言及民间文艺的热爱与熟悉。他创造性地运用北京市民俗白浅易的口语……老舍成功地把语言的通俗性与文学性统一起来，做到了干净利落，鲜活纯熟，平易而不粗俗，精致而不雕琢……老舍称得上'语言大师'，他在现代白话文学语言的创造与发展上，有着突出的贡献。"[2]

《老舍与中国革命》除"引言：老舍与中国现代文学"外，其正文分为8章，第一至八章的标题依次为："1898年至1924年成长期""1924年至1929年的第一批小说""艺术家的成熟""剖析疏离""骆驼祥子""变化社会中的女性""1937年至1949年的战争岁月""结语"。

该书第一章根据罗常培发表于香港龙门书店的《中国人与中国文》中的文章《我与老舍》等，介绍了老舍的少年和青年时代。婆诃罗从老舍的满族出身谈起，一直谈到老舍面对"五四运动"和新文化运动的心态。"老舍或许逃避政治，但是他敏锐地意识到身边发生的政治和文化革命。他洞察一切，但却无心参与。我们阅读其小说后，可以大致确认吸引他的新思想力量。"[3] 这种观察与中国学者后来的评述基本一致："他（老舍）没有直接参与激进的新文化运动，甚至对'五四'运动也采取旁观的态度，

---

[1] 钱理群、温儒敏、吴福辉：《中国现代文学三十年》（修订本），第243页。
[2] 钱理群、温儒敏、吴福辉：《中国现代文学三十年》（修订本），第254页。
[3] Ranbir Vohar, *Lao She and the Chinese Revolution*, p.15.

在（上世纪）二三十年代，他始终与时代主流保持一定的距离，在创作上也常表现出不苟时尚的知足心态。他常常试图在创作中超越一般感时忧国的范畴，去探索现代文明的病源。"[1]

该书第二章讨论老舍1924年至1929年任教英国伦敦大学时创作的几部长篇小说。婆诃罗认为，老舍没有脱离这一时期中国作家的主流姿态："中国文学领域的所有注意力转向西方和其他国家的文学形式，老舍也没有排斥新文化运动的潮流，决定采用欧洲的小说结构，尽管他对西方文学典范（models）的认识是'非常肤浅'的。当然，他还得从社会批评的文学中寻求范本。"[2] 在婆诃罗看来，这种欧洲的"范本"首先是指老舍读过的英国著名批判现实主义作家查尔斯·狄更斯（Charles Dickens, 1812—1870）创作的两部长篇小说即创作于1837年的《尼古拉斯·尼克尔贝》（Nicholas Nickleby）和创作于1839年的《匹克威克外传》（Pickwick Papers）。事实上，狄更斯的这些早期作品并非完美之作。"在艺术方面，（狄更斯的）小说受流浪汉小说的影响比较突出，作者自己的创作风格虽已形成，但尚待进一步完善、成熟，特别是在小说结构与人物塑造方面，作者还未完全把握得住。这一时期虽然大都是鸿篇巨制，然而结构还比较松散，人物塑造艺术有待进一步圆熟。"[3] 欧洲"范本"对老舍早期长篇小说创作

---

[1] 钱理群、温儒敏、吴福辉：《中国现代文学三十年》（修订本），第242页。
[2] Ranbir Vohar, *Lao She and the Chinese Revolution*, p. 19.
[3] 郑克鲁主编：《外国文学史》（修订版上），北京：高等教育出版社，2008年，第272页。

的负面影响是一种客观的存在:"他采用(狄更斯的)这些小说为范本,因此,人们丝毫不感意外,其《老张的哲学》的结构是片段式的、松散的。王瑶认为老舍仍然受到中国传统小说的影响,它也是片段式的,没有组织得很好的情节。尽管如此,老舍逐渐完善了其故事的连贯性。我们发现他第二部小说《赵子曰》、第三部亦即在英国写的最后一部小说《二马》在这个方面更为成功。老舍的第一部小说,甚至在一定程度上连第二部小说也受困于这么一种事实:它们是用一种半文半白的语言写就。在每一部新作品中,老舍都在混合语言中增加其白话文的内容,到他写第四部小说时,我们可以大致视其为真正的白话作家。"[1] 关于《老张的哲学》等早期小说的社会主题,婆诃罗评价道:"老舍描写的是社会的状态而非产生这一状态的原因。如果他笔下人物的行为方式不可理解,那只是因为这一转折期的普通人是迷茫的。老舍在这一点上更近似于早期的鲁迅而非同一时期的其他作家。"[2] 婆诃罗指出,老舍在《二马》中更加清晰地反映时代的困境。老舍发现老一代受传统影响的人没有民族主义思想,他也讥讽那些只有肤浅的民族主义和爱国主义情绪的青年民粹派。老舍不欣赏自下而上的革命理念。"老舍的理想角色是个人主义者,他们是孤独的,爱国主义激发其献身精神,但他们是在秘密地、悄悄地忍受和奉献。"[3] 老舍期盼的是一种带有儒家色彩且通晓西方的"好人政府"。他笔下的人物本

---

[1] Ranbir Vohar, *Lao She and the Chinese Revolution*, p. 19.
[2] Ranbir Vohar, *Lao She and the Chinese Revolution*, p. 25.
[3] Ranbir Vohar, *Lao She and the Chinese Revolution*, p. 51.

性善良，但其所处社会环境创造了一种悲观失望的气氛。"如果这种图景是令人迷惘的，那只是因为作者反映了1920年代中国社会的迷惘，也源自他本人的思想所折射的矛盾。"[1]

第三章主要论述1931年发表的《小坡的生日》和次年发表的《猫城记》。婆诃罗指出："《猫城记》标志着老舍早期和晚期创作的分水岭。他早期小说中没有哪一部具有充分发展的主题和一个完美发育的人物……《猫城记》之后的老舍小说，在描叙人物和发展故事主题方面更加成功，教诲和纯粹的创作也融合、交织得更为成功。作家终于成熟了。"[2]

第四章主要论述老舍先后发表于1933年、1936年的《离婚》和《牛天赐传》。婆诃罗认为："《离婚》是中国文学中真正意义上的现代小说之一。小说并无太多的行动，但作者却相当成功地运用心理方法揭示了主要人物老李的内心状态。"[3]他认为，《离婚》超越了政治，它没有研究社会转型中的问题，而是研究1930年代的更大层面上的现实。老舍这部小说成功的另一要素是，将幽默控制在一定范围内，从容与其旧作拉开了某种距离。[4]婆诃罗说："幽默是一种外国的东西，老舍显然是在阅读查尔斯·狄更斯时接触到它，他把狄更斯视为自己的第一个模仿对象（first model）。"[5]婆诃罗还指出："老舍并未忽视这么一

---

[1] Ranbir Vohar, *Lao She and the Chinese Revolution*, p. 52.
[2] Ranbir Vohar, *Lao She and the Chinese Revolution*, p. 69.
[3] Ranbir Vohar, *Lao She and the Chinese Revolution*, p. 74.
[4] Ranbir Vohar, *Lao She and the Chinese Revolution*, p. 74.
[5] Ranbir Vohar, *Lao She and the Chinese Revolution*, p. 95.

个事实：其幽默中含有讥讽（satire）。整体而言，幽默确实赋予老舍一种自由的、人道的方法，使其作品具有深度和广度（universality），这令其作品超越了那一时期的其他许多作品。"[1]

第五章论述老舍发表于1936年的长篇小说代表作《骆驼祥子》。"《骆驼祥子》就是写城市贫民悲剧命运的代表作，这部小说在老舍全部创作中是一座高峰……这部作品所写的，主要是一个来自农村的纯朴的农民与现代城市文明相对立所产生的道德堕落与心灵腐蚀的故事。"[2] 关于《骆驼祥子》，婆诃罗指出："老舍在这部小说中首次将下层贫苦阶级的人作为主要人物，他似乎首次认为某种社会主义可以作为治疗中国疾病的一种方案。"[3] 对于祥子的悲剧，婆诃罗认为，老舍较为熟练、灵巧地描叙了他的故事。"祥子是一个大写的人物（colossal figure）。他是中国饥饿的、忍耐的千百万人的一个象征，如果他不具备自己拥有的道德力量，他不可能在贪婪社会的压力下长期生存下去。他反抗贫穷、社会不公、不道德的性、坏习惯却以失败告终，但其反抗是持久的、辛酸的，他的失败并未贬低其宝贵的努力。"[4]

第六章主要分析《骆驼祥子》中的妓女小福子和祥子妻子虎妞、《月牙儿》中的母女俩等女性形象。在该章最后，婆诃罗指出："到写作《骆驼祥子》时，老舍似乎已

---

[1] Ranbir Vohar, *Lao She and the Chinese Revolution*, p. 97.
[2] 钱理群、温儒敏、吴福辉：《中国现代文学三十年》（修订本），第249页。
[3] Ranbir Vohar, *Lao She and the Chinese Revolution*, p. 99.
[4] Ranbir Vohar, *Lao She and the Chinese Revolution*, p. 111.

经丢弃了早期以个人主义行动改良社会的信仰……老舍反复地让读者明白这个结论：整个社会体制已经崩塌。对中国而言，无任何希望可言，除非被压迫的普通人能够再次站起来，过上体面的、有尊严的生活。老舍或许没有如此的政治嗅觉，但他认为需要剧变，尽管他对浪漫的激进者的暴力革命持怀疑态度。"[1] 这一观察和中国学者对老舍的评述可以互相补充、相互发现："批判传统文明时的失落感和对'新潮'的愤激之情常常交织在一起，并贯穿在老舍的小说之中。值得注意的是，在一些表现底层市民命运的作品里，也贯穿着批判和排距资本主义文明的主题……在老舍全部作品的描写中，这种批判就或多或少地表现为避免西方资本主义文明的弊病，而将封建宗法社会东方文明美化的民粹主义倾向。"[2] 或许正是这种较为保守的"民粹主义倾向"，决定了老舍复杂的创作心态和较为模糊的政治立场。

第七章主要论述老舍创作于1937年至1949年的作品，如戏剧《面子问题》、小说《四世同堂》等。婆诃罗注意到老舍在《四世同堂》里没有谴责自杀的行为。"相反，他赋予这种行为相当有尊严的意味。"[3]

"结语"部分详细地探讨了老舍的自杀之因。由于婆诃罗对社会主义制度持有意识形态偏见，他对老舍的自杀做出了一些错误的分析和判断。[4] 他认为："但是最近来自

---

[1] Ranbir Vohar, *Lao She and the Chinese Revolution*, p. 125.
[2] 钱理群、温儒敏、吴福辉：《中国现代文学三十年》（修订本），第247页。
[3] Ranbir Vohar, *Lao She and the Chinese Revolution*, p. 146.
[4] Ranbir Vohar, *Lao She and the Chinese Revolution*, pp. 148-149.

中国的老舍自杀消息,最好是不做任何评价。这一事件最好由老舍本人的笔来描述,它显然是其无法避免的诸多悲剧性终章之一。"[1] 由此,婆诃罗联系老舍的作品,对其自沉事件进行解读。有学者指出,婆诃罗"从《四世同堂》《茶馆》这类反思中国传统文化的小说里找到老舍自杀的心理依据,从而得到一种明确的价值判断。他认为老舍当时的情况与祁天佑单纯死于被羞辱、王利发被剥夺一切重要之物而自杀都不完全吻合,而以上诸因素却可能综合发挥作用。祁天佑自杀并未被指责是懦夫行为,相反却被赋予尊严的气息"[2]。写于1957年的三幕话剧《茶馆》是老舍的重要代表作之一。"老舍《茶馆》的叙述动机,来自对建立现代民族国家的渴望和对一个不公正的社会的憎恶。新旧社会对比既是他结构作品的方法,也是他的历史观。他对'旧时代'北京社会生活的熟悉,他对普通人的遭际命运的同情,他的温婉和幽默,含泪的笑,使这部作品,接续了老舍创作中深厚的人性传统。"[3] 观察动机明显不同的婆诃罗的看法却有所差异:"极为重要的是,《茶馆》远非真正意义上的'革命文学'。它完全没有提及革命,使人感受不到乐观的情绪。相反,不断增长的悲观气氛,在最后一幕结尾的火葬仪式上达到了高潮。"[4] 值得一提的是,在这一部分,婆诃罗对老舍和狄更斯两位东西方作家进行了比较。婆诃罗说:"老舍的幽默及其开头受到

---

[1] Ranbir Vohar, *Lao She and the Chinese Revolution*, p. 165.
[2] 续静:《论英语世界研究视野中的老舍多重形象》,《中央民族大学学报》2016年第2期,第151~152页。
[3] 洪子诚:《中国当代文学史》,北京:北京大学出版社,2010年,第185页。
[4] Ranbir Vohar, *Lao She and the Chinese Revolution*, p. 159.

狄更斯启迪的事实,使得许多人将其比作狄更斯,甚至称其为'中国的狄更斯'(Dickens of China)。这是一种误导。"[1] 婆诃罗认为,虽然二人都信奉社会改革,但狄更斯是在较为狭隘的立场上抨击社会罪恶的。"老舍为整个国家担忧,他在广义的层面上关心政府。每一部老舍作品中真实流露的悲观主义倾向,与狄更斯在其作品中表现的乐观主义反差强烈。当然,老舍并不信奉慈善(charity),从不像狄更斯那样,在其作品中以幸福结局而收尾。"[2] 应该说,这种比较是有意义的。

除了前述的意识形态和政治偏见,婆诃罗的老舍研究还有诸多遗憾,例如,他将老舍的出生年设定为1898年,[3] 实则为1899年。婆诃罗断言《四世同堂》是老舍"在宣布忠于共产主义中国前所写的最后一部小说"[4],但却忽视了1946年至1949年老舍旅居美国期间写的长篇小说《鼓书艺人》(该小说于1952年译为英文在美国出版)。[5]

综上所述,通观全书,婆诃罗虽然不可避免地带有20世纪60年代冷战时期西方观察社会主义阵营的政治偏见,以"有色眼镜"看待中国的人和事,但是他较为熟练地掌握了汉语,通过大量汉语一手文献如《老张的哲学》、《骆驼祥子》、《老舍选集》和《毛主席给了我新的文学生命》

---

[1] Ranbir Vohar, *Lao She and the Chinese Revolution*, p. 159.
[2] Ranbir Vohar, *Lao She and the Chinese Revolution*, p. 160.
[3] Ranbir Vohar, *Lao She and the Chinese Revolution*, p. 5.
[4] Ranbir Vohar, *Lao She and the Chinese Revolution*, p. 143.
[5] 张丽军:《盲目的欲望之流:〈鼓书艺人〉秀莲的"身体叙事"研究》,《山东师范大学学报》2010年第2期,第26页。

（载于《人民日报》1952年5月21日）等老舍原著和文章的阅读，在研究中某种程度上摒弃或矫正了政治偏见产生的意识形态视角。婆诃罗参考的汉语文献还包括王瑶的《中国新文学史稿》（上海，1953）、季林的《中国作家剪影》（香港，1958）、方青的《现代文坛百家》（香港，1953）、姚乃麟的《中国文学家传记》（上海，1937）、舒文的《老舍的茶馆》（《明报》1966年10月26日）等等。可以说，婆诃罗的老舍研究既为20世纪60年代印度汉学研究填补了一个极为重要的空白，也为世界汉学界的老舍研究增添了色彩复杂的一笔。

## 第五节 印度中国研究转型的时代背景

20世纪中期，印度的中国研究进入转型阶段。这一转型的基本内涵是以欧陆为典范的汉学研究，其重要内涵或核心逐渐转为仿效美国区域研究模式的中国现实问题研究。"美国的汉学研究发生了重大的分化，最终使中国学研究彻底摆脱传统的束缚，从古典研究规范中分离出来。应当说，这种分离是一个过程，它始于20世纪20年代中期，其中最重要的标志之一就是1925年太平洋国际学会（Institute of the Pacific Relations，简称IPR）的成立。太平洋国际学会是美国中国学研究史上一个不容忽视的、具有学术转向标志的学术团体。由于它的出现，传统意义上的东方学、中国学研究开始走出古典语言文字、历史、思想文化的纯学术研究壁垒，转向侧重现实问题和国际关系问题研究的新领域，从而揭开了地区研究的序幕。"[1] 印度汉学研究当然并没有退出历史舞台，但自此，它在印度的中国研究中所占的比重开始大幅下降。这自然是20世纪50年代末以来中印关系曲折发展的真实反映，也是世界学术界中国研究的大势所趋。对于印度的中国研究者而言，美国研究中国的模式、方法和立场等影响甚巨。[2]

1959年左右开始恶化的中印关系，在1962年降至冰点。当年10月20日至11月21日的边境冲突对中印外交产生了极为深刻的负面影响，也是印度的中国研究出现转型的直接诱因。

要了解中印边境冲突的真实起因，必须回到历史深处。在这里，中国西藏地区扮演了其中一个举足轻重的角色。"1912年至1950年间，中国西藏的存在或许没有保障现今中印关系的友好状态，然而，它的确使中印关系史呈现出另一种相当不同的面貌。"[3] 远在中国元朝时期（1271年至1368年），西藏就已经纳入中国版图。元朝在中央设立管理全国政务的中书府，在地方则设行中书省。而当时尚称"吐蕃"的西藏则由元朝中央政府设立的宣政院专门管辖。这充分说明，西藏自古以来就已经成为中国不可分割的一部分。到了明朝时期（1368年至1644年），具体说是

---

[1] 侯且岸：《从学术史看汉学、中国学应有的学科定位》，《国际汉学》第10辑，郑州：大象出版社，2004年，第6~7页。也可参见张西平主编，李雪涛副主编：《西方汉学十六讲》，第5页。
[2] 本节的相关介绍，参阅尹锡南：《印度中国观演变研究》，第151~168页。
[3] Alastair Lamb, *The Mcmahon Line: A Study in the Relations between India, China and Tibet, 1904－1914*, Vol. 1: *Morley, Minto and Non－interference in Tibet*, London: Routledge & Kegan Paul, 1966, p.234.

洪武七年（1374年），中央政府设立乌思藏行都指挥使司于西藏，并以藏族上层僧侣充任宣慰使、安抚使等职，这加强了中央政府对西藏的管辖和统治，同时在统治方式上体现了一定的灵活性。清朝时期（1644年至1911年），雍正五年即1727年，清朝中央政府决定在西藏设置驻藏大臣，直接监督西藏地方政务。乾隆五十八年即1793年，为加强控制，清朝中央政府颁布《钦定西藏章程》，规定驻藏大臣与当地宗教首脑的平等地位，规定他有监督政务、赏罚官吏、稽查财务和对外交涉等权力。这样，清朝中央政府加强了对西藏地方的管辖，减少了西藏的内政混乱和纷争，巩固了西部边防。晚清时期即1840年鸦片战争以后，中国逐渐成为半殖民地半封建社会，各个殖民主义国家争相蚕食中国利益。中国的海防、边防不断告急。20世纪初，在沙皇俄国图谋分裂中国新疆、外蒙古的同时，英国人则紧锣密鼓地策划分裂中国西藏。1909年前后，包括英印总督在内的英属印度当局不断地参与这场阴谋，这为印度独立后中印关系恶化埋下了祸根。一些西藏上层宗教人士受到英国殖民当局和英军的支持，掀起分裂活动，广大西藏人民则坚决反对破坏祖国统一的行为。当时的中国政府曾经派兵进入西藏平定叛乱，但在帝国主义压力下，无果而终。西藏问题开始变得危机重重。

1913年10月至1914年7月，英国操纵的所谓中英藏会议在印度北部的避暑胜地西姆拉（Shimla）召开。会上，英国唆使西藏"代表"提出西藏"自治"的五项要求。英国代表麦克马洪（A. H. McMahon）也提议"中国承认西藏独立"，他的六项提案具体如英国与西藏单独订约等为中国代表所拒绝。之后，麦克马洪提出一个所谓"折中方案"，将西藏、青海、西康、四川、云南、甘肃的藏区统称为西藏，其中金沙江以西为完全独立的"外藏"，以东为"中藏共管"的"内藏"。1914年4月27日，英国提出一个条约草案，包括"承认外藏自治"，其内政"暂由印度政府监督"；西藏地方政府在"内藏"保留已有之权力；中国不得驻兵藏境；中国政府与西藏地方政府有争议时，由印度政府"判决之"。中国政府拒绝接受这个条约草案。7月3日，英国勾结西藏地方代表私自签订了非法的《西姆拉条约》。中国政府代表拒绝签字，并正式声明，凡英国同西藏地方当局本日或以后所签订的条约或类似文件，中国政府一概不予承认。会议宣告破裂。西方学者认为，西姆拉会议抛出的所谓"条约"缺乏国际法效力。在西姆拉会议期间，从来没有讨论过中国和印度的边界问题。麦克马洪背着中国中央政府而同西藏地方代表在会外秘密换文中提到的所谓划定中印东段边界的"麦克马洪线"，把9万多平方公里的中国领土划归英属印度。当时的中国政府不承认非法的《西姆拉条约》和"麦克马洪线"，以后的历届中国政府也从未承认过。[1]

吕昭义教授指出，在西姆拉会议期间，除麦克马洪提出划分内藏和外藏的《2·17图》和麦克马洪、陈贻范、伦钦夏扎·班觉多吉草签的《4·27图》之外，还存在一个以麦克马洪与伦钦夏扎·班觉多吉于7月3日草签的非

---

[1] 李侃等：《中国近代史》，第464~465页。此处对历史事实的介绍，参考该书相关内容。

法的《西姆拉条约》附图，可以把它称为《7·3图》。《7·3图》沿用《4·27图》，不同的是在《7·3图》的红线上插入了英藏非法秘密交易的藏印段边界线，这是"麦克马洪在西姆拉会议破裂之际，为了挽回英国从非法的英藏谈判中获得的条约利益而将中、英、藏三方会议非法篡改为英、藏双方会议的情况下插入的。英、藏关于藏印段边界的交易，自始至终都是背着中国中央政府的代表进行的非法活动"[1]。他还指出："西姆拉会议是帝国主义时代强权政治和外交阴谋相结合的一个典型例证……中国政府最终拒绝在条约上签字，西姆拉会议破产，英国的'缓冲国'计划和'战略边界'计划均未得逞。"[2] 不幸的是，非法的《西姆拉条约》和"麦克马洪线"，竟然成为20世纪中期中印两国走向冲突的"导火线"。

根据西方学者的观点，中印两国在独立解放以前，享受的是共同的、未明确划定的边界。当中印均作为"现代国家"的新身份出现在冷战后的当代世界时，即面临一项共同的任务——"将它们的边疆转化为边界"，其理由是"现代国家需要边界"。可以说，中印边界问题的历史维度在于，它是英国和俄国等西方殖民帝国主义所进行的"大游戏"（Great Game，或译"大博弈""大角逐"）的产物。[3] 问题的复杂性在于，作为"现代国家"且"需要边界"的印度欲接受大英帝国"馈赠"的殖民主义遗产，

---

[1] 吕昭义：《吕昭义学术文选》，昆明：云南大学出版社，2014年，第96页。
[2] 吕昭义：《英帝国与中国西南边疆：1911—1947》，昆明：云南大学出版社，2014年，第139页。
[3] Alastair Lamb, *British India and Tibet: 1766 - 1910*, London and New York: Routledge & Kegan Paul, 1986, VII.

"麦克马洪线"就顺理成章地进入它的视线中。这就埋下了中印边境冲突的种子。关于冲突爆发的深层原因，英国学者指出："按照强权政治的逻辑，处于扩张时期的帝国，总是要向外扩张它们的边界……在十八和十九世纪，英国在印度就是这样地不断扩张它在这个半岛形的次大陆上的统治，一直扩张到喜马拉雅山这个大弧形。在那里，它接触到另一个帝国——中国……在西北和东北段，由于没有可以充当缓冲的独立小国，英国当局就寻求同中国建立安定的边界。但当时它没有能够做到这一点，这就导致了二十世纪中叶的印度和中国之间的边境战争。"[1]

英国殖民者在西藏攫取了许多特权。1947年印度独立后，英国将它在西藏的特权移交给新成立的印度政府。1950年10月，中国政府正式声明，为了解放西藏，中国人民解放军奉命进入西藏。印度政府发出抗议，表示震惊和遗憾。中方态度毫不含糊，西藏问题是中国内政，不容外国干涉，但表示可以通过正常外交途径解决中印与西藏关系问题。面对中国在西藏恢复主权的既成事实，印度政府做出了现实的反应。

印度学者在论及1962年中印边境冲突影响两国相互认知时指出，边境冲突的结果是，印度以现实问题为导向的中国研究正式兴起。"对中国重新进行审视显得自然而必要。正是在这种氛围中，在印度兴起了建立专业学科的中

---

[1] [澳]内维尔·马克斯韦尔：《印度对华战争》，陆仁译，北京：世界知识出版社，1981年，第9页。

国学（Chinese studies）的念头。"[1] 当然，这种以"重新审视"中国为要旨的中国研究完全借鉴了美国的区域研究模式，它重现实政治、轻人文历史的模式，自一开始便留下了"隐患"。这给印度汉学的发展带来了不利的影响。这种消极影响至今可见。

按照学界流行的说法，所谓"汉学"，即指国外学者对中国历史、哲学、宗教、语言、艺术、经济等方面的研究，是国外研究中国的学术总称，也是东方学的重要组成部分。它作为一门学科得以确立是在19世纪，真正发展于19世纪后期和20世纪初。1814年，法国法兰西学院在欧洲首次开设汉语讲座，并任命雷慕沙为教授，这标志着汉学作为一门学科正式确立。之后，汉学在俄国、英国、德国等国家也相继确立和发展。欧洲的汉学研究以法国为中心，主要注重对中国历史、文学、语言、典籍等古典文化的研究，对西方各国的汉学研究都产生了深刻影响。美国的汉学起步较晚，到19世纪后期才得以确立。到了20世纪，国外汉学进入迅猛发展的时期，特别是第二次世界大战爆发以后，随着中国成为主战场，关于古典内容的研究便无法适应世界新形势发展的需要。这时，美国汉学异军突起，把研究的关注点对准中国的近现代问题，以现实为中心，讲求实用，侧重于近代社会、政治、经济、科技、军事、教育等社会科学领域的研究，逐渐远离了欧洲传统的汉学模式，从传统走向现代，形成"新汉学"，一般称为"中

---

[1] Krishna Prakash Gupta, "Indian Approaches to Modern China－II: A Social－Historical Analysis," *China Report*, Vol. 8, No. 5, September－October, 1972, p. 50.

国学"。美国汉学向中国学的转变,是出于美国国内政治、经济和社会、文化发展的需要,是从美国的自身利益出发来研究中国的结果,也是历史发展的必然趋势。美国的中国学发展,和整个国家的政治、经济、文化、外交、意识形态的发展有关,和国际发展大局以及中国国内形势、国际地位息息相关。在美国汉学现代转型的过程中,费正清功不可没。1947年,费正清以哈佛大学为基地,依靠远东协会,开始全面实施地区研究规划,创立了以地区研究为标志的现代中国学。费正清的中国学研究不仅影响了美国乃至西方的学者,也影响到东亚。[1]

美国汉学家裴宜理(Elizabeth Perry)指出,美国的当代中国研究作为一个领域,大约与1949年建立的中华人民共和国同龄。在第二次世界大战以前,美国曾有几所大学开设研究中国古文的入门课,当时被称作"汉学",但开设中国现代史课程的大学寥寥无几,更不用说讲授中国当代社会状况的课程了。直到1949年,美国政府、基金会和学术机构才意识到研究当代中国的必要性。福特基金会决定出资3000万美元,用于建设东亚研究领域。"然而,中华人民共和国与当代中国学研究长达半个世纪的合作关系从一开始就困难重重。当然,最大的问题是在前30年内。那时,美国学者没有机会到中国进行实地研究,而这通常被认为是社会科学调查取得成功的必要前提……另一个困

---

[1] 以上对美国汉学发展的介绍,详见赵晨诗:《论美国汉学到中国学的变迁:以费正清为中心》,北京语言大学硕士论文,2007年6月,第4~5页。同时参考朱政惠:《美国中国学史研究——海外中国学探索的理论与实践》,上海:上海古籍出版社,2004年,第29、38页;阎纯德:《从"传统"到"现代":汉学形态的历史演进》,《文史哲》2004年第5期,第118~127页。

扰着中国学家的问题反映了这个领域本身的问题：当代中国学研究从其诞生之日起就怀着一种'刺探敌情'的心态，主要目的是对最新情报进行分析和为决策服务，而不是开展长期的学术研究。衡量一名中国学家的学术生涯是否成功，往往要看他是否得到一份华盛顿提供的工作，而不是看他是否出版了一本开拓性的著作。"[1]裴宜理进而指出："大约50年前，人们把当代中国学研究划为一个孤立的领域，这反映了把共产党的历史与前共产党的历史从根本上截然分开的概念，仿佛要体现1949年的戏剧性决裂，就要有一种崭新的、与纯汉学研究相反的社会科学的研究路径。1959年，在中华人民共和国成立10年以后，费正清解释了在当代中国学研究这一新兴领域背后的道理：'对于历史学家来说，我们进行了一次急转弯，中国的一切都今非昔比了……'如今，中华人民共和国已经成立50年了，它以及对它进行学术研究的美国人可能都要回答这样一个问题，即试图将它与传统割裂开来的做法实际上取得了什么效果。"[2]总之，美国这种不健康的学术心态及其割裂历史与现实的研究模式，对与中国发生边境冲突后国际威望降低的印度而言，无疑具有重要的示范作用。

印度学者指出："1962年与中国的冲突是一个分水岭，它奠定了对中国进行更深入研究的基础，并促使政府部门开辟了一个专门的领域，主要关注外交政策和安全问题……在

---

[1] [美]裴宜理：《中华人民共和国和美国的中国学研究：50年》，黄育馥摘译，《国外社会科学》2004年第2期，第64页。

[2] [美]裴宜理：《中华人民共和国和美国的中国学研究：50年》，黄育馥摘译，《国外社会科学》，第66页。

为这些（中国研究）项目提供资金支持方面，福特基金会扮演了重要的角色，特别是通过提供奖学金，使学生可以在美国学习并利用其图书馆。"[1] 谭中指出："1962 年中印边境战争伤害了两国之间感情，至今伤疤还没有痊愈，这是我们讨论印度的中国研究第二阶段发展应该看到的大前提。前面已经谈到美国福特基金会对德里大学进行赞助，使得印度能在大学中开展现代的中国研究。德里大学是印度的重点国立大学，这一新动向当然有着心照不宣的对敌知己知彼的战略意图。1964 年大学征选了一批年轻学者送到美国各大学去深造，回国再经过挑选，成为大学教员。"[2] 1966 年，印度政府正式批准德里大学成立中国研究系。1969 年，V. P. 杜特任系主任，4 名从美国深造回国的印度学者加入该系，他们是从耶鲁大学学成回国的戴辛格（Giri Deshingkar）、从哥伦比亚大学学成回国的白蜜雅、从哈佛大学学成回国的 K. P. 古普塔、从加利福尼亚大学伯克利分校学成回国的 M. 莫汉迪（Manoranjan Mohanty）。这几个人与谭中、黄漪淑夫妇，组成了相当壮观的教学阵营。由此可见，中印边境冲突的心理冲击、印度政府的政策导向和美国的资金支持，自然是印度学界接受美国关于中国区域研究模式的影响的重要前提。[3]

1986 年，印度学者戴辛格撰文指出，中印边境冲突爆

---

[1] [印] B. 坦克哈：《印度的中国学研究：正在改变的范式》，张燕晖译，《国外社会科学》2007 年第 4 期，第 76 页。
[2] 谭中：《现代印度的中国学》，《南亚研究季刊》2011 年第 1 期，第 92 页。杜德即前述的 V. P. 杜特。
[3] 本节的相关介绍，参阅尹锡南：《中印人文交流研究：历史、形状与认知》，北京：时事出版社，2015 年，第 256~261 页。

发后,印度关于中国的"区域研究"(Area Studies),采纳了美国在第二次世界大战期间为了解敌对国而设立的区域研究模式。美国当时是研究对手苏联,后来又扩展到研究中国。在印度,初步设想是对"共产党中国"进行人类学、社会学、历史学、经济学、政治学、外交关系等各个领域的研究。但对"共产党中国"的研究一开始,当局就默认对中国的政治研究挂帅的原则,还常常打着中国历史研究的幌子。结果是"甚至在开始阶段,关于中国哲学、人类学、地理、语言、历史和宗教方面的研究全部出局。因为这些意图和目的,中国研究也就缩水为'中国观察'(China watching)"。戴辛格承认,他自己是那时中国研究系的一位教师,也误将"中国观察"当作自己的主要任务。日本研究则逃脱了这一不幸命运,因为它不是印度的敌对国。戴辛格坦率地反思道:"'中国观察'不再是中国研究,因为大家一心思考中国而使作为一大文明的中国消失了……这种'中国观察'不需要熟悉中国的地理、朝代历史、文学、哲学、艺术、音乐或思想发展。"[1] 这种来自"中国观察"的研究模式,进一步限制了很多印度学者学习汉语和中国文化的兴趣,从而影响到他们的研究质量。印度"中国观察"所依据的美国模式值得一提。有的学者指出,所谓区域研究或地区研究是指,使用社会科学的各种手段对世界的各个国家或地区进行专门研究。[2] 美国当代中国学强调地区研究的重要性,它是一门以近现代和当

---

[1] Giri Deshingkar, "Sinology or Area Studies?" C. R. M. Rao, ed., *China Report*, Vol. 22, No. 1, 1986, pp. 79-80.
[2] 仇华飞:《美国的中国学研究》,第18页。

代中国为基本对象的学问。"从狭隘的古典汉学研究转向对中国现当代问题的研究,是战后美国中国学研究转型的一个显著特征。"[1] 这是印度中国研究转型的外部诱因。就戴辛格本人而言,他起初是运用汉语和伪满洲国的档案文献研究中国晚清历史,但时代的要求却使他成为研究中国国防和海军战略方面的专家,并撰写了很多关于印度对华外交政策的文章。

中印边境冲突和美苏冷战的世界性影响,的确使印度的中国研究内涵发生了实质性变化。姜景奎教授指出:"随着自美国引入的'区域研究'范式开始占据主导地位,传统的欧洲'东方学'研究范式以及在此基础上融合中印传统发展起来的'中印学'研究范式在印度逐渐式微。1962年中印边境战争削弱了'中印学'在印度的社会认可度,之后的政治僵局又增加了限制,印度的中国学格局由此改变……印度社会'向西看'的普遍心态大大抑制了中国学传统的发展和恢复。"[2] 当时很多无法到中国大陆的印度学者主要是到美国的大学攻读中国研究的相关学位,如嘉玛希、玛妲玉和 V.P. 杜特等人便是如此。某种程度上,对他们的中国研究而言,这无疑是一种制约。少数印度学者则去中国台湾、中国香港的大学攻读学位或从事中国研究。

中印边境冲突以后,印度基于对中国现实问题的长期关注,逐渐形成了几个研究中心或机构。[3] 其中,首屈一指的

---

[1] 仇华飞:《美国的中国学研究》,第 18~19 页。
[2] 转引自[印]师觉月:《印度与中国:千年文化关系》,姜景奎等译,第 202 页。
[3] 关于印度的中国研究机构,参阅中印联合编审委员会:《中印文化交流百科全书》,第 530 页。

是 1964 年利用美国福特基金会的资助在德里大学建立的中国研究中心，后来发展为有关中日韩研究的东亚学系。先后在此进行教学或研究的学者包括 V. P. 杜特、谭中、黄漪淑、戴辛格、白蜜雅、M. 莫汉迪、K. P. 古普塔、室利马蒂·查克拉巴蒂、马杜·巴拉、玛妲玉、谈玉妮和余德烁（Yukteshwar Kumar）等。他们中很多人均涉及中国现实问题研究。

就尼赫鲁大学而言，它的中国研究经历过一些曲折发展。该校有关中国研究的机构包括东亚研究中心、社会科学部和隶属于语言文化学院的中国与东南亚研究中心。先后在此研究中国现实问题的学者包括阿尔卡·阿查利亚、斯瓦兰·辛格（Swaran Singh）、G. P. 德斯潘德（Govind Purushottam Deshpande，1938—2013）等，而研究中国历史和文学的马尼克、狄伯杰、邵葆丽和莫普德等也在该校。

贝拿勒斯印度大学的几位中文学者倾向于中国历史和文学研究，对于中国现实问题关注得不多。国际大学中国学院的学者近年来对中国现实问题产生了浓厚的兴趣。20 世纪 60 年代中期，位于新德里的印度中国研究所成立。该所最初的成员是德里大学的一批学者，后来不断发展，聚集了一大批中国问题专家。[1]

---

[1] 印度中国研究所每周定期举办中国问题研讨会，它组织过很多国际和国内学术研讨会，为印度外交部门充当智库。M. 莫汉迪和曾任印度驻华大使的任嘉德等人曾经效力于此。印度中国研究所每周例行讲座邀请的对象包罗万象，既有印度国内的著名学者、博士候选人等，也有西方学者包括印度后裔西方学者，还有尼泊尔等南亚地区国家的访印学者，有时也邀请中国大陆访问学者或中国台港地区学者在该所举办专题讲座。笔者便曾应邀在此举办题为《印度的中国形象》的专题讲座。中国学者赵干城、黄迎虹、隋新民、曾祥裕等也曾受邀在此举办专题讲座。这种开放性保证了印度中国研究所的讲座具有内容丰富、信息新颖等诸多特点。

以上是对 20 世纪中期印度中国研究转型的时代背景的简介，下面以当代印度唯一一本专门研究中国的杂志《中国述评》为例，对印度中国研究转型的某些方面进行透视。

## 第六节 《中国述评》简介

《中国述评》是当代印度唯一一份以中国为主要研究对象的期刊。迄今为止，国内学界对于《中国述评》有所引用，但限于各种因素，对该刊的系统介绍和研究似不多见。此处以笔者于 2012 年 1 月至 2 月间在德里大学、尼赫鲁大学和印度中国研究所等机构收集的一手文献为基础，适当参考和利用近年陆续公开的网络文献，对《中国述评》报道和研究中国的几个阶段、刊载论文的基本内容、一些基本特点或规律、对于印度汉学研究的影响等进行初步介绍。为了叙述方便，这种介绍将突破时间的限制。[1]

**1. 基本概况**

按照学界的一般界定，印度的中国研究主要包含印度的汉学研究和中国现实问题研究两大部分。就印度而言，汉学研究主要发轫于 20 世纪初。戴辛格指出："20 世纪 50 年代，印度的中国研究在岔道口走错了路。它在汉学与区域研究的观念中进行选择。"[2] 他的话揭示了《中国述评》诞生、发展的学理基础和时代背景。"1962 年边境冲突暂

---

[1] 本节相关介绍，参阅尹锡南：《从〈中国述评〉看当代印度的中国研究》，《东南亚南亚研究》2016 年第 4 期，第 64~70 页。
[2] Giri Deshingkar, "Sinology or Area Studies?" C. R. M. Rao, ed., *China Report*, Vol. 22, No. 1, 1986, p. 80.

时中断了学者交流项目,但却刺激了印度的中国观察。"[1]

正是在这种非同寻常的时代气候中,一份名为 *China Report* 的期刊应运而生,它的诞生时间为 1964 年 8 月,[2] 英文期刊名的旁边印有汉字即"中国通讯",这便是《中国述评》的前身,这一刊名保持到 1967 年。后来,这一中文刊名消失不见,而英文刊名却由 China Report 变为小写的 china report,这一状态持续到时任印度总理英迪拉·甘地遇刺身亡的 1984 年。例如,1971 年的某期杂志还打了一则作者或许无心、读者定然留意的营销广告(黑体字为原文所有):

> **china report** is India's leading journal of Chinese and Asian Affairs. **china report** is stimulating and thought-provoking with regular contributions by India's best students of China and Asia. **china report** has no equal between Hong Kong and London. **china report** is known, read and respected in circles that matter. **china report** is published six times a year. **china report** gives you much at little cost. Help it to serve you! Take a subscription now!

---

[1] Huang I-shu, "Pioneers and Cultural Bridges," Tan Chung, ed., *Indian Horizons*, p. 507.
[2] 两位印度学者曾在《中国述评》2014 年第 1 期中指出:"The China Report began its 'long march' in December 1964 as a bi-monthly, through the joint efforts of Giri Deshingkar and C. R. M. Rao." Alka Acharya and Madhvi Thampi, "50 Years of China Report: The Long March," *China Report*, Vol. 50, No. 1, 2014, p. 1. 从笔者收集和拍摄的原始文献(见下文的附图)看,两位印度学者的叙述有误,因为《中国述评》的前身即《中国通讯》诞生的时间是 1964 年 8 月而非 12 月,但从将 1964 年 12 月出版的《中国通讯》标为第 1 卷第 1 期这一事实看,不妨将二者同时视为创刊号。

第三章　1965年至1988年的印度汉学研究　　233

图28　《中国通讯》(《中国述评》最初的刊名) 两种创刊号封面（中文刊名为红色字体）(笔者于德里大学图书馆拍摄，2012年1月27日)

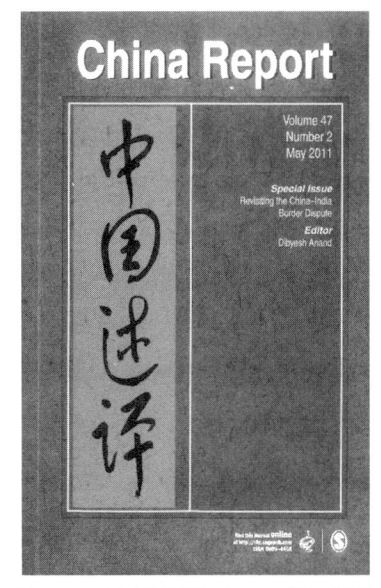

图29　《中国述评》(2011年) 封面

You can also get **china report** free。[1]

1988年至今，英文刊名恢复1964年创刊号原状，每期封面则配有中文刊名《中国述评》，这也印证了中印关系在拉吉夫·甘地访华前后所发生的微妙变化。刊名从大写到小写再到大写的这一复杂变化，惟妙惟肖地反映了印度知识精英认识中国的曲折历程。

就《中国述评》创刊至今，它的编辑班子经历了很多变化。1964年至1991年，创立和主持发展社会研究中心（Centre for the Study of Developing Society）的拉奥（C. R. M. Rao）任《中国述评》的主编，戴辛格为助理编辑。1988年，K. P. 古普塔成为该刊执行主编，而白蜜雅于1989年至1991为该刊执行主编。1992年至1996年，M. 莫汉迪任该刊主编。1997年至2000年，戴辛格任该刊主编，而阿尔卡·阿查里雅（Alka Acharya）为副主编（1997年至2000年、2002年至2005年）。2001年至2002年，白蜜雅短暂地接任主编。2001年，谈玉妮任助理编辑。2003年至2005年，G. P. 德斯潘德任主编。2006年至2013年，尼赫鲁大学的中国问题专家阿尔卡·阿查里雅任主编，德里大学东亚系的汉学家玛妲玉任副主编，郑嘉宾（Jabin T. Jacob）等任助理编辑，德里大学东亚系的

---

[1] "Special Number on Sino-American Thaw," C. R. M. Rao, ed., *china report*, Vol. 7, No. 4, 1971, p. 38. 原文是竖排，china report 为小写的黑体字。为了印刷方便，此处改为横排。引文的大意是："《中国通讯》是印度报道中国与亚洲时事的顶尖期刊。《中国通讯》由印度最优秀的中国与亚洲研究者定期赐稿，因此富有新意且启迪心智。中国香港与伦敦没有杂志可与《中国通讯》媲美。相关圈内人士熟悉、阅读和重视《中国通讯》。《中国通讯》一年发行6期。《中国通讯》使你付少获多。让它为你所用！现在订阅！你也可以免费获取《中国通讯》。"

中国问题专家室利马蒂·查克拉巴蒂任书评编辑（book review editor）。2013年至今，玛妲玉任该刊主编。"编委会经历了四次大的变动和几次小调整，这些都在杂志的基调和主旨（tenor）上反映出来。1968年，《中国述评》首次设立顾问编委（Advisory Editorial Board）。"[1]

就杂志发行周期而言，1964年至1985年的《中国述评》（包括其前身即创刊初期的《中国通讯》）为双月刊，1986年至今改为季刊。就篇幅而言，1964年至1969年，《中国通讯》每期为20至40页，有时则为10多页的篇幅；1970年至1984年，它每期为50至70页，少数时候如1974年第4期则达到151页，而该年第1、2期合刊，为99页；1985年的6期则统一计算页码，共计500多页；1986年至今则为每年4期，页码同样为统一计算，基本稳定在500多页，平均每期为100多页。

**2. 三个发展阶段**

综观《中国述评》50多年来的发展，可以将其大致归纳为三个阶段：1964年至1972年为第一阶段，1973年至1987年为第二阶段，1988年至今为第三阶段。这里对此进行简介。

1964年至1972年为《中国通讯》报道和研究中国的第一阶段。作为"中国观察"的重要组成部分，《中国通讯》首先肩负的并不是从学理上深入研究中国的方方面面，而是及时地跟踪观察中国的政治局势、经济发展、社会面

---

[1] Alka Acharya and Madhvi Thampi, "50 Years of China Report: The Long March," *China Report*, Vol. 50, No. 1, 2014, p. 2.

貌和对外关系等领域的"新常态"。[1] 它很好地体现了印度知识精英在中印边境冲突后急于了解中国这一"对手"的基本心态，也有力地配合了印度对华决策的现实需要。例如，1964年8月发行的《中国通讯》创刊号目录包括如下内容：《中国的新动态》、《当前局势发展》（新的农业政策、化肥、石油情况、废止旧币流通、周恩来访问缅甸、中苏贸易协定、中国与南非的贸易、中日贸易与外交等）、《是否召开一场世界性的共产主义大会》、《中苏争论中的问题》、《选择丈夫》、《国务院的新成员》、《书评》（介绍1963年在西方出版的两本涉及中苏关系的英文著作）、《大事记》（1964年5月至7月）。

随着时间的推移，20世纪70年代初，《中国通讯》开始摆脱那种较为单一的"中国观察"模式，逐渐向深度报道和较为理性的分析靠拢。它开始吸收、转载西方学者关于中国的研究成果。历史地看，这种符合学术规律的趋势延续至今，后来还演变为兼收中国学者、日本学者、海外印度裔学者等各种研究群体的相关研究成果。当然，需要指出的是，《中国通讯》这一时期刊载的许多论文与报道，带有强烈的意识形态偏见，有的则是对中国内政外交的粗暴指责，有的是借用"西方之眼"对西藏问题等涉及中印关系敏感领域的观察。如果将其放在中印边境冲突后微妙

---

[1] 从1978年第4期至1985年第2期，《中国通讯》规模不等地转载《印度时报》（The Times of India）、《政治家报》（The Statesman）、《印度快报》（Indian Express）、《印度斯坦时报》（Hindustan Times）、《印度教徒报》（The Hindu）、《经济时报》（Economic Times）、《电讯报》（Telegraph）、《德干先驱报》（Decan Herald）等印度英文媒体关于中国的时政报道，有时也采用地方语言报纸如《甘露市场报》（Amrita Bazar Patrika）的相关报道。

复杂的国际环境下考量，上述举措及其心态则不难理解。

《中国通讯》1972 年第 4、5 期发表了 K. P. 古普塔的长文《从社会历史视角分析印度的现代中国观》[1]，它似乎象征着《中国通讯》新的办刊理念，这便是将"中国观察"的触角伸展到中国政治、经济、军事、国防与中外关系等以外的更为广阔而深刻的领域。这是《中国通讯》发展的第二阶段（1973 年至 1987 年）的一大特征，也是该刊后来将刊名更改为《中国述评》的意味深长之所在。

《中国通讯》1973 年第 5 期刊载谭中批判西方中心论的文章，对费正清等西方学者关于中国历史的解释进行驳斥。《中国通讯》1976 年第 2 期发表谭中的论文《1840 年至 1842 年的鸦片战争与中英冲突》（The Opium War (1840-42) and Sino-British Contradictions）。谭中及其论文的出现，为《中国通讯》增添了一抹绿色。从此，他与妻子黄漪淑等人一道，在《中国通讯》上发表一系列探索中国历史文化的论文，为该刊更加深入中国文明的内部和回归师觉月等人的汉学传统以及为印度学界更加全面而客观地认识中国做出了应有的贡献。

总之，到 1988 年印度总理拉吉夫·甘地访华前夕，这本号称"东亚研究杂志"的、已由《中国通讯》改名为《中国述评》的杂志步入了较为正规的中国研究轨道。例如，1987 年 6 月发行的《中国述评》（总第 23 卷第 2 期）刊载论文的目录为：《唐朝灿烂文化的印度之源》、《龙的

---

[1] Krishna Prakash Gupta, "Indian Approaches to Modern China – I – II: a Social – Historical Analysis," *China Report*, Vol. 8, No. 4, 1972, pp. 29 – 51; Vol. 8, No. 5, 1972, pp. 38 – 57.

第八次航海未曾进行：明朝早期航海中断的起因考察》、《论毛泽东的形象塑造》、《批判性社会科学在亚洲的作用：区域互动的新关切和必要性》、《从比较视角看革命环境的内部和外部动力》、《论俄国革命与中国革命的某些主观条件》（作者为陈志华）、《与其他发展中国家是否相似？》（印度学者访华印象录）、《重新思考明治维新》（书评）、《当代中国知识分子的生活》（书评）等。此外，本期还收录了中共中央关于文化建设指导原则的决议译文。

1988年，拉吉夫·甘地访华开启了1962年边境冲突后曾陷入低谷的中印关系的新局面。以此为契机，《中国述评》也秉承第二阶段的某些积极和健康因素，将中国研究推向了一个更新的境界，这也是其第三发展阶段的题中应有之义。尽管意识形态色彩或其他某些消极因素挥之不去，《中国述评》在第三阶段基本上摆脱了《中国通讯》时期纯粹的"中国观察"模式。随着中印同时崛起，中印关系日渐升温并迅速步入良好发展阶段，印度的中国研究也在20世纪末与21世纪初迎来了崭新的发展契机。

在栏目与议题设置上，迎来第三阶段的《中国述评》追踪中国政治、经济、军事、国防、外交、社会等领域的重要现象与热点、焦点，紧跟中印关系的时代潮流，同时也关注中国历史、文学、语言、宗教、哲学或中印文化交流史等诸多人文领域。它还通过刊登中国政治家、外交官与学者的文章，近距离了解中国的历史现状与真实国情，把握中国文明的脉搏。

### 3. 基本规律和特色

50多年来，从《中国通讯》到《中国述评》，从刊名中的 China 由大写到小写再到大写,这份杂志见证了中印关系半个多世纪的跌宕起伏、曲折蜿蜒。它在报道和研究中国的漫长岁月中,体现出一些基本的规律和特色。

按照当下的定义,无论是《中国通讯》最初赖以安身立命的坚强后盾发展社会研究中心,还是目前支撑《中国述评》正常运转的印度中国研究所,都可视为印度智库。作为非常重要的国家级智库,它们对于政府决策的服务和支持必然反映在以杂志为载体的学术研究上。这便形成了《中国述评》长期以来密切追踪中国现实的传统,它关注中国发展的重要现象和热点问题,关注包括中印关系在内的中国对外关系。

进入 21 世纪以来,《中国述评》密切关注中国局势发展与中外关系的势头有增无减,但与 20 世纪中后期的某些动向相比,显得更加成熟与理性。该刊发表的很多论文或系列论文,体现出更加深刻、成熟的学术底蕴,说明《中国述评》的中国观察确已摆脱以往某些近乎极端、肤浅的平面报道、感性漫画模式,逐步走向成熟。

从前文介绍来看,1964 年创刊的《中国通讯》于 1988 年更名为《中国述评》,这并非简单的刊名更替,实则蕴含深意。它显示印度智库的智慧结晶《中国述评》已经从名副其实的中国观察,走向兼顾国家现实利益与理性学术探索的中国研究,从关注中国政治、经济、军事、外交、社会到兼及中国历史、文化、艺术、宗教等多个领域。换句话说,这是一种更高层次的中国观察,它符合中印关系发展的历史规律。为了兼顾现实问题思考与中国历史文化研究,《中国述评》除了刊发大量相关的单篇论文和译文，还多次以特刊的形式，集中探讨相关热点问题或重要的学术现象、人物等，以更好地服务于印度对华外交和认识中国的学术需求，体现其中国观察与中国研究有机统一的特色。

《中国述评》以专题形式开辟特刊或专号（Special Number）的传统，可以追溯到其草创期。《中国通讯》1966年第2期以"中国战略与南亚安全"（Chinese Strategy and Security of Southern Asia）为题，对中国的战备思想及其与南亚安全的关联等集中进行探讨。1971年8月发行的《中国通讯》（总第7卷第4期）组织了"中美缓和特刊"（Special Number on Sino-American Thaw），《中国、美国与亚洲》《大三角与印度的选择》等文章对中美战略缓和的重要现象进行分析，以回应印度政府、学界和民众的关切。

20世纪80年代，该刊组织了3次专题，它们分别是：1982年的"鲁迅特刊：文学、社会与革命"、1988年第1期的"罗易特刊"（Special Issue on M. N. Roy）、1988年第3期的"西藏特刊"（Special Issue on Tibet）。

"罗易特刊"的论文包括谭中的《中国：M. N. 罗易的失乐园》、黄漪淑的《关于罗易的中国资料报告》、陈锋君的《罗易与共产国际》、张光宇的《罗易在武汉》、冯崇义的《背叛还是忠诚：论罗易向汪精卫透露共产国际的秘密信息》。

"西藏特刊"由K. P. 古普塔撰写"前言"，它包括印度学者和流亡藏人学者撰写的6篇文章，还收录了藏人学者的2篇档案文献。

进入20世纪90年代以后，《中国述评》组织了3次特刊，分别是1993年的"世纪之交的日本"（总第29卷第4期）、康维诺（Vinod Khanna）主持的1994年的"冷战后世界的中国与东南亚"（总第30卷第2期）、M.莫汉迪主持的1995年的"毛泽东百年诞辰"（总第31卷第1期）。为纪念毛泽东百年诞辰的特刊撰稿的作者包括M.莫汉迪、白蜜雅、戴辛格、谭中、潘翠霞和A.波斯（Arun Bose）等中国问题专家或汉学家。这显示印度学者对毛泽东研究的高度重视。

进入21世纪以后，《中国述评》以专题形式研究中国的次数明显增多，这似乎意味着印度智库与学界精英对中国研究的兴趣更加浓厚。这些特刊包括：2002年（总第38卷第4期）的"中国的外国投资与经济发展"、2004年（总第40卷第4期）的"中国经济改革25年"、2007年（总第43卷第3期）的"中国在非洲"、沈丹森主持的2007年（总第43卷第4期）的"加尔各答与中国"、阿尔卡·阿查里雅主持的2010年（总第46卷第3期）的"中国与南亚"、2011年（总第47卷第2期）的"重新思考中印边界争端"、沈丹森主持的2012年（总第48卷第1—2期）的"纪念季羡林专号：印中互动研究"、2012年（总第48卷第3期）的"中国与东南亚"、2013年（总第49卷第1期）的"中国与中东"、2013年（总第49卷第4期）的"台湾与印太地区的联系"、2014年（总第50卷第3期）的"20世纪早期的印中关系"、2018年（总第54卷第1期）的"香港：身份、思想史与文化"。其中，2012年的"纪念季羡林专号：印中互动研究"的撰稿者包括沈丹森、梅维恒（Victor H. Mair）、宁梵夫（Max

Deeg)、狄伯杰、刘曦等8位来自印度、美国、中国、日本的学者，充分地展示了《中国述评》开门办刊的趋势。[1]此外，《中国述评》2005年第4期、2007年第2期、2008年第4期、2009年第2期均开辟了《中印俄三边学术研讨会》的专栏，刊载相关专题报道与系列论文。从以上介绍看，印度学界关注的重点之一是涵盖中印关系的中国对外关系，关于中国经济发展的观察和思考也占据着重要位置。

如果将《中国述评》与中国以印度研究为主体的《南亚研究季刊》及《南亚研究》进行比较，[2]《中国述评》的某些特色更加鲜明。首先，从刊载文章的内容看，《南亚研究季刊》的前身即20世纪70年代的《印度问题研究参考资料》或《南亚研究资料》等，主要刊载介绍印度政治、经济、军事、国防、社会、对外关系等方面的时政报道和追踪印度局势发展的相关论文，近似于"印度观察"模式，这与《中国通讯》同一时期的"中国观察"模式颇为接近。这一现象说明1962年边境冲突不仅严重阻碍了两国知识精英和智库对对方的认识，也说明两国当时对对方的某些领域的研究处于草创期或萌芽期；20世纪80年代以来的30多年中，由于多方面因素所限，《南亚研究季刊》以刊登印度经济、社会、政治及中印关系、印巴关系

---

[1] 关于《中国通讯》或《中国述评》历年各期的详细信息，参见该刊官网上电子期刊信息。
[2] 《南亚研究季刊》为四川大学南亚研究所于20世纪60年代中期创办，该刊在1972年至1976年定名为《印度问题研究参考资料》，1977年至1978年定名为《印度研究资料》，1979年至1984年定名为《南亚研究资料》，1985年至今定名为《南亚研究季刊》。《南亚研究》为中国社会科学院亚太研究所于20世纪80年代初创办。

等领域的论文为主,对于印度历史、文化、宗教、语言、艺术等人文领域的论文刊登甚少,这和同一时期《中国述评》刊载社会科学和人文科学两大领域的论文较为均匀形成鲜明反差。不过,20世纪80年代初创刊的《南亚研究》与同一时期的《中国述评》有些接近,二者刊发社会科学与人文科学领域的论文的比例没有太大失衡。

此外,检视20世纪80年代以来的《南亚研究季刊》和《南亚研究》,发现其以特刊或专号形式集中刊载印度研究论文的情况不太多见或相对较少。近年来,《南亚研究》刊载论文的趋势开始向《南亚研究季刊》靠拢,即重视发表研究印度政治、安全、国防、经济与对外关系等社会科学领域的论文,刊载人文科学领域的论文渐趋减少,目前已基本不再刊载这方面的论文或译文。这一方面与北京大学定期出版《东方文学研究集刊》等"消化"相关论文的杂志有关,另一方面也似乎与《南亚研究》的办刊方针悄然发生变化有关。值得一提的是,云南社会科学院南亚研究所主编的一本杂志《东南亚南亚研究》,每期刊载相当比例的印度研究论文,其中均包括印度历史、文学、宗教等领域的论文、译文。

就杂志的语言载体而言,除了极少数情况,《南亚研究季刊》和《南亚研究》均采用汉语,这与《中国述评》始终采用英语截然不同。从传播效果等方面看,《中国述评》总体上或许要优于中国的两本老资格印度研究期刊,毕竟英语载体意味着国际传播的话语优势。至少,中国的印度研究学者能较为轻松地阅读《中国述评》并了解其大概内容,而印度的中国问题研究专家、学者在阅读和利用中国的上述两本印度研究期刊时,似乎面临着不同程度的障碍。这或许可以部分地解释为何印度的中国问题专家很少或几乎没有参考上述两本中国期刊。

就杂志的供稿者亦即作者群体而言,《南亚研究季刊》和《南亚研究》与《中国述评》存在巨大的差异,因为《中国述评》自创刊以来的大部分时间均采取开放办刊的策略,它刊载国际学者的相关论文的比例非常高,这和中国两本期刊偶尔登载国外学者的论文、译文形成鲜明对照。为《中国述评》供稿的国际学者包括印裔美国学者如沈丹森、杜赞奇(Prasenjit Duara)等。综合来看,《中国述评》的作者群体国际化已成惯例,它为印度的中国研究注入了非常强劲但又异常复杂的新鲜血液。

**4. 历史功绩与复杂缺陷**

作为印度研究中国最集中、持续时间最长的杂志,《中国述评》的历史功绩不容忽视。首先,该刊对印度汉学与中国印度学研究均产生了不同程度的影响。就印度而言,该刊自20世纪70年代以来,通过论文、译文、书评等各种形式的成果发表,培养了一大批优秀的或合格的中国研究人才。K. P. 古普塔、哈拉普拉萨德·雷易、谭中、M. 莫汉迪、嘉玛希、玛妲玉、邵葆丽、谈玉妮、室利马蒂·查克拉巴蒂、任嘉德、康维诺、海孟德(Hemant Adlakha)、阿尔卡·阿查里雅、谢钢、郑嘉宾、万可达(G. Venkat Raman)等的中国研究成果或相关的博士论文精华,便是先后在该杂志上发表的。这些学者或外交官大体上均赞同和支持中印友好事业,有的还为此身体力行、不遗余力,他们后来陆续成为印度中国学研究的领军人物、学术骨干或后起之秀。通过他们在该刊发表的相关成果，印度与西方学界得以及时了解印度中国学研究的进展和信息，对印度与西方的中国学互动或印度与中国的学术互动，起到了不可替代的重要作用。

1986年左右，该刊开始接纳一些中国政治家、外交官的文章，也刊载一些中国学者的论文或其成果的英译、评论。迄今为止，根据笔者粗略的统计，在《中国述评》刊登文章、译文或其成果评价的中国政治家、外交官和学者包括（括号中代表的是成果发表在《中国述评》上的具体年份和期数，除标明为成果英译或成果评价外，均为论文）：张敏秋（1986年第1期），孙培钧（1987年第4期、1989年第2期），陈锋君、张光宇（均为1988年第1期），邢贲思、龚书铎（均为1989年第1期），袁传伟（1989年第2期），华碧云（1989年第3期），陶文昭、张震、迟浩田（均为1990年第3期），马加力（1991年第3期），林承节（1995年第2期），王树英中文著作的评论（1995年第3期），张蕴岭（1995年第4期），刘学成英文著作的评论（1997年第1期），金克木中文著作的英译（2000年第4期），杜幼康（2001年第2期），程瑞声（2002年第1期、2003年第3期、2004年第3期、2008年第1期），马克垚（2002年第2期），王庚武（2003年第3期），曾庆红、张贵洪（均为2005年第2期），尚劝余（2005年第3期），杨荣新（2006年第1期），耿引曾（2006年第2期），李涛（2007年第1期），周刚（2007年第2期、2008年第1期、2008年第4期），张幸（2009年第1期），赵干城（2009年第2期），陈利君、蒋茂霞（2010年第2

期），孙波对徐梵澄的介绍及徐梵澄著述的英译（2010年第4期），刘学成（2011年第2期），季羡林论文《〈罗摩衍那〉在中国》的英译（2012年第1—2期），等等。[1]此外，《中国述评》还及时刊载中国政府的重要官方文件（包括历届中国领导人的重要讲话或重要决议等）的英译版。

毋庸置疑，上述文章或译文以《中国述评》搭建的平台为基础，发出了中国政治家、外交官和学者自己的声音，鲜明地体现了中国风格、中国精神、中国立场。这些中国话语不同程度地增进了印度学界对中国国情和发展现状、中国历史文化及中印关系等各个方面的深入了解，不同程度地扭转了长期以来印度学界认识和表述中国的"话语出超"或曰一家独言状态，对其形成有利于中印关系健康发展的中国观大有裨益。例如，中国国际问题研究所高级研究员刘学成的文章《超越中印边界争端》呼吁解决边界争端的双赢思维，提倡两国在照顾对方国家核心利益和主要关切的基础上，妥善解决分歧。[2]复旦大学张贵洪教授的文章《中国和平崛起与中印关系》，向印度智库和学界精

---

[1] 笔者未掌握2012年第3期至2021年各期《中国述评》的纸质刊物（但部分地参考了四川大学南亚研究所图书室收藏的近年各期《中国述评》），因此通过该刊网络链接查询了相关信息。正因如此，以下各文的作者姓名均为音译，其国籍尚无法确认，但从其拼写习惯看，大致可以肯定的是，他们或是大陆与港台学者，或是海外华人学者。这些学者的姓名及其论文发表在《中国述评》的具体时间为：王朝光和张利延（均为2012年第4期）、葛长银（2014年第1期）、潘美霖（2014年第3期）、李思（2014年第4期）、杨威和李章及丁一江（均为2015年第1期）、李利清（2015年第4期）。

[2] Liu Xuecheng, "Look Beyond the Sino-Indian Border Dispute," Alka Acharya, ed., *China Report*, Vol. 47, No. 2, 2011, pp. 147-158.

英传达了中国和平崛起的理念与中印关系的基本看法。[1] 张幸博士早年留学国外,后来回国执教于北京大学外国语学院东方语言与文化系,她的论文《创造新的文化身份:加尔各答华人族群的印度宗教实践》考察了在印华裔的艰难处境和命运变迁,让印度学界了解中国青年学者对于这一重要文化现象与历史个案的真实心态。[2]《中国述评》2011年第1期这样评价依据该文写成的著作《通过教育保持文化身份:印度加尔各答华裔社区学校》[3]:"该著作信息丰富,因其详细记录了印度的汉语教育史,让读者领略了华裔印度人的政治和社会生活,几十年来,这些人将加尔各答视为第二故乡。本书详细说明了他们通过教育的方式维系自己文化身份的努力。加尔各答华人居住区正在逐渐淡出历史。因此,这样一种记录,将长期成为一种珍贵的学术奉献。"[4]

还有一个值得注意的现象,即部分华裔学者、港台学者[5]或留学海外的中国学者也在《中国述评》刊发中国研

---

[1] Zhang Guihong, "China's Peaceful Rise and Sino‑Indian Relations," Alka Acharya, ed., *China Report*, Vol. 41, No. 2, 2005.
[2] Zhang Xing, "Creatiing a New Cultrual Identity: India-related Religious Practices among the Chinese Community in Kolkata," Alka Acharya, ed., *China Report*, Vol. 45, No. 1, 2009, pp. 53-63.
[3] Zhang Xing, *Preserving Cultural Identity through Education: The School of the Chinese Community in Calcutta, India*, Singapore: Nalanda Srivijaya Centre, Institute of Southeast Asian Studies, 2010.
[4] Alka Acharya, ed., *China Report*, Vol. 47, No. 1, 2011, p. 62.
[5] 例如,台湾清华大学助理教授、研究印度问题的学者方天赐(Fang Tien-Sze)在《中国述评》2013年第4期发表论文《台印关系中的问题与趋势》(*Taiwan's Relations with India: Issues and Trends*)。他还在《中国述评》2014年第3期发表文章《评罗家伦大使1947至1949年出使印度》(*An Assessment of Ambassador Luo Jialun's Mission to India: 1947-1949*)。

究相关领域的论文。例如：《中国述评》2012年第1—2期"纪念季羡林专号：印中互动研究"发表了多篇文章，其中3篇文章的标题分别是：《一行（673—727）与九宫：中国对印度观念的重释》（作者为加拿大英属哥伦比亚大学陈锦华，姓名为音译，后同）、《孟加拉国与云南的联系》（新加坡国立大学杨斌）、《康有为的印度之旅：晚清与民国时期中国的印度叙事》（新加坡国立大学东南亚研究所那烂陀·室利佛逝中心刘曦）。这些学者以自己的英语表达优势和独特思考，加入了中印学术互动的特殊行列。

不过，需要看到的是，虽然自20世纪80年代中后期以来，中国学者在《中国述评》发表了一些成果，有的学者的成果被译为英文并在此刊载，但与印度和西方学者在该刊发表的诸多论文相比，显然是比例失衡的。因此，如何改善这一状况，增强向印度学界表达自我的话语能力，似可作为一个议题加以思考。

综上所述，《中国述评》对印度政府与精英人士认识中国或建构客观合理的中国观产生了积极作用，同时也应看到，它所刊载的很多文章毕竟代表了印度学者个人或集体的心态，有的则是印度官方立场的折射或民间心态的浓缩，因此其所建构的印度的中国形象自然会斑驳陆离、杂色纷呈。《中国述评》常常刊载或以书评方式推荐海外印度学者和西方学者的中国研究成果，即向印度智库、学界和政界传达了印度本土之外的声音与看法，对于拓展印度本土的中国研究者的学术视野和理论思维虽有一定好处，但其所代表的（中国学者与印度学者之外的）第三视角和西方心态，对于印度本土学者客观认识中国、建构合理而辩证的中国观能起何种作用,这成为一个非常复杂的也有待思考或商榷的问题。总之,《中国述评》所折射的是印度学界色调不一的中国认知,其中所反映的消极认知或矮化叙事,无疑是微妙地影响中印关系健康发展的负面因素。

《中国通讯》创刊伊始,便设立了不定期的书评专栏,向印度学界及时推荐西方研究中国问题的最新成果,后来该刊将书评栏目定期化,并将推荐书目从西方的相关著述扩大为印度、中国及亚洲其他国家或地区学者的相关著述,但绝大部分为英文著述,极少数为其他语言如汉语的译著。例如,《中国述评》1987 年推荐的是印度华裔学者谭中于 1986 年出版的英文著作《海神与龙:帝国主义与 19 世纪的中国》;《中国述评》2005 年第 2 期推荐的是美国印裔学者沈丹森于 2003 年出版的《佛教、外交与贸易:公元 600 至 1400 年中印关系的转型》等;《中国述评》2010 年第 1 期推荐的是印度外交官 K. N. 辛格于 2009 年出版的《我的中国日记:1956 年至 1988 年》(*My China Diary:1956-1988*,New Delhi:Rupa & Co.);《中国述评》2016 年第 1 期刊载的 9 篇书评中,有 6 篇与中国研究著作有关,这 6 篇书评的对象包括西方学者塔内尔(Harold M. Tanner)于 2015 年出版的《蒋介石在哪里输掉中国:1948 年辽沈战役》(*Where Chiang Kai-shek Lost China:The Liao-Shen Campaign, 1948*,Indiana University Press)等。

《中国述评》保持富有特色的书评栏目,及时推荐世界范围内的中国研究新著,以拓展印度学界的知识视野,这本身无可厚非,但问题是,它过于关注英语读物,绝大多数评价或推荐的对象也是西方或印度学者的著作,而中国大陆的中文著述和期刊几乎很少涉及。戴辛格曾经坦率地指出："印度中国研究最大的弱点是，印度学者的语言能力很低下。由于缺乏语言技能，研究主题的选择几乎完全依赖于可以接触到的英语文献。印度学者采用的所有社会科学理论，完全来自西方。"[1] 这种判断对于某些印度老一代中国研究者或许适用，但能否用于评价年轻一代的印度学者，或许应该打一个问号。但是，当我们困惑于这么一种现实时，却似乎只能求助于戴辛格的"先见之明"来解释。这种现实就是，即便是中文阅读能力优秀的印度学者，其所推荐、评价的几乎均为英语著作。即便这些学者常来中国，除了极少数例（如沈丹森和狄伯杰等），他们一般很少在《中国述评》上撰文评价、推荐中国学者的中文成果。

一方面，限于语言能力或其他复杂因素，《中国述评》的编辑和书评者们对中国学者的相关著述视而不见或无力评价；另一方面，该刊定期刊载西方的中国研究成果，还在一段时期内刊载广告，推荐西方的中国研究杂志。例如，1964年12月发行的《中国通讯》（总第1卷第1期）[2]，在其最后一页印上了推荐英国期刊《中国季刊》（*The China Quarterly*）的广告词：

---

[1] Giri Deshingkar, "Chinese Studies in India: An Appraisal," Tan Chung, ed., *Indian Horizons*, p. 501; Giri Deshingkar, *Security and Science in China and India (Selected Essays)*, p. 458.
[2] 在此之前即1964年8月、10月，《中国通讯》已经发行了2期。这里将1964年12月发行的《中国通讯》定为第1卷第1期，说明当时的编辑将前两期视为试刊，将1964年12月发行的《中国通讯》视为创刊号，但笔者尊重历史，此处仍将1964年8月发行的《中国通讯》视为创刊号，或许不妨将二者同样视为创刊号。

The only journal specializing in all aspects of contemporary China through comment, chronicle, debate, documentation. THE CHINA QUARTERLY has established a reputation for scholarly and objective analysis and has maintained a steady flow of informed and, sometimes, controversial articles.[1]

《中国述评》1988年第3期第212页印上了澳大利亚期刊《澳大利亚中国事务杂志》(The Australian Journal of Chinese Affairs)的订阅广告词。这种尊崇和取法西方、省略和忽视研究对象中国的姿态,通过《中国述评》这么一本本应严肃谨慎的杂志体现出来,实在是令人痛心,如回顾中印关系近几十年的曲折发展,问题的答案似乎不难寻找。

《中国述评》的成长见证了印度的中国研究转型。"中国观察"的研究模式限制了很多印度学者学习汉语和中国文化的兴趣,从而影响到他们的研究方法和质量。基于这一背景,20世纪后半叶,以往由印度汉学家大展身手的舞台,却常由中国问题专家在此表演。很大程度上,冷冰冰的对华区域研究代替了充满人文关怀并能拉近中印心灵距离的汉学研究。[2] 20世纪末至今,中印文化交流的规模仍

---

[1] C.R.M. Rao, ed. China Report, Vol.1, No.1, 1964, p.32. 引文的大意是:"这是唯一一本通过评论、编年史、论辩和档案专门研究当代中国方方面面的杂志。《中国季刊》因其学理性的客观分析确立了声誉,坚持定期发表有真知灼见的、偶有争议的文章。"《中国季刊》的时任主编为马若德即后来担任哈佛大学费正清中心主任的中国研究专家罗德里克·麦克法夸尔(Roderick MacFarquhar),现任主编为伦敦大学东方与非洲学院政治研究所的朱丽叶·施特劳斯(Julia Strauss)。《中国季刊》由伦敦大学东方与非洲学院当代中国所于1960年创刊,每年出版4卷,是西方英语世界的中国研究重要期刊。
[2] 尹锡南:《印度汉学:从"中国研究"到"中国观察"》,《中国社会科学报》2013年2月1日,第13版。

然非常有限。《中国述评》的西化倾向可由此解释。

《中国述评》所体现的某些问题,与印度汉学研究遭遇某些尴尬有关。尼赫鲁大学中国问题专家斯瓦兰·辛格等指出,中国是印度最大的邻国,这一现实是加强印度中国研究的最好理由。但是,在印度,中国研究仍被归于区域研究即东亚研究范畴,并没有提升为专门的研究机构。印度的学术机制显然不能促进中国语言的学习,因此很难为中国研究打下坚实的语言基础。近年来印度的中国研究发展较快,但制约其发展的根本痼疾没有得到彻底根除。中国研究多是个人自发行为,来自政府机构的支持和制度化的资助很少。因此,很难在印度的大学找到研究中国的大师级人物。一大批从事中国研究的知识精英已经倍感挫伤,这便严重影响到他们以印度视角了解与研究中国。印度急需大批站在印度的立场认识和研究中国的专家。[1] 斯瓦兰·辛格等人的观察与思考,对于我们客观而理性地分析《中国述评》所反映出的复杂问题不无裨益。

那么,当今中国学界能否通过某些合理的方式,对《中国述评》产生某些微妙的积极影响呢?中印两国知识精英,如何借助《中国述评》等话语平台,通过学术互动,达成心灵沟通和相互理解呢?这些是亟待思考的重要问题。

---

[1] [印]斯瓦兰·辛格、石之瑜:《印度的中国研究评论》,施汶译,《国外社会科学》2010年第3期,第64~68页。

# 第四章
# 1989年至2021年的汉学研究

20世纪70年代末，由于中印关系逐渐改善，马尼克、莫普德、邵葆丽、狄伯杰和沈丹森（后入美国籍，现为印裔美国学者）等印度学者可以免除假道欧洲、美国学习汉学的烦恼，直接到中国（主要是在北京）的各个大学或科研机构如北京大学、北京师范大学、北京语言学院（现为北京语言文化大学）和中国社会科学院等学习汉语或进行汉学研究的相关活动。因此，同一时期，印度汉学研究虽然在成果的数量上无法与现实问题研究相匹敌，但仍旧出现了前所未有的新气象，它以功底扎实的一部分学术著作（或译著）与论文为标志。其中值得注意的包括哈拉普拉萨德·雷易、谭中和洛克希·钱德拉等老一辈学者，也包括马尼克、嘉玛希、玛姐玉、狄伯杰、沈丹森、邵葆丽、莫普德、谈玉妮等迅速成长起来的中生代与新生代学者。他们对于中国历史（包括中印关系史和中印文化交流史）、中国文学、中国宗教哲学等方面的研究，成为全球英语世界汉学研究的一个重要分支。

值得一提的是，近年来，汉学领域里某些冷门专业的研究也开始在印度出现。例如，国内学界一般认为几乎没有多少印度人关注中医，但笔者于2020年1月4日在印度新德里一家梵文书店发现了一本中医药辞典，其封面除了英语书名，还印有汉语书名：《中（国）传统医药辞海》[1]（"国"字为笔者所补充）。该书作者P. C. 巴纳吉（Prithwis Chandra Banerjee）曾经在加尔各答大学和北京大学学过汉语，后来进入印度政府任职，退休后在加尔各答亚洲学会从事中国文化研究。这本书的正文有174页，里边包括近676个中药名的汉语名称、汉语拼音和拉丁语药名、英语释义。例如，书中提及以下药名：何首乌、诃子、合子草、黑大豆、黑藜芦、红草、红丝草、红花、栀子、钟乳石、竹鸡、竹沥、猪苓、苎麻、猪肉、竹茹、朱砂、竹叶、诸竹笋。[2] 该书"引言"部分还列出了11种（字面上标为12种）汉语参考书和两种汉英词典。这些汉语参考书包括：《三才图会》、《本草医方合编图像》、《医方集解》、

---

[1] 该书名《中传统医药辞海》为《中国传统医药辞海》之误，或为印刷错误所致。本书后文直接写为《中国传统医药辞海》。

[2] 参见 Prithwis Chandra Banerjee, Compiled, *Encyclopaedia of Chinese Tranditional Medicine*, Kolkata: Academic Publishers, First Edition, 2012, pp. 50-51。就中国方面而言，廖育群、陈明、刘英华等学者不同程度地涉及印度传统医学（阿育吠陀）的研究和介绍。笔者于2020年1月赴印度传统医学部（隶属于印度外交部）和阿育吠陀制药厂考察期间，拜会了印度传统医学部相关人士后发现，对方对于中国传统医药产业与印度传统医药产业的未来合作抱有很高期望。笔者在这次考察中还获得了印度传统医学部赠送的两本关于印度和中国草药的绿皮书亦即宣传册（分别为170多页和350页）。该2卷本有多幅插图介绍中印两国都有的草药，并配有相应的拉丁语药名、印度语药名、汉语拼音药名（如Chen Pi即陈皮）及入药部位（如根或果等）。其中一本印有中国安徽亳州、四川成都（荷花池）和广州三地的中药材批发市场或药材市场的照片、药材样品等，它还配有解说中医针灸穴位和针灸治疗的照片或彩图。参见 *Medherb Green Pages-2015, A Handbook of Updated Trade Information on Medicinal Plants' Sector, India and China*, Part2, Delhi: Rawal Medherbs Consultants Private Limited, 2015, pp. 290-305。这些事实说明，我们有理由期待未来的中印医药业交流合作或中印学界的医学对话，也有理由相信未来中印学者对传统汉学和古典印度学的研究将开辟更多的领域，收获更多的学术成果。

《合订本草备要》、《广东新语》、《增补万病回春》（第一至八卷）、《河北中草药》、《诊断学》、《实用妇科学》、《辞海》、《汉英词典》。[1] 这些书的前6种为明朝、清朝的医药著作或涉医著作。下面附录相关的图片以示说明。

图30 《中国传统医药辞海》封面　图31 《中国传统医药辞海》正文

本章拟以某些代表人物为主，对印度学者的汉学研究做一简介，最后再以代表当今中印两国古典印度学、汉学研究最高水平的合作成果《中印文化交流百科全书》为例，对目前最新的研究动态做简要说明。由于语言的限制，此处不能对狄伯杰等人关于中国文化经典的印地语译著、那济世关于鲁迅作品的奥里亚语译本（下文附录该译本的相关信息）[2]、马尼克和莫普德等人关于鲁迅作品和毛泽东诗词的孟加拉语译文、史达仁（Sridharan Madhusudhanana）关于中

---

[1] 这里部分文献表述不准确，《本草医方合编图像》应为《图注本草医方合编》，《合订本草备要》应为《医方集解本草备要合编》。
[2] 2011年11月7日，那济世先生在印度贝拿勒斯印度大学研讨会现场向笔者展示该书。笔者以手机拍摄了该书相关信息。

国文学经典的泰米尔语译本等进行介绍,也不能对印度学者以印地语、孟加拉语、马拉提语、乌尔都语和泰米尔语等印度现代语言为书写载体进行的汉学研究进行简单梳理,这是一个巨大的遗憾。期待未来懂得相关语言的学者弥补这个缺憾。由于这一时期印度学者以著作形式出版汉学研究成果者越来越多,且其学术质量有超越上一阶段的趋势,此章便以其英文著作为主进行简介,必要时辅以相关论文或网络文献进行补充。

图 32 《鲁迅小说》奥里亚语译本封面

图 33 《鲁迅小说》奥里亚语译本扉页

图 34 《鲁迅小说》奥里亚语译本版权页

图 35 《鲁迅小说》奥里亚语序言

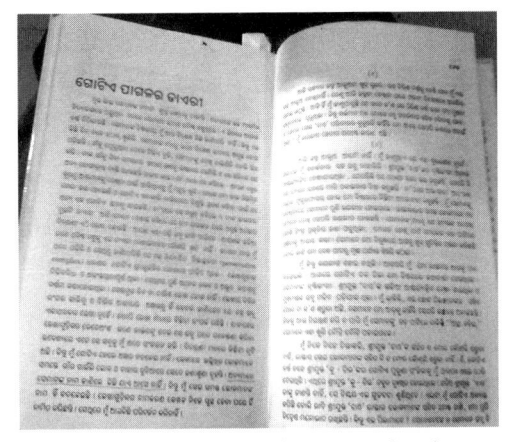

图 36　《鲁迅小说》奥里亚语译本正文

## 第一节　印度中文教学机构概况

1988年12月，印度总理拉吉夫·甘地访华，这是一次著名的"破冰之旅"，它预示着中印关系漫长的严冬就要过去，春天即将来临，尽管这也是乍暖还寒的不短的春季。12月21日，邓小平在接见拉吉夫·甘地时指出："中印两国如果发展起来了，那就可以说我们对人类做出了贡献。也正是在这个伟大的目标下，中国政府提出，所有发展中国家应该改善相互之间的关系，加强相互之间的合作。中印两国尤其应该这样做。"[1]这显示了邓小平看待中印关系的务实风格。从那时起，中印关系虽然历经坎坷曲折，但两国无论是高层互访和经贸往来，还是文化交流与民间互动，均在不断发展的正常轨道上运行。以此为契机，

---

[1] 邓小平：《邓小平文选》（第三卷），北京：人民出版社，1993年，第282页。

1989年至今的中国研究也出现了前所未有的"井喷"态势，无论是涵盖政治、军事、外交、经济和社会领域的中国现实问题研究，还是涉及历史、文学的汉学研究，印度学者的相关成果迅速增多。另外，印度中国研究所等专业的研究机构或曰智库正式成立。因此，本节简介印度的中文教学概况。

就中国语言和文化的基础教学与传播而言，20世纪以来，印度已经先后建立印度国际大学中国学院等4个最具代表性的独立教学单位或机构。就专业性的中国研究机构或曰智库而言，20世纪60年代起，德里大学、尼赫鲁大学开始形成独立的中国研究小组或相关学术群体，它们的一些重要成员后来加入专业性的中国研究机构。1990年，印度中国研究所正式诞生，此前还成立了印度国防研究和分析所（The Institute for Defence Studiesand Analyses，IDSA）等涉及中国研究的专业智库，它们促进了印度对中国现实问题研究的发展。

历史而客观地看，作为印度中文教学机构，印度国际大学中国学院、贝拿勒斯印度大学（Banaras Hindu University，BHU）中文系、德里大学中日研究系（即现在的东亚学系前身）和尼赫鲁大学语言学院中文系，是4家名副其实且延续至今的中国研究"摇篮"或"语言孵化园"。"今天印度的中国研究主要在四所国立大学中展开：即德里大学的东亚学系、尼赫鲁大学国际学院的东亚系和语言学院的中文系、国际大学的中文系和贝纳拉斯印度教大学（即贝拿勒斯印度大学。——笔者按）的外国语文系

(其中中文教学与中国研究占重要地位)。"[1] 这 4 家教学单位中，德里大学和尼赫鲁大学的中文教师进入中国研究领域且颇有造诣者居多，其他两所大学的中文教师也有从事中国研究者，但人员数量和研究力量明显居于劣势。

2004 年以来，本书笔者先后 4 次赴印，数次拜访上述 4 家印度中文教学单位，获得了大量一手信息。根据笔者 2017 年 11 月在印度了解的信息，国际大学中国学院有 160 多个学生，其中包括博士生 5 人、硕士生 20 多人、四年制本科生 100 人、一年制预科生 40 多人。[2] 该院现有在职教师 7 人，其中包括院长阿维杰特·巴纳吉、甘古里（Jayeeta Gangopadhyay Ganguly，女）、巴特丽（Tandrima Pattrea，女）、金花（Hem Kusum，女）、辛哈（Chiranjib Sinha）、昆都（Debdas Kundu）和巴塔（Atreya Bhatta）。此外，还有来自黑龙江大学的一名中国教师。国际大学已与云南大学（2011 年 7 月）、云南民族大学（2016 年 12 月）签订了谅解备忘录，双方学生已进行互访交流。中国学院图书馆已于 2016 年 11 月与上海图书馆签署了谅解备忘录，中方首次向对方提供 500 册中文图书，以后每年提供 100 册，以充实中国学院图书馆的藏书。[3] 该院前任院长那济世先生计划在 2018 年出版新创刊的同时刊载汉语和英语论文的《印度中国语言文化学报》（*Indian Journal of*

---

[1] 谭中：《现代印度的中国学》，《南亚研究季刊》2011 年第 1 期，第 95 页。下文相关介绍参考该文内容。
[2] 2017 年 11 月 7 日，笔者在国际大学中国学院拜访阿维杰特·巴纳吉教授时获悉的信息。
[3] 相关信息参阅国际大学中国学院网。

图 37　国际大学中国学院学生作文摘录（阿维杰特·巴纳吉提供）

图 38　笔者在国际大学中国学院演讲（2011 年 12 月 9 日）

图 39　笔者在国际大学中国学院演讲的通知

第四章　1989年至2021年的汉学研究

图40　笔者与国际大学中国学院院长阿维杰特·巴纳吉教授（右）合影（2011年12月9日）

图41　国际大学中国学院图书馆藏部分中国古代书籍（2011年12月9日，笔者摄）

Chinese Language and Culture）。[1] 这是师觉月于1945年创办的第一种中国研究期刊《中印研究》在20世纪50年代停刊后的一个好消息。

德里大学东亚学系现有中文、日文、韩文教师13人，其中包括研究中国语言和佛教的阿妮塔·夏尔玛（Anita Sharma）、研究中国政治的室利马蒂·查克拉巴蒂、研究中国女性文学与中国社会的谈玉妮、关注和教授中印关系的阿般底·巴塔查利耶（Abanti Bhattacharya）、关注和教授中国外交政策的J. 萨胡（Janarda Sahu）、关注和教授中国语言文学的S. 罗易（Shreeparna Roy）。2017年，东亚学系有硕士生40人，其中20人学习中文和研究中国；博士16

---

[1] 2017年11月5日至7日，笔者在国际大学招待所下榻时，恰巧与该校中国学院前任院长、参与撰写《中印文化交流百科全书》的印度学者那济世先生比邻而居，他当时正在创办一本汉学研究的刊物，笔者应邀向其推荐几位中方专家为编委。2021年6月下旬，笔者通过微信联系国际大学阿维杰特教授，咨询该刊是否已经出版，他一直没有正面回应。笔者猜测，该刊或许尚未出版。

人，其中7人研究中国。德里大学共有80个学院，其中的40个学院不同程度地设有中文教学课程。[1] 2011年7月至2012年2月，笔者在东亚学系访学。当时任教的几位中文教授如玛妲玉女士、K.C.马图尔先生（K.C. Mathur）和芭拉女士（Madhu Bhalla）等现已退休。前述的谭中、黄漪淑、V.P.杜特、M.莫汉迪、K.P.古普塔等著名学者均曾在该系工作。

谭中指出，1962年之前，美国福特基金会对印度的重点国立大学德里大学进行赞助，这使印度能在大学中开展现代的中国研究。1964年，德里大学选送一批年轻学者到美国各大学深造，回国再经过挑选，成为大学教员。1966年，印度政府正式批准德里大学成立中国研究系。1969年，V.P.杜特任该系的系主任，该系还聘任了4名从美国深造回国的印度学者：戴辛格、白蜜雅、K.P.古普塔、M.莫汉迪。他们再加上原有的中文教师谭中与黄漪淑夫妇，形成可观的教学阵营。1971年，V.P.杜特升任大学副校长，谭中任系主任，一直到1978年为止。根据谭中的说法，德里大学是印度国立大学中教学水平最高、每年输送到印度文官队伍人数最多的大学。1971年，谭云山退休后，国际大学中国学院开始衰退，中国研究的力量急剧下滑，中国研究的中心自然也就转移到德里大学中国研究系了。20世纪60年代至70年代，美国汉学界出现"费正清学派"。谭中指出："有人认为，在德里大学成立中国研究系以

---

[1] 2017年11月17日，笔者在德里大学东亚学系拜访该系主任阿妮塔·夏尔玛教授时获悉的信息。

后也有可能出现印度的'费正清',但是没有实现。与此相反,德里大学中国研究系的学术新生力量,具体来说就是戴辛格、白蜜雅、古普塔、莫汉迪,加上谭中夫妇,起初是每周三聚,会讨论中国形势,后来变得志同道合有点像'六人帮',这对印度中国研究的发展起了很大的影响。"[1]

首先,根据谭中的自述,他们这"六人帮"是尼赫鲁的崇拜者,反对"文明冲突"与"地缘政治范式"。他们认为在印度展开中国研究应该以真理为最高原则。在这种思想指导下,德里大学中国研究系及此后的中日研究系避免了成为政府的御用工具。其次,德里大学中国研究系(中日研究系)强调研究生必须学习中文,强调了解中国文化与历史,以尽量避免通过西方的"第三只眼"看中国的现象。1978 年,谭中转入新德里尼赫鲁大学任中文教授。戴辛格离开德里大学转入发展中社会研究中心,M. 莫汉迪进入德里大学政治系,K. P. 古普塔受行政处分离开,非正式的"六人帮"解散。

图 42 德里大学东亚学系图书室藏部分中文书(2012 年 1 月 23 日,笔者摄,后三图同)

图 43 德里大学东亚学系图书室藏部分中文书

---

[1] 谭中:《现代印度的中国学》,《南亚研究季刊》2011 年第 1 期,第 92~93 页。原文附录的印度学者英文姓名略去未引。此处相关介绍参考该文内容。

图44 德里大学东亚学系图书室藏部分中文书

图45 德里大学东亚学系图书室藏部分中文书

尼赫鲁大学创办于1969年。它最初由印度国际研究所和俄语学校合并而成，两大支柱是国际研究学院和语言学院，后来分别演变为现在的国际关系学院、语言文学与文化学院。

尼赫鲁大学的中国语言教学主要是在该校的语言文学与文化学院。截至2017年底，该学院有学习中文的学生170人，其中约40人攻读硕士学位，10人攻读博士学位。该学院设有中国与东南亚研究中心，研究中国文学、文化的12位教师集中在这个中心，他们包括狄伯杰、莫普德、邵葆丽、D. S. 拉瓦特（D. S. Rawat）、海孟德、达雅万迪、哈拉（Manju Rani Hara）等。乌沙（Chandran Usha）、G. K. 恰（Gautam Kumar Jha）、戈查尔（Geeta Kochhar）、昌德尔（Kaushal Kishore Chandel）、库马尔（Rakesh Kumar）等其他5位学者研究东南亚国家。该中心的中文教师现在关注的研究领域包括中印关系、"一带一路"倡议、中国当代戏剧和电影（包括贾樟柯导演的电影）、以鲁迅和张爱玲等为代表的中国现当代文学等。[1] 研究鲁迅的马尼克

---

[1] 2017年11月24日，笔者在尼赫鲁大学语言文学与文化学院拜访狄伯杰教授时获悉的信息。

已经退休。尼赫鲁大学国际关系学院的东亚研究中心现有9位教师，其中有5位研究中国或中印关系等，他们包括偶尔在中央电视台露面的谢钢以及阿尔卡·阿查利亚、丽都·阿格瓦尔（Ritu Agarwal）、V. S. 多拉（Varaprasad Sekhar Dolla）和曾经留学中国台湾地区的R. 纳拉亚南（Raviprasad Narayanan）。2017年，该学院有130个博士候选人与副博士，其中59人的学位论文与中国相关。[1] L. 瓦尔玛（Lalima Varma）、J. 乌丹（Jitendra Uttam）、S. K. 米什拉（Sandip Kumar Mishra）和S. R. 乔杜里（Srabani Roy Choudhury）等4位学者研究日本和韩国（朝鲜）问题。此外，已故的迦尔吉·杜特（Gargi Dutt）和健在但已退休的穆尔提（P. A. N. Murthy）、G. P. 德斯潘德、那罗纳罗延·达斯、克里希纳（R. R. Krishnan）教授和柯萨万（K. V. Kesavan）等也是东亚研究中心的中国问题或东亚问题研究者。

迄今为止，尼赫鲁大学国际关系学院的谢刚教授指导了几位中国大陆的博士生：李莉（女）、胡潇文（女）、霍文乐、张洋（4人已先后获得该校博士学位）。他还指导中国台湾地区的一位博士候选人林筱甄（女）。尼赫鲁大学国际政治、组织和裁军研究中心的中国问题专家斯瓦兰·辛格现指导一位中国学者，来自云南财经大学印度洋研究中心的钟爱（女）攻读博士学位。[2] 这些举措充分说明，

---

[1] 2017年11月24日，笔者在尼赫鲁大学国际关系学院拜访该院东亚研究中心谢钢教授时获悉的信息。
[2] 感谢尼赫鲁大学国际关系学院博士霍文乐同学和云南社会科学院南亚研究所胡潇文女士（现在云南大学工作）于2018年1月6日上午先后向笔者提供这些信息。

图46　2011年11月8日，笔者参加第四届全印中国研究大会时，与印度汉学家嘉玛希（左三）、那济世（右二）、阿维杰特·巴纳吉（右一）和海孟德（左一）的合影

图47　2011年11月8日，笔者在第四届全印中国研究大会做小组发言，中间为主持人、印度前驻华大使康维诺，左一为邵葆丽，右一为阿维杰特·巴纳吉

中印在某些特殊层面上的学术合作与思想交流初见成效，它也将极大地促进中印互信，增进中印友谊。

贝拿勒斯印度大学的中文教师原有4人，即嘉玛希、罗尔吉、K.杜特（Kamal Dutt）和A.恰（Atithi Jha）等。嘉玛希参加了《中印文化交流百科全书》的部分条目撰写。他对印度汉学做出了突出的贡献。他兴趣广泛，研译并举，其研究方志敏的博士论文颇有新意。[1] 嘉玛希曾多年担任该校文学院院长，是一位十分出色的学术活动组织者。他曾组织多次与中国研究相关的国际学术研讨会，笔者曾受邀参会。2011年12月16日至17日，笔者在该校参会期间，还有幸聆听了嘉玛希所邀请的印裔美国学者、研究中国现代史的著名汉学家杜赞奇的精彩演讲。2015年10月21日，嘉玛希回访四川大学南亚研究所并举办学术讲座，笔者到场聆听并进行交流。

## 第二节 中国历史研究

客观而言，印度学者30年来关于中国历史（包括中印关系史和中印文化交流史）的研究，在其汉学研究中占据显赫的位置，文学研究位居其次，宗教哲学与语言艺术等领域的研究相对较弱，其中的原因不难理解。一般而言，或深或浅的中国历史，尤其是中国现代历史与中印关系史、中印文化交流史的研究可借助于某些英译文献进行，而中国文学、宗教哲学与语言艺术等领域，特别是古代文学和宗教哲学的深入研究，则须精通现代汉语，或较为熟悉对

---

[1] 2017年11月3日，笔者在印度国际大学参加中国学院举办的中印文化交流研讨会时再次幸会贝拿勒斯印度大学文学院前任院长、参与撰写《中印文化交流百科全书》的中文教授嘉玛希先生，同时还第一次见到1922年出生的泰戈尔的曾侄孙泰无量先生（时年95岁），并聆听了他的大会发言。嘉玛希告诉笔者，他与美国学者杨雅南教授（Anand A. Yang）等关于一本印地语著作的英译本刚刚出版。当年11月22日，笔者在新德里一家书店即印度牛津大学出版社门市部买到了该书。这本书就是：Anand A. Yang, Kamal Sheel, and Ranjana Sheel, tr., *Thirteen Months in China: A Subaltern Indian and the Colonial World, an Annotated Translation of Thakur Gadadhar Singh's Chīn Me Terah Mās*, Delhi: Oxford University Press, 2017。

大部分中国学者而言都备感艰深晦涩的古代汉语。1962 年后长期处于停滞状态的中印文化交流，对于渴望学习和掌握中国语言的绝大多数印度学者而言，无疑是摧毁自信的严酷现实。即便有的学者如嘉玛希、那济世等可以假道美国或中国台湾与中国香港地区学习汉语，但这与在中国大陆学习和体验中国文化氛围仍有一定甚至很大的区别。下面对印度学者的中国历史研究进行简介。[1]

**1. 新的研究动态**

就中国历史研究领域而言，《中国述评》在过去 30 年间，刊载了许多相关的论文或书评。例如，该刊 1988 年第 4 期刊载了两位印度学者的论文，均涉及曾于 1927 年 2 月至 8 月代表共产国际短暂来华指导工作的印度革命家 M. N. 罗易与中国的历史与心灵交流。其中的一篇题为《共产国际、M. N. 罗易与中国革命》。[2] 该刊 1989 年第 3 期载文《泰戈尔与中国》。[3] 作者即印度国际大学中国学院中文教授丽娜·甘古利在文章中指出："中印相互理解的一个不幸的事实在于，我们认识世界的窗口是由西方学界提供的。我们理解彼此须通过西方。语言的障碍成了双重障碍：首先，须翻译业已翻译过的著作；其次，只有通过西方术语才可理解（中国的术语）释义和内涵……1924 年以后，（印度的）泰戈尔崇拜者们对中国和中国文化特别冷漠

---

[1] 本节相关介绍，参考尹锡南：《当代印度汉学家的中国历史研究》，《国际汉学》2020 年第 2 期，第 87~95 页。
[2] Sunil Bhattacharya, "Comintern, M. N. Roy and the Chinese Revolution," *China Report*, Vol. 24, No. 4, 1988, pp. 405-418.
[3] Reena Ganguli, "Tagore and China," *China Report*, Vol. 25, No. 3, 1989, pp. 237-248.

(extremely cool)。"[1] 丽娜·甘古利在文章最后写道："现今由于印度和中国确实缺乏联系，如中国学院之类的机构的本科生没有工作机会。印度人应该认识到，即便在中国也没有中国学院这么好的一个机构，以专心致力于印度学研究，他们也没有与中国学院相媲美的极佳的图书资料。泰戈尔的宏伟愿景（vision）、尼赫鲁对这一愿景的理解、谭云山为实现这一愿景所付出的辛勤努力，这一切不该付之东流。"[2] 1994年，致力于研究中印边境问题的历史学家P.梅赫拉（Parshotam Mehra）在《中国述评》发表《中国与南亚的历史与未来》（*China and South Asia: Some Reflections on the Past and the Future*）一文，他在回顾中印历史上的佛教联系和近代遭受的殖民苦难时指出："三角贸易如此操作：印度鸦片为中国所有，中国的茶叶为英国所有，大英帝国殖民统治（British Raj）为印度所有。将中国拖入后，印度减轻了作为白厅主人'灾难深重的殖民贡品'（remorseless colonial tribute）的重负，中国的半殖民地地位则完全确定。"[3] 梅赫拉还指出："未来岁月里，中国在南亚扮演的角色所带来的挑战，绝不亚于它所提供的非同寻常的机遇。"[4] 德里大学东亚学系的日本问题研究专家B.坦卡发挥自己精通日语和日本历史文化的优势，在

---

[1] Reena Ganguli, "Tagore and China," *China Report*, Vol. 25, No. 3, 1989, p. 246.
[2] Reena Ganguli, "Tagore and China," *China Report*, Vol. 25, No. 3, 1989, p. 248.
[3] Parshotam Mehra, "China and South Asia: Some Reflections on the Past and the Future," *China Report*, Vol. 30, No. 3, 1994, p. 301.
[4] Parshotam Mehra, "China and South Asia: Some Reflections on the Past and the Future," *China Report*, Vol. 30, No. 3, 1994, p. 307.

《中国述评》2000年第1期载文《解读魏源在日本：抵抗西方的自我防卫策略》，探讨了晚清中国思想家魏源的著作及其思想如何为日本社会接受、利用的历史事实。[1]

该刊2007年第4期为沈丹森主持的"加尔各答与中国"专号，该期为此载文4篇（其中2篇为印裔学者所撰），探讨加尔各答华人社区所经历的历史巨变，以透析其与中印关系复杂变化的微妙关联。印裔美国学者帕雅尔·巴纳吉的文章标题是《电影〈火〉中的华裔印度人》[2]。该期还刊载了3篇与中印文化交流史或中印近代关系史相关的论文，它们分别是哈拉普拉萨德·雷易的《印中关系汉文文献课引论》[3]、沈纳兰（Narayan C. Sen, 1928— ）的《两位早期孟加拉人眼中的中国：因杜马达瓦·穆里克和贝诺伊·库马尔·萨卡尔的游记》[4]和阿比瑟卡·巴苏的《非同寻常的表现：罗摩纳塔·比斯瓦斯眼中"勇敢的中国"》[5]。沈纳兰在文章开头指出，穆里克（Indumadhav Mullick, 1869—1917）的孟加拉语游记（2004年重印，初版年代未知）《中国之旅》（*Chin Bhramana*）和萨卡尔（Benoy

---

[1] Brij Tankha, "Reading Wei Yuan in Japan: A Strategy for Self-defence Against the West," *China Report*, Vol. 36, No. 1, 2000, pp. 29-42.

[2] Payal Banerjee, "Chinese Indians in *Fire*: Refractions of Ethnicity, Gender, Sexuality and Citizenship in Post-Colonial India's Memories of the Sino-Indian War," *China Report*, Vol. 43, No. 4, 2007, pp. 437-463.

[3] Haraprasad Ray, "Introductory Notes to a Course on Chinese Sources of India-China Relations," *China Report*, Vol. 43, No. 4, 2007, pp. 501-520.

[4] Narayan C. Sen, "China as Viewed by Two Early Bengali Travellers: The Travel Accounts of Indumadhav Mullick and Benoy Kumar Sarkar," *China Report*, Vol. 43, No. 4, 2007, pp. 465-484.

[5] Abhishek Basu, "Performing Other-wise: 'Death-defying', China as Seen by Ramnath Biswas," *China Report*, Vol. 43, No. 4, 2007, pp. 485-499.

Kumar Sarkar，1887—1949）于1922年出版的孟加拉语游记《今日之中华帝国》（*Bartaman Yuge Chin Samrajya*），均为20世纪初印度旅华人士所写的中国游记，但罕见印度学者关注和研究。事实上，马达瓦·穆里克可能是最早目睹中国并向孟加拉语读者进行介绍的孟加拉人。他在书中生动地描述了从印度到中国的航海之路、厦门海港、中国政治局势和充满活力的上海知识界。"对于理解殖民时期印中交流而言，这两部作品很重要。就考察20世纪早期加尔各答和中国的文化联系而言，它们也很关键。"[1] 巴苏所探讨的对象是孟加拉人罗摩纳塔·比斯瓦斯，后者是环球旅行者，曾经在1931年骑自行车旅行中国，1941年在加尔各答出版其孟加拉语游记《勇敢的中国》。阿比瑟卡·巴苏在书中描述了饱受蒋介石发动内战的困扰和日本侵略的中国社会万象，也描述了他与中国各阶层人士的对话交流。[2]

《中国述评》2011年第1期载文《19至20世纪加州华人面临的歧视及其坚韧》，作者通过各种公开和未公开的文献资料，考察了当年广东华人在美国加利福尼亚州艰辛度日的历史。[3] 这可视为海外华侨史研究的一种。

《中国述评》2014年第3期为"20世纪初中印关系"专号，该期刊载了多篇相关论文，其中包括3位印度学者

---

[1] Narayan C. Sen, "China as Viewed by Two Early Bengali Travellers: The Travel Accounts of Indumadhav Mullick and Benoy Kumar Sarkar," *China Report*, Vol. 43, No. 4, 2007, p. 465.
[2] Abhishek Basu, "Performing Other-wise: 'Death-defying', China as Seen by Ramnath Biswas," *China Report*, Vol. 43, No. 4, 2007, p. 485.
[3] Sudhanshu Bhandari, "Discrimination and Perseverance amongst the Chinese in California in the Nineteenth and Early-Twentieth Centuries," *China Report*, Vol. 47, No. 1, 2011, pp. 1-24.

探讨中印关系史的论文，它们是嘉玛希的《胡适与"中国的印度化"：论现代中国的印度观》[1]、玛姐玉的《透视中国变局：1943至1949年印度出使中华民国外交官沉思录》[2]和狄伯杰的《印度政治领袖和追求民族独立的中国：追求中印联盟》[3]。

综上所述，《中国述评》所载印度学者关于中国历史的研究成果，大多集中于中印关系史（特别是中印现代关系史）和中印文化交流史的探讨范畴。他们对中国古代史和中国现代史的专题探索相对匮乏，这方面的遗憾得由哈拉普拉萨德·雷易和谭中等人来弥补了。

1989年以来，中印现代关系史和中印古代文化交流史是一部分印度学者以专著形式进行探索的主要内容。例如，下文将要谈到的玛姐玉、狄伯杰和沈丹森等人的著作便是如此。这里先对另外几部著作做一简介。

1992年，研究中印现代关系史的印度学者夏丽妮·萨克瑟纳出版《印度、中国与革命》一书，集中笔力探索印度社会各阶层如何看待1947年至1949年殊死相搏的国共两党以及印度独立后如何处理中印关系的历史现象。为此，《中国述评》1994年第2期发表了A.K.萨卡拉尼所撰书评。德里大学副校长亦即前述的V.P.杜特在为此书写的

---

[1] Kamal Sheel, "Hu Shih and 'The Indianisation of China': Some Comments on Modern Chinese Discourses on India," *China Report*, Vol. 50, No. 3, 2014, pp. 189-201.
[2] Madhavi Thampi, "Window on a Changing China: Diplomatic Musings of India's Envoys to Republican China, 1943-1949," *China Report*, Vol. 50, No. 3, 2014, pp. 203-214.
[3] B. R. Deepak, "India's Political Leaders and Nationalist China: Quest for a Sino-Indian Alliance," *China Report*, Vol. 50, No. 3, 2014, pp. 215-231.

"前言"开头说:"关于印度对中国革命和共产党政权兴起的反响与回应,夏丽妮·萨克瑟纳写了一部论述有力、观察全面的书。"[1]

确实,这是一部全面探索印度社会观察特殊时期中国社会剧变与政治转型的力作。该书除"引言"外,基本内容由6章组成,主题分别为"即将解放""国民党溃败""共产主义的胜利""冷战与共产党中国的崛起""承认新中国""印度的反响与回应"。该书最具文献价值的地方在于,它参考和引用了1947年至1952年印度各英语报刊的大量相关报道和述评。对于关注中印现代关系史的中国学者而言,该书具有特殊的重要价值,但迄今为止,中国学者似乎不太关注该书。

夏丽妮·萨克瑟纳在书中将对中国共产党进行观察论述的印度人分为三派,即以尼赫鲁、K. M. 潘尼迦和 K. P. S. 梅农等为首的政治家,左派人士及新闻媒体,普通知识分子与群众。"就中国局势而言,一般观察家和印度知识界的认知往往与印度政府和左派人士的观点保持一致。"[2]就当时的左派人士、印度共产党或左派媒体而言,他们也欣赏中共领导人诚实正直的品格和勤俭节约的生活作风,并将之作为印度人学习的楷模。

1949年10月1日,中华人民共和国诞生。1949年12月30日,印度国大党政府在犹豫一番后,终于宣布断绝与蒋介石政府的一切关系,承认中华人民共和国。1950年,

---

[1] Shalini Saksena, *India, China and the Revolution*, New Delhi: Anmol Publications, 1992.
[2] Shalini Saksena, *India, China and the Revolution*, p. 105.

中印正式建交。"这样,印度虽是继缅甸之后第二个承认新中国的非社会主义国家,但是由于谈判代表先抵北京,却成为第一个与新中国建交的非社会主义国家。"[1] 根据夏丽妮·萨克瑟纳的观察,围绕着是否承认新中国,印度朝野在1949年底进行了一场规模不大的观点"博弈",这是印度政府犹豫的主要因素。"当时印度政府之所以有些犹豫,是因为看到国民党政府迁都广州,虽已失败,但与共产党的较量尚未结束,更重要的是由于其内部的意见分歧。"[2] 这里所谓的"意见分歧"其实是指以印度副总理兼内务部部长 S. V. 帕特尔(Sardar Vallabhai Patel)为首的右派人士和很多文职官员不赞成过快地承认新中国。他们除了受到亲西方的院外集团的影响,还对中国保持警戒或疑虑,不赞成尽快与中国建交。对此,夏丽妮·萨克瑟纳分析道:"在是否承认新中国的问题上……在与 K. M. 潘尼迦大使、印度政府其他官员、西方集团和英联邦国家协商后,尼赫鲁不失时机地审时度势。即使是尼赫鲁的对手也支持迅速承认新中国,这表明印度新政府已经开始执行不结盟的外交政策……除了关注这一应对时局的实用主义方法外,许多论者反复强调中印两国2000多年来一直存在和谐的历史文化交流这一事实。"[3]

综上所述,夏丽妮·萨克瑟纳在书中探索了大变局背景下的中印关系历史走向,为中印学界揭开了20世纪40年代末50年代初亦即中印关系"蜜月期"前夕的一段尘

---

[1] 王宏纬:《当代中印关系述评》,北京:中国藏学出版社,2009年,第69页。
[2] 王宏纬:《当代中印关系述评》,第67~68页。
[3] Shalini Saksena, *India, China and the Revolution*, p. 199.

封往事。正是这种不经意的历史插曲，却蕴含了无尽的当代启迪意义。20世纪60年代以来的中印关系风云变幻，似乎均可在此书的叙述脉络和论证逻辑中找到相应答案。国内的现代中印关系史、中外关系史学者可以适当关注此书。

2005年，印度国际大学中国学院中文教师余德烁（后去英国巴斯大学教授汉语，现任英国巴斯市副市长）出版了探讨中印古代文化交流史的著作《公元1世纪至7世纪的中印关系史》，副书名为《从摄摩腾至义净的印中人文思想互动》（Movement of Peoples and Ideas between India and China from Kasyapa Matanga to Yi Jing）。[1] 这是余德烁受尼赫鲁纪念基金的资助于1999年8月至2001年8月留学北京大学的研究成果。该书的英文题献为："献给师尊泰戈尔和谭云山教授，他们的梦想缔造了和平乡的中国学院。"该书由谭中作序，哈拉普拉萨德·雷易写作"前言"。哈拉普拉萨德·雷易指出："当大多数中国学研究者只关注解放后（1949年以后）的中国时，目睹余德烁这样的年轻学者致力于研究中国古代史，真是令人振奋。那个时期自然应该称为中印关系的黄金时期。"[2] 余德烁在书中"致谢"部分依次对耿引曾、季羡林、黄心川、王邦维、王树英、伍昆明等中国老师及怡学法师等表示谢意。

该书除"引言"和"结语"外，正文包括7章，标题

---

[1] Yukteshwar Kumar, *A History of Sino-Indian Relations: 1st Century to 7th Century A. D.*, New Delhi: A. P. H. Publishing Corporation, 2005.

[2] Yukteshwar Kumar, *A History of Sino-Indian Relations: 1st Century to 7th Century A. D.*, "Foreword".

分别为："两种文化的融合与开路：公元1年至100年的中印关系""佛教传播与商业联系：公元101年至200年的中印关系""佛教在中国的辉煌：公元201年至300年的中印关系""卓越的翻译大家：公元301年至400年的中印关系""法显的旅行和鸠摩罗什的贡献：公元401年至500年的中印关系""佛教对两个民族的黏合力与培育力及其促进中国统一的作用：公元501年至600年的中印关系""卓越的鼓舞人心者玄奘和义净：公元601年至700年的中印关系"。从该书内容看，它不重视历史事实的阐发引申，而是依据中国历史文献与当代中国、印度与西方学者相关研究成果，对佛教之于中印古代文化交流的历史贡献进行实录。从大量脚注与书后所附参考文献看，余德烁高度重视对中文一手文献的详细征引，说明他非常熟悉中国古代文献，也掌握了古代汉语，这在当代印度学界是非常少见的。这本书的一个突出贡献是，将20世纪以来中国学者对于中印古代文化交流的研究成果，较为集中地介绍给印度学界。例如，作者对陈寅恪、常任侠、季羡林、金克木、冯承钧、汤用彤、吕叔湘、饶宗颐、楼宇烈、王邦维、荣新江、薛克翘、郁龙余、白化文、朱庆之、俞理明、陈炎、沈福伟等已故或健在的现代学者的相关成果皆有参考。对于关注中国与印度古代文化交流的印度学者而言，它可视为深入研究之前的入门指南。

吹毛求疵地看，作者对某些中国学者的著作征引有误，例如，该书将金克木先生的著作《中印人民友谊史话》几次误写为《中印人友史话》。[1] 金克木先生的书于1957年由中国青年出版社出版，该书还被译为英语、印地语和孟加拉语，后收入《金克木集》。[2]

关于中国文明的起源，自称"业余学者"（amateur scholar）和"自由撰稿人"的印度加尔各答学者P.乔杜里（Paramesh Choudhury），于1990年出版《中华民族的印度起源：关于中国人起源的具有挑战性的非传统理论》，对其进行近似于颠覆性的探索。该书正文的16个章节依次为："中国人并非蒙古人种（Mongoloids）""中国人起源于埃及吗""埃及人是否起源于印度""西徐亚人（Scythians）是否源自印度""佛陀的种族世系""佛陀族的一些城镇""史前期向印度之外迁徙""史前期印度向中国的迁徙""中国史的佐证""宗教传统的佐证""考古学的证据""印度科学在中国""质疑李约瑟的中国观""印度化的中国语言""印度对中国文学的影响""到华线路"。作者在书中断言："China这个名字来自印度，通过佛教为我们所知。"[3] 他还写道："毫无疑问，从身体、文化、思想和宗教方面看，中国的种族源自印度。支撑我的理论的证据丰富多彩、引人入胜，任何不带偏见且无先入为主的头脑无疑将作出严肃的判断，给印度以荣耀，她已被极其非法地

---

[1] Yukteshwar Kumar, *A History of Sino-Indian Relations: 1st Century to 7th Century A. D.*, p. 76, p. 77, p. 211.
[2] 金克木：《金克木集》（第二卷），北京：生活·读书·新知三联书店，2011年，第41~117页。
[3] Paramesh Choudhury, *Indian Origin of the Chinese Nation: a Challenging, Unconventional Theory of the Origin of the Chinese*, Calcutta: Dasgupta & Co. Private Ltd., 1990, p. 169.

剥夺了这一荣耀。秦人的后裔（remnants of the Chins）或曰被驱逐而经缅甸迁徙到中国的印度教徒，至今仍住在曼尼普尔（Manipur）、米佐拉姆（Mizoram）和缅甸。"[1] 从作者所引参考文献可知，该书主要依据伯希和等人的西方文献写成，也参考了大量印度文献，但却缺乏中国学者的相关研究成果，这使其研究质量和可信度大打折扣。

此外，关于中国历史教学与研究的本土教材，位于印度加尔各答的贾达夫普尔大学（Jadavpur University）历史系教授阿米塔·巴塔查里亚于2007年出版了《1840年至1969年中国的变迁》，该书于2017年重印。[2] 该书正文248页，分为12章，分别叙述和介绍中国古代社会简况、孔子和儒家思想、中国近代史（涉及鸦片战争、太平军起义、辛亥革命等重大事件）、"五四运动"、中国革命与妇女解放、红军长征、抗日战争、解放战争、"大跃进"和社教运动等。

### 2. 哈拉普拉萨德·雷易

与谭中、泰无量等一样，哈拉普拉萨德·雷易（Haraprasad Ray，1931—2019）也是资格最老的当代印度汉学家之一。1953年至1956年，他在加尔各答大学研习中文，为"汉藏研究学者"（Sino-Tibetan Research Scholar），导师为沈兰真。1963年至1965年，他在香港大学进行高级研究。1959年以汉语专家身份供职于印度国防部，此后转至尼赫鲁大学教授中文，直至1996年退休。此后，他先后

---

[1] Paramesh Choudhury, *Indian Origin of the Chinese Nation*, p. 271.
[2] Amit Bhattacharyya, *Transformation of China, 1840-1969*, Kolkata: Archana Das & Subrata Das, 2017.

在印度海洋研究会、印度历史研究理事会（Indian Council of Historical Research，ICHR）任高级研究员（Senior Fellow），现任印度加尔各答亚洲学会资深高级研究员。截至2011年，他已经出版了7本书，编写通过印地语学习汉语的初级教材《印地语汉语初级读本》（*Hindi Chini Primer*），发表了50多篇论文（其中包括在《中国述评》1987年第2期、1992年第2期、1995年第4期、1998年第1期、2004年第3期、2007年第4期发表的论文），还先后参加在德国、中国、美国、英国、法国等地举办的国际学术研讨会并宣读论文。他曾在《国际大学季刊》发表论文《鲁迅与萨拉特·钱德拉的现实主义》，对中印两位作家的创作倾向进行比较。[1] 关于印度中国学研究的几位先驱人物，他曾在《中国述评》2004年第3期撰文《印度中国学先驱》，对谭云山、白乐天和师觉月等3人进行简介。[2]《中印文化交流百科全书》对他做了专门介绍，称其为"印度中国语言和历史研究学者"。根据该书介绍，他和谭中等人共同推动了印度首家汉语教学机构的成立，该机构后来更名为尼赫鲁大学中国与东南亚研究中心（尼赫鲁大学中文教授狄伯杰与莫普德等在21世纪初至今先后负责该中心工作）。哈拉普拉萨德·雷易是"第一位以印地语为母语的汉语学习者编选教材的汉语专家，他专门翻译了包括科技文献在内的大量文本……从尼赫鲁大学退休后，他参与加

---

[1] Haraprasad Ray, "The Realism of Lu Xun and Saratchandra," *The Visva-Bharati Quarterly*, Vol. 47, No. 3-4, 1981-1982, pp. 236-249.
[2] Haraprasad Ray, "Pioneers of Chinese Studies in India," *China Report*, Vol. 40, No. 3, 2004, pp. 305-310.

尔各答亚洲学会一系列手抄本的整理工作，成果已被该协会（应统一译为"学会"。——笔者按）出版。这些抄本主要与中国古代史、历代王朝史料、著名佛僧传记、古代中印关系有关，还包括原始译文和释义"[1]。

哈拉普拉萨德·雷易的代表作为1993年出版的《印中关系中的贸易和外交：15世纪孟加拉之研究》一书，它把研究触角伸向中印古代贸易史。[2] 哈拉普拉萨德·雷易的翻译代表作为中国古代史料中的南亚文献系列译本《中国典籍中的南亚史料译文：印中关系史研究资料》，至2011年已出版4卷。[3] 他主编出版了师觉月百年诞辰的纪念文集《师觉月对中国学、印度学和藏学的贡献》。[4] 他还于

---

[1] 中印联合编审委员会编：《中印文化交流百科全书》，邵葆丽撰，王凌男译，第503~504页。需要指出的是，通过后文介绍与笔者在加尔各答对哈拉普拉萨德·雷易的访谈（2011年12月7日）及资料收集来看，邵葆丽此处的介绍似乎有误，所谓"一系列手抄本的整理工作"，并非真正意义上的中国典籍校勘或整理，而是指笔者见到的已出4卷的系列译本《中国典籍中的南亚史料译文：印中关系史研究资料》。

[2] Haraprasad Ray, *Trade and Diplomacy in India-China Relations: A Study of Bengal during the Fifteenth Century*, New Delhi: Radiant Publishers, 1993. 书名翻译遵从季羡林先生的译法。

[3] Harprasad Ray, *Chinese Sources of South Asian History in Translation: Data for Study of India - China Relations through History*, Vol. 1, Kolkata: The Asiatic Society, 2004; Harprasad Ray, *Chinese Sources of South Asian History in Translation: Data for Study of India - China Relations through History*, Vol. 2, Kolkata: The Asiatic Society, 2006; Harprasad Ray, *Chinese Sources of South Asian History in Translation: Data for Study of India - China Relations through History*, Vol. 3, Kolkata: The Asiatic Society, 2009; Harprasad Ray, *Chinese Sources of South Asian History in Translation: Data for Study of India-China Relations through History*, Vol. 4, Kolkata: The Asiatic Society, 2011. 笔者于2011年12月7日在加尔各答拜访哈拉普拉萨德·雷易先生时，他透露说，自己正在翻译该丛书第五卷，内容涉及中国宋代记载南亚方面的有关文献。

[4] Haraprasad Ray, ed., *Contribution of P. C. Bagchi on Sino-Indo Tibetology*, Kolkata: The Asiatic Society, 2002.

2003年出版《印度东北部在印中关系中的地位及其在印度经济中的未来角色》及论文集《公元前140年至公元1500年的印中贸易和贸易路线》。[1]他关于师觉月《印中千年文化关系》一书的校注本于2008年出版。

《印中关系中的贸易和外交：15世纪孟加拉之研究》一书分为两个部分。第一部分为研究内容（其中有的章节发表于《中国述评》），除"引言"和"结语"外，正文为5章，标题依次为："航海的背景""几次航海及其路线""明朝早期孟加拉与中国的关系""社会与经济概况""孟加拉与中国的贸易"。作者在"致谢"中说，该书最终成形得益于中国的改革开放政策，他特别感谢季羡林、耿引曾、王树英、黄心川和葛维钧等中国学者在其研究过程中提供的各种帮助和支持。该书第二部分为《西洋朝贡典录》的选段英译和一篇附录即论文《航海的终止》（该文发表于《中国述评》1987年第2期，前文第三章已做了简介[2]）。哈拉普拉萨德·雷易精通古代汉语，因此在书中

---

[1] Haraprasad Ray, *Northeast India's Place in India-China Relations and Its Future Role in India's Economy*, Kolkata: Institute of Historical Studies, 2003; Haraprasad Ray, *Trade and Trade Routes between India and China, c. 140 B.C.-A.D. 1500*, Kolkata: Progressive Publishers, 2003. 根据邵葆丽的介绍可知，哈拉普拉萨德·雷易还著有《印度、东南亚和中国：若干历史问题》(*India, South-East Asia and China: Some Historical Issues*, Kolkata: Centre for Archaeological Studies and Training, Eastern India, 1999)、《印度、中国及东南亚研究：阿提尔·查克拉瓦蒂教授的遗作》(*Studies on India, China, and South East Asia: Posthumous Papers of Prof. Adhir Chakravarti*, Kolkata: R. N. Bhattacharya, 2007)、《印中交流及其前景》(*India-China Interface and the Road Ahead*, Mumbai: The Asiatic Society of Mumbai in Association with Promilla & Co., 2012) 等。参见中印联合编审委员会编：《中印文化交流百科全书》，邵葆丽撰，王凌男译，第504页。

[2] Haraprasad Ray, "The Eighth Voyage of the Dragon That Never Was: An Enquiry into the Causes of Cessation of Voyages during Early Ming Dynasty," *China Report*, Vol. 23, No. 2, 1987, pp. 157-178.

大量引述《西洋朝贡典录》《瀛涯胜览》《星槎胜览》《殊域周咨录》《明实录》和《诸蕃志》等古代典籍，也引述冯承钧翻译的法国汉学家伯希和的《郑和下西洋考》等，还参考梁启超、师觉月、费正清、王赓武、张星烺等中外学者的成果。由于作者深感研究印度古代历史必然面临史料严重匮乏的窘迫，因此在前期资料收集上下足了功夫。哈拉普拉萨德·雷易深有感触地说："毋庸讳言，印度研究中国历史、文明所需的文献资料仍然极度匮乏。这些文献资料散布于美国、东南亚、日本、英国以及中国的许多中国学研究中心。这也意味着研究中国必须足够富裕，方可满世界跑，或依赖于各种机构或基金会的旅费资助。"[1]

正如标题所言，该书主要探索明朝时期郑和下西洋前后的古代印度（孟加拉）和中国之间的贸易往来与外交关系。哈拉普拉萨德·雷易在该书"引言"开头写道："与汉语打了三十多年交道后，作者相信，中国和波斯的文献记载，也可为重建和重释中古印度史提供一些珍贵的资料。"[2] 在书中，哈拉普拉萨德·雷易充分利用中外一手、二手文献，对古代孟加拉与中国的贸易和外交关系做了全面的探索，得出了一些可信或较为可信的结论，例如："因此，从1404年至1439年的36年间，孟加拉与中国之间据说存在繁忙的外交与贸易往来，中国朝廷分别于1404年、1405年、1408年至1409年、1410年、1411年、1412年、

---

[1] Haraprasad Ray, *Trade and Diplomacy in India-China Relations*, p. 10.
[2] Haraprasad Ray, *Trade and Diplomacy in India-China Relations*, p. 3.

1414年、1418年、1420年、1421年、1423年、1429年、1438年、1439年接待多达十四个使团，而只于1412年、1415年、1420年、1422年至1423年派出四个使团回访。这和中国与科泽科德（Kozhikode，旧称"卡利卡特"）的关系往来形成强烈对比。郑和曾经访问过科泽科德，他带着随从，指挥着庞大船队，七次驶过印度洋水域。"[1] 关于郑和七下西洋的目的，学术界曾有各种说法，哈拉普拉萨德·雷易的解释是："（郑和船队的）几次航海开头是政治和军事行动，后成为贸易活动。在我们这一阶段的研究中，很难全面评价印度洋的贸易结构。就明代航海而言，需要理解的重要一点是，它们是在印度洋重新进行政治扩张（political expansion）和国家贸易的极佳一例。这是中国贸易长期以来的典型特征，它可有效地抗衡伊斯兰商人的自由与荣誉。"[2] 这种说法是对郑和船队七下西洋根本目的即"朝贡贸易"的某种误读。哈拉普拉萨德·雷易还认为，通过研究可以发现，孟加拉倾心于孟中接触，而中国显然缺乏足够热情，这是因为科泽科德（即现在印度的港口城市卡利卡特［Calicut］）作为贸易集散地或转口港的地位更有吸引力。孟加拉的商人使团在孟中贸易中更为积极，他们把政治交往与商业之旅合二为一。"中国船队的指挥官郑和从未访问孟加拉，而他几度访问卡利库特（即卡利卡特。——笔者按）并亲自参与贸易议价，充分说明这个港口对于中国的重要性。"[3]

---

[1] Haraprasad Ray, *Trade and Diplomacy in India-China Relations*, p. 70.
[2] Haraprasad Ray, *Trade and Diplomacy in India-China Relations*, p. 136.
[3] Haraprasad Ray, *Trade and Diplomacy in India-China Relations*, p. 137.

1994年7月27日，季羡林先生完成《中国制造瓷器术传入印度》一文。他在文章中引述元代汪大渊《岛夷志略》印证元代瓷器输出国外时，以哈拉普拉萨德·雷易的《印中关系中的贸易和外交：15世纪孟加拉之研究》一书第113页至116页所绘图表和第185页注14为例进行说明。哈拉普拉萨德·雷易在表中认为孟加拉从中国输入"青花白瓷"，季先生对此表示认可，但他对哈拉普拉萨德·雷易认为李东阳《大明会典》没有列入"青花白瓷"表示异议，并举例说明。[1] 由此可见，哈拉普拉萨德·雷易的这本书于出版次年即获梵学与中印古代文化交流史研究权威季先生的高度重视，这本身就是对其学术价值的肯定。迄今为止，国内尚无此书译本，期待有识之士弥补这一缺憾。

　　哈拉普拉萨德·雷易沿着上述该书的探索路径继续前进，于10年后即2003年出版两部新著即《公元前140年至公元1500年的印中贸易和贸易路线》和《印度东北部在印中关系中的地位及其在印度经济中的未来角色》。前一本书是作者几十年发表的论文集萃，它们以四大主题进行串联：贸易路线、贸易内容、中国与印度洋、印度的移民现象。该书还附录了作者对玄奘《大唐西域记》的研究和相关段落选译，还附录了作者回顾印度中国学发展史的一篇论文。这本书的标题显示，作者试图将中印古代文化交流史的探索从明朝时期推至公元前后。这是一种勇气，它

---

[1] 季羡林：《季羡林全集》（第十四卷），北京：外语教学与研究出版社，2010年，第602~603页。

将激励印度的年青一代学者努力向前,不断探索,继续创新。

后一本书除"引言"外,正文为7章,标题依次为:"印度东北部的地理环境""跨越喜马拉雅的联系""南方丝绸之路""印中早期海上交流""中世纪概况""印度东北部与孟加拉国""经济发展及其前景"。在书中,哈拉普拉萨德·雷易结合自己多年研究中印古代文化交流史的特长,在书中介绍了历史上印度与中国跨越喜马拉雅天险的物质交流和精神联系。他还介绍了"南方丝绸之路",并呼吁中国西南与印度东北发挥各自的地理区位优势和物产优势,开展经贸交流与合作。他说:"为了实现这一伟大的事业,印度和中国必须采取确立信心的措施,致力于建设真正繁荣幸福的国家。记住这句格言:'有志者,事竟成。'"[1]

哈拉普拉萨德·雷易关于中国古代史料的系列译本《中国典籍中的南亚史料译文:印中关系史研究资料》无疑将有力地促进印度相对滞后的中印古代文化交流史研究。该译丛第一卷主要选译秦朝、前汉、后汉、三国、刘宋、南齐、北魏、东魏和西魏等公元前3世纪至公元6世纪的涉及南亚的文化经典,选译的典籍包括《史记》《汉书》《后汉书》《三国志》《博物志》《西京杂记》《南方草木传》《太平御览》《华阳国志》《搜神记》《宋书》《南齐书》和《魏书》等。第二卷的副书名为"中国典籍中的古

---

[1] Haraprasad Ray, *Northeast India's Place in India-China Relations and Its Future Role in India's Economy*, p.134.

代印度地理",选译康泰的《吴时外国传》和郦道元的《水经注》,译者采用的底本分别是新加坡许云桥(音译)的《吴时外国传集注》和从台北搜集到的王国维《水经注校》。第三卷的副标题为"佛教三部曲",选译三部典籍即《高僧传》《洛阳伽蓝记》和《魏书·释老志》的片段。第四卷的副标题为"印度关系黄金期(公元6世纪至10世纪)",选译的典籍包括《梁书》《隋书》《旧唐书》《唐书》《齐民要术》《北堂书钞》《艺文类聚》《陈书》《北齐书》《周书》《南史》《北史》《法苑珠林》《唐国史补》《蛮书》《册府元龟》《酉阳杂俎》。由此可见,哈拉普拉萨德·雷易大体上按照中国学者耿引曾等人选编的《中国载籍中南亚史料汇编》上册所载内容进行选译。[1] 哈拉普拉萨德·雷易的上述4卷译著,皆为130页至300来页的篇幅,但却浓缩了中国文化典籍所载南亚史料的精华。由此可见,哈拉普拉萨德·雷易的翻译在古代至当代的印度,也是首屈一指的雄心壮举。当然,我们也不能忽视中国学者耿引曾的相关编著对印度学者的示范作用,哈拉普拉萨德·雷易在著作中不止一次地提到她的大名以表谢忱,这是明显的例证。

哈拉普拉萨德·雷易的相关著述在中国已有学者关注。例如,他的一篇论文的译文《从中国至印度的南方丝绸之路:一篇来自印度的探讨》,10多年前被一本论文集收录

---

[1] 北京大学南亚研究所编:《中国载籍中南亚史料汇编》(上),上海:上海古籍出版社,1994年。

第四章　1989 年至 2021 年的汉学研究　　　　287

图 48　哈拉普拉萨德·雷易译本《中国典籍中的南亚史料译文：印中关系史研究资料》第一卷封面（黄潇提供）

图 49　哈拉普拉萨德·雷易译本《中国典籍中的南亚史料译文：印中关系史研究资料》第四卷封面

图 50　哈拉普拉萨德·雷易先生赠予笔者译本第四卷的扉页题词（2011 年 12 月 7 日，加尔各答）

图 51　哈拉普拉萨德·雷易先生（左）和笔者合影（2011 年 12 月 7 日，加尔各答）

(江玉祥译)。[1] 哈拉普拉萨德·雷易在论文中指出:"虽然在印度文学中没有直接提到印度和邻国之间的文化交流,但是这种交流是真实存在的,而且中国的事例如同其他外国人的事例一样多。纪元前的印度著作里保存有充足的资料,那个时期,印度与中国的关系正在建立。"[2]

限于篇幅,哈拉普拉萨德·雷易的其他著作和相关论文,在此不再赘述。但是,通过上文的简略介绍可以发现,与健在的华裔学者谭中和已故学者师觉月等人一样,他当得起当代印度汉学权威的称呼。正是有了哈拉普拉萨德·雷易等人的成果,印度当代汉学才可名正言顺地与中国、西方研究中印古代文化交流史的同行对话。放眼世界,他的某些成果也属不落下风之作。正因如此,哈拉普拉萨德·雷易于2019年仙逝,不能不说是印度汉学界的巨大损失。倘若天假以年,哈拉普拉萨德·雷易定能在汉文典籍的翻译上做出更多的贡献,必能更多地造福于两国学界。

### 3. 玛妲玉

在研究中印近现代关系史或文化交流史的印度学者中,出身印度外交世家的汉学家、德里大学东亚学系现已退休的中文教授玛妲玉的相关研究不能忽视。据作者观察获悉,她曾自取既契合其印度姓名发音又带有一丝浪漫色彩的中文名"单玛薇"。她是曾经担任过印度驻中华民国专员和首任驻华大使的K. P. S. 梅农的外孙女,或许是受其外祖父的影响,她似乎对中国与中国研究有一种特殊的感情。中

---

[1] 原载《西南丝绸之路研究》(第二辑),段渝主编:《南方丝绸之路研究论集》,成都:巴蜀书社,2008年,第476~490页。
[2] 段渝主编:《南方丝绸之路研究论集》,第477页。

国学者林承节研究过殖民主义时期中印人民友好交往史，但玛姐玉却比其中国导师与同行缩小了探索范围，她的系列研究成果具有独特的创新价值。玛姐玉常到中国搜集资料并进行学术交流。例如，2003年10月9日，香港大学亚洲研究中心等单位联合召开"18至19世纪中印交流：巴斯人、亚美尼亚人和穆斯林在穗港澳学术研讨会"，玛姐玉、夏丽妮·萨克瑟纳与来自美国、英国和中国广州、港澳地区的学者一道参会。玛姐玉与夏丽妮·萨克瑟纳联合做了《对华贸易中的巴斯人》的学术报告。这是中印学术界的积极互动。中山大学郭德焱教授后来在著作中提及此事，并对这两位印度学者表示谢意。[1] 近年来，玛姐玉参与了《中印文化交流百科全书》的撰写，高质量地奉献了与印度汉学相关的若干条目。目前，她担任了《中国述评》的主编，在新的岗位上继续推动印度的中国学研究。

就汉学研究而言，玛姐玉崭露头角的时期是20世纪末。1999年，时为德里大学中日研究系（现为东亚学系）中文教师的玛姐玉在《中国述评》上发表了一篇重要的论文《19世纪和20世纪初期在华的印度士兵、警察和卫兵》，开始对在华印度人群体进行全面而系统的研究。[2] 此后，她一发不可收，在中印近现代关系史领域不断地开疆拓土，成果丰硕。2005年，她出版了基于德里大学博士学位论文（其导师为德里大学东亚学系室利马蒂·查克拉

---

[1] 郭德焱：《清代广州的巴斯商人》，北京：中华书局，2005年，第8、272页。
[2] Madhavi Thampi, "Indian Soldiers, Policemen and Watchmen in China in the Nineteenth and Early Twentieth Centuries," *China Report*, Vol. 4, No. 35, 1999, pp. 403-437.

巴蒂教授）修改而成的代表作《在华印度人：1800—1949》，探讨殖民主义时期在华印侨坎坷起伏的复杂命运，也探讨他们在中印近现代关系史中的地位及其对当代中印关系的深远影响。2005 年，她主编的考察殖民时期中印关系史的论文集《殖民主义世界的印度与中国》在新德里出版。[1] 同一年，她与德里大学东亚学系的 B. 坦卡合作出版《印度、日本和中国的亚洲叙事》。[2] 此后，她与孟买的学者夏丽妮·萨克瑟纳合作，投入到另外一个别具新意的项目研究中。该项目成果已经出版，这便是 2009 年出版的《中国与孟买的建设》。2009 年，她在《中国述评》发表论文《当代中国的历史思考》，介绍了 1978 年以来中国史学界最新的一些研究动向。她在文中提到了中国人民大学的清史研究，并建议印度政府仿效中国政府，将散落海外的历史文献设法购回，以利于国内学界参考。[3] 2010 年，她在《中国述评》发表论文《19 世纪和 20 世纪在新疆的印度商人》，对 2005 年出版的书里的相关议题进行深化。[4] 迄今为止，就近现代中印关系史研究而言，玛姐玉以其视角独特的钩沉和思考走在了中印学界的前列。

19 世纪初到 20 世纪中叶，印度来华人士主要聚集在新疆、上海、广州和香港等地，他们有的在中国西部和东部

---

[1] Madhavi Thampi, ed., *India and China in the Colonial World*, New Delhi: Social Science Press, 2005.
[2] Brij Tankha and Madhavi Thampi, *Narratives of Asia from India, Japan and China*, Calcutta and New Delhi: Sampark, 2005.
[3] Madhavi Thampi, "Current Historical Thinking in the PRC," *China Report*, Vol. 4, No. 45, 2009, pp. 343-348.
[4] Madhavi Thampi, "Indian Traders in Xinjiang in the Nineteenth and Twentieth Centuries," *China Report*, Vol. 4, No. 46, 2010, pp. 371-385.

从事商业贸易，有的在中国内地和香港担任士兵、警察和卫兵，充当替英国殖民者卖力卖命的雇佣兵。因此，在《在华印度人：1800—1949》一书中，玛姐玉对在华印侨主要分为三大群体进行研究，并对这三类在华印侨的复杂命运及其对中印关系的深刻影响进行深入研究。[1] 包括"引言"和"结语"在内，该书分为9个章节，其他7个章节的标题依次为："早期来华印度旅人""现代时期的印度移民""18与20世纪中国东部的印度商人和企业家""中国西部的印度人""在华印度士兵、警察和卫兵""在华印度人的政治活动""离开"。在该书开头，玛姐玉表达了对1962年以后印度学者过于痴迷中印边境冲突及其当代影响的不良学术生态，她写道："本研究探索相对被忽视的中印关系的一个时期，这便是19世纪和20世纪初。此外，它尝试从大体上无人探索的一种视角切入，这便是这一时期在中国居住的印度人群体。"[2] 她还指出："19世纪，最重要的一个发展是，中国人对印度的形象认知在逐渐地发生改变。"[3] 这说明，该书除了重点探索在华印度人群体的命运沉浮，还重点思考19世纪以来中国对印度认知的历史变化。换句话说，该书既研究印度人，也观察中国人。这一研究视角在世纪之交的中国现代史学界和南亚学界实属空白。在这种双焦透视中，作者考察了近现代中印关系的演变进程及其对当代中印关系阴晴不定的影响因子。

---

[1] 关于此书的评述，参阅尹锡南：《在历史深处钩沉和思考中印关系：简评玛姐玉的〈在华印度人：1840—1949〉》，《东南亚南亚研究》2011年第2期，第84~88页。
[2] Madhavi Thampi, *Indians in China：1800-1949*, p.13.
[3] Madhavi Thampi, *Indians in China：1800-1949*, p.221.

在文化软实力逐渐成为国际政治考量焦点的前提下，作为跨文化表述的核心，异国形象日渐为文学研究领域以外的学者所关注。玛妲玉虽然是一位历史学者，但她敏锐地感受到中国人心目中的印度形象在其研究课题中的特殊价值。关于自己对异国形象的研究旨趣，玛妲玉说："我的研究范围主要集中在印中两国遭受殖民统治的苦难年代。千百年来，印度作为佛国'西天'的形象存在于中国不同阶层，悲剧在于殖民时代印度变成鸦片产地、变成'亡国奴'的这样一个形象覆盖了历史形象。印度自己被外来民族征服，却提供物力与人力去帮助英国侵略中国与其他国家。虽然在这一时期许多中国知识分子同情印度的遭遇，但他们却把印度当作反面教材，坚决避免中国重蹈印度覆辙。"[1] 玛妲玉探索在华印度人历史命运的同时，还重视考察他们如何影响中国人心目中的印度或在华印度人形象。她说："在华印度人群体的历史遗产之一就是，它的确影响了中国人对印度和印度人形象的认识。"[2] 例如，在新疆，由于英国殖民者将印度人与新疆人的贸易往来视为殖民渗透的工具，这就严重影响了中国人对印度人的形象认知问题。使印度人形象变得更加刻板和负面的非印度雇佣兵莫属。在上海，外国租界中的印度警察被人叫作"红头苍蝇"，参与镇压中国反帝斗争的印度士兵则被贬称为"黑夷"或"黑鬼"等。当时很多中国人都以惧怕、蔑视等复杂心理看待印度士兵和警察。这些印度人成为帝国主义殖

---

[1] [印] 玛妲玉:《印度外交世家的中国情》，谭中主编:《中印大同:理想与实现》，第309页。
[2] Madhavi Thampi, *Indians in China: 1800-1949*, p. 226.

民政策的牺牲品,殖民主义成为建构中国人印度形象的基本动因。当然,也有一些印度士兵在一定程度上纠正了这一负面印象。玛妲玉说:"在华印度人的民族主义与反帝活动的故事意味深长,因为它在一定程度上纠正了中国人眼中被当作顺从帝国主义主子的'亡国奴'的印度人形象。"[1] 印度士兵的作为显示了印度人民和中国人民的友谊,这以彼此互相支援的方式表现出来:印度士兵拒绝向中国人民开枪,中国革命者则把英帝国主义追捕的印度民族主义者保护起来。因此,玛妲玉不仅探究了殖民主义对于中印关系的负面影响,也揭示了在华印侨与中国人民共同抗击殖民者的积极一面。为此,她在"在华印度人的政治活动"一章中,对在华印侨从事的正义事业进行追踪记录。从全书整体结构而言,玛妲玉对于殖民主义如何影响在华印侨的命运,并进而怎样影响中印关系的问题给予了更多的关注。

玛妲玉不仅揭示了殖民主义时期一个特殊印度群体的历史命运,还解释了当代中印文化交流基础薄弱以致中印关系跌宕起伏的历史原因。她说:"对大多数印度人而言,尽管他们承认中国是一个伟大邻邦,但却是公众视线里非常遥远的国度。"[2] 她在书的最后指出,如果仔细观察,我们会发现这么一种事实:中印关系在现代时期发生的一些问题,与两大民族直接交流非常稀少相关。这就是,中印关系的基础非常羸弱,基于个人感知的成分往往是虚幻

---

[1] Madhavi Thampi, *Indians in China: 1800-1949*, p. 226.
[2] Madhavi Thampi, *Indians in China: 1800-1949*, p. 19.

不实的。"因为中国与印度的相互认知没有牢固的基础,它们可能会反复地发生剧变,从兄弟情谊的高峰滑向强烈敌意的低谷,而这些令人恐慌的敌意伴随着飘忽不定的政治动机。"[1] 总之,该书虽为历史研究著作,但却包含着非常丰富的信息,值得研究中印关系史和世界现代史的学者关注。迄今为止,该书尚未译为中文,这是一大遗憾。

2009 年,玛姐玉与夏丽妮·萨克瑟纳合作出版《中国与孟买的建设》。此书着力考察中国、英属印度和大英帝国之间的鸦片贸易如何惠及孟买的经济发展、社会进步和文化变迁。该书除"引言"和"结语"外,还包括 6 章内容,其标题依次为:"棉花、国船与鸦片""中国商人""在华的孟买商人""中国与孟买纺织工业""中国商人对孟买城区发展的贡献""中国对(孟买)的艺术与文化影响"。二位作者在书的开头写道:"本书探索中国与孟买崛起为现代印度最大城市之一的联系。由于孟买在印度大港口中距离西方位置较近,英国人称其为'印度之门'(Gateway of India)。然而,自 18 世纪最后 15 年至 20 世纪头 15 年,在长达 100 多年的时间里,孟买的命运(fortunes)也与东方产生了极其紧密的联系。"[2] 通过二位学者的研究可知,第一位航行到中国从事商业贸易的印度人是孟买的拜火教三兄弟之一希尔治·治瓦治·瑞迪满力(Heerjee Jeevanjee Readymoney),时间是 1756 年。[3] 中国与孟买之间的商业

---

[1] Madhavi Thampi, *Indians in China: 1800–1949*, p. 229.
[2] Madhavi Thampi and Shalini Saksena, *China and the Making of Bombay*, Bombay: The K. R. Cama Oriental Institute, 2009, p. 9.
[3] Madhavi Thampi and Shalini Saksena, *China and the Making of Bombay*, p. 15.

贸易,在18世纪末才真正开始,起因是欧洲人对中国茶叶的需求量激增。向中国出口棉花是孟买的财富剧增的主要动力。1860年至1890年,中国与孟买的贸易仍在进行,但已风光不再,因为它面临一些不利的竞争因素。孟买转而向中国出口鸦片而非棉花。棉花与鸦片贸易对孟买的城市建设帮助极大。"鸦片贸易的增长,伴随着且极大地促进了孟买的地位上升,孟买与英属印度时期著名的商业中心加尔各答可堪匹敌。"[1] 1840年爆发的中英鸦片战争,使孟买商人损失惨重。有的人元气大伤,有的则选择自杀。[2] 鸦片战争后,一些印度商人举家迁居中国香港,成为印度本土之外的一个十分重要的流散群体。[3] 玛妲玉在书中还引用了中国学者郭德焱的相关论述,后者于2000年完成了中山大学博士学位论文《清代广州的巴斯商人》。[4]

两位作者在书中还认为,19世纪中期是中国与印度孟买商业贸易的分水岭。中国之于孟买的意义不只是孟买棉花和鸦片出口的目的地,还在于其在孟买现代棉纺织业的发展中扮演了重要的投资者角色。[5] 两位作者认为,与早期中印贸易伴随着文化价值观的对华传播不同,近代时期的孟买和中国关系却"呈现出一种不同的风貌"[6]。这种"不同"便是中国文化借着贸易的风帆,对孟买人的社会生活所产生的微妙影响。按照她们的考察,18世纪末至20

---

[1] Madhavi Thampi and Shalini Saksena, *China and the Making of Bombay*, p. 23.
[2] Madhavi Thampi and Shalini Saksena, *China and the Making of Bombay*, p. 40.
[3] Madhavi Thampi and Shalini Saksena, *China and the Making of Bombay*, p. 45.
[4] Madhavi Thampi and Shalini Saksena, *China and the Making of Bombay*, pp. 55-57.
[5] Madhavi Thampi and Shalini Saksena, *China and the Making of Bombay*, p. 69.
[6] Madhavi Thampi and Shalini Saksena, *China and the Making of Bombay*, p. 94.

世纪初，中国与印度西海岸（包括孟买）的联系曾经留下过一些文化艺术的影响痕迹。"中国的各种影响并不醒目，也不富有戏剧性，但却表现在影响上层人士审美趣味的复杂方式上，表现在装饰其家宅的漂亮花瓶和画作上，表现在女性服饰花色图案的创新设计上，表现在众多中国小贩在城市的大街小巷兜售的货物器皿上。对华贸易对孟买文化和艺术最为重要而持久的影响在纺织业领域。"[1] 对此，作者们的解释是："在孟买的上层人士中，拥有和展示来自中国的具有异国风味的装饰品是一种地位象征，这表明其家族的富有，也表明其与有利可图的对华贸易存在着联系……中国的丝绸和丝织品特别吸引印度商人。"[2] 中国服饰的图案风格对印度女性尤其有吸引力，她们将本土的纱丽与中国文化有机地结合起来，从而形成了两种最具代表性的"中印流"纱丽——"葛萝纱丽（gara saree）代表了中印文化传统令人着迷的融合佳例。中国的'出口艺术品'（export art）往往代表着东方与西方的融合……这一时期，中国纺织传统随跨海贸易来到印度的另一个例子是谭乔伊纱丽（tanchoi saree）"[3]。两位作者在对中国文化如何微妙地影响印度社会生活的情况进行研究后得出结论："因此，来自中国的商贸艺术品或出口艺术品在影响18、19世纪欧美装饰艺术的审美情趣时，发挥了重要的作用，这也在孟买得到了反映。可以说，这种影响与其说是代表

---

[1] Madhavi Thampi and Shalini Saksena, *China and the Making of Bombay*, p.94.
[2] Madhavi Thampi and Shalini Saksena, *China and the Making of Bombay*, pp.96–97.
[3] Madhavi Thampi and Shalini Saksena, *China and the Making of Bombay*, p.98.

了中国对印度文化的直接影响，不如说是一种间接的影响，因为富有的孟买上层人士模仿那一时期属于主流西方文化的情趣习俗。"[1]尽管这样，孟买人对中国纺织艺术的欣赏和吸纳改造，并非是对西方时尚完全的机械复制，而是"通过印度的情趣和传统进行过滤"[2]。

可以说，通过她们基于印度文献和中国文献的不断探索，一些似乎将永远沉入地下的历史真相正在逐渐被打捞出水。这为中印学界特别是中印关系史研究界提供了弥足珍贵的参考资料，也使人们对中国文化如何影响近代印度社会生活的情况有了一点基本了解。[3] 这是一个引人入胜的领域，我们有理由期待，在中印文化交流、学术合作复归正常化的21世纪，中国文化如何影响古代、近现代印度的历史脉络会更加清晰地展现在世人面前。

2005年，玛妲玉主编的论文集《殖民主义世界的印度与中国》在新德里出版。这是2000年新德里印度中国研究所与印度国际中心合作举办的"殖民与帝国主义时期印度与中国的交流"国际学术研讨会的论文结集。该书除玛妲玉撰写的"引言"外，包括13篇论文，其中2篇是中国学者的论文。印度学者的11篇论文中，作者包括玛妲玉、S. K. 达斯、白蜜雅、狄伯杰、苏吉特·曼辛格与夏丽妮·萨克瑟纳等人。该书以5个主题统摄全部13篇论文。这5个

---

[1] Madhavi Thampi and Shalini Saksena, *China and the Making of Bombay*, p. 101.
[2] Madhavi Thampi and Shalini Saksena, *China and the Making of Bombay*, p. 101.
[3] 关于中印近代文化交流和商业往来的详细信息，还可参考玛妲玉所撰相关条目。参阅中印联合编审委员会：《中印文化交流百科全书》，第14~21页。

图 52　《在华印度人：1800—1949》封面（黄潇提供） 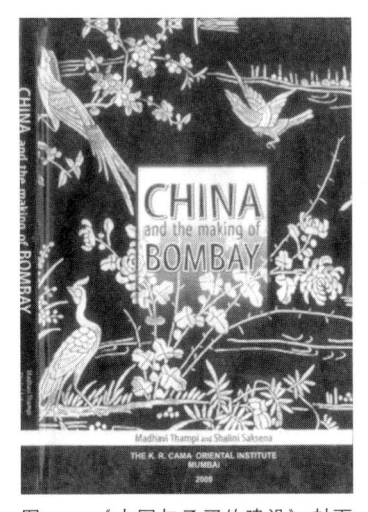　　图 53　《中国与孟买的建设》封面

图 54　玛妲玉教授（前排左二）在印度中国研究所主持笔者（右一）的讲座（2011 年 11 月 16 日）

主题是"贸易与经济交流""在印华人与在华印人""文化交流""印度与中国民族革命运动的联系""中印关系新发展"。玛妲玉在"引言"里指出："印度和中国的学者们在

研究中印两国关系时,很少愿意关注19世纪。人们可以揣测,理由是这段历史总体上是不幸的。"[1] 这种不幸是指中印两国被英国等殖民势力剥削和欺凌的历史。她进而指出,该文集的特色在于,它"在主流的印中关系研究领域填补了许多空白"[2]。印度著名比较文学家、德里大学已故学者S. K. 达斯发表于《中国述评》1993年第3期的长篇论文《有争议的客人:泰戈尔在中国》,也被该文集收录。[3] 这可视为玛妲玉沟通中印文化心灵、澄清历史误会的一种善举。

玛妲玉在与B. 坦卡合作出版的《印度、日本和中国的亚洲叙事》一书中,以40多页的篇幅,回顾了中国自古以来对亚洲的认知历程和近代泛亚洲思想的形成。[4]

### 4. 嘉玛希

印度贝拿勒斯印度大学人文学院前任院长、现已退休的中文教授嘉玛希(Kamal Sheel)也是参与《中印文化交流百科全书》的印方学者之一。他早年在美国威斯康星大学获得博士学位,导师为美国著名马克思主义学者、威斯康星大学和耶鲁大学历史系教授、中共党史研究专家亦即已被译为中文的《马克思主义、毛泽东主义与乌托邦主义》一书的作者莫里斯·迈斯纳(Maurice Meisner)。1989年,嘉玛希在美国普林斯顿大学出版社出版依据自己的博

---

[1] Madhavi Thampi, ed., *India and China in the Colonial World*, New Delhi: Social Science Press, 2005, p. 3.
[2] Madhavi Thampi, ed., *India and China in the Colonial World*, p. 4.
[3] Madhavi Thampi, ed., *India and China in the Colonial World*, pp. 85-125.
[4] Brij Tankha and Madhavi Thampi, *Narratives of Asia from India, Japan and China*, Calcutta and New Delhi: Sampark, 2005, pp. 77-119.

士学位论文修改而成的著作《中国的农民社会与马克思主义知识分子：方志敏和信江地区革命运动的起源》（下简称《起源》）。[1] 2010年，他与两位学者合编的英语论文集《丝绸之路上的印度》在印度出版。[2] 嘉玛希还主持过一些关于印度的中国认知的项目研究，发表过一些相关的论文。根据笔者近年来与其面晤和书信往来可知，他对康有为、黄懋材等人的印度认知产生了浓烈的翻译和研究兴趣。

《起源》除"序言"和第九章"结语"外，第一至八章的标题依次为："信江地区""太平军'叛乱'对信江农村地区的影响""小农耕作者的新压力：帝国主义、国家与小农经济""上层地主阶级和家族制危机""剥削、反抗和起义""农民革命领袖方志敏的崛起""江西联合阵线：城市力量及农会运动的组织""从农民运动到共产主义革命：信江地区的革命知识分子和农民"。从书后所附参考文献看，嘉玛希不仅引用了1949年以前中国大陆出版的著作、发表的论文，还参考了中华人民共和国成立后的大量出版物，并参考美国出版的大量中国研究著作与未出版的博士学位论文。

---

[1] Kamal Sheel, *Peasant Society and Marxist Intellectuals in China: Fang Zhimin and the Origin of a Revolutionary Movement in the Xinjiang Region*, New Jersey: Princeton University Press, 1989.

[2] Kamal Sheel, Lalji Shravak, Charles Willemen, eds., *India on the Silk Route*, New Delhi: Buddhist World Press, 2010.

图 55 《中国的农民社会与马克思主义知识分子：方志敏和信江地区革命运动的起源》封面

图 56 《丝绸之路上的印度》封面

图 57 笔者与嘉玛希教授（右）在印度贝拿勒斯印度大学外语系合影（2005 年 8 月 16 日）

关于此书或曰博士论文最终结晶的写作旨趣,嘉玛希在"序言"中自述道:"本研究聚焦方志敏的革命信仰和实践,我希望这将促进人们理解那些为基层革命做出贡献的领袖。"[1] 事实上,嘉玛希在美国的大学选择方志敏作为博士论文的研究对象,是有道理的。历史地看,方志敏(1899—1935)的英雄事迹在中国革命史上留下了灿烂的一笔。他生前为江西弋阳人,是赣东北革命根据地和红军第十军的主要创建人。他于1928年在江西弋阳、横峰一带领导农民起义,此后至1933年,领导农民坚持游击战争,实行土地革命,建立红色政权,逐步将红色的农村根据地扩大至江西东北部和福建北部、安徽南部、浙江西部,将地方游击队发展为正规红军。1934年11月,方志敏率红十军团进军皖南,继续执行抗日先遣队北上的任务。1935年1月,在战斗中被国民党俘虏,当年8月在南昌英勇就义。[2]

1930年1月5日,毛泽东在写给林彪的一封信《星星之火,可以燎原》中指出:"六,也就会明白单纯的流动游击政策,不能完全促进全国革命高潮的任务,而朱德毛泽东式、方志敏式之有根据地的,有计划地建设政权的,深入土地革命的,扩大人民武装的路线是经由乡赤卫队、区赤卫大队、县赤卫总队、地方红军直至正规红军这样一套办法的,政权发展是波浪式地向前扩大的,等等的政策,无疑义地是正确的。必须这样,才能树立全国革命群众的

---

[1] Kamal Sheel, *Peasant Society and Marxist Intellectuals in China*, p. xiv.
[2] 毛泽东:《毛泽东选集》(第一卷),北京:人民出版社,2009年,第107页。

信仰，如苏联之于全世界然。"[1] 嘉玛希读过这篇文章后评价说："毛称方志敏采取在农村地区建立苏维埃的政策，与他自己和朱德的做法一致。毛称赞方在苏维埃中实行的社会、政治和经济改革，并奉劝党员工人们学习他的榜样……江西农民称颂其为大英雄，编了许多民歌赞扬他。因此，对理解信江农民运动而言，考察农民革命领袖方志敏的崛起，分析他的革命思想，是非常必要的。"[2]

通观全书，前五章共130多页的篇幅探讨的是方志敏所在的江西地区农村经济发展史或乡村变化史，后几章共100多页的篇幅论述方志敏的理论发展及其领导的革命实践，这种结构安排似乎暗示，美国汉学家莫里斯·迈斯纳的马克思主义思想在某种程度上影响了嘉玛希的早期学术思维，它也说明，方志敏的革命思想及其实践是建立在中国农村具体的历史土壤之上的。关于方志敏的革命思想，嘉玛希认为，它有一个转变的过程。在详细介绍方志敏青年时代的曲折经历后，嘉玛希观察到这样一个事实："确信新的科学技术本身不能解决当代中国问题后，方的注意力更多地转向研究政治学和新的激进思想。"[3] 嘉玛希在相关文献解读基础上认识到，方志敏的理论优势稍逊于其革命实践。他说："事实上，方不是革命思想家，他的思想也没有在影响中国革命特色上发挥过重要作用。他更多的是

---

[1] 毛泽东：《毛泽东选集》（第一卷），第98页。
[2] Kamal Sheel, *Peasant Society and Marxist Intellectuals in China: Fang Zhimin and the Origin of a Revolutionary Movement in the Xinjiang Region*, p. 137.
[3] Kamal Sheel, *Peasant Society and Marxist Intellectuals in China: Fang Zhimin and the Origin of a Revolutionary Movement in the Xinjiang Region*, p. 149.

一位革命活动家……方参加农民革命活动,这是他理解当代现实和信仰马克思列宁主义的结果……他的著作因此常常缺乏关于理论问题的有力探讨。"[1] 在书的最后,嘉玛希如此评价方志敏对红色革命根据地的历史贡献:"因此,方志敏对信江农民运动和中国革命的重要贡献之一是,创建了一支由信江地区各地农民组成的有组织的军队……毛带着一支在外边组织起来的革命军进入乡村地区,这支军队打了败仗但却训练有素……事实上,这就使得毛赞扬方志敏在信江地区所采取的革命策略和政策。"[2] 嘉玛希继续说,他之所以研究方志敏的革命历史,主要是想说明这样一个道理:不能忽视革命运动中农民的核心作用。"因此,在中国共产主义革命及此后的时期,农民成为最终的胜利者。"[3]

综上所述,嘉玛希借助马克思主义理论和葛兰西、法侬等当代西方思想家的话语,对方志敏为代表的一支中国农民革命力量做了力所能及的分析和论述,显示了印度学者对美国汉学的学习与继承。但是,客观地看,嘉玛希的论述存在一些缺憾,例如,他在结论中强调方志敏的个案说明农民对于中国革命的特殊重要性,但却忽略了中国共产党对农民运动和革命军队的科学指导。事实上,正是因为有了中国共产党对中国革命的科学指导,才有苏维埃政

---

[1] Kamal Sheel, *Peasant Society and Marxist Intellectuals in China: Fang Zhimin and the Origin of a Revolutionary Movement in the Xinjiang Region*, p. 160.

[2] Kamal Sheel, *Peasant Society and Marxist Intellectuals in China: Fang Zhimin and the Origin of a Revolutionary Movement in the Xinjiang Region*, p. 240.

[3] Kamal Sheel, *Peasant Society and Marxist Intellectuals in China: Fang Zhimin and the Origin of a Revolutionary Movement in the Xinjiang Region*, p. 241.

权的逐步建立和发展壮大。当然，中国共产党成长过程中出现的种种问题如陈独秀的右倾机会主义与李立三等人的冒险主义，也给中国革命带来了诸多曲折甚或严重的失败。这说明，印度学者如深入研究中国革命与中国共产党人，尚需加深对中国共产党的认识，加深对中国革命历史语境的理解。

嘉玛希与人合编的论文集《丝绸之路上的印度》，是2006年3月在贝拿勒斯印度大学举行的丝绸之路国际学术研讨会的论文结集。该书收录17篇论文和嘉玛希翻译的聂静洁（中国社会科学院历史研究所）的一篇论文《古代中印关系史重要史料的翻译、整理与研究述评》（原载《南亚研究》2005年第2期和2006年第1期）。该书以4个主题串联全部论文："丝绸之路及其意义""丝绸之路与文化交流：印度的联系""丝绸之路与日印交流""丝绸之路与文献资料"。印度学者贡献了7篇论文，它们的标题分别是：《中亚贸易路线及其相关的印中文化》《追寻玄奘足迹的丝绸之路》《鸠摩罗什生平（公元344年至409年或413年）》《翻译家玄奘对佛教在中国发展的贡献》《文化交流的动力：公元600至1200年的东印度与丝绸之路》《重新确认玄奘描叙的Moholacha寺庙遗迹》《关于耆那教文献所载丝绸之路的一些思考》。嘉玛希在论文中写道："只有一些零零碎碎的丝绸之路尚存于世，但大多数研究亚洲贸易的历史学者认识它。绝大多数中国人已经忘记了丝绸之路，尽管我们每个人还熟悉丝绸。"[1] 或许是基于这一种不太完美的认识，促使印度学者嘉玛希等举办了关于丝绸之路的国际学术研讨会，众多日本学者参会并提交论文，这似乎给中国学术界以某种提示或警醒。

根据笔者 2012 年 12 月中旬在印度与嘉玛希的访谈得知，他与其他学者正在英译 20 世纪初来华的印度士兵的印地语日记《在华十三月》[2]。该译本已于 2017 年出版。这是嘉玛希等人对中印近现代关系史研究做出的新贡献，其功劳值得两国学界肯定。

嘉玛希在担任贝拿勒斯印度大学文学院院长期间，常常举办各种国际学术研讨会，有时也邀请中国学者参会发言，如中国社会科学院原亚太研究所退休学者刘建先生和笔者等均曾应邀参会发言。长期以来，嘉玛希也常到中国进行学术交流。他对促进中印文化交流、推动印度的汉学研究做出了自己的贡献。

**5．狄伯杰**

狄伯杰是尼赫鲁大学中国与东南亚研究中心教授，中印关系研究专家、中国文化经典《论语》的首位印地语译者。他的主要研究方向为中印关系、中国历史。其印度导师为前述的哈拉普拉萨德·雷易，中国导师为林承节。狄伯杰于 1991 年至 1993 年在北京大学做了 3 年访问学者，

---

[1] Kamal Sheel, Lalji Shravak, Charles Willemen, eds., *India on the Silk Route*, p. 11.
[2] Anand A. Yang, Kamal Sheel, and Ranjana Sheel, tr., *Thirteen Months in China*. 2017 年 11 月 22 日，笔者在印度新德里牛津大学出版社门市部购得此书。感谢嘉玛希先生提供该书的出版信息。据他 2015 年 10 月下旬访问四川大学时透露，他已同意一位中国学者翻译此书。期待该书译本早日出版。

专门学习文言文和中国历史；1996年，他再度来华，在中国社会科学院研究中国文化。他还在北京师范大学和英国爱丁堡大学等访学与研究。从其学术经历看，他从研究中印近现代关系史起家，后不断拓展研究范围，涉猎了中国农业经济、中印政治关系等领域，并不间断地从事中国古代文学经典翻译。狄伯杰编写过关于中国文学的教材《中国文学史》（2013）和教学词典《汉印辞典》、通俗读物《汉印英三语对话》（2016），[1]有时还为中国的《人民日报》《环球时报》《中国日报》和《中国社会科学报》等撰稿，也为《今日印度》和《印度斯坦时报》等印度英文媒体与网站撰稿。2017年5月，狄伯杰的英文传记《中印情缘》在北京翻译出版，他因此成为健在的印度汉学家中第一位在华出版传记者。目前，狄伯杰还是中印两国政府联合设立的"中印经典和当代作品互译出版项目"的印方负责人，他将协调印方人士以印地语翻译25种中国经典和当代作品。[2]在印度，他的这种丰富的学术经历，也许只有此前的谭中可与之媲美。

狄伯杰的求学经历也非常丰富，他曾在北京大学学习，与林承节教授、季羡林教授等非常熟悉，并非常欣赏这两位中国学者的著述。他是印度名副其实的"知华派"（与中国的"知印派"相对应）人士之一。他对中印关系的看法大体上是积极而乐观的。例如，2010年，他在接受中国

---

[1] B. R. Deepak, *Chinese-Hindi Dictionary (Chini-Hindi Shavda kosh)*. New Delhi: Ministry of Human Resource and Development, 2003.

[2] 关于狄伯杰的著述、教学和获奖情况等，参见［印］狄伯杰：《中印情缘》，张雅欣等译，北京：中译出版社，2017年，第268~271页。

记者访谈时，就改善中印关系提出如下建议：中印双方特别是印度方面要进一步放宽签证政策，增加留学生数量，建立并加强非官方机构的交流，促进两国人民相互了解，建立中印媒体友好合作关系，播放对方的电视节目。[1]

关于狄伯杰的治学路径和研究范围，此处以其自述为例进行说明："必须承认，与多数印度的汉学家不同，我涉猎多个领域。我系统学习过汉语和中国文化，尤其热爱教授中国语言文学、讲解中国典籍文学史。为此，我在印度加入了许多学术团体，协助设计课程内容和大纲……我的第二个研究方向是区域研究，例如中印关系、中国国内事务、中国与大国关系、中国的周边外交政策等。我的博士和博士后研究方向均为中印关系，显然区域研究也在我的专业之内。由于我在中印关系方面有一定基础知识，因此有幸受到多家媒体的采访……我涉猎的第三个领域是将汉语典籍译成印地语，这是出于我的兴趣。我认为两国虽为邻邦，对彼此的了解却十分匮乏，这主要是因为双方的文化资产没能跨过喜马拉雅山进行传播。出于对中国古典文学的热爱，我出版了第一本印地语的中国诗集。"[2]

仅就学术研究而言，狄伯杰先后出版了以下著作：《20世纪上半叶的中印关系》（2001）[3]、《1904年至2004年

---

[1] 褚国飞：《龙象共舞：中印建交60周年——访印度尼赫鲁大学中印问题研究专家狄伯杰》，《中国社会科学报》2010年10月21日。
[2] ［印］狄伯杰：《中印情缘》，张雅欣等译，第330~332页。
[3] B. R. Deepak, *India-China Relations in the First Half of the 20th Century*, New Delhi: A. P. H. Publishing Corporation, 2001.

的印度与中国：一个世纪的和平与冲突》（2005）[1]、《中国三农》（2010）[2]、《中印关系的未来前景》（2012）[3]、《文明视角下的中印关系》（与王树英合编，2012）[4]、《印中外交策略及其反应》（2016）[5] 等。他还与人合编了一册书。[6] 就翻译作品而言，狄伯杰以英语翻译了当年来华支援中国抗战的印度医生柯棣华夫人郭书兰的回忆录。[7] 其印地语译本包括《中国诗歌》（2010）[8]、《论语》（2016）[9]、《孟子》（2017）[10]。他还编辑出版了王槐挺先生英译的季羡林的《天竺心影》。这三种印地语译本均采取左页汉语、右页印地语译文的对照形式编排，以

---

[1] B. R. Deepak, *India & China 1904-2004: A Century of Peace and Conflict*, New Delhi: Manak Publications, 2005.
[2] B. R. Deepak, *China: Agriculture, Countryside and Peasants*, New Delhi: Manak Publications, 2010.
[3] B. R. Deepak, *India-China Relations: Future Perspectives*, New Delhi: Vij Books, 2012.
[4] Wang Shuying, B. R. Deepak, eds., *India-China Relations: A Civilizational Perspective*, New Delhi: Manak Publications, 2012.
[5] B. R. Deepak, *India and China-Foreign Policy Approaches and Responses*, New Delhi: Vij Books, 2016.
[6] D. P. Tripathi, B. R. Deepak, eds., *India and Taiwan: From Benign Neglect to Pragmatism*, New Delhi: Vij Books India Pvt. Ltd., 2016.
[7] B. R. Deepak, tr., *My Life with Kotnis (Narrated by Guo Qinglan and compiled by Xu Baojun)*, New Delhi: Manak Publications, 2006.
[8] B. R. Deepak, tr., *Cini Kavita*, New Delhi: Prakashan Sansthan, 2009. 根据四川外国语大学印地语系熊晨旭老师的抽样阅读效果看，狄伯杰教授的印地语译本译出了中文原诗的意思，也能表达原诗情感。熊老师于2021年5月24日指出："然而，中国古诗词蕴含的意境美和部分中国文化中特有的意象不容易被译文演绎；此外，中国古诗词的韵律难以在译文中体现，印地语译文采用的是现代自由语体。此类文学译作有利于印度汉语爱好者进一步加深对中国传统文学和文化的理解。"
[9] B. R. Deepak, tr., *Confucius Sukti Sangrah*, New Delhi: Prakashan Sansthan, 2016.
[10] B. R. Deepak, tr., *Mencius*, New Delhi: Prakashan Sansthan, 2017.

方便印度学者阅读时核对汉语原文。狄伯杰还为《天竺心影》英译本写了长达 20 页的"引言",介绍了季羡林与印度的结缘、季羡林的中印文化关系史研究成果及其研究方法、季羡林为中印文化交流所做的贡献、季羡林的个人情感等。[1] 2017 年 11 月 24 日,笔者在尼赫鲁大学拜会狄伯杰时,他说将考虑翻译季羡林先生的一些作品。

近年来,狄伯杰领衔印方学者,推进"中印经典和当代作品互译出版项目"在印度的顺利开展。期待参与该项目的印方学者圆满完成任务。

图 58　狄伯杰教授于 2011 年 11 月 26 日在印度杜恩大学赠予笔者的印地语译本《中国诗歌》封面

图 59　狄伯杰教授的《论语》印地语译本封面(田克萍博士与胡瑞博士提供)

---

[1] B. R. Deepak, ed., Wang Huaiting, tr., *Bharat in my Heart: Reminiscences of My Visits to India by Ji Xianlin*, New Delhi: Prakashan Sansthan, 2017, pp. 15-35.

第四章 1989年至2021年的汉学研究

图60 狄伯杰教授的《孟子》印地语译本封面（田克萍博士与胡瑞博士提供）

图61 狄伯杰教授印地语自传《印中情缘》封面（田克萍博士与胡瑞博士提供）

图62 笔者与时任印度杜恩大学外语学院院长（兼任）的尼赫鲁大学狄伯杰教授（左）的合影（2011年11月26日，杜恩大学）

图63 笔者与狄伯杰教授（左）的合影（2017年11月24日，新德里）

由于尚属中青年的学术黄金期，狄伯杰治学之路前景可期，他还将迎来丰硕的成果。目前对其已有成果进行归类或对其学者身份进行画地为牢的严格界定，均为时尚早，非常不妥，因此，此处主要对其两部早期中印关系史代表作略做介绍。

《20世纪上半叶的中印关系》出版于2001年，狄伯杰在该书"致谢"部分首先感谢中印两位导师即哈拉普拉萨德·雷易和林承节。该书封面的英文书名下印有中文书名《20世纪上半叶的中印关系》。该书包括6个章节，标题依次为："印中关系回顾""印度民族主义者、革命者与中国民族主义者在日本与中国的合作""卡达尔党在华革命活动""中国人眼中的甘地：甘地运动在中国的反响""1937年至1945年抗日战争与印度力挺中国""1939年至1945年二战中的印度与中国"。从书后所附参考文献与书中每一章的尾注看，狄伯杰引用和参考了曾国藩、谭云山、季羡林、耿引曾、张星烺等人的汉语文献，也引用了《中央日报》等民国报刊，并参考了印度与西方的大量英文资料。就中印关系史著作而言，其参考资料之丰富广泛，实为当时中国学者的某些同类著作所不及，即便放在当下似不为逊。作者借助大量一手历史文献，力求客观而理性地叙述中印近现代友好交流史，此种治学风格与作者的中国导师林承节相当接近。狄伯杰在书中形象地指出："解放以后的中印关系，是一部友好、倒退、正常（friendship, setbacks and normalization）的历史。印度是非共产主义阵营里第一个承认中国的国家，1950年4月1日，印中建立外交关系。1947年以来的中印关系史可以分为三个阶段。"[1] 狄伯杰接着却将其分为四个阶段：1947年至1959年、1959年至1988年、1988年至1998年、1999年以后。

该书还附录了一篇15页的论文《印度士兵参与太平天国起义：印中人民共同反帝斗争的开端》。[2] 这也是狄伯杰参加前述2000年于新德里举行的国际学术研讨会时提交的论文。此文经狄伯杰浓缩修改后，以《1857年叛乱与印度士兵参与中国太平军起义》为题，被玛妲玉收入其主编的论文集《殖民主义世界的印度与中国》。[3] 在这篇文论中，狄伯杰通过大量中外文献，揭示了19世纪中期印度民族大起义及印度士兵参与中国太平军起义的历史真相。他在文章最后写道："然而，中印领导人均未努力建立直接联系，也没有任何有意识的沟通。对英国人相似的愤怒与仇恨，在印度士兵心中自发地激起了对中国兄弟的同情。"[4]

2005年，狄伯杰出版了涉及范围更广的史学著作《1904年至2004年的印度与中国：一个世纪的和平与冲突》。该书除"引言"外，正文的11章标题依次为："缔造共同边界之一：英国在喜马拉雅一带的'扩张'""缔造共同边界之二：中国在喜马拉雅一带的'扩张'""英属印度、中国西藏和中华民国""印度共和国、中国西藏

---

[1] B. R. Deepak, *India-China Relations in the First Half of the 20th Century*, p. 16.
[2] B. R. Deepak, *India-China Relations in the First Half of the 20th Century*, pp. 169-183.
[3] B. R. Deepak, "The 1857 Rebellion and Indian Involvement in the Taiping Uprising in China," in Madhavi Thampi, ed., *India and China in the Colonial World*, pp. 139-149.
[4] B. R. Deepak, *India-China Relations in the First Half of the 20th Century*, p. 182.

与中华民国""1949年至1959年的印度与中华人民共和国：猜疑与外交互动的十年""中印兄弟情谊假象后的敌意共存""1962年战争后的外交冻结与中印关系缓和""印中之间'长城'崩塌：走向中印和解""印度的核试验：中印关系回暖后的倒退""面向21世纪的建设性合作伙伴关系""21世纪印度与中国面临的问题与前景"。从作者所附参考文献看，他一如既往地重视中文资料的参考利用，因此将中国学者王宏纬关于中印边界问题的研究著作[1]和吕昭义的中印关系史著作均纳入参考范围。[2] 狄伯杰也重视西方文献的征引，如1967年在西方出版后于1971年在印度再版的西方学者约翰·罗兰的著作《中印敌意共处关系史》[3] 也在参考之列。狄伯杰书中出现"敌意共存"（hostile co-existence）也就不难理解了。从上述论述的主题看，该书与2001年出版的《20世纪上半叶的中印关系》差异明显，因为后者重在梳理20世纪上半叶的中印友好交往史，前者则集中笔力探讨英属印度时期至21世纪初的中印百年政治关系。因此，前4章标题出现的几个关键词如"边界"和"西藏"便不难理解。在鸦片战争起源问题上，狄伯杰引述美国汉学家费正清的观点，认为与叩头相关的礼仪争执是导致鸦片战争爆发的原因之一。[4]

---

[1] 王宏纬：《喜马拉雅山情结：中印关系研究》，北京：中国藏学出版社，1998。
[2] 吕昭义：《英属印度与中国西南边疆（1774—1911）》，北京：中国社会科学出版社，1996年。
[3] John Rowland, *A History of Sino-Indian Relations: Hostile Co-existence*, Bombay: Allied Publishers, 1971.
[4] B. R. Deepak, *India & China 1904-2004: A Century of Peace and Conflict*, p. 35.

## 第四章　1989年至2021年的汉学研究

狄伯杰在书中的某些观点看似突兀,实则反映出印度学界的中国观以及对中国历史的刻意误读,对其学术思维和逻辑判断产生了潜移默化的深刻影响。狄伯杰认为,1954年中印签订了《中印关于中国西藏地方和印度之间的通商和交通协定》,这是印度外交的失败,因为它给印度长期以来秘而不宣地让西藏成为缓冲地带的愿望敲响了"丧钟"(death knell)。[1] 分析了中印长达百年的曲折关系史后,狄伯杰也为21世纪的中印关系把脉。在他看来,中印关系发展面临三大"顽症":边界问题、西藏问题和中巴友好关系。[2] 他也对中印新世纪合作的内容与前景做了分析。[3] 关于西藏问题的认知,狄伯杰后来在《"中印大同"要求中印边界纠纷早日解决》一文中,婉转而微妙地表述了某种立场的后撤姿态。[4]

通过上述两本书的对比分析可知,狄伯杰在短短的4年之间,对华认知似乎发生了一些变化,实则不然。这是因为,2001年出版的前一本书重在探讨中印现代友好关系史,重在文化视角,政治敏感因素自然大幅缩水或完全清除,而2005年出版的著作聚焦政治视角,这便在同一个读者眼前呈现了同一个作者的两幅图像:文化的狄伯杰与政治的狄伯杰。引申开来,我们还会发现,狄伯杰之所以

---

[1] B. R. Deepak, *India & China 1904-2004: A Century of Peace and Conflict*, p. 153.
[2] B. R. Deepak, *India & China 1904-2004: A Century of Peace and Conflict*, pp. 438-450.
[3] B. R. Deepak, *India & China 1904-2004: A Century of Peace and Conflict*, pp. 468-475.
[4] 谭中主编:《中印大同:理想与实现》,第350~353页。

要编写中国文学的教材和翻译中国文化经典,是狄伯杰的第一重身份即中国文学爱好者或中国文化探索者持久不断地汩汩流淌于学术血脉之间;他之所以出版《印中外交策略及其反应》等涉及刚性政治而非柔性政治的新著,是其第二重身份即中印关系研究者的学术基因发挥着作用,这种基因在1962年后的印度土壤中找到了最适宜的阳光和水分。可以说,文化的狄伯杰与政治的狄伯杰,这么一种奇怪的身份融合,是当代印度学术生态的真实写照,也是几十年来中印关系曲折发展的直接产物。作为中国学者,对于狄伯杰这样一位热爱中国文化但又稳居印度政治立场的"知华派"印度学者,我们是否可在1962年前后尼赫鲁对华认知发生剧变的历史个案中发现似曾相识的蛛丝马迹?对于这种现象,中国学者又该做何思考?如何互动?

### 6. 沈丹森

与狄伯杰一样,美国纽约大学的印裔美国学者沈丹森也是中国女婿。他是著名学者沈纳兰(1955年为唯一的在华的印度留学生,1982年至1992年在北京外文出版社工作)的儿子,曾在北京大学学习汉语多年,完成了本科和硕士学业后赴美继续求学,在美国宾夕法尼亚大学获得博士学位,其博士论文于2003年在美国出版,这便是《佛教、外交与贸易:公元600年至1400年中印关系的转型》(下文简称《佛教》)。这本书涉及中印古代宗教联系与贸易关系,是其在中国、日本和印度等三地进行学术调研的基础上完成的。沈丹森曾任新加坡国立大学东南亚研究所那烂陀-室利佛逝研究中心(Nalanda-Srivijaya Centre)主任。他是当今研究中印古代文化交流最为热心且质量上乘

第四章 1989年至2021年的汉学研究

的一位印裔学者。近年来，沈丹森在中国发表了一些论文，如《中、印之间建立信任的文化之路》（与杜赞奇、范晶晶合作，载《文史知识》2013年第11期，第38~42页）、《中印海上互动：宋至明初中国海上力量在印度洋沿岸的崛起》（载《复旦学报（社会科学版）》，2014年第2期，第13~24页）等。2012年，他和美国汉学家、宾夕法尼亚大学教授梅维恒合著的《亚洲与世界史语境中的传统中国》出版。他与北京大学王邦维教授合编并出版英文版《印中佛教与外交关系：师觉月教授论文集》。[1] 沈丹森还与复旦大学的孙英刚教授合编并出版论文集《中印关系研究的视野与前景》（复旦大学出版社，2016），该书收录了

图64 2003版《佛教、外交与贸易：公元600年至1400年中印关系的转型》封面（兰婷提供）

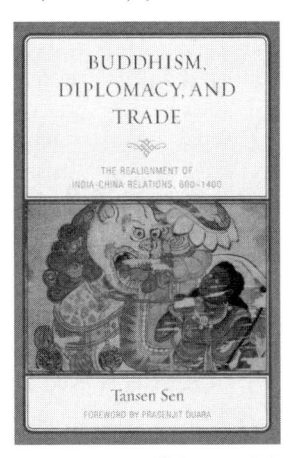

图65 2015版《佛教、外交与贸易：公元600年至1400年中印关系的转型》封面（黄潇提供）

---

[1] Bagchi, Prabodh Chandra, *India and China: Interactions through Buddhism and Diplomacy: A Collection of Essays by Professor Prabodh Chandra Bagchi*, compiled by Bangwei Wang and Tansen Sen, New Delhi: Anthem Press, 2011.

徐文堪、严耀中、玛妲玉、宁梵夫、陈明、刘震、郁龙余、沈丹森、麦文彪、李辉、杨斌、段玉明、徐启轩等中外学者的论文。这是中外学者关于中印古代至现代的语言、宗教、历史、思想互动的集中探讨。

关于中印关系或中印文化交流研究,沈丹森在频繁的实地考察和大量收集文献的基础上,有了许多新的心得体会,这些都凝结于其2014年在复旦大学发表的演讲中。在长篇演讲中,他将近代以来中印学界的中印关系史研究(即沈丹森所谓"中印研究"或曰"中印学")分为萌芽阶段(19世纪)、泛亚洲主义阶段(1901年至1961年)、(中印)冲突阶段(1962年至1988年)和中印大同阶段(1988年至今)等四个阶段进行分析。他的结论是,"中印研究"虽有200年的历史,但仍处于发轫期,因为这一领域的界定迄今尚未明确,研究范式不够清晰,相关成果出版太过随意,且以过时概念研究问题,观点缺乏批判性。他认为"中印研究"主要存在中印两国档案文献或一手资料难以顺利获取,几乎不用非英语的印地语、孟加拉语而导致材料陈旧和原创性观点罕见,一些中印学者的相关著述对中印关系的看法过于偏激或过于辩护等问题。"这些著述旨在做政治宣传而非从事学术研究,是中国的印度研究和印度的中国研究所面对的更大问题。"[1] 沈丹森的观点值得重视。

这里对沈丹森早年代表作即他的博士论文修订版进行

---

[1] 此处相关介绍和引文均见:[美]沈丹森:《中印研究的兴起、发展与现状——沈丹森在复旦大学的讲演》,陈源源译,原载《文汇报》2014年5月19日。中国人民大学复印报刊资料《中国外交》2014年第7期全文转载。

简介。《佛教》主要研究唐代至明代时期以佛教为纽带的中印关系，属于典型的佛教史和中印古代关系史著作。伦敦大学亚非学院的巴雷特（T. H. Barrett）评价它说："这样大部头的学术专著着实喜人，以概括形式给出的结论也易于接受，令人信服……本书看着起劲、写得及时，找到将来的问学门径绝不是阅读所获的唯一乐趣。还要提到一个特点，行文中的备用图片，方便读者随需翻检——考虑到如此空间跨度的史学著作非常少见，可不要按常规低估了出版社的这个优点。"[1]

沈丹森精通中文、日文和梵文等涉及佛教研究的重要语言，并掌握了大量第一手资料，这些都充分保证了该著作的学术质量。他在书中引述了汪大渊、刘欣如、许理和（Erik Zürcher）、冉云华等古代和现代学者的观点。该书除"引言：中国与印度世界的交流与困境"和"结语：从佛教到商业的转型及其影响"外，正文分为5章，标题依次为："唐朝与印度外交的军事关切和思想理解""中国崛起为佛教中心""中印交流佛教阶段的结束""中印贸易关系调整及其根本原因""中印贸易关系变化的几个阶段及其深远影响"。由此可见，沈丹森以佛教和贸易作为释读800年中印古代关系史的两把"金钥匙"，其雄心不可谓不宏伟，其逻辑不可谓不清晰。

沈丹森在《佛教》的开头写道："古代印中跨文化关系非常独特，涉及很多方面……佛教义理从一个复杂的社

---

[1] 巴雷特撰：《评沈丹森：〈佛教、外交与贸易：600—1400中印关系的重整〉》，陈源源译，《东方文学研究通讯》2004年第3期，第41页。

会向另一个社会进行传播，这是一个艰巨的过程，其中的错综复杂体现了中印交流的独特性。"[1]他接着指出，虽然公元7世纪至15世纪中印关系变化的意义已有定论，但这800年间逐渐改变中印双边关系本质属性的重要事件的发展历程却被忽视。换句话说，公元7世纪至15世纪之间的中印关系，已经发生了重要的结构性调整。公元10世纪前，佛教是中印交流的轴心，而11世纪以后，中国的商业市场和不断发展的大陆贸易逐渐成为"双边关系的主要动力"[2]。沈丹森说，他的书主要就是探讨跨越800年的中印交流转型之因。

在论述11世纪前后中印关系开始转型或进入所谓的重组、调整（realignment）阶段时，沈丹森敏锐地观察到宋代佛教翻译出现的怪相即译经质量下降和译经事业大幅衰落的历史事实。他发现，在宋代，官方而非佛教徒可以决定译经的内容。到了后来，儒家士大夫阶层和一些信佛的译经师也要求终止官办的译场。此外，宋朝时期，来华的印度佛教徒并未绝迹，而翻译佛教经典的合格人手缺乏，但他们并未参与其中，而是到山西五台礼佛朝圣。另一些来华的印度佛教徒则为贸易盈利而来。此外，宋代佛教徒倾向于开宗立派，促进佛教中国化，这也是宋代佛经翻译质量不佳的一个重要影响因素。[3]本土的各派中国佛教开

---

[1] Tansen Sen, *Buddhism, Diplomacy, and Trade: The Realignment of Sino-Indian Relations, 600-1400*, Honolulu: University of Hawai Press, 2003, p.1.

[2] Tansen Sen, *Buddhism, Diplomacy, and Trade: The Realignment of Sino-Indian Relations, 600-1400*, p.2.

[3] Tansen Sen, *Buddhism, Diplomacy, and Trade: The Realignment of Sino-Indian Relations, 600-1400*, pp.105-126.

始流行,佛教徒们开始自觉或不自觉地与印度佛教的原始教义拉开某种差距,因此,就佛教经典翻译而言,它对传播印度佛教新教义没有什么实质性的意义。冉云华曾经指出,新译出的佛经,也不再有人为其进行疏解。在宋代,唐代流行的有关佛经译本的讨论与评述也不再盛行。人们也不再要求来华印僧为佛经译本披上中国化仪式与实践的合法外衣。大体而言,到公元10世纪末,印度佛教与中国佛教开始走上两条泾渭分明的道路。前者逐渐演变为具有哲理和玄学色彩的密教传统,后者开始形成自己的本土化教义。沈丹森继而指出:"这种分道扬镳,不仅割断了印度与中国之间的佛教联系,也结束了长达千年的生机勃勃的中印交流,这种交流是由佛教传播与礼佛行为所促进的。"[1] 此后,佛教在中印跨文化交流中的作用下降,宋代中印贸易往来却呈现出一些新的重要特征:非佛教商人来华,贸易路线发生变化亦即与伊斯兰教有联系的海路贸易地位上升,非宗教的奢侈品与大宗贸易显著增加。[2]

换句话说,公元11世纪至12世纪,中印贸易开始活跃,在14世纪至15世纪达到高峰。"因此,在第二个千年的开头,中印关系不再以佛教信仰(Buddhist theology)为轴心,也不再以佛教在中国的传播来定义。奇怪的是,佛教在中印交流中的作用下降,对于中印两地的贸易规模影

---

[1] Tansen Sen, *Buddhism, Diplomacy, and Trade: The Realignment of Sino-Indian Relations, 600-1400*, pp. 140-141.
[2] Tansen Sen, *Buddhism, Diplomacy, and Trade: The Realignment of Sino-Indian Relations, 600-1400*, p. 142.

响甚微。"[1] 沈丹森还以著名德籍学者、世界史"依附理论"的代表人物贡德·弗兰克的相关论述对此进行论证。元明时期中印的频繁贸易说明，中印交流已经由佛教主导成功转型为"市场为核心的交流"（market-centered exchanges）[2]。沈丹森在"结语：从佛教到商业的转型及其影响"最后写道，公元11世纪至15世纪不断增长的"洲际贸易"（intercontinental trade），促进了印度和中国的经济发展，为中印手工制造业的发展做出了贡献，也给亚洲人民的社会文化生活带来了巨大的变化。"然而，与第一个千年的商业活动不同，这种全球贸易（global trade）没有在印度和中国之间产生理想的文化思想交流。"[3] 除了在印度马拉巴海岸可以看见一些中国渔网的历史遗迹，500年间频繁的中印贸易，似乎没有激起什么重要的思想交流。佛教联系的断裂，负责阐释和学习对方文化传统的机构缺失，以前伴随商业贸易所进行的改宗信仰和礼佛活动风光不再，这些便是中印思想交流几乎陷入停滞的一些重要原因。"因此，尽管在第二个千年的头500年间，中印交流仍令人注目，但社会变化与思想融合的进程不再重现，此前中印佛教交流时期便以这一变化和融合为标志。"[4]

沈丹森后来在论文《拉京德拉朱罗王朝的军事行动及

---

[1] Tansen Sen, *Buddhism, Diplomacy, and Trade: The Realignment of Sino-Indian Relations, 600-1400*, p. 197.
[2] Tansen Sen, *Buddhism, Diplomacy, and Trade: The Realignment of Sino-Indian Relations, 600-1400*, p. 234.
[3] Tansen Sen, *Buddhism, Diplomacy, and Trade: The Realignment of Sino-Indian Relations, 600-1400*, p. 242.
[4] Tansen Sen, *Buddhism, Diplomacy, and Trade: The Realignment of Sino-Indian Relations, 600-1400*, p. 243.

朱罗王朝、室利佛逝、中国的三角关系》中，对上述一书的相关议题进行引申。他指出："南印度朱罗王朝、室利佛逝和中国宋朝之间的三角关系说明，通过海路进行的外交互动和贸易活动并不总是以和平的方式进行。事实上，在随后的元朝与明朝，中国试图以其海军力量强行决定印度洋上的商业贸易和外交关系的本质……此前，南亚与中国的交流，是由佛教思想的传播来定义的。宋代中国、朱罗王朝与室利佛逝的三角关系显示，在印中互动与亚洲的跨文化交流中，商业贸易的作用显著上升。"[1]

综上所述，沈丹森书中的相关思考，为国内的中印古代文化交流史和中外关系史注入了新的印度元素。其是其非，其正其误，都将给国内相关领域的学者以不同程度的启示。

以上是对30年来印度学界关于中国历史的研究成果的简介。下面对其同一时期印度学者关于中国文学的研究做一简介。

## 第三节　中国文学研究

有的学者指出："如何从资料整理走向带有问题意识的深入分析，警惕英语世界中国当代文学研究与译介中的东方主义心态和意识形态因素，让国外、国内的研究形成有

---

[1] Tansen Sen, "The Military Campaigns of Rajendra Chola and the Chola-Srivijaya-China Triangle," Hermann Kulke, K. Kesavapany, Vijay Sakhuja, eds., *Nagapattinam to Suvarnadwipa: Reflections on the Chola Naval Expeditions to Southeast Asia*, Singapore: Institute of Southeast Asian Studies, 2009, p.74.

效的对话，清醒、理性而不是过于乐观地认识英语世界中国当代文学研究的现状，是目前研究中和以后研究时要注意的问题。"[1] 实际上，当前要注意的问题还应加上一条，那就是须将印度学者以英语为媒介产出的中国文学研究成果也纳入英语世界的汉学研究范畴，而不是将其排斥在英语世界之外。30年来，整体上看，与中国历史研究领域先后出现许多厚重的著述成果相比，印度学者在中国现当代文学研究领域的造诣较为逊色，但也出现了一些值得注意的研究者及其代表作。非常遗憾的是，迄今为止，印度学界尚缺类似哈拉普拉萨德·雷易通过古代汉语一手文献长期研究（而非仅仅翻译）中国古代文学的学者。但愿不久的将来，这一不理想局面会有所改观。近年来，印度学界对中国古代、现当代文学作品的翻译出现了令人惊喜的变化。下面对此情况进行简介。

### 1. 新的研究与译介动态

鲁迅是印度学者和翻译者非常重视的一位现代作家。贾岩和姜景奎两位作者指出："鲁迅生前虽从未到过印度，印度对鲁迅的译介也大多出现在他逝世以后，但源源不断的文本行旅（原文如此）和话语实践，不断为这位伟大的中国作家赋予形形色色的印度'来生'。喜马拉雅山另一侧，也同样延续着他的不朽。"[2] 根据两位学者的研究，印度印地语学界和英语学界对鲁迅作品的翻译和研究分为

---

[1] 姜智芹：《英语世界中国当代文学译介与研究的方法论及存在问题》，中国中外文艺理论学会、四川大学中文系汉语言文学研究所主办：《中外文化与文论》（第24辑），成都：四川大学出版社，2013年，第186页。
[2] 贾岩、姜景奎：《译介与传播：鲁迅的印度"来生"》，《鲁迅研究月刊》2017年第11期，第27页。

三个阶段：1930年至1950年、1950年至1980年、1980年至今。鲁迅在印度的印地语译介和研究非常值得关注，它体现了印度学界对中国现代作家的高度重视。[1]

在研究鲁迅的印度学者中，尼赫鲁大学的马尼克首先值得一提，他于1997年以研究鲁迅的论文获得尼赫鲁大学哲学博士学位。在研究中国当代女性文学的印度学者中，尼赫鲁大学的邵葆丽和德里大学东亚学系的谈玉妮成绩突出。前者曾在中国学习，具有扎实的中文功底，回国后专门从事中国新时期文学研究（1976年以后）。她从后毛泽东时代入手，从文学思潮到具体作家进行了广泛论述。她在《中国述评》1997年第4期发表文章《三中全会以来的文学政策：变化的十年》。她还在《中国述评》2004年第3期发表文章《"个人"在后毛泽东时代文学里的再现》，将研究的范围从1976年延伸到2000年左右。此后，她发表了《1976年至1989年间中国文学"百花齐放"的再现》一文。邵葆丽的研究视野广阔，基本上囊括了新时期许多重要的文学现象。迄今为止，她出版了两部关于中国当代文学的研究著作。[2] 1997年，德里大学的谈玉妮曾经出版研究中国现当代女性文学的一部著作。[3] 此前，她在《中国述评》1989年第4期和1991年第2期先后发表关于

---

[1] 贾岩、姜景奎：《译介与传播：鲁迅的印度"来生"》，《鲁迅研究月刊》，第27~33页。
[2] Sabaree Mitra, *Literature and Politics in 20th Century China: Issues and Themes*, New Delhi: Books Plus, 2005; Sabaree Mitra, *Chinese Women Writers and Gender Discourse*, New Delhi: Books Plus, 2008.
[3] Ravni Thakur, *Rewriting Gender: Reading Contemporary Chinese Women*, London and New Jersey: Zed Books, 1997.

中国女性文学的论文。根据笔者2011年底在印度与她的交谈获悉,她还对巩俐等人的电影表演和当今中国的中产阶级产生了研究兴趣。

1996年,尼赫鲁大学中文教授海孟德在一次研讨会上宣读了学术论文《全球化、经济改革和当代中国后现代小说概述》,该文后来发表在《中国述评》2000年第4期。作者将探索笔触延伸到中国当代文学的一个新领域,涉及著名电影导演张艺谋、陈凯歌等人的作品。作者的看法是,当代中国文坛存在两派作家。一派供奉"延安模式",但对写什么感到茫然;另一派是新潮派,却不知怎么写。他认为:"从中国文学发展的漫长道路看,当前的局面可以恰当地用'写什么'和'怎么写'的对抗来描叙。"[1]

谭中夫人黄漪淑女士在《中国述评》1990年第1期和2004年第3期发表文章,分别就中国当代文学40年(1949年至1989年)的发展历程和中国当代诗人臧克家进行介绍。在题为《中国诗歌发展的里程碑》的文章中,黄漪淑认为,臧克家(1905—2004)是中国诗歌现代转型期的里程碑式人物,但矛盾的是,外国人谈起中国诗人,往往想到的是李白、杜甫、白居易、王维和苏轼等人,甚至毛泽东诗歌也有很多人关注,但想起臧克家诗歌者却很少。作者对臧克家的身世和创作生涯(包括他和毛泽东的个人往来)进行追踪。她发现,尽管臧克家与毛泽东一样精通中国古体诗,但与鲁迅和毛泽东不同,他把精力主要放在

---

[1] Hemant Adlakha, "Globalization, Economic Reform and Post-modern Fiction in Contemporary China: A General Survey," *China Report*, Vol. 36, No. 4, 2000, p. 600.

发展中国现代诗歌的事业上。这是因为,诗歌是臧克家与抗日爱国热情、中国革命和年轻知识分子进行对话的主要媒介。不过,虽然臧克家被认为是"五四运动"以来最著名、最有影响力的诗人之一,但他的诗歌却没有鲁迅的《自嘲》和毛泽东的《雪》那么受人赏识,而鲁迅和毛泽东的还是旧体诗。黄漪淑认为:"这暴露了中国现代诗歌所面临的尴尬。事实上,汉字最适合创作古体诗以达到一种'三维立体'的诗歌效应。"[1] 在黄漪淑看来,臧克家诗歌遭受冷遇还有一个原因。他大部分诗歌都是着眼于鼓动人民大众投身到爱国主义的革命行动中去。他是"议论诗"的先驱之一。在战争年代,不管他的诗歌多么直白,人们都欣赏并受其感染。但是,随着时代的变化,诗歌爱好者要求的是诗意而非口号式的沟通。黄漪淑认为:"也许,这是臧克家诗歌在今天丧失了魅力的原因之一。"[2] 黄漪淑在这里选取命运曲折坎坷的臧克家诗歌作为中国文学的一个标本,向印度学界展示了中国当代文学发展的一段特殊历史。

在对中国当代文学进行分析研究的印度汉学界,也有部分学者因为偏爱"西方之眼",受西方反华舆论聒噪的影响,从而抛开主流正面的中国当代文学作品和文学现象,

---

[1] Huang I-shu, "Landmark Development in Chinese Poetry," *China Report*, Vol. 40, No. 3, 2004, p. 285.
[2] Huang I-shu, "Landmark Development in Chinese Poetry," *China Report*, Vol. 40, No. 3, 2004, p. 286.

把眼光投射到中国的阴暗面。这就影响到他们的研究质量。[1] 当然,这只是汉学研究的支流而已。

在中国古典及现当代文学作品的译介中,印度学者近30年来表现出很高的热情。维克拉姆·赛特、谭中、马尼克、莫普德、史达仁和狄伯杰等人先后加入到这一行列。他们将中国古典和现当代文学作品或译为英语,或译为孟加拉语、印地语、泰米尔语等印度现代语言。关于中国古代文学的译本有谭中的英译本《中国古典诗词》(1991)、维克拉姆·赛特的英译本《三位中国诗人:王维、李白和杜甫》、狄伯杰的印地语译本《中国诗歌:从〈诗经〉到〈西厢记〉》和《论语注释》等。关于中国现当代文学,鲁迅的小说、艾青与舒婷的诗歌等被译成英语、印地语或孟加拉语等语种出版。单就鲁迅而言,尼赫鲁大学中文教授马尼克曾将其作品先后译为英语和孟加拉语,国际大学中国学院退休教授那济世早年曾将其短篇小说译为奥里亚语。

此处对狄伯杰于2009年出版且于2011年获得中华图书特殊贡献奖的印地语译本《中国诗歌:从〈诗经〉到〈西厢记〉》做简要说明。[2] 包括目录在内,该书共231

---

[1] Kamal K. Dutta, "Poetry of Democracy: A Study of the Tian Anmen Poetry of 1989 Democracy Movement and Chinese Political Culture," *Research Journal of Faculty of Arts*, Vol. 6, 2000–2001, Varanasi: Banaras Hindu University, p. 56.
[2] B. R. Deepak, tr., *Cini Kavita*, New Delhi: Prakashan Sansthan, 2009. 感谢狄伯杰教授于2011年11月24日在其任职的印度都安大学(Doon University)向应邀访问该校的笔者签名赠送这本印地语译诗集。该书以汉印对译形式印刷出版。

页，选译的对象如下：《诗经》六首[1]、屈原四首[2]、项羽的《垓下歌》、刘邦的《大风歌》、刘彻（汉武帝）的《秋风辞》、《古诗十九首》之《行行重行行》、《东门行》、《十五从军征》、《陌上桑》、曹操的《短歌行》和《观沧海》及《蒿里行》、曹丕的《燕歌行》、曹植的《七哀》与《七步诗》、王粲的《七哀诗》、阮籍的《咏怀诗》和《咏怀》、陶渊明的《归园田居》（其一和其三）和《饮酒》及《拟挽歌辞》（其一）、北朝民歌《木兰辞》、王勃的《送杜少府之任蜀州》和《滕王阁诗》、陈子昂的《登幽州台歌》、贺知章的《回乡偶书》、张若虚的《春江花月夜》（节译）、王翰的《凉州词》、王之涣的《登鹳雀楼》、孟浩然的《春晓》、王昌龄的《闺怨》和《出塞二首》（其一）、王维的《送别》和《相思》、高适的《别董大》（其一）、李白的诗七首[3]、杜甫的《春望》和《登高》及《兵车行》、刘长卿的《逢雪宿芙蓉山主人》、岑参的《白雪歌送武判官归京》、韩愈的《左迁至蓝关示侄孙湘》、白居易的《长相思》和《赋得古原草送别》、柳宗元的《江雪》、李贺的《马诗》（其一、四、五、二十三）、杜牧的《赠别二首》（其二）、刘禹锡的《竹枝词》、温庭筠的《更漏子六首》和《梦江南》、李商隐的《无题》、韦庄的《荷叶杯二首》、冯延巳的《蝶恋花》、李煜的《破阵

---

[1] 包括《关雎》、《召南·摽有梅》、《野有死麇》、《伐檀》（魏风）、《硕鼠》、《采薇》。
[2] 包括《离骚》（选段）、《云中君》、《湘君》、《国殇》。
[3] 包括《送孟浩然之广陵》《月下独酌》《将进酒》《静夜思》《登金陵凤凰台》《菩萨蛮·平林漠漠烟如织》《望庐山瀑布》。

子》和《虞美人》及《子夜歌》、柳永的《雨霖铃》、范仲淹的《渔家傲》、欧阳修的《临江仙》、苏轼的《江城子》和《水调歌头》及《念奴娇·赤壁怀古》、晏几道的《鹧鸪天》、李清照的《渔家傲》和《声声慢》、吕本中的《采桑子》、岳飞的《满江红》、马致远的《天净沙》、张养浩的《山坡羊》、王实甫的《西厢记·惊艳》。

根据郁龙余教授的介绍，在当代印度，以印度现代语言译介中国诗歌最著名的例子包括狄伯杰的印地语译本《中国诗歌：从〈诗经〉到〈西厢记〉》（2009）、莫普德的孟加拉语译本《毛泽东诗词全集与文学赏析》（2012），以及史达仁的泰米尔语《诗经》选译本——《谁适为容：诗经》（2012）等。这三个译本在很大程度上代表了当代印度汉学界译介中国文学的最高水平。[1]关于莫普德的孟加拉语译本《毛泽东诗词全集与文学赏析》，郁教授指出，这是毛泽东诗词全集首次被译为孟加拉文。"该书的译注者将所译诗词分析得很细致，将内涵意义、典故等解释得很清楚，以便普通读者以及未来的研究者都能阅读及欣赏。为了适应孟加拉文化的特点，作者除了把诗中中国人的姓名音译成孟加拉文，还把姓名意译成孟加拉文，产生语音与语义上的新味。译者本身是一个诗人，他尝试着将毛泽东诗词用不同的押韵法译成孟加拉文，注意了大多数诗词的押韵。"[2]郁教授预言道："狄伯杰、莫普德、史达仁等

---

[1] 郁龙余：《印译中国诗歌：古老文化的交融》，《中国社会科学报》2013年2月9日。
[2] 郁龙余：《印译中国诗歌：古老文化的交融》，《中国社会科学报》2013年2月9日。

三位印度学者用印度民族语言对中国诗歌进行翻译和研究，让人感到中国诗歌印译的春天似乎已在敲门。"[1]

近年来，中印两国学术合作的一个重大项目是"中印经典和当代作品互译出版项目"。2013年5月李克强总理访问印度期间，国家新闻出版广电总局和印度外交部签署合作文件，决定启动该项目，并把它写入了中印两国发表的联合声明中。2014年习近平主席访问印度，该项目再次写入两国发表的联合声明。经双方协商，中印两国各翻译对方的25种图书，期限5年。2016年5月，《国家新闻出版广电总局关于实施〈"十三五"国家重点图书、音像、电子出版物出版规划〉的通知》发布，该项目被列入"'十三五'国家重点图书出版规划"。双方选定书目进行翻译。被印方选定翻译的中国经典和当代作品包括"四书"、《中印文化交流史》、《红楼梦》、《三国演义》、《骆驼祥子》、《子夜》、《家》、《京华烟云》、《手机》、《白鹿原》、《秦腔》、《活着》、《尘埃落定》、《看上去很美》等。

迄今为止，一些书目已翻译出版。印方负责人狄伯杰对未来的书市充满信心，"一开始是学中文的工具书或是传记类作品，之后必然会发展到文学作品，出版商对此的信心正在建立。而且这次25部中国经典翻译项目有政府资助，出版界没有后顾之忧，相信中印共同培育的文学市场一定会红火起来。"[2] 根据中国记者报道，中印经典著作

---

[1] 郁龙余：《印译中国诗歌：古老文化的交融》，《中国社会科学报》2013年2月9日。
[2] 邹松：《印地语版〈四书〉〈骆驼祥子〉等将在印度出版》，《人民日报》2017年2月22日。

互译工程近期进展顺利。据印度汉学家狄伯杰教授介绍，《骆驼祥子》《活着》《看上去很美》等中国现代文学作品的印地语译稿已送交出版社，准备近期出版，另外，季羡林的《中印文化交流史》、巴金的《家》、阿来的《尘埃落定》等的印地语译本也将很快截稿。这些书的翻译和出版，代表着中印经典翻译项目取得阶段性成果，是中印文化交流日益密切的例证。狄伯杰向中国记者介绍说，计划翻译的 25 部中国经典中，除"四书"和《中印文化交流史》外，其余都是文学作品，其中包括《红楼梦》《三国演义》《骆驼祥子》《子夜》《京华烟云》《手机》《白鹿原》《秦腔》等古代和现当代作品。狄伯杰指出："侧重文学性是我们选定作品时一直强调的，对印度普通人来讲，认识中国不能少了文学。另外这些作品极具时代性，社会影响大，理应成为印度读者了解中国的必读作品。同时我们也考虑到有些中国著作此前已被翻译过，所以就没有被列入该项目。所以说这次即将以印地语面市的中国作品都是印度'首秀'。"狄伯杰介绍说："从 2015 年底，由尼赫鲁大学教研人员为主体的翻译团队正式建立，共有约 17 位精通中文及印地语的专家、教授加入，他们有的本身就是长期研究某中国作家的学者，对其著作的创作背景有较全面的认识。这对印度读者更好地理解中国经典著作有所帮助。"狄伯杰完成"四书"的最终翻译审定后，还将翻译《红楼梦》。狄伯杰对中国作品印译本的市场前景颇有信心。在尼赫鲁大学任教的戴温蒂（Dayawanti）教授是位巴金迷。1997 年 11 月，她曾在中国见过巴金本人。时隔 20 年，由戴温蒂翻译的印地语版《家》即将出版。她认为，在越来越多的印度人关注中国之时,中国很多有价值的理念值得推广到印度,而文学作品是很好的桥梁。阿帕娜在印度恰尔肯德邦中央大学任教,她选择翻译余华的《活着》,目的在于让印度读者感受中国农村生活。她说:"余华的语言简单、生动、有趣,却反映出最深刻的人性,这也给我的翻译工作提出了挑战。"[1]

根据中国学者姜景奎教授的介绍,"中印经典和当代作品互译出版项目"是由他本人和中国大百科全书出版社社长龚莉女士等4人于2013年初共同倡导的。该动议得到相关单位的积极支持。2013年5月,李克强总理访问印度期间,中国新闻出版广播电视总局和印度外交部签署合作协议,决定启动"中印经典和当代作品互译出版项目",并写入中印联合声明(第十一条)。此后,姜景奎与薛克翘、刘建、邓兵等学者担纲领衔,组成了老、中、青三代的翻译小组,并邀请了印度的狄伯杰教授和阿尼塔·夏尔玛教授等3位印度学者协助全面把关译文质量。姜景奎本人先拟定50多种印度经典作品的书目,然后请他熟悉的印度学者帮助筛选出30种,最终定为25种。这些经典和当代作品以文学作品为主,也包括部分史学著作,其中有印地语作品《苏尔诗海》《格比尔双行诗集》《献牛》《帕勒登杜戏剧》《普拉萨德作品集》《鹿眼女》《献灯》《灯焰》《谢克尔传》《黑暗》《肮脏的边区》《幽闭的黑屋》《宫廷曲调》《鸟》《班迪》《一街五十七巷》《被抵押的罗库》,印

---

[1] 邹松:《印地语版〈四书〉〈骆驼祥子〉等将在印度出版》,《人民日报》2017年2月22日。

地语学术著作《印地语文学史》，孟加拉语作品《那时候》（Sei Samaya），乌尔都语作品《烟》（Dhuan），根据卡纳达语原著英译的小说《一个婆罗门的葬礼》（Samskara），英语小说《芥民》（Chemmeen）、《棋王奇着》（The Chessmaster and His Moves）、《向导》，英语学术论著即印度汉学家师觉月的《印度与中国》。[1] 姜景奎教授认为："毫无疑问，这些作品均是印度中世纪以后的经典之作，基本上代表了印度现当代文学水准，尤其反映出印地语文学的概貌。我们以为，通过这些文学，中国读者可以大体了解印度现当代文学的基本情况。"[2] 由此可见，这一工程的实施，必将造福于中国的印度文学爱好者和印度文学研究者。[3] 客观而言，此次入选的印度现代语言作品似乎缺乏泰米尔语、马拉提语、古吉拉特语、旁遮普语等印度较为

---

[1] 这方面的详细情况，参见［印］苏尔达斯：《苏尔诗海》（上），姜景奎等译，姜景奎：《总序：印度经典的汉译》，北京：中国大百科全书出版社，2020年，第20~23页。感谢北京大学外国语学院南亚系印地语教师王婧博士（《苏尔诗海》的主要译者之一）于2020年12月23日为笔者翻译其中几部作品的书名（涉及印地语、孟加拉语和乌尔都语等语言的作品）。

[2] ［印］苏尔达斯：《苏尔诗海》（上），姜景奎等译，姜景奎：《总序：印度经典的汉译》，第23页。

[3] 总体上看，印度现当代文学精华入选，但古代梵语文学作品没有入选。为此，笔者曾于2020年春咨询熟悉相关情况的一位学者，对方答复说印度古典梵语经典作品主要由中国社会科学院梵文研究中心的负责人、著名梵学家和翻译家黄宝生先生等在负责翻译和研究（许多已经出版），因此，此次的项目没有纳入梵语文学作品翻译。黄宝生先生近期指出："然而，印度古典梵语文学宝库中的许多文学珍品还有待我们翻译介绍。鉴于这种考虑，我们决定与上海中西书局合作，编辑出版'梵语文学译丛'，希望在中国文学翻译界营造的世界文学大花园中增加一座梵语文学园。我们的目标是用十年时间，将印度文学史上具有重要地位的梵语文学名著尽可能多地翻译出来，以满足国内读者阅读和研究梵语文学的需要。"［印］圣勇：《本生鬘》，黄宝生、郭良鋆译，上海：中西书局，2020年，第3~4页。由此可见，中国学术界、翻译界的有识之士在系统翻译印度古典梵语文学作品名著方面已有先见之明。期待印度方面也能尽早地出现类似的国家翻译工程。

重要的区域性语言的文学作品，这也是一个遗憾。这自然与中国目前缺乏或较为缺乏这些语言的译者有关。

接下来对几位中国现当代文学研究者的研究实绩进行简介。[1]

## 2. 马尼克

尼赫鲁大学现已退休的马尼克教授是当代印度学界热心翻译和研究鲁迅的代表人物之一。1997年，他在导师吉尔（H. S. Gill）教授指导下，以论文《鲁迅作品的创作历程与革命思想》(The Creative Process and Revolutionary Discourse in Lu Xun's Writings) 获得尼赫鲁大学哲学博士学位。[2] 该论文修订后于2014年由马尼克自费印刷出版，书名为《传统文化与新文化：鲁迅作品研究》(Heritage and New Culture: A Study of Lu Xun's Writings)。[3] 笔者仔细核对后发现，马尼克对其博士论文略加修饰，未有大的变动和修改。三处明显的变化是：书中增写了简介各章基本内容的"序言"，博士论文的第一章在书中分解为两章，

---

[1] 本节相关介绍，参考尹锡南：《印度汉学界的中国现当代文学研究》，李怡、毛迅主编：《现代中国文学与文化》，成都：巴蜀书社，2018年，第1~14页。

[2] Manik Bhattacharya, The Creative Process and Revolutionary Discourse in Lu Xun's Writings, Thesis submitted to the Jawaharlal Nehru University in fulfillment of the requirement for the award of the degree, Doctor of Philosophy, School of Languages, Jawaharlal Nehru University, New Delhi, 1996, p. 201. 2005年3月14日，马尼克先生在其位于尼赫鲁大学校园的家中以中餐招待访问该校的笔者，并向笔者惠赐其英文博士论文复印本、个人学术简历、发表的英语论文和几篇孟加拉语与英语译文。笔者此处的相关介绍参考其本人提供的学术简历。马尼克先生还于2014年3月从印度尼赫鲁大学给笔者寄来其正式出版的博士论文修订本《传统文化与新文化：鲁迅作品研究》。特别感谢马尼克先生的热情相助！没有他本人提供的资料，此处对其介绍必将留下巨大遗憾。

[3] Manik Bhattacharya, Heritage and New Culture: A Study of Lu Xun's Writings, Published by the Author, 2014.

论文各章的脚注统一换为书中每章的尾注。

马尼克于 1973 年在加尔各答大学开始学习中文。他曾于 1978 年 11 月到 1980 年 7 月间在北京语言学院学习中国现代文学。他曾以孟加拉语翻译了鲁迅小说《孔乙己》并于 1978 年发表在孟加拉语杂志《艾克善》(Ekshan)上,以英语翻译了鲁迅杂文《文化偏至论》(2004)[1],发表关于鲁迅的研究论文如《阿 Q 与国民性质疑》(1991)、《鲁迅的"人"的概念》(1995)、《一个作家的辉煌高度:我的鲁迅观》(1998)等。他还于 2004 年 3 月在国际大学举行的"汉语与其他语言的比较研究"学术研讨会上,发表题为"中国语言文学中的印度因素"(Traces of Indian Elements in Chinese Language and Literatrue)的演讲。马尼克还于 1999 年和 2000 年主编了文集《我心中的中国形象》(The Image of China in My Mind)和《印中外交关系五十年》(50 Years of India-China Diplomatic Relations)。他还应邀英译了中文实用读物《丝绸编织》(Silk-Weaving)和《桑树保护》(Protection of Mulberry Plants),分别于 2002 年、2003 年在新德里出版。

马尼克的博士论文《鲁迅作品的创作历程与革命思想》亦即后来出版的《传统与新文化:鲁迅作品研究》分为以下几个部分:"引言";第一章:"中国的文化冲突和鲁迅的崛起";第二章:"鲁迅世界观的形成";第三章:"文学形象的发展变迁";第四章:"支离破碎的旧伦理和新文化

---

[1] Lu Xun, "The One-sided Trends of Culture," Translated by Manik Bhattacharya, *Journal of the School of Languages, Literature and Culture Studies*, 2004, pp. 136–152.

因素";"书目"。该书参考和引述大量中国古代文化典籍和《鲁迅全集》,文史结合,述论相兼,具有相当的学术水平。马尼克先详细介绍鲁迅生活的时代背景和深刻影响其创作的文化传统,再聚焦于《阿Q正传》《孔乙己》《祥林嫂》《野草》等鲁迅代表作,最后对鲁迅的创作历程、思想倾向及其对中国现代文学的巨大贡献等进行回顾和述评。他的论文涉及《呐喊》《二心集》等鲁迅文集,引用的中文参考文献包括瞿秋白、何其芳、黄鸣奋等评价鲁迅的文章,王士菁的《鲁迅传》,王瑶的《鲁迅作品论集》,许寿裳的《亡友鲁迅印象记》,游国恩的《中国文学史》,范文澜的《中国通史》,李泽厚的《中国近代思想史论》,《鲁迅全集》,《鲁迅年谱》,《鲁迅诞辰百年纪念集》,《鲁迅研究月刊》,《文学运动史料选》等。这些中文资料和鲁迅原著的参考利用,在很大程度上保证了研究的质量。不过,马尼克的书中基本没有采用20世纪下半叶中国以外的东西方学者的鲁迅研究成果,实属遗憾。事实上,20世纪中后期,中印学界以外的世界鲁迅研究者,在相关领域多有创新。马尼克缺少这一维度的参考,自我限制了与世界的鲁迅视角对话。

通观全书可知,马尼克对鲁迅评价的重点在最后一章。马尼克对鲁迅的文化人格进行鉴定:"尽管自己接受古代经典并受过文言文训练,他还是成为鼓吹白话文最积极的一位勇士。"[1] 他还说:"百折不挠地改变自己和周围环境的

---

[1] Manik Bhattacharya, *Heritage and New Culture: A Study of Lu Xun's Writings*, p. 85.

精神，这是鲁迅的品格。"[1] 鲁迅笔下出现了一个经典人物阿Q，这是"概念化的形象，但却是借单个人物表达的对中国文化的理想反思"[2]。马尼克接着对鲁迅的中国文化观及其启蒙实践进行评析。他认为，鲁迅以极端却令人信服的方式严厉抨击传统文明与文化，这种姿态是罕见的。"他憎恨平庸，珍视高尚的革命理想。他为弥漫于人民之中的沉默而痛苦。"[3] 他如此剖析鲁迅的痛苦及其根源："这是他的困境，一个虔诚严肃的学者所理解的中国文化形象与其在具体现实的真实本质之间的冲突。"[4] 鲁迅身上体现忍耐、冷静、沉着、心灵健全等优点，他是"中国文化的代表或中国文化'绅士'"[5]。马尼克认为，鲁迅之于中国和中国文学的贡献在两个方面。第一个贡献是鲁迅促使中国人民觉悟，找回民族自信，在不丧失中国本土文化身份的前提下，成为世界文明健康、积极的因子。鲁迅一直想塑造"全面的现代人形象"，解决中国"民族性格问题"，最后终于塑造了"独特而又广受欢迎的民族文化行为特征，因而成功地反映了崭新而具普遍范式的人类文

---

[1] Manik Bhattacharya, *Heritage and New Culture: A Study of Lu Xun's Writings*, p. 86.
[2] Manik Bhattacharya, *Heritage and New Culture: A Study of Lu Xun's Writings*, p. 87.
[3] Manik Bhattacharya, *Heritage and New Culture: A Study of Lu Xun's Writings*, p. 87.
[4] Manik Bhattacharya, *Heritage and New Culture: A Study of Lu Xun's Writings*, pp. 87-88.
[5] Manik Bhattacharya, *Heritage and New Culture: A Study of Lu Xun's Writings*, p. 90.

化"。[1]鲁迅的第二个贡献是"他是文学领域的作家，但却逐渐自我突破领域的界限，为进行跨学科的文化研究打下了基础……在这方面，鲁迅超越了社会和文化主题，从而担负起政治任务。这是鲁迅扮演的一种具体而又分外明确的革命先驱者角色，他在此过程中批判和抛弃旧文化，为新文化铺平道路。这一任务不只是复活一种垂死的文化，它还是从巨大的结构中，重新创造契合时代的、规范而又健康的价值体系"[2]。马尼克论述的两方面贡献，涉及鲁迅借助文学创作以改造国民性格的政治与艺术的双重目标。

鲁迅在中国现代文学史上的地位非常独特。他是"20世纪中国伟大的思想家与文学家……鲁迅堪称现代中国的民族魂……鲁迅同时又是20世纪世界文化巨人之一"[3]。以毛泽东为代表的中国共产党人对鲁迅非常敬仰，毛泽东本人在著述中多次以鲁迅及其作品、思想为例，阐释自己的观点。例如，1940年1月，毛泽东在《新民主主义论》的长文中这样评价鲁迅："而鲁迅，就是这个文化新军的最伟大和最英勇的旗手。鲁迅是中国文化革命的主将，他不但是伟大的文学家，而且是伟大的思想家和伟大的革命家。鲁迅的骨头是最硬的，他没有丝毫的奴颜和媚骨，这是殖民地半殖民地人民最可宝贵的性格。鲁迅是在文化战线上，代表全民族的大多数，向着敌人冲锋陷阵的最正确、最勇

---

[1] Manik Bhattacharya, *Heritage and New Culture: A Study of Lu Xun's Writings*, p.90.
[2] Manik Bhattacharya, *Heritage and New Culture: A Study of Lu Xun's Writings*, p.90.
[3] 钱理群、温儒敏、吴福辉：《中国现代文学三十年》（修订本），第37页。

敢、最坚决、最忠实、最热忱的空前的民族英雄。鲁迅的方向,就是中华民族新文化的方向……所谓新民主主义的文化,一句话,就是无产阶级领导的人民大众的反帝反封建的文化。"[1] 马尼克在书中多处提到毛泽东对鲁迅的评价和对鲁迅作品及其观点的引申发挥,具体涉及毛泽东的3篇文章:《新民主主义论》(1940年1月)、《在延安文艺座谈会上的讲话》(1942年5月)和《在中国共产党全国宣传工作会议上的讲话》(1957年3月12日)。例如,马尼克引述了毛泽东在《在中国共产党全国宣传工作会议上的讲话》中对鲁迅杂文风格与辩证思维的赞赏:"不熟悉生活,对于所论的矛盾不真正了解,就不可能有中肯的分析。鲁迅后期的杂文最深刻有力,并没有片面性,就是因为这时候他学会了辩证法。"[2] 他在书中提到了毛泽东的《在延安文艺座谈会上的讲话》里的相关段落:"'杂文时代'的鲁迅,也不曾嘲笑和攻击革命人民和革命政党,杂文的写法也和对于敌人的完全两样。对于人民的缺点是需要批评的,我们在前面已经说过了,但必须是真正站在人民的立场上,用保护人民、教育人民的满腔热情来说话。如果把同志当作敌人来对待,就是使自己站在敌人的立场上去了。我们是否废除讽刺?不是的,讽刺是永远需要的。但是有几种讽刺:有对付敌人的,有对付同盟者的,有对付自己队伍的,态度各有不同。我们并不一般地反对讽刺,

---

[1] 毛泽东:《毛泽东选集》(第二卷),北京:人民出版社,2009年,第698页。
[2] 毛泽东:《毛泽东选集》(第五卷),北京:人民出版社,1977年,第413~414页。

但是必须废除讽刺的乱用。"[1] 马尼克还提到毛泽东引述鲁迅的诗句。毛泽东的原话是："鲁迅的两句诗，'横眉冷对千夫指，俯首甘为孺子牛'，应该成为我们的座右铭。"[2]

图 66　尼赫鲁大学马尼克教授（2005 年 3 月）

图 67　马尼克著《传统文化与新文化：鲁迅作品研究》封面

---

[1] 毛泽东：《毛泽东选集》（第三卷），北京：人民出版社，2009 年，第 872 页。
[2] 毛泽东：《毛泽东选集》（第三卷），第 877 页。

在《一个作家的辉煌高度：我之鲁迅观》（The Lofty Height of a Writer: My Evaluation of Lu Xun）一文中，马尼克将鲁迅小说称为"病理小说"（pathological fiction），因其具有诊断病态社会的功能。他认为："如果鲁迅继续塑造孔乙己、阿Q、祥林嫂之类的角色，他不仅会对中国文学，也将对中国现代化进程做出更大的贡献。"[1]马尼克还结合中国现实论述鲁迅"病理小说"的意义。他深信，在当代社会，"阿Q精神"和他的"精神胜利法"远未消失。"即使在今天，人们也不敢确信，'精神胜利法'的阴魂没有在中国决策者和其他人脑海里萦绕，否则，中国官方媒体不会一再强调'不可掉以轻心'。"[2]

论者指出："鲁迅的《呐喊》《彷徨》被视为中国现代小说成熟的标志，一个重要方面是因为它创造了以《阿Q正传》为代表的现代小说的经典作品。《阿Q正传》是最早介绍到世界去的中国现代小说，是中国现代文学自立于世界文学之林的伟大代表。"[3]马尼克自然清楚且认可阿Q在鲁迅作品群像中的辉煌地位。他在《阿Q与国民性问题》（Ah Q and the Question of National Identity）一文中，分析了鲁迅塑造的圆形（round）人物阿Q。他认为，阿Q与中国社会之间的冲突非常剧烈，似乎达到爆炸状态。应将阿Q视为活生生的人。阿Q形象并不属于某个特殊的时代和地域，鲁迅借阿Q形象提出的问题具有世界意义。马尼

---

[1] Tan Chung, ed., *Across the Himalayan Gap: An Indian Quest for Understanding China*, p.374.

[2] Tan Chung, ed., *Across the Himalayan Gap: An Indian Quest for Understanding China*, p.375.

[3] 钱理群、温儒敏、吴福辉：《中国现代文学三十年》（修订本），第47页。

克指出:"我们可以说,某种程度上,阿Q形象是一种观念的表达,它反映了中国人的灵魂和占统治地位的封建思想之间的冲突。"[1] 在1995年发表的一篇文章中,马尼克认为,鲁迅的独特之处在于,他在作品中质疑文明人的本性。他善于将人物形象的中国性与人类行为的普遍性联系在一起。[2]

综上所述,马尼克在鲁迅研究中不是简单地重复自己,而是力争在每一种著述中有所思考、有所创新。这与他对鲁迅的长期关注和精通中文有关。整体上看,马尼克基于对鲁迅文学作品及其复杂人格的研究,得出了一些有价值的结论。不过,他的某些论述似乎值得商榷,这或许是马尼克对中国鲁迅研究界的最新学术动向了解不够而造成的。鲁迅对中国传统文化的否定姿态、他进行论战的语言和方式等都是后来学者争论之处,但马尼克没有给予或刻意回避了客观的分析。此外,其博士论文迟至2014年出版,但却因各种复杂原因而未能补充近20年来中国、西方学界鲁迅研究新成果为参考或佐证,这不能不说是一个巨大的遗憾。例如,夏志清在1961年出版的《中国现代小说史》(*A History of Modern Chinese Fiction*) 的"结论"中指出:"一部文学史,如果要写得有价值,得有其独到之处,不能

---

[1] Manik Bhattacharya, "Ah Q and the Question of National Identity," *Journal of the School of Languages, Literature and Culture Studies*, Vol. 2, 2004, p. 365.
[2] Manik Bhattacharya, "Lu Xun's Concept of Man," *Asia-Prashant, Journal of the Indian Congress of Asian and Pacific Studies*, Vol. 2, No. 1, 1995, Varanasi: Tara Book Agency, p. 86.

因政治或宗教的立场而有任何偏差。"[1] 夏志清对鲁迅的评价是："鲁迅是现代作家当中唯一被官方任许的伟大作家……一个作家，无论他过去的贡献如何，最终的评价标准，是他当前的价值。如果一个作家没有目前的实用价值，那么所有其他的标准都是相对的。"[2] 夏先生的话写于1961年，类似观点被马尼克忽略，不能不说是一个遗憾。由此可见，印度的鲁迅研究者或许面临研究基金严重匮乏等难言之隐。正是在这个意义上，笔者对马尼克先生在不理想的条件下坚持鲁迅研究的毅力表示敬意！但愿21世纪有志于鲁迅研究或中国古代、现当代文学研究的印度学者，能够享有更加便利的资料收集和思考研究的自由，也有更多的与中国同行对话的机会。这将极大地促进印度学界的鲁迅研究，促进中印跨文明的心灵对话。

### 3. 邵葆丽

在研究中国现当代文学的印度本土学者中，与马尼克先生同校的尼赫鲁大学中文教授邵葆丽成绩突出。1988年至1990年，邵葆丽受中印政府交换奖学金项目资助，来华在北京大学学习中国文学与历史。1997年，她以拉吉夫·甘地研究员身份再次访华。2002年，她在北京师范大学做访问学者。2006年，她受福特基金亚洲学者项目的资助，在北京大学妇女研究中心从事半年研究工作，与戴锦华、李小江、魏国英、张抗抗、艾晓明、宗璞、王安忆、铁凝、方方、林丹雅、陈思和和刘心武等中国学者、作家过从甚

---

[1] [美] 夏志清：《中国现代小说史》，刘绍铭等译，杭州：浙江人民出版社，2016年，第502页。
[2] [美] 夏志清：《中国现代小说史》，刘绍铭等译，第502~503页。

密或有过交流，其研究项目名称为 Activism of Chinese Women Writers during Reform and Globalization（"改革和全球化时代中国女作家的激进主义"）。她早年在尼赫鲁大学攻读博士学位，导师为该校国际关系学院的著名中国问题专家 G. P. 德斯潘德教授。其于 1996 年提交答辩并获通过的博士学位论文经过增补润色后，以《20 世纪中国文学与政治：问题与主题》为题目于 2005 年出版。[1] 2008 年，她出版了探讨中国女性作家与性别书写的著作《1976 年至 1996 年中国女作家与性别话语》。[2] 2002 年，她出版了关于中国当代诗歌的译文集《东方诗歌：三位当代中国诗人一瞥》（Purbadiganter Kabita: Samakaleen tin china kabir ek jhalak）。除此之外，她还在《中国述评》发表多篇与中国现当代文学相关的论文及书评。长期以来，她是著名的印度中国研究所客座研究员，也是《中国述评》的编委之一。近年来，邵葆丽的关注重点似乎开始转向，中国现当代文学不再成为其唯一的研究方向。她也是中印文化交流的热心者之一，常到中国各地进行学术交流。

邵葆丽具有扎实的中文功底，长期以来从事中国新时期文学研究（1976 年以后）。她的观察范围涉及文学思潮与具体作家。1997 年，她在《中国述评》上发表文章《三中全会以来的文学政策：变化的十年》（此文乃其博士论文中的一章），聚焦新时期文学的 10 年发展，重点探讨中

---

[1] Sabaree Mitra, *Literature and Politics in 20th Century China: Issues and Themes*, New Delhi: Books Plus, 2005.
[2] Sabaree Mitra, *Chinese Women Writers and Gender Discourse*, New Delhi: Books Plus, 2008.

国文艺界围绕毛泽东延安文艺座谈会的讲话精神展开的讨论。她认为,这一时期中国文学发生了变化,一是将对文学作品的批判质疑和对作家个人的批判区分开来,二是中国文学创作的方针已经从政治挂帅延伸到文学为人民、为社会主义现代化建设和改革事业服务。[1]

邵葆丽在《1976年到1989年间中国文学"百花齐放"的再现》一文中,首先追溯了毛泽东"百花齐放,百家争鸣"的文艺政策的由来,然后分诗歌和散文(包括小说、报告文学和电视文学)两类,对1976年至1989年间中国文学的再度繁荣进行探讨。她认为,1976年以后亦即所谓的"后毛泽东时代"(post-Mao era),现实主义诗歌继续存在,但从1976年起,两股新的潮流在中国诗歌创作中开始涌现。第一股潮流是"抗议诗",第二股潮流是所谓的"朦胧诗"。这两股诗歌新潮常常交融在一起,创作者多为年轻人。邵葆丽就这两类诗歌分别举例说明。如"朦胧诗",她举顾城的诗为例——《一代人》:"黑夜给了我黑色的眼睛,我却用它寻找光明。"[2]她还以公刘、梁小斌、舒婷、徐敬亚等人的创作为例说明当代诗歌的发展轨迹。邵葆丽认为,后毛泽东时代的小说创作比诗歌创作更为复杂,因为创作主题、文学风格、艺术技巧等的互动,中国出现了社会主义文学发展中史无前例的欣喜景象。她首先回顾了源自刘心武短篇小说《伤痕》的新式"伤痕文学",如戴厚英的《人啊,人》等。她以西方"新现实主义文

---

[1] Sabaree Mitra, "Literary Policy since the Third Plenum: A Decade of Change," *China Report*, Vol. 33, No. 4, 1997, p. 481.

[2] 阎月君等编选:《朦胧诗选》,沈阳:春风文艺出版社,1985年,第122页。

学"与中国的"伤痕文学"进行比较。她还对刘心武的《如意》、礼平的《当晚霞消失的时候》、张辛欣的《我们这个年纪的梦》和《在同一地平线上》等引起争议的小说进行分析。她还注意到，中国文坛开始出现性描写的文学作品，有的纯粹属于"黄色文学"。她认为，与"朦胧诗"一样，残雪、刘索拉、莫言、阿城、韩少功等人的创作是自我意识的表达，象征他们与过去的文学或社会决裂，以及对当下存在的异化和扭曲描写。邵葆丽的结论是，新时期中国文学发生了巨变。作家们不再从政治信仰和意识形态出发进行创作，而是让"文学这面镜子真实地反映生活和判断社会体制的缺陷"[1]。该文基本上囊括了新时期中国文学许多重要的文学现象，尽管某些结论带有意识形态偏见，整体看，其探索还是有价值的。美中不足的是，邵葆丽未将新时期文学的重要组成部分即"知青文学"纳入研究范围，而这是任何书写当代文学史的学者都不能忽视的重要一章。

2004 年，邵葆丽在《中国述评》发表《"个人"在后毛泽东时代文学里的再现》（此文乃其博士论文中的一章），考察范围涉及 1976 年至 2000 年左右。该文沿袭按时间顺序分析的方法，对新时期中国文学的重要流派及代表作家、作品主题表达等进行历史探讨。在邵葆丽看来，新时期文学中，个人的自由表述已经从此前的"非个人自我"（non-individuated self），达到自由表达内心世界的阶

---

[1] Sabaree Mitra, "Comeback of Hundred Flowers in Chinese Literature: 1976 – 1989," Tan Chung, ed., *Across The Himalayan Gap: An Indian Quest for Understanding China*, New Delhi: Gyan Publishing House, 1998, pp.379-392.

段。这种对于作家创作主体意识的接纳姿态，具有非常重要的意义。另外，文学批评和文学创作的标准正越来越主观化。反映读者欣赏情趣的阅读市场影响着文学批评。该文总结道，21世纪初，中国作家创作旨趣已经从政治宣教转移到知识启蒙、大众愉悦等方面。"如果说毛泽东时代的文学创作，政治挂帅是唯一标准的话，20世纪80年代则突出社会主题，到了90年代，文学又与商业挂钩。"[1]

现在对邵葆丽的两部著作进行简介。《20世纪中国文学与政治：问题与主题》除"引言"和"结语"外，其他7章的标题依次为："中国现代文学和批评的形成""解放后的中国文学""后毛泽东时代的文学主题及其意义""后毛泽东时代的文学政策：问题与争论""三部有争议的文学作品研究：吴晗、王蒙和白桦""后毛泽东时代中国文学表现的'个人'：时代变化的反映""1990年代中国文学初探"。由此可见，该书旨在历史地探索20世纪中国现代文学的发展脉络，并重点关注中国政治发展与文学创作曲折坎坷之间的微妙而复杂的关系。进一步说，该书借探索中国文学发展史之际，深入考察政治话语体系如何左右中国现当代作家的创作面貌和思想变化。邵葆丽这种在文学研究与政治探微之间自由出入的严肃"游戏"，与其选择 G. P. 德斯潘德教授为博士论文指导教师似乎不无关联。由此不难理解她后来没有在中国文学研究方面继续深入下去的基本原因。邵葆丽近期在文章中认为，中国媒体的相关宣传和人们

---

[1] Sabaree Mitra, "Re-emergence of the 'Individual' in Post-Mao Chinese Literature," *China Report*, Vol. 40, No. 3, 2004, p. 270.

对莫言获得诺贝尔文学奖的强烈兴趣，说明了人们关于文化的实用主义策略。文化的最大功用是"定义中国的民族身份和'文化优越'（cultural supremacy）"[1]。

邵葆丽在"引言"开头写道："本研究旨在考察中国文学与中国政治的关系，因为这一关系贯穿了20世纪。它将有助于我们理解和评析20世纪影响中国文学、批评和决策的因素。换句话说，它旨在从一种宏大的历史与政治背景切入，历史地考察这一时期中国文学经历的各种变化曲折。"[2] 在第二章中，邵葆丽对20世纪上半叶即1949年新中国诞生以前中国现代文学的发展轨迹进行简要回顾。她以"文学革命""革命文学"和"延安经验"等三个关键词统摄此章，涉及毛泽东、瞿秋白、蒋光慈、茅盾、鲁迅、冯雪峰、王实味、艾青、丁玲、萧军和周扬等人的相关思想或文学观点。第三章介绍建国以来至20世纪末的文学发展轨迹，涉及"百花齐放"等几个阶段，提到了毛泽东、周扬、丁玲、草明、李希凡、胡风、老舍、秦兆阳、王蒙、刘宾雁、艾青、刘绍棠、冯雪峰、何其芳、俞平伯、邓拓、吴晗、夏衍、田汉等重要政治人物和文学家、批评家。此章也介绍了围绕俞平伯和胡风所发生的文艺争鸣与相关历史风波等。邵葆丽进而指出："与苏联文学相似，中国文学及其发展不时遭受干扰。中国与苏联的文学经验，

---

[1] Sabaree Mitra, "Xi Jinping and the Politics of Culture," Manoranjan Mohanty, ed., *China at a Turning Point: Perspectives after the 19th Party Congress*, New Delhi: Pentagon Press, 2019, p.319.
[2] Sabaree Mitra, *Literature and Politics in 20th Century China: Issues and Themes*, p.13.

在许多方面是相似的。"[1] 这种相似包括社会主义现实主义的创作倾向和强调文学的社会政治功能等。

该书第四章的主要内容与前述二文即1997年发表的《三中全会以来的文学政策：变化的十年》和1998年被谭中文集收录的《1976年到1989年间中国文学"百花齐放"的再现》大致相似，它涉及中国改革开放以后文学创作发生的新变化和文学批评领域的复杂纠葛。作者在这一章中先介绍以"朦胧诗"为代表的诗歌创作新潮，再对以刘心武为代表的"伤痕文学"、寻根热、意识流等小说创作进行简介，并对一段时期关于"异化"问题讨论等历史现象进行追踪考察。关于所谓"伤痕文学"，邵葆丽的评述是："'伤痕文学'有回归'五四运动'传统的'批判现实主义'（critical realism）的趋势，因此它标志着中国现实主义文学的新阶段。更重要的一个事实是，'五四'时期的'批判现实主义'主要针对封建社会秩序、政治破产与共和运动的妥协。"[2] 第五章主要介绍建国以来中国的各种文学方针与指导作家创作的具体政策、准则规范。她注意到，邓小平关于文艺创作的各种讲话表明，中国文学创作的政治环境开始变得自由而宽松。她指出，后毛泽东时代的文学政策出现了两个明显的转变：一是文学为人民服务而非为工人、农民和士兵服务；二是文学服务于社会主义、

---

[1] Sabaree Mitra, *Literature and Politics in 20th Century China: Issues and Themes*, pp. 63–64.
[2] Sabaree Mitra, *Literature and Politics in 20th Century China: Issues and Themes*, p. 78.

现代化和改革事业，而非服务于政治。[1] 但是，邵葆丽对这一积极变化仍持怀疑态度，因为她认为，尽管中国的文学政策已趋温和，但远未达到理想状态，高层深信文学具有影响人们思想观点的巨大潜力，因此可以解释"为何四项基本原则仍是、将来很长时期也是（文学创作的）基本前提"[2]。

该书第六章主要以吴晗、王蒙和白桦三人的坎坷境遇为个案，对中国当代文学曲折发展进行政治透视。第八章即为前述 2004 年发表文章的翻版。第九章也基本如此，也是对世纪末中国文学新思潮的回顾和评述。邵葆丽在"结语"中总结了毛泽东时代文学创作的几个基本特征。[3] 至此，邵葆丽探索 20 世纪中国文学与中国政治的历程告一段落。接下来，她转入中国女性文学的探索，政治或话语政治仍旧是其主要关切。

2008 年，邵葆丽出版《1976 年至 1996 年中国女作家与性别话语》，这是她 2006 年在北京大学妇女研究中心从事福特基金亚洲学者项目的研究成果。除"引言"和"结语"外，该书其他 4 章的标题依次为："背景""新挑战与早期接受：张洁和张辛欣""性别关系接受心态的转变：王安忆和铁凝""性别关系和变动中的文学思考：陈染和林白"。由此可见，该书主要目的是探索女性文学的内部张

---

[1] Sabaree Mitra, *Literature and Politics in 20th Century China: Issues and Themes*, p. 121.
[2] Sabaree Mitra, *Literature and Politics in 20th Century China: Issues and Themes*, p. 122.
[3] Sabaree Mitra, *Literature and Politics in 20th Century China: Issues and Themes*, p. 176.

力和外部冲突,这也是一种特殊形式的"性政治"探索。

就全书的框架或曰讨论的对象与结构而言,邵葆丽在"引言"中解释道,20 世纪 80 年代开始,中国真正出现了开始探索主体性和女性意识的一批女作家,如张洁(1937—2022)、张辛欣(1953— )等。王安忆(1954— )和铁凝(1957— )在 80 年代末将女性意识变为文学思考的主流话语,她们以描写女性的性心理而提出这些问题。20 世纪末,个性化在中国社会达到新的高峰,女性创作开始反映作为主角的城市女性的个人"异化"(alienated),这些主角完全痴迷于源自"另类性发现"(alternative sexual discovery)的个人体验。陈染(1962— )和林白(1958— )便是创作这类完全缺乏社会、政治和文化认同的女性故事的女作家。[1] 邵葆丽称丁玲是"最早在文学中探索女性意识的女作家之一"[2]。作者坦言道,该书的写作目的在于,认识一些代表性女作家的创作特色,因其牵涉特定时期对性别范畴的逻辑运用;发现新的文学新潮,它专门指向某种特定的性别思考(如创作内容、创作背景和技法);分析与评价女作家对文学的贡献。[3] 她还认为,1995 年在北京举行的联合国第四次世界妇女大会,是里程碑事件,它标志着"向远离国家和官方话语思考和阐释女性迈出了一步,它本身也成了中国女性旅程的一个分水岭"[4]。

带着鲜明而强烈的问题意识,邵葆丽在第二章"背景"

---

[1] Sabaree Mitra, *Chinese Women Writers and Gender Discourse*, New Delhi: Books Plus, 2008, pp. 6-7.
[2] Sabaree Mitra, *Chinese Women Writers and Gender Discourse*, p. 2.
[3] Sabaree Mitra, *Chinese Women Writers and Gender Discourse*, pp. 9-10.
[4] Sabaree Mitra, *Chinese Women Writers and Gender Discourse*, p. 8.

中，就中国女性创作中性别意识产生的文学背景与中国女学者研究女性问题的政治和时代背景等进行介绍。在她看来，1949年以前的女作家丁玲、萧红和张爱玲等的创作存在或浓或淡的女性意识，而延安时期的政治话语场似乎不认可丁玲等女作家所表述的女性意识。20世纪50—70年代，这种状况依旧没有改变，但宗璞和刘真的作品仍然反映出性别意识。在女性意识或性别话语研究方面，李小江是"后改革时代从纯学术视角提出性别问题（gender issues）的第一位中国女性"[1]。李小江把中国古代、20世纪初和20世纪80年代定为思考中国女性问题的三个时间点。邵葆丽对李小江、陶洁、戴锦华和一些西方学者关于中国女性问题的思考做了简要的概括。

第三章主要介绍张洁和张辛欣的文学创作中的性别话语或曰女性问题思考。邵葆丽觉察到两位女作家对于婚姻的写法及思考存在差异。[2] 她注意到《当代文艺思潮》和《文艺报》等在1984年至1985年对张洁和张辛欣创作的某些批评，认为它源自二人的创作将人们的目光吸引到中国女性真实状况上。[3] 邵葆丽认为，二张对性别问题的关注，没有必要被视为"社会主义与女性主义的冲突"。相反，她们坚持描写当代中国的女性意识，只是为了"更快、更好地实现社会主义社会的女性解放"。[4]

就王安忆和铁凝的创作而言，邵葆丽在第四章做了较

---

[1] Sabaree Mitra, *Chinese Women Writers and Gender Discourse*, p. 20.
[2] Sabaree Mitra, *Chinese Women Writers and Gender Discourse*, p. 48.
[3] Sabaree Mitra, *Chinese Women Writers and Gender Discourse*, p. 51.
[4] Sabaree Mitra, *Chinese Women Writers and Gender Discourse*, p. 52.

为详细的讨论。她认为,王安忆的《小城之恋》"相当有效地颠覆了男性主导性权力关系的观念"[1]。王安忆非常明确地拒绝男权社会的行为模式,拒绝加之于女性的戒律禁忌(taboo),声称性欲望是一种表达正常的人类生存的手段。[2] 邵葆丽观察到,王安忆和铁凝与此前的张洁等女作家不同,王安忆等二人从女性视角描写女性的情爱、性心理和性快感,手法也有某种创新。她们旨在打破男权中心的社会意识,挑战"母性神话"(myth of motherhood),这一"神话"认为,母性的爱是女性意识的核心或主要因素。[3] 邵葆丽认为,王安忆和铁凝重新阐释了两性权力关系的驱动力,她们和此前二张相比,其笔下人物更为激进,因其不会贪恋完美的爱情和幻想完美的婚姻。最重要的是,王安忆认识到性别关系已从功利性转向非功利性。"关于性别关系的这种描写,是朝打破中国社会性权力结构认真迈出的前所未有的一步。"[4]

邵葆丽在第五章指出,1980 年起,中国开始出现女性创作(women's writing),1990 年起,又开始出现真正意义上的女性主义文学(feminist literature)。这种文学关注个人体验、女性深层心理空间和披露女性意识的隐秘空间(closed hidden world)。陈染对同性恋的描写和对女性潜意识及性欲望的大胆暴露,结合了女性主义与后现代主义的营养,令人想起"资本主义西方的文化帝国主义的某些要

---

[1] Sabaree Mitra, *Chinese Women Writers and Gender Discourse*, p. 58.
[2] Sabaree Mitra, *Chinese Women Writers and Gender Discourse*, p. 60.
[3] Sabaree Mitra, *Chinese Women Writers and Gender Discourse*, pp. 70-71.
[4] Sabaree Mitra, *Chinese Women Writers and Gender Discourse*, p. 74.

素"[1]。陈染笔下的人物迥异于中国传统女性群像。林白的《一个人的战争》聚焦于逃离世界的身体快感。邵葆丽注意到一个事实：王安忆和张洁不愿被人称为女权主义或女性主义作家（feminist writers），而在陈染与林白为代表的"女人写女人"的第三阶段，陈染公开宣称想成为一名"女作家"，并自陈其作品包含女性主义要素。邵葆丽的一个结论是："这就是说，尽管在传统文化中，女性被视为性符号（sex symbol），但不能谈性，而在 1990 年代，中国女作家却公开地描写性。这本身就是时代变化的证明，它反映了中国社会文化氛围的快速变化。"[2]

邵葆丽在该书"结语"中提到了中国女作家不愿把自己的创作与西方女性主义挂钩。在盘点了某些身体写作、美女写作的噱头后，她发现了中国女作家聚焦城市女性忽略农村女性的弊端。她预测，随着中国发展速度加快和社会变化迅速，中国女作家会越来越倾向于以女性主义或女权思想书写性别意识或性别关系，以此阐释中国社会的性别话语。中国女性创作对促进中国社会的性别思考做出了贡献。[3]

通观上述两部著作，邵葆丽不仅娴熟地运用女性主义等西方理论，还参考和引述了大量的中国最新的一手文献与西方相关研究成果，显示了新一代印度汉学家扎实的基础功底。尽管邵葆丽没有完全摆脱"政治之眼"看文学和"西方之眼"或"自由之眼"看中国的陈旧套路，尽管其

---

[1] Sabaree Mitra, *Chinese Women Writers and Gender Discourse*, p. 83.
[2] Sabaree Mitra, *Chinese Women Writers and Gender Discourse*, p. 96.
[3] Sabaree Mitra, *Chinese Women Writers and Gender Discourse*, pp. 108-109.

某些结论还带有或强或弱的意识形态偏见,但其对中国现当代文学、女性文学的系统研究,确实值得关注,因为她的著作毕竟勉力地展示了海外学者观察和思考中国现当代文学与女性创作的印度视角。

### 4. 莫普德

莫普德是尼赫鲁大学的中文教授。[1] 受中印文化交流项目的资助,莫普德于1986年至1988年在上海复旦大学研究中国现代文学。此后,他到北京师范大学中文系随钟敬文等学习中国民间文学。1998年,他到中国台湾调研采风。他在尼赫鲁大学获得博士学位,学位论文涉及汉族与藏族民间文学比较。莫普德历年发表的涉及中国文学与中印现代关系史的学术成果包括(未标明语种者为英文著作)《鲁迅诗歌》(孟加拉语译本,1991)、《当代中国诗歌》(印地语译本,1998)、《民间文学中的汉族与藏族社会》(1999年,该书被莫普德自译为《汉藏社会映于民间文学》)、《艾青诗歌及其寓意》(孟加拉语,2000)、《内塔吉·苏巴斯·钱德拉·鲍斯与东亚的印度解放运动:基于中印解密档案的研究》(2008年,该书被莫普德自译为《伟大民众领袖苏葩士·崭德若·鲍斯在东亚的印度解放运动:中国、印度档案馆消密的文件》)等等。莫普德还与尼赫鲁大学的一位西班牙籍客座女教授合编、合译了中国诗人艾青、智利作家聂鲁达和法国作家纪廉的诗文集《艾

---

[1] 包括笔者在内的国内学者此前将他称为"墨普德",此处依据其2008年出版的著作封面之中文名,改为"莫普德"。

青、聂鲁达和纪廉的跨文化印象》。[1] 莫普德还应希腊外交部的邀请,与人合译并出版希腊语、英语、印地语三语版诗集《十二种希腊诗歌》(2001),他任其中的印地语译者。1997年,他担任北京学者与艺术家俱乐部顾问。从上述成果看,莫普德主要还是一位翻译和研究中国文学、文化的学者。

莫普德于2008年出版的《内塔吉·苏巴斯·钱德拉·鲍斯与东亚的印度解放运动:基于中印解密档案的研究》,是印度汉学界很有价值的一种创新研究。2002年5月至6月,受印度历史研究理事会资助,莫普德专程到中国国家图书馆、复旦大学图书馆、南京大学图书馆等机构收集20世纪40年代中国报刊报道内塔吉·苏巴斯·钱德拉·鲍斯(下文简称"鲍斯")相关活动的档案文献。他在大量一手文献基础上,写出了这部有分量的著作。国内学界一般认为,鲍斯是印度现代史上的民族英雄,也是一位悲剧性的政治人物。他在甘地和国大党领导印度民族独立运动之时,尝试通过谋求德国和日本法西斯的帮助,建立武装力量,从外部解放印度。甘地和国大党肯定了鲍斯的爱国主义精神,但也认为他走的是一条错误道路。"与法西斯合作谋求独立无异于与虎谋皮。不能否认鲍斯是出于爱国的至诚,但却是一厢情愿,想入非非。德国也好,日本也好,决不会听任印度取得真正独立。鲍斯的努力纵然能取得某些成果,也只会为法西斯扩大侵略铺垫道路。自己成

---

[1] Priyadarsi Mukherji and Cristina Beatriz del Rio Aguirre, tr., *Cross-Cultural Impressions: Ai Ch'ing, Pablo Neruda and Nicolas Guillen*, Delhi: Authors Press, 2004.

了他人掌上玩物却又坚信能保持自主，这是鲍斯的悲剧所在。他的错误主要在于急于求成不择手段，对自己的力量一直估计过高，而对于现实的复杂性极其缺乏认识……民族事业受到损害，他自己的爱国者和左翼领袖的形象也因此而蒙上灰尘，受到玷污。"[1] 尽管如此，印度独立以来，学者们对这位爱国者的研究热情持续不断。莫普德的外祖父 S. K. 鲍斯（Sushil Kumar Bose）是鲍斯的同时代人，也是其崇拜者。这种特殊的历史亲情自然给予莫普德以极大的研究热情。该书的主体部分主要依据1943年至1944年的《民国日报》和《中华日报》及部分解密文档，对鲍斯在20世纪30年代至40年代，特别是1943年至1945年即鲍斯生命最后几年的相关活动进行历史考察和追踪分析。该书除"引言"和"尾声""附录"等外，正文包括10个部分，它们的标题依次为："帝国主义竞赛""鲍斯早期关于中国的政治思考""中国新闻界当时对印度自由斗争的报道""鲍斯在中国：中国报纸的报道""回到东亚和东南亚：中国的报道""开始解放战争""再访中国：正式之旅""文章、书中章节与政府报告论'大东亚战争'""1930年代至1940年代印度人在东亚""印度人与上海的'印度独立联盟'活动"。莫普德在"引言"中对鲍斯大加赞赏，且不惜溢美之词："罗宾德拉纳特·泰戈尔试图通过1924年访华建立中印文化之桥，内塔吉·苏巴斯·钱德拉·鲍斯则通过1943年至1944年访华尝试建立中印政治

---

[1] 林承节：《殖民统治时期的印度史》，北京：北京大学出版社，2004年，第456~457页。

和外交理解之桥。泰戈尔和鲍斯均意识到中国的政治和文化重要性，而印度和中国在当时的环境中正遭受着殖民之苦。"[1] 莫普德还认为："蒋介石背叛了自己的国家，因为他向日本割让中国的领土，他为了维持统治，残杀了自己的成千上万同胞。相反，内塔吉·苏巴斯·钱德拉·鲍斯在所有意义上看，都是一位真正的爱国者。"[2] 这些评价肯定了鲍斯的爱国行为，但也存在对历史人物和事件的过分简单化处理。莫普德在书的最后部分写道，中国和印度的档案文献详细地揭示了鲍斯等人领导的印度爱国行动。一方面，它是一种"爱国主义和牺牲精神的英雄传奇（saga），另一方面又是背信弃义行为。在日本、中国和东亚其他地方的印度人，通过爱国热情在这一地区提升了印度的形象"[3]。总之，莫普德此书对于研究中印现代关系史的学者而言，不失为一种重要的参考文献。

就中国文学研究而言，基于博士论文而出版的《汉藏社会映于民间文学》（即前文提到的《民间文学中的汉族与藏族社会》）是莫普德的代表作。该书除"引言：汉藏民间文学主题学"和"结语：神话和社会"外，正文内容包括4章，其标题依次为："创世神话""通俗的民间神灵""女性传说""民间伦理"。

---

[1] Priyadarsi Mukherji, *Netaji Subhas Chandra Bose and the Indian Liberation Movement in East Asia: Declassified Documents in China and India*, New Delhi: Har-Anand Publications, 2008, p. 17.
[2] Priyadarsi Mukherji, *Netaji Subhas Chandra Bose and the Indian Liberation Movement in East Asia: Declassified Documents in China and India*, p. 285.
[3] Priyadarsi Mukherji, *Netaji Subhas Chandra Bose and the Indian Liberation Movement in East Asia: Declassified Documents in China and India*, p. 437.

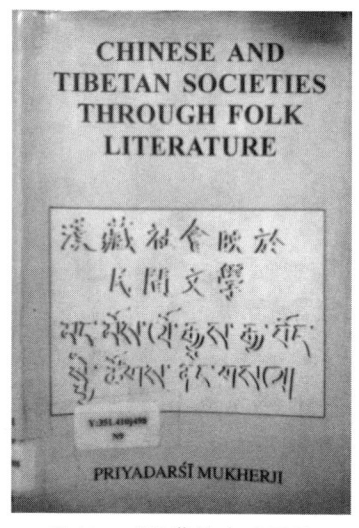

图68 《汉藏社会映于民间文学》封面

图69 《艾青、聂鲁达和纪廉的跨文化印象》封面

图70 《内塔吉·苏巴斯·钱德拉·鲍斯与东亚的印度解放运动：基于中印解密档案的研究》封面（黄潇提供）

## 第四章　1989 年至 2021 年的汉学研究

莫普德在"引言"中指出:"民间文学在西方被描述为一种语言艺术,它包括民间故事、传说、神话、寓言、谜语和诗歌等形式。民间文学(folk literature)只是民俗学(folklore)的一个分支而已。在西方,民俗学是放在文化人类学的主题下来研究的,这和中国将其作为一种独立学科进行研究的做法不同。"[1]莫普德复述了钟敬文 1980 年主编出版的《民间文学概论》中关于民间文学的几种分类:神话、民间传说、民间故事、民间歌谣、史诗、民间叙事诗、民间谚语和格言、民间谜语、民间说唱(莫普德译为 folk genre)、民间小戏(莫普德译为 folk dramas and plays)。[2]莫普德指出,中国学者曾经对民间文学进行了大规模的收集与整理,但由于缺乏正确的方法等缘故,他们对民间文学的理解偏离了文化人类学的理论框架。部分知识分子倾向于"利用某些民间故事来传达政治和意识形态信息。在如此的政治与思想语境中,对于民间文学的歪曲是相当明显的"[3]。莫普德此书的基本论述方法是,先分别对汉族和藏族民间文学的核心概念和人物等各种要素进行概述,再进行细致解说,最后再对两种不同的民间文学加以比较。

秉承上述研究方法,莫普德在该书第一章先以《天问》《山海经》《述异记》《太平御览》引述的《三五历纪》《淮南子》和王充的《论衡》等的相关记载和思考为基础,叙述了盘古开天辟地等中国古代的创世神话,还提到女娲、

---

[1] Priyadarsi Mukherji, *Chinese and Tibetan Societies through Folk Literature*, New Delhi: Lancer's Books, 1999, p. xi.
[2] Priyadarsi Mukherji, *Chinese and Tibetan Societies through Folk Literature*, pp. xiii–xiv.
[3] Priyadarsi Mukherji, *Chinese and Tibetan Societies through Folk Literature*, p. xv.

伏羲、共工、颛顼等神话人物。莫普德的选材确有眼光，例如他选择《山海经》就是如此："以现存的书籍来看，中国古代关于怪异事物的记载散见于各种书籍的，为数甚多，其中收录丰富、年代早而影响大的，首推战国时期形成的《山海经》。明人胡应麟称之为'古今语怪之祖'。"[1] 还有论者指出："在所有的古代文献中，以《山海经》最有神话学价值……总之，《山海经》可以说是我国古代神话的一座宝库，对我国神话的传播和研究有着极其重要的意义。"[2] 莫普德引用中国学者的观点指出，中国现存的神话如同大海中分散的水滴，无法形成神话体系。但是，这些碎片式神话仍可分为北方、中部和南方等三类神话。不将三者连为一体，就无法探讨中国神话。在此基础上，他引用一位中国学者的观点推演出一个基本的结论："总体而言，作为一个民族，中国人不习惯抽象思维，也不倾向于对某种理想的本质做哲学的思考。神话是民族意识的产物，这种意识必然反映一种文化和一个民族思想倾向的基本特征。"[3] 在叙述西藏原始宗教即苯教的创世神话时，莫普德解释了它与佛教的历史联系，对苯教源自空的宇宙观做了详细图解。莫普德在比较汉族和藏族创世神话的异同时指出："汉族从泥土中造人的理论纯属奇幻（fantasy）。藏族认为人出自猿猴的理论，非常近似于查尔斯·达尔文后来提倡的进化论。这说明，自然接受佛教影

---

[1] 章培恒、骆玉明主编：《中国文学史新著》（上卷），上海：复旦大学出版社，2014年，第393页。
[2] 袁行霈主编：《中国文学史》（第一卷），北京：高等教育出版社，2014年，第38页。
[3] Priyadarsi Mukherji, *Chinese and Tibetan Societies through Folk Literature*, p. 28.

响的藏族神话,有一种猿猴向现代人进化转变的基本理念。"[1] 莫普德进而指出,与猿猴进化为人的理论一样,藏族神话的其他构想比汉族神话世界多了一种"科学的方法"(scientific approach),它与"汉族不加修饰而缺乏光彩的神话世界"形成鲜明的对比。[2] 这种明显带有倾向性的比较,体现了莫普德以宗教或所谓"科学"的眼光看待汉族世俗神话的一种认识误差或思想偏见。

该书第二章无论篇幅还是分量,都是全书最重要的部分。在这一章中,莫普德对汉族、藏族的民间流行的神灵信仰和神话人物做了比较(作者以 deities 一词指称神灵与神话人物两类)。他先将各种神灵和神话人物分为6类:与现实物质世界力量相关的,与人生、社会及各种社会活动相关的,与本地相关的,与流行病或灾祸相关的,文化英雄,源自道教与佛教的。[3] 就汉族神灵与神话人物而言,莫普德举出的例子包括如下一些对象:风伯、雨师、雷神、电母(以上为第一类),后土、城隍、门神、灶神(灶君或灶王)、月下老人、床公与床母、财神、福神、寿星(以上为第二类),河神、龙王(以上为第三类),瘟神(五瘟鬼)、驱蝗神(以上为第四类),女娲、黄帝、神女、关帝(以上为第五类),西王母、玉皇大帝、弥勒佛、观音菩萨(以上为第六类)。莫普德对这些对象一一做了解说,例如:"观音是一位男性,有时又是女性形象。不过,

---

[1] Priyadarsi Mukherji, *Chinese and Tibetan Societies through Folk Literature*, p. 77.
[2] Priyadarsi Mukherji, *Chinese and Tibetan Societies through Folk Literature*, p. 79.
[3] Priyadarsi Mukherji, *Chinese and Tibetan Societies through Folk Literature*, pp. 91–92.

唐代至今，观音确定为女性形象。观音在民间是一位年轻美女。"[1] 莫普德指出，藏族的神灵分为天上的神（Lha）、中间世界的即地上的土神（Sa-bdag 与 Gnyan）、地下世界的龙（Klu）。他认为，藏族神话异常丰富，很难对其分类，但大致可按照下面三类进行观察：古代苯教神灵（神、精灵和魔鬼）、菩萨、源自印度或藏地的文化英雄。[2] 他分别举出如下的一些例子：天神（Lha）、地龙神或水神（Klu）、地上的年神（Gnyan）、土神（Sa-bdag）、恶魔（Bdug）、火神（Btsan）、女魔（Ma-mo）、隐身鬼（Mimayin）、赌神（Thehu-rang, The-brang）、电神（Gza）、地神（Thab-lha）、男神（Pho-lha）、女神（Mo-lha）、战神（Dgra-lha）、财神（Phyug-lha）、火神（Me-lha）、水神（Chu-lha）、火虎神（Stag-lha me-hbar）（以上为第一类），度母（Tara, Sgrol-ma）、观世音（Avalokitesvara, Spyan-ras-gzigs）（以上为第二类），来自印度的阿底峡大师（Atiśa, 982—1054）和莲花生大师（Padmasambhava）、藏地的米拉日巴大师（Mila raspa, 1040—1123）、萨迦班智达大师（Śākya Paṇḍita, 1182—1251）[3]、宗喀巴大师（Tsongkha-pa, 1357—1419）、唐东结布大师（Thang-stong rgyal-po, 1385—1464，又称"甲桑朱古"）（以上为第三类）。在对上述对象逐一描述解说后，莫普德指出，中国古代汉族传说的五帝即太皞、

---

[1] Priyadarsi Mukherji, *Chinese and Tibetan Societies through Folk Literature*, p. 145.
[2] Priyadarsi Mukherji, *Chinese and Tibetan Societies through Folk Literature*, p. 147.
[3] 萨班又名萨迦班智达·贡嘎坚赞（Sa-pan-kun-dgav-rgyal-mtshan），藏传佛教萨迦派第四代祖师，通五明，被称为"班智达"即大学者。参见杜继文、黄明信主编：《佛教小辞典》，上海：上海辞书出版社，2001年，第146页。

少暤、炎帝、黄帝、颛顼与藏传佛教中的五禅定佛（dhyānī Buddhas）相似。[1] 莫普德对上述汉族、藏族神灵与神话人物进行比较后得出这样的结论："藏族的象征性世界充满着神秘的内涵，而汉族的象征性世界非常质朴和现实……不过，汉族神话的人文与社会观念可见于五种美德：仁、义、礼、智、信。这基本上属于儒家的概念，与佛教义理非常相似。"[2]

该书第三章讲述女性传说与神话人物。莫普德将女性人物分为5类：拥有技艺、学问与智慧的，拥有爱国情怀、勇敢且有牺牲精神的，真诚爱恋却受阻于封建压迫的，虔诚尽孝的，历史传说的美女。他分别举出如下例子：班昭、巧姑、绣娘、刘蝴蝶、茶姑、鲁班之母、孟母、徐霞客之母（以上为第一类），花珊、白衫姑娘、百花公主、木兰（以上为第二类），祝英台、织女、白娘子、孟姜女、刘兰芝（焦仲卿妻）（以上为第三类），张氏孝媳、金碗（以上为第四类），褒姒、西施、潘妃、王昭君、杨贵妃、（明代的）董小宛（以上为第五类）。关于藏族的女性，莫普德

---

[1] Priyadarsi Mukherji, *Chinese and Tibetan Societies through Folk Literature*, New Delhi: Lancer's Books, 1999, pp. 199-200. 五禅定佛又名五智如来、五智佛、五方佛、五圣，他们是指密教中以大日如来为首的五尊佛，有金刚界五佛与胎藏界五佛之别。金刚界五佛指大日如来即毗卢遮那（Vairocana）、阿閦（Aksobhya）、宝生（Ratnasambhava）、阿弥陀（Amitabha）、不空成就（Amoghasiddhi）。此五佛居于金刚界曼荼罗中央的五解脱轮。胎藏界五佛则指大日、宝幢、开敷华王、无量寿、天鼓雷音。参见林光明、林怡馨、林怡廷编著：《新编密教大辞典》（第1册），台北：嘉丰出版社，2017年，第378页。金刚界五佛以大日如来为中心，东方为阿閦如来，西方为阿弥陀（无量寿如来），南方为宝生如来，北方为不空成就如来。参见［日］中村元著、林光明编译：《广说佛教语大辞典》（上卷），台北：嘉丰出版社，2009年，第224页。

[2] Priyadarsi Mukherji, *Chinese and Tibetan Societies through Folk Literature*, p. 201.

举出的例子有：创立觉域（断境）派的玛久拉仲（Machig labdron）[1]、宁玛派祖师佛母亦即藏传佛教史上首位获得成就的女密宗大师益西措杰（Yeshe Tsogyel，732—?）、金刚亥母（Dorje Phagmo）。关于上述汉、藏女性人物的比较，莫普德指出，汉族女性神话人物或历史传说人物多现实色彩，少超自然性，容易理解，具有浓厚的客观色彩；而藏族女性人物有魔幻色彩和超现实性，富含抽象理念，非常人所能理解，她们自然具有"灵性和高度的主观色彩"[2]。

莫普德在该书第四章以"Folk ethnics"为题，对汉族和藏族的各种寓言、成语故事进行介绍。汉族寓言和成语故事包括《愚公移山》《大鹏展翅》《螳臂当车》《拔苗助长》《画蛇添足》《螳螂捕蝉黄雀在后》《目连救母》《水滴石穿》《东郭先生与狼》等。藏族寓言故事包括《福鸟》《猴与蛙》《驴与虎》《猫与鼠》《狐狸变成国王》《甲虫偷奶牛》[3]《哑女》《渔夫的好运》《禅修者与窃贼》《沉默的跛子》《和尚与狼》等。莫普德在比较汉族和藏族的寓言与成语故事时，既注重辨明它们之间的相似与差异，还考察了它们与印度寓言故事集《五卷书》的联系。他还将汉族与藏族寓言、成语故事表现出的价值观、人生哲理等

---

[1] Priyadarsi Mukherji, *Chinese and Tibetan Societies through Folk Literature*, p. 282. 此处莫普德将玛久拉仲的生卒年写为1055年至1152年。根据《中印文化交流百科全书》的解释（详编下册第721页），玛久拉仲并非如莫普德所言创立了希解派（Zhi-byed），她是觉域派创始人。

[2] Priyadarsi Mukherji, *Chinese and Tibetan Societies through Folk Literature*, p. 297.

[3] 特别感谢西藏民族大学南亚研究所严祥海老师就莫普德书中出现的许多藏语词一一释义，同时感谢西藏社会科学院南亚研究所副所长边巴拉姆女士为笔者澄清与藏族文化相关的一些问题。

逐一对比，以体现二者之间的异同。[1] 他在书中还指出，一些藏族寓言故事与汉族伦理观有联系，但与印度文化的联系更为紧密："做善事积功德本质上是印度的观念，但怀疑中透露的警惕心态分明来自汉族的实用主义思想。饶恕好于报复的道德教诲、相信预警或所有理想而玄学的观念，都是藏族寓言大量借鉴印度哲学的有机部分。"[2]

在书的"结语"部分，莫普德总结说，汉族的古代民间故事是早期人类对自然力量的反应，也是他们尝试与自然力量协调、斗争的产物，然而，藏族民间故事等与此模式不同，它主要是围绕佛教的主题而展开的。[3] "蕴含在大量民间文学中的汉族、藏族伦理原则，是其各自文化不可分割的一部分。汉族与藏族伦理原则的独特性，反映了两个不同的民族的思维方式，这种思维方式潜藏在两个不同的环境中，还受到各自社会流行的大传统（dominant traditions）的影响……民间文学是所有文化的组成部分，其传播旨在再创文化，以产生民间故事或小传统（little tradition）。"[4] 关于汉族与藏族民间文学的差异，莫普德再次强调自己的观点：如说汉族民间文学缺乏超自然的信仰是不合适的，因为汉族民间至今仍有关于男神和女神的信仰。"但是，我们想说的是，与亚洲任何其他个案相比，汉族的主要特征是经世致用、经验主义、理性而现实的。

---

[1] Priyadarsi Mukherji, *Chinese and Tibetan Societies through Folk Literature*, pp. 362-364.
[2] Priyadarsi Mukherji, *Chinese and Tibetan Societies through Folk Literature*, p. 355.
[3] Priyadarsi Mukherji, *Chinese and Tibetan Societies through Folk Literature*, p. 373.
[4] Priyadarsi Mukherji, *Chinese and Tibetan Societies through Folk Literature*, p. 374.

这些特征影响了他们的心灵、民族精神（ethos）和性格。"[1] 莫普德进一步指出，他的整个研究在于借助民间文学，挖掘汉族儒家文化体系和藏族佛教文化体系的异同。汉族的儒家思想追求经世致用，而藏族的主要特征是玄学的、灵性的、主观的、道德教诲的、神秘的。换句话说，汉族和藏族的文化伦理观倾向于反映两种极为不同的世界观。尽管如此，也不能否认存在一种"灰色地带"（grey areas），即汉族文化也存在道教的神秘思想，藏族文化也有经世致用的追求。[2] 关于大传统与小传统，莫普德继续解释说，儒家思想和书面文学是汉族社会的大传统，而佛教思想和书面文学是藏族社会的大传统，民间文学或口传文学（oral literature）是各自社会或文学的小传统。"许多民间文学研究者认为，民间文学的一般特征在于，民间传统或小传统是口传文学而非书面文学。不过，这种情况在中国这里并非完全真实……在中国，民间文学所受到的重视，在非西方世界其他社会非同寻常。民间文学在前现代时期大量属于书面作品。"[3] 这一事实说明，在中国古代，学者和作家们的精英世界（mandarin world）与常遭篡改的口传文学所流行的"农民世界"（the world of peasants）之间并无差异，这是因为："与亚洲任何其他社会相比，汉族很早就填平了大传统与小传统的鸿沟。这就弥合了中国的大传统和小传统间的差异。因此，中国文化身份与社会团结

---

[1] Priyadarsi Mukherji, *Chinese and Tibetan Societies through Folk Literature*, p. 381.
[2] Priyadarsi Mukherji, *Chinese and Tibetan Societies through Folk Literature*, pp. 387-388.
[3] Priyadarsi Mukherji, *Chinese and Tibetan Societies through Folk Literature*, p. 389.

可扎根于汉族民间文学之中,其永恒的主题也为精英分子和民间草根阶层所分享。"[1]

综上所述,莫普德对汉藏民间文学及其与社会民族性格的互动做了较为全面而系统的探索。在他前后,印度学者似乎很少有人再涉及这一极为有趣但却难度颇大的领域。从这个意义上说,他在印度汉学界的开创之功不可否认。作者在掌握大量汉语和藏语文献的基础上,对汉藏民间文学的探索得出了一些有新意的结论。吹毛求疵地看,他对汉藏民间文学异同的某些思考未脱为比较而比较的窠臼或嫌疑,某些比较还带有或强或弱的宗教优先意识,对于汉族民间文学的精彩与智慧尚未达到高度的文化认同与欣赏,这对一个以文化人类学心态切入民间文学研究的学者而言,无疑是一种遗憾。这或许与其尚未摆脱宗教之眼看中国相关,也似乎与其带有某种政治偏见相关。另一个遗憾在于,该书出版以后,似乎未见莫普德再就汉族民间文学或藏族民间文学做进一步的系统研究。这一动向耐人寻味,因此说他尚未达成对中国文学魅力的高度欣赏似乎不太为过。当然,他的精力转向艾青诗歌翻译等也是其中的主要因素。莫普德的经历不是个案,我们在下文将要讲述的谈玉妮等人那里,同样可以见到类似情形。

## 5. 谈玉妮

德里大学东亚学系中文教授谈玉妮或许是印度最早系统研究中国现当代女性文学的学者。早在1989年,她便在

---

[1] Priyadarsi Mukherji, *Chinese and Tibetan Societies through Folk Literature*, pp. 389-390.

《中国述评》发表研究中国女性文学的论文《性别与文学创作：解读后毛泽东时代的女性作家》（Gender and Literary Practice: Reading Women Writers in Post-Mao China）。[1] 这或许是印度最早专门研究中国现当代女性文学的一篇论文，它比邵葆丽于1996年部分涉及中国女性文学创作的博士学位论文早了几年，比邵葆丽于2008年出版的中国女性文学研究专著《1976年至1996年中国女作家与性别话语》更是早了近20年。邵葆丽在这本书中提到了谈玉妮的研究成果。[2] 1998年，谭中主编的《跨越喜马拉雅鸿沟：印度寻求理解中国》收录了谈玉妮的一篇长文《变化与持续：中国关于性别问题的正统话语》（Change and Continuity: Orthodox Discourse on Gender Relations in China）。该文显然旨在从社会学意义上探讨20世纪中国性别关系和女性问题，但似乎在很大程度上吸收了其博士论文的某些精华。该文由如下几个标题所涵盖的内容串联而成："早期正统话语：一种性别关系生存心态（habitus）的建构""拒斥传统：女性问题的出现""1921年至1949年间共产党与女性问题""新正统的制度化：中国'文革'前的妇女""'大跃进'与'文革'时期：作为劳动英雄的妇女""后毛泽东时期重新强调女性（femininity）和母性（motherhood）"和"结语"。[3]

---

[1] Ravni Thakur, "Gender and Literary Practice: Reading Women Writers in Post-Mao China," *China Report*, Vol. 25, No. 4, 1989, pp. 327-342.
[2] Sabaree Mitra, *Chinese Women Writers and Gender Discourse*, p. 49, p. 121.
[3] Ravni Thakur, "Change and Continuity: Orthodox Discourse on Gender Relations in China," Tan Chung, ed., *Across The Himalayan Gap: An Indian Quest for Understanding China*, pp. 269-286.

与邵葆丽不同的是,谈玉妮最初涉足中国女性文学研究,并非得益于中印两国的各种基金资助,而是受荷兰外交部管理博士学位基金(旨在为研究发展中国家的学者提供便利)与荷兰莱顿大学(Leiden University)的相关项目资助,这自然决定了两人治学风格与路径的诸多差异,也影响到两人相关研究成果的面貌与特色。

荷兰汉学的正式确立,以19世纪荷兰莱顿大学的中国研究教席创立为标志。所以早期荷兰汉学家,以莱顿大学的数任教授为代表。莱顿大学的汉学研究历史悠久,早在19世纪就有中文的教学。1876年,莱顿大学设立第一个汉学教授席位,1930年成立汉学研究院。它遂成为荷兰的汉学研究重镇。直至今日,直接接触中文原著的研究方法,仍然是荷兰汉学研究的优势和特色。[1] 谈玉妮所选择的导师伊维德(Wilt Idema)是第一个把中国古典文学全面介绍到荷兰并进行专门研究的荷兰汉学家。伊维德的主要研究领域为中国古代小说和戏曲。他还翻译了许多中国古代文学作品。从1978起,他培养了好几届博士生,在他周围形成了一个很有特色的中国文学与文化研究群体。从高罗佩(Robert Hans van Gulik,1910—1967)开始的荷兰汉学界中国文学研究群体,发展到伊维德再至其众弟子,经历了近半个世界。伊维德等人的中国文学与文化研究,涵盖了中国古代、近代和现当代文学的所有门类。他们囊括了主流与边缘、个体和群体、文本翻译、理论研究、创作行为社会学、文化传播等不同的层面,形成丰富多元的研究格

---

[1] 张西平主编、李雪涛副主编:《西方汉学十六讲》,第220页。

局。特别是其小说、戏曲和中国现当代诗歌研究,成为欧洲甚至是英语世界研究中国文学的重镇。进入21世纪以来,荷兰成为欧洲的中国现当代诗歌流派研究的桥头堡。[1]谈玉妮选择荷兰汉学家为自己的中国当代文学研究导师,看来是明智的选择。当然,这也决定了她完全参考欧陆理论范式、吸收西方学术资源研究中国作家的必然姿态。这在某种程度上可以用张西平先生的观点进行解释:"因为,无论是这些汉学家对中国典籍的翻译还是对中国文化的研究,依托的理论都是西方的,解释的思路也都是西方的。有些在中国学术界看来十分奇怪的观点,其实有它自身的文化逻辑,我们只有从跨文化的角度才能对此加以解释。"[2]

谈玉妮研究中国女性文学的代表作是其于1997年出版的《重写性别:解读当代中国妇女》。[3]这是印度汉学界首部专门研究中国现当代女性文学的著作。自从出版这部著作后,20多年来,谈玉妮似乎已经在中国现当代女性文学研究上保持沉默或主动"失语"了。这是印度汉学界的一大悲哀,是中印文学心灵对话的一次挫折,当然也是笔者百思不得其解的谜团,后文将尝试对此问题进行解答。

这里对谈玉妮的著作《重写性别:解读当代中国妇女》做一点简介。从作者的"致谢"看,该书的雏形是作者在荷兰留学攻读博士学位期间,在伊维德教授和波斯泰尔

---

[1] 此处相关介绍,参见张西平主编、李雪涛副主编:《西方汉学十六讲》,第225~229页。
[2] 张西平主编、李雪涛副主编:《西方汉学十六讲》,第1页。
[3] Ravni Thakur, *Rewriting Gender: Reading Contemporary Chinese Women*, London and New Jersey: Zed Books, 1997.

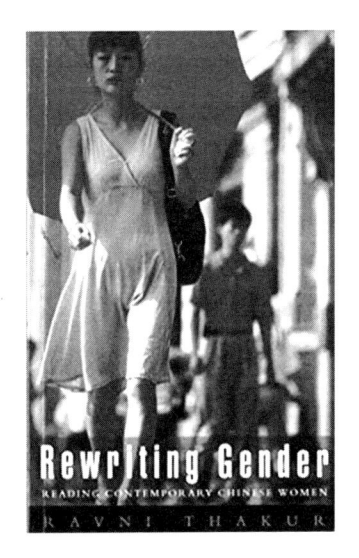

第四章　1989年至2021年的汉学研究

图71　《重写性别：解读当代中国妇女》封面（黄潇提供）

（Els Postel）教授指导下完成的博士论文。后来，谈玉妮在与谌容等中国女作家和学者进行访谈的基础上，对论文做了修改，然后交付出版。该书除"引言"外，正文分为"正统性别话语与文学场域"（literary field）与"对性别话语的反应"两个部分，然后细分为7个主题（前3个主题构成第一部分）进行论述，它们包括"性别关系与文学的跨学科研究方法""进一步退三步：正统性别话语的建构""文学场域与女性作家""人物分析的方法""性别话语的正统反应""性别话语的非正统反应""文化特性和比较理论"。从这些主题看，谈玉妮显然并非探讨某部作品、某个作家或某段时期中国女性文学的文字魅力与语言修辞、结构技巧等文本内在美（内部研究），而是钟情于包括欧陆社会学与女性主义视角的文学外部研究或曰"性别与文学的跨学科研究"。

关于本书的写作目的，作者在书中自述道："本书的部分目的在于，评估妇女的性别关系，理解中国现存的表达相当清晰的正统观念（orthodoxy）。我有意为之，聚焦女主角、女性人物并分析她们与性别话语（gender discourse）之间的关系。"[1] 她在"引言"中更为详细地说明了自己的写作目的："本研究旨在尝试理解和分析当代中国女作家的作用、贡献和意义。通过对张洁、张辛欣、王安忆和谌容等4位著名女作家的代表作的解读，它特别关注后毛泽东时代社会性别关系的分析。之所以选择这些作品，是因为它们刻画的女主人公说明，女性是如何体验有关男女性别关系的社会观念。之所以选择后毛泽东初期，是因为这一时期性别的正统观念首次遭到质疑。"[2] 谈玉妮继续写道，选择上述女作家的作品作为基本的研究素材，主要是想回答两个方面的问题：第一：在中国，认识男女性别关系的主要方式（dominant way）是什么？在诸如文学的各种话语领域或场域，这种主流观点（dominant view）或曰正统观念是如何表述的？第二：关于普遍流行的性别关系的主流观点或正统观念，女性必须以哪些不同的方式进行回应？换句话说，置身其间的女性，如何处理自己与正统观念的关系？[3]

关于本书研究所取的理论视角或所需的理论资源，谈玉妮明确指出，自己倾向于采取西方聚焦男女性别关系（gender relations）的女性主义理论、福柯（Foucault）的话

---

[1] Ravni Thakur, *Rewriting Gender: Reading Contemporary Chinese Women*, p. 194.
[2] Ravni Thakur, *Rewriting Gender: Reading Contemporary Chinese Women*, p. 1.
[3] Ravni Thakur, *Rewriting Gender: Reading Contemporary Chinese Women*, p. 1.

语分析法（Foucauldian Discourse Analysis，FDA）、皮埃尔·布尔迪厄（Pierre Bourdieu，1930—2002）的文学场域论（literary field）与习惯说（habitus）等，解读中国女作家的作品。例如："本书希望将福柯通过关注话语进而研究权力关系（power relations）的思想，与布尔迪厄的话语可在不同场域运作和话语因实际参与操控者而有变的思想结合起来。"[1] 在英语中，sex 与 gender 两个单词看似含义相近，实则差别明显。一般而言，sex 多强调生物性征，而被现代学者尤其是西方女权主义者最常采用的 gender 一词，更强调人类的社会特征或社会身份、文化认同。gender relations 暗含对男女性别关系所折射的社会现实的强烈批判和质疑。habitus（习惯或曰生存心态）表现了当代欧洲社会学家对西方"主体中心"逻辑的解构和颠覆。事实上，谈玉妮的书中到处体现出上述学术逻辑，这也暗示了她对中国现当代文学的解构。[2] 认识了谈玉妮的上述写作旨趣和所欲采纳的西方理论资源后，我们也许更为方便地理解其书所思所论。

谈玉妮先对 1921 年至 1949 年即中国共产党成立至新中国成立前的 28 年的中国女性创作及其女性意识进行简要回溯。她提到了秋瑾、向警予、蔡畅和丁玲（1904—1986）等人。在她看来，丁玲 1941 年发表于《中国文化》的短篇小说《我在霞村的时候》，是对当时对性别关系采取双重标准的"公开评论"（open critique）。[3] 事实上，

---

[1] Ravni Thakur, *Rewriting Gender: Reading Contemporary Chinese Women*, p.31.
[2] Ravni Thakur, *Rewriting Gender: Reading Contemporary Chinese Women*, p.194.
[3] Ravni Thakur, *Rewriting Gender: Reading Contemporary Chinese Women*, p.47.

丁玲的女性意识在短篇小说《莎菲女士的日记》里表现得或许更为明显，例如："莎菲生活在世上，要人们了解她体会她的心太热太恳切了，所以长远的沉溺在失望的苦恼中，但除了自己，谁能够知道她所流出的眼泪的分量？在这本日记里，与其说是莎菲生活的一段记录，不如直接算为莎菲眼泪的每一个点滴，是在莎菲心上，才觉得更切实。"[1] 丁玲的短篇小说《我在霞村的时候》[2]，在心理描写上明显逊色于《莎菲女士的日记》。论者指出，丁玲是"五四"后第二代写女性并始终坚持女性立场的作家。"她以第一个革命女作家的姿态，打破了冰心、庐隐等因思想创作上的某种停滞所带来的沉寂……一定意义上可以说丁玲的《莎菲女士的日记》是郁达夫所开创的描写知识分子'时代病'的自我伤感小说的总结与结束。莎菲的心理描写，在这方面也代表了丁玲的主要艺术成就。"[3] 由此可见，谈玉妮似乎没有对丁玲进行全面的分析。

谈玉妮进而对中国女性的当代命运持极为悲观的心态，因为她认为20世纪末中国严格刻板的劳动分工导致了性别关系的"传统惯例"的自发确立，即使是经济的快速发展也很难改变这一现象。出于一种偏激的心态，她还将宪法规定妇女儿童权益受到保护的举措视为对中国女性的"不公平"待遇。[4]

谈玉妮还对建国以来女性创作与文艺批评家、政治领

---

[1] 丁玲：《丁玲精选集》，北京：北京燕山出版社，2015年，第33页。
[2] 丁玲：《丁玲精选集》，第128~144页。
[3] 钱理群、温儒敏、吴福辉：《中国现代文学三十年》（修订本），第299~300页。
[4] Ravni Thakur, *Rewriting Gender: Reading Contemporary Chinese Women*, p.62.

导层的互动关系进行探讨，她以王安忆的母亲茹志鹃为例进行说明。她的一个结论是，女作家的创作与相关的文学评论从属于政治，受限于特殊的时代背景，进而影响了中国当代女性文学创作的质量。[1]

关于当代中国女作家如何以所谓的"正统观念"书写女性意识和表述其性别话语，谈玉妮以王安忆于1981年发表的中篇小说《流逝》和谌容于1980年发表的中篇小说《人到中年》为例进行说明。谈玉妮通过细读文本得出结论，王安忆作品的女主人公显示，女性无法挣脱社会环境赋予的刻板角色，这种艺术表述也是"传统与社会主义性别身份范式的一种互动"。而《人到中年》里的女主人公陆文婷并非真实女性的艺术表现，而是"理想的"女性人物的艺术构建，这种理想人物的虚构旨在表达主人公或女作家与社会传统话语的一种关系。[2]谈玉妮认为，陆文婷的形象描写体现了性别话语的操控与运作，因为理想的社会主义女英雄可以超越个人与环境的局限。"陆文婷这一角色，可视为理想地回应了新的社会主义正统话语的需求。她不仅敬业奉献，还有一个家庭。"[3]她还写道："陆文婷这个人物因此说明，她是在正统立场的性别话语框架内塑造的。可以将陆文婷视为做出了理想回应的一个角色。"[4]

关于中国女作家以所谓的"非正统观念"（heterodox）书写女性意识和"回应"官方的、正统的（而非传统的）

---

[1] Ravni Thakur, *Rewriting Gender: Reading Contemporary Chinese Women*, pp. 102-103.
[2] Ravni Thakur, *Rewriting Gender: Reading Contemporary Chinese Women*, p. 135.
[3] Ravni Thakur, *Rewriting Gender: Reading Contemporary Chinese Women*, p. 144.
[4] Ravni Thakur, *Rewriting Gender: Reading Contemporary Chinese Women*, p. 149.

"性别话语",谈玉妮继而以张辛欣于1978年完成的中篇小说《在同一地平线上》和张洁于1982年发表的中篇小说《方舟》为例进行说明。她认为,张辛欣笔下的女主人公揭示了对规定妇女角色的传统性别话语的"压迫性本质"(oppressive nature)。归根结底,《在同一地平线上》是对传统性别话语的"批判性回应,因其试图拓展正统话语的边界。它迫使正统话语直面中国女性所面临的问题,这些问题是女性追求其所确认的人生目的时所面对的。她成为非常勇敢而崇高的一个人物,这种勇气使她自信而充满希望地面对未来"[1]。

在书的最后部分,谈玉妮认为,自己的著作意在揭示话语是权力和抵抗的一种"载体"(vehicle)。尽管正统话语一再隐藏社会结构内在的"张力"(tensions),非正统话语却发挥着"为无以命名者和无以发声者进行命名的力量,它代表了抵抗的声音(the voice of resistance)"[2]。谈玉妮最后的一些判断语气坚定,但又暗含迟疑:"在中国的语境中,(张辛欣和张洁小说的)人物角色的生命力代表着抵抗的声音……我尝试理解中国女性的生活,但不能视为表现她们的现实或代表她们发言。"[3]她继而谦逊而诚恳地写道:"实际上,我们刻意评价的,往往是我们不理解的他者(the other)。我们利用学习另一种语言和了解另一种文化的机会,尝试去理解这一文化定位其与世界的关系、确

---

[1] Ravni Thakur, *Rewriting Gender: Reading Contemporary Chinese Women*, p. 163.
[2] Ravni Thakur, *Rewriting Gender: Reading Contemporary Chinese Women*, p. 188.
[3] Ravni Thakur, *Rewriting Gender: Reading Contemporary Chinese Women*, pp. 196–197.

认自身位置的方式。然而,问题恰恰出在这儿。到头来,我们从未理解异文化(another culture)的真实,我们只能尝试着接近理解异文化本身的言说。这便是话语研究显得重要的原因所在。话语向他人呈现一种文化。"[1]

实际上,谈玉妮在书的最后表现出的谦逊和诚意,已经在很大程度上自我揭示和解释了她以纯粹西方的理论资源评述中国女性创作的局限、短视、迷惘、误区与荒谬。正如其言,谈玉妮和一些印度学者(包括很多汉学家或中国问题专家在内)从未完全"理解异文化"即中国文化的真实,他们只能"尝试着接近理解异文化本身的言说"。中国现代文学的发生、中国当代文学的突变和转型,以及中国当代女作家的创作困境,的确是很复杂的现象,因此要求研究者"在中国发现历史",而非求助于西方的霸权话语、主流话语,否则,谈玉妮式的解说本身就已成为刻板解释中国经验或中国体验的霸权话语或新的"正统话语",而中国经验将在中国文化知情者眼中,逐渐成长为重新消解谈玉妮等汉学家的"非正统话语"或"抵抗的声音"。至于谈玉妮后来基本上淡出了研究中国女作家的一线,原因很多,但其早年著作中体现出的强烈的西式解构,其将中国现当代女性文学视为西方话语和权力场域的"试验田"的学术立场,其对中国女性文学前景的无限悲观和对中国政治与文学创作互动关系的无言失望,不能不说是其中的一些主要因素。由此可见,邵葆丽对中国女性文学

---

[1] Ravni Thakur, *Rewriting Gender: Reading Contemporary Chinese Women*, pp.197-198.

的研究保持了较长一段时期的热情,其中的缘由似乎可在其与谈玉妮的全面比较中进行阐发。

以上是对30年来印度学界关于中国文学研究、译介的挂一漏万的简介。下面对他们关于中国宗教哲学等方面的研究、译介做一简介。

## 第四节 中国宗教哲学研究及其他

前文说过,印度学者30年来的中国历史研究成果相对丰富,中国文学研究成果次之,而对儒家哲学、道家思想、中国佛教、中国古代政治思想、中国语言、中国艺术等领域的研究最为薄弱。不过,如果仔细搜寻,仍可辨识出一些研究动向,有的成果还不乏一定的学术含量。下面对此情况略做介绍。

### 1. 新的研究动态

关于中国本土的宗教哲学思想,印度学者的研究热情似乎"冻结"在师觉月至 S. 拉达克里希南和谭云山时期即20世纪上半叶。即便是 1988 年中印关系开始解冻后,这一状况仍然没有得到实质性改观,这与同时期西方某些国家汉学界的相关动态形成了鲜明对比。21 世纪初,孔子学院在世界各地不断地"开花结果",但它在印度却遭到很长一段时期的冷遇。近年来,印度汉学界的这种不理想局面仍旧没有太大的变化。当然,通过努力搜寻,我们仍可有所发现。同样,印度学者在这方面的研究著作很少,其成果多以论文形式面世。

笔者多方努力,终于搜寻到相关领域的一些"凤毛麟角",在此勉力简介。例如,澳大利亚悉尼大学的海外印度学者 A. 夏尔玛(Arvind Sharma)在 1984 年印刷出版的《国际大学季刊》上发表论文《中国文化中的"三教合一"》,对中国古代的儒释道融合现象进行简要说明。[1]作者在文章中引用西方学者的观点指出:"首先,尽管Confucianism(儒家思想)、Taoism(道家思想)和Buddhism(佛家思想)被冠以'三教'(Three Religions)之名,但或许最好将其译为 Three Traditions(三统),这不仅是因为宗教是西来概念,还因为这三个概念之间'常有互动且相互借鉴'。体制性宗教(institutional religion)在中国一直相对式微,并没有达到组织严密以排除折中与融合趋势的地步。"[2]这种观点尽管是源自西方学者,但其向印度学界进行引介之功不可忽视。

贝拿勒斯印度大学外语学院的学者 S. 潘迪曾经在 21 世纪初发表一篇论文《孔子乐观的人文主义》,依据《论语》英译本和林语堂于 1942 年出版的《中国印度之智慧》等英文资料,对孔子关于伦理、礼仪、社会秩序、个人修养等方面的论述进行探讨。[3]他认为,孔子出发点在于社会和谐的道德基础,以此自然引申出政治和谐。孔子首先是一个伦理教师。"作为一个道德家,孔子又是他那个时代流行中国的传统宗教

---

[1] Arvind Sharma, "The Harmonization of the 'Three Teachings' in Chinese Culture," *The Visva-Bharati Quarterly*, Vol. 47, No. 3-4, 1981-1982, pp. 228-335.

[2] Arvind Sharma, "The Harmonization of the 'Three Teachings' in Chinese Culture," *The Visva-Bharati Quarterly*, Vol. 47, No. 3-4, 1981-1982, pp. 228-229.

[3] Suresh Pandey, "Optimistic Humanism of Confucius," *Research Journal of Faculty of Arts*, Vol. 6, 2000-2001, Varanasi: Banaras Hindu University, pp. 139-147.

观的鼓吹者。但是，他对宗教又持批判态度"。[1]

　　印度学者潘德（G. C. Pande）的思考涉及孔子、老子的人生哲学。他认为，中国古代哲学思考的重点在人的本质，在中国传统思想里，人与自然、社会三者是不可分离的。人与自然和谐统一的概念可追溯到《易经》。他还认为，尽管孔子和老子生活在 2000 年前，但他们永恒的"仁""礼"和"道"的基本观念，随着时代推移不断地塑造着中国文明。"在所有这些方面，我们都能在印度传统观念如'达摩'（dharma）、'轮回'（samskara）和'磨羯'（marga）中找到对应。如果有哪两个文明可以恰当地称兄道弟（fraternal），这就是印度和中国两大古典文明"。[2]

　　曾就职于新德里的印度文学院的比较文学学者 I. N. 乔杜里（Indra Nath Choudhuri）对老子在印度的影响及其回应做过探索。他在《印度对〈道德经〉的回应》一文中指出，老子的"道"如同柏拉图的"逻各斯"（Logos），印度教可用"梵"（Brahman）来表达，佛教可用"Dharmakaya"表示。"道代表一种与西方认识行为截然不同的观念，但它却与印度的哲学宇宙观非常亲近。"[3] I. N. 乔杜里后来将该文进行修改和扩充，以相同的题目收入 2001 年出版的个人论文集。他在文中写道："我们可以在中国和印度的思想智慧

---

[1] Suresh Pandey, "Optimistic Humanism of Confucius," *Research Journal of Faculty of Arts*, Vol. 6, 2000-2001, Varanasi: Banaras Hindu University, p. 145.
[2] G. C. Pande, "Reflections on the Classical Chinese Vision of Man," Tan Chung, ed., *Indian Horizons*, Vol. 43, No. 1-2, New Delhi: Indian Council for Cultural Relations, 1994, p. 253.
[3] Indra Nath Choudhuri, "Indian Response to the Book of Tao," Tan Chung, ed., *Indian Horizons*, p. 442.

中发现很多相似之处。中国思想来自远古时代的老子哲学,他试图探究生命背后的基本统一,这和印度智者的作为如出一辙。因此,两方思想中的任何相似都会提醒人们注意,是印度影响了中国的老子哲学,还是老子哲学影响了印度?无疑,通过佛教,印度思想给予中国极其深远的影响,中国也似乎影响了印度的某些思维方式,尤其是影响了密教的易行乘(sahajayana,亦译"俱生乘")。除此之外,我们在许多情况下还可发现中印思想令人叫绝的相似之处。"[1]他还谈到中国古代重要的哲学概念"气"和中国人的思维特色:"在道家思想中,存在的基础并非永恒不变,并非如同克什米尔湿婆派的味欢喜(rasananda)的那种永恒极乐状态,而是相反两极永远的平衡状态,好比我们理解的'气',永远变化而又恒常不变。气是一个关键词,暗示我们如何达到一种和谐状态。道家思想中出现的阴性主义(Yinism)或对女性原则的提升近似于印度的性力派思想(Saktism)……中国人的思维方式具有模糊不定和同步共识的特色,它并非像西方思维那么确定不移、排他唯一和先后有序。因此,老子可以以悖论方式谈论道:大智若愚,大辩若讷。"[2]

---

[1] [印]I.N.乔杜里:《印度对〈道德经〉的回应》,尹锡南译:《印度比较文学论文选译》,成都:巴蜀书社,2012年,第484~485页。原文参见Indra Nath Choudhuri,"Indian Response to the Book of Tao," Indra Nath Choudhuri, *The Genesis of Imagination*: *Selected Essays on Literature*, *Theory*, *Religion and Culture*, New Delhi: Sterling Publishers, 2001, p. 192。

[2] [印]I.N.乔杜里:《印度对〈道德经〉的回应》,尹锡南译:《印度比较文学论文选译》,第495~496页。原文参见Indra Nath Choudhuri," Indian Response to the Book of Tao," Indra Nath Choudhuri, *The Genesis of Imagination*: *Selected Essays on Literature*, *Theory*, *Religion and Culture*, pp. 203-204。

国际大学中国学院退休教授、前任院长那济世先生于2004年发表论文《理解中国"五行"观》，围绕金、木、水、火、土等五种元素，介绍了中国古代的阴阳五行说，并引申解释了中国古代知识体系建构，阐释了历代统治者如何运用阴阳五行说巩固政权的政治智慧。[1] 下面附录该文相关信息。[2]

图72 登载那济世先生论文《理解中国"五行"观》的期刊封面

---

[1] Arttatrana Nayak, "Conceptual Understanding of the 'Five Agents' (Five Senses) in Chinese," Baidyanath Saraswati, ed., *Sacred Science Review*, 2004, pp. 23-30.
[2] 2011年11月7日，那济世先生在贝拿勒斯印度大学研讨会现场向笔者展示该文，笔者遂得以复印该文。

第四章　1989年至2021年的汉学研究

图 73　《理解中国"五行"观》(《目录》)

图 74　《理解中国"五行"观》(论文首页)

图 75　笔者与那济世先生(左)合影(2011年11月7日,贝拿勒斯印度大学)

K. P. 古普塔在《中国述评》1991 年第 1 期载文《长城与马祭：中国与印度的统治范围》，利用长城和马祭这两个中印古代的军事、政治文化符号，比较中印古代政治哲学，并延伸至中印边界争端的相关探讨。[1] K. P. 古普塔认为："在中国，外来者没有政治价值；在印度，外来者没有宗教属性……'夷'没有政治道德（moral），而'不可接触者'（mlechha）并不遵守种姓法则（Varna Dharma）。"[2] K. P. 古普塔还借题发挥道："中国设计了大规模的围墙，印度则自我幽禁以免（遭受低种姓的）污染（defilement）。但是，历史就此出现了某些麻烦。"[3]

关于中国语言的研究，印度学者的研究极其有限。也有一些例外，如印度国际大学中国学院的阿维杰特·巴纳吉曾在其导师那济世教授指导下，于 2002 年完成关于汉语语法的博士论文，题目为《汉语与英语疑问句、否定句语法比较研究》。2005 年 2 月 19 日，阿维杰特·巴纳吉向在国际大学中国学院访问的笔者赠阅该论文的部分内容，据笔者了解，阿维杰特·巴纳吉一直保持着对现代汉语语法的研究兴趣。

关于中国的音乐、舞蹈、建筑、雕塑、绘画等艺术领域，印度学者的研究非常薄弱，仅有的一些研究成果也局限于极少数学者。谭中于 1998 年主编出版的《跨越喜马拉

---

[1] K. P. Gupta, "Changcheng and Ashwamedha: Spheres of Dominance in China and India," *China Report*, Vol. 27, No. 1, 1991, pp. 1–14.
[2] K. P. Gupta, "Changcheng and Ashwamedha: Spheres of Dominance in China and India," *China Report*, Vol. 27, No. 1, 1991, p. 10.
[3] K. P. Gupta, "Changcheng and Ashwamedha: Spheres of Dominance in China and India," *China Report*, Vol. 27, No. 1, 1991, p. 12.

雅鸿沟：印度寻求理解中国》，收录了印度学者的相关论文，它们包括：M.C.乔希（M.C. Joshi）和拉达·巴纳吉（Radha Banerjee）合作的《论印度、中国、中亚艺术中的本生经题材绘画》、拉达·巴纳吉的《中国文化和艺术的摩尼教元素》、A.森古普塔（Arputharani Sengupta）的《中国佛教艺术中的文化融合》、P.巴纳吉（Priyatosh Banerjee）的《新疆艺术的新发现》、巴格亚拉克希米（Bagyalakshmi）的《从观自在到观世音菩萨的创新》、D.C.巴塔查利亚（D.C. Bhattacharyya）的《图像的文化联系》等等。[1]

就以著作而非论文的形式系统地探索中国宗教、哲学、语言、文学而言，除了下文将要谈到的著名学者洛克希·钱德拉，还有两位印度学者值得关注。

德里大学东亚学系客座教授 S.K.乔杜里于 2011 年出版涉及中国与印度古代语言、文学、宗教等方面联系的著作《梵语在中国与日本》。该书绝大部分章节涉及梵语和梵语文化对中国语言、文学、宗教的全面渗透和影响，例如："佛教来华""中国迎接梵语""梵语来华""谢灵运发现梵语""谢灵运之后的梵语""梵语入门书《悉昙字记》""梵语和中国语音学""声韵词典和声韵表""我们的共同遗产""科学思想""宗教""文学""梵汉词典""中国与日本关于语法术语的解读"和"汉字"等。该书对于研究中印古代语言、宗教、文化交流者，不失为一本

---

[1] Tan Chung, ed., *Across the Himalayan Gap: An Indian Quest for Understanding China*, p. 173, pp. 197–232.

很好的参考文献。对于专攻中国古代语言学、音韵学的学者而言，该书或许尤为重要。

作者在该书"前言"中写道，中印以佛教为纽带的千年文化交流史，是人类历史上的独特一章，它是基于记忆和基于书写的两种完全不同文化的一种交流。思想交流往往意味着双赢，但遗憾的是，印度在这种单向交流中没有多大收获。印度语言文化丰富了中国，而中国的学术思想没有丰富印度。"与此相对，没有中国人特意来到印度传播中国思想。据说没有印度人对这些来印华人感兴趣。我想汉语，尤其是书面汉语在此是一大障碍。在印度与希腊的对话交流中，不存在此等障碍。在日本，汉语是公认的学术语言。中国也是印度的重要信息来源……当今印度对这些奇妙的思想交流了解不多。迄今为止，印度尽管做了一些研究，但未达到系统研究地步。"[1]作者还以美国汉学家梅维恒的两篇论文为例，转述了有关中国古代绘画理论、诗律学理论受印度影响的大胆推测。[2]

印度前驻华大使苏理宁的夫人、印度学者普兰·苏里（Pooram Surie），近年来对孔子为代表的儒家和道家思想、中国佛教产生了浓烈的研究兴趣，先后在两部带有游记性质的书中对此进行思考。普兰·苏里曾经随夫在华生活多年，回到印度后，她于2009年出版了融学术考察和观光游记于一体的《寻找中国的灵魂：中国日记拾零》。[3]《中国

---

[1] Saroj Kumar Chaudhuri, *Sanskrit in China and Japan*, "Foreword," New Delhi: International Academy of Indian Culture and Aditya Prakashan, 2011.
[2] Saroj Kumar Chaudhuri, *Sanskrit in China and Japan*, pp.160-163.
[3] 此处关于普兰·苏里的相关介绍，参阅尹锡南：《印度中国观演变研究》，第266~279页。

述评》2009年第3期为此发表一篇书评。普兰·苏里在书中关注儒家、道家和中国佛教之于印度宗教思想的联系,重视考察三大宗教哲学思想对于中国社会乃至整个世界的当代运用价值。

佛教的中国化是印度佛教向中国传播过程中的必由之路。普兰·苏里对这一点尤为关注。她写道:"佛教为了在中国生存下来,必须适应中国社会的特点。因此,佛教不得不进行改造,去掉自己的印度身份,变为中国身份。在印度,佛教的义理是自然演变的一种文化进程。在中国,如何阐释佛教经典成了一个大问题,因为所见到的经文(sutras)都是在不规则的零散状态中完成撰写的。"[1] 普兰·苏里还思考了佛教或曰中国佛教之于中国当代社会生活的重要关系。"佛教是否是与中国的现代科学发展最协调的宗教?佛教能给21世纪的中国带来什么真理?这是一个有趣的问题,也是与当今中国关系特别紧密的一个问题。"[2] 普兰·苏里根据自己的观察肯定了这一点。

关于道教,普兰·苏里写道:"在佛教、伊斯兰教、道教、天主教和新教等存在于中国的五种宗教中,道教是唯一纯粹在本土成长起来的宗教。"[3] 她还写道:"道教是中国的本土宗教,它有大约2000年的历史,发端于先秦时代的道家思想学派和古代的萨满教思想。春秋时代的哲学家老子被视为道教的第一位神灵。"[4] 为了理解中国道教这

---

[1] Pooram Surie, *China: A Search for Its Soul, Leaves from a Beijing Diary*, New Delhi: Konark Publishers, 2009, p.178.
[2] Pooram Surie, *China: A Search for Its Soul, Leaves from a Beijing Diary*, p.231.
[3] Pooram Surie, *China: A Search for Its Soul, Leaves from a Beijing Diary*, p.62.
[4] Pooram Surie, *China: A Search for Its Soul, Leaves from a Beijing Diary*, p.64.

种纯正的本土宗教,她特意拜访了白云观等道观,以求获得感性认识。

普兰·苏里认为,儒家思想也是佛教传入以前的中国社会思想的一部分。研究社会中的人际关系是儒家思想的重要聚焦点。普兰·苏里高度评价了《论语》,并引申出儒家所倡导的行为准则对印度有何助益的问题:"就我们的社会与家庭关系而言,孔子的《论语》很有意义,这种情形与孔子当初创立《论语》中的那些学说时相似。孔子的教导具有放之四海的魅力,因为它们都是一套行为准则,世界上任何地方均可运用。这套准则在中国社会中长期受到重视,研究它很有意义。《论语》的这些行为准则是否有助于印度人的精神灵性,从而与其教义相得益彰?"[1]她认为,以《论语》为代表的儒家思想与印度思想存在联系:"《论语》使人想起,印度普通的中产阶级家庭与中国中产阶级家庭的行为法则存在相似的地方。问题由此产生:印度教究竟是否影响过儒教?答案是,存在过间接的影响。儒教受到过佛教的影响,并发展演变为'新儒家'……'新儒家'成为了新的思想流派,它吸纳了佛教义理,演变为一种新的社会规范体系。"[2]

普兰·苏里肯定了经过现代调适的儒家思想之于当代世界的重要价值:"现代儒学家认为,本世纪的理性主义、科学主义和物质主义方式将导致一种功利主义,从而降低人类价值。他们相信,孔子的信念可以克服这一危机……

---

[1] Pooram Surie, *China: A Search for Its Soul*, *Leaves from a Beijing Diary*, p. 157.
[2] Pooram Surie, *China: A Search for Its Soul*, *Leaves from a Beijing Diary*, p. 158.

然而，现代儒家思想已经重构传统儒家思想，摒弃了后者对封建独裁的支持立场，接纳了科学和组织的观念。它至少不会与现代精神相冲突，因此不会阻碍现代化进程……另一方面，可以这样认为，如同它们过去曾经对世界发挥过作用那样，儒家学说也对当代世界有着现实的价值意义。"[1]

2015年，普兰·苏里出版新著《中国：阴影中的孔子》，对儒家思想在当代中国的命运等进行思考。《中国述评》随即登载相关书评。她在书中指出："不研究孔子，对中国的理解毫无意义……孔子在许多方面影响了中国人的生活与思维方式。"[2] 普兰·苏里还介绍了孟子以及孟子和荀子的思想差异。[3] 她坚持认为，以孔子为代表的儒家思想和印度教思想等"古代亚洲哲学可以回答当今某些问题"。[4] 普兰·苏里指出，以孔子为代表的儒家思想已成为中国的"文化基因（culture gene）。中国传统文化也反映在中国外交上"。[5] 她以当年中、印、缅等国赞成的和平共处五项原则为例进行说明。客观地看，该书对中国文化和中国形象整体评价的负面色彩，比作者《寻找中国的灵魂：中国日记拾零》一书更为浓厚。作者在书中对中国在海外开办的孔子学院、中国社会面貌变化等，均持猜疑、消极或贬低姿态。[6]

---

[1] Pooram Surie, *China: A Search for Its Soul, Leaves from a Beijing Diary*, p. 163.
[2] Pooram Surie, *China: Confucius in the Shadows*, New Delhi: Knowledge World Publishers, 2015, p. 10.
[3] Pooram Surie, *China: Confucius in the Shadows*, p. 46.
[4] Pooram Surie, *China: Confucius in the Shadows*, p. 85.
[5] Pooram Surie, *China: Confucius in the Shadows*, pp. 177-178.
[6] Pooram Surie, *China: Confucius in the Shadows*, 2015, p. 122, pp. 127-133, pp. 219-222, p. 226, p. 240, p. 243.

以上是 30 年来印度学界对中国宗教哲学等领域的相关研究概述。接下来对洛克希·钱德拉的相关代表性成果做一简要说明。

## 2. 洛克希·钱德拉

洛克希·钱德拉（Lokesh Chandra，又译"洛克希·金德尔"，下文简称"钱德拉"）是前述著名东方学家拉古·维拉的儿子。钱德拉子承父业，在涉及佛学、藏学、佛教艺术、考古和中印古代文化交流史等领域的研究中展示了非凡的实力。其语言天赋之高，著述之广泛而丰硕，在涉及汉学研究的当代印度学者中首屈一指。钱德拉曾经担任印度文化关系委员会负责人、尼赫鲁纪念博物馆和图书馆馆长、印度历史研究理事会主席、印度文化国际学院主任和名誉院长等职务，还是印度议会上院（Rajya Sabha）的两届议员（1974 年至 1980 年、1980 年至 1986 年）。钱德拉生于 1927 年，1947 年在位于拉合尔的旁遮普大学获得硕士学位，1950 年在荷兰乌特勒支大学获得文学与哲学博士学位，其最初研究兴趣在吠陀哲学，后转向印度、中国、蒙古、韩国、日本、东南亚等各国各地区语言和印欧语言的对话（interlocution）亦即跨越各种语言和文明的研究。他学习过 20 多种语言，其中包括汉语、藏语、蒙古语、梵语、巴利语、希腊语、拉丁语、日语、阿维斯塔语、波斯语等。他的个人著述包括 2016 年出版的《印度和中国》等，主编或合编的著作包括 1955 年至 1960 年出版的《藏梵辞典》（19 卷）、《蒙古甘珠尔佛藏》（108 卷）、《佛教图像学辞典》（15 卷）、《西藏文献史料》、《藏传佛教图像》，2008 年出版的《玄奘与丝绸之路》，2012 年出版的

《新德里国家博物馆藏敦煌佛教绘画》，2014年出版的《印度与日本的文化交流》等。多年以来，他接手拉古·维拉的未竟事业，坚持编辑出版独具特色的"百藏丛书"（Śatapiṭaka Series），内容涉及广义上的东方学领域，2016年出版的最新著作《印度与中国》为该丛书的第650种。由此可见，钱德拉是伯希和、师觉月等治学风格的合格接班人，因为他并非严格意义上的汉学家，而是在跨越藏学、印度学、汉学、蒙古学、西方古典学等不同领域的基础上涉及汉学研究（而非哈拉普拉萨德·雷易或玛妲玉式高度聚焦中国的专业研究）。2006年，钱德拉获得印度政府颁发的莲花奖（Padma Bhushan）。其卓越的学术协调能力，确保其可以长期组织大规模的学术攻关，完成一系列学术工程，出版系列的辞典或大部头学术著作。不过，与前述的师觉月一样，这一事实并不妨碍我们将其著述纳入汉学范畴进行考察，因其扎实的语言功底、真正跨学科的研究路径、丰富多彩的文献史料和广阔的跨文化视野，保证了其涉及汉学研究的代表性成果具有很高或一定的学术品质。由于笔者资料收集有限，此处仅以《印度和中国》等几部编著为例进行简介。

《印度和中国》除"前言"外，包括十二个部分的内容，标题依次为："佛教撼动中国""文化关系回暖""拉古·维拉教授搜集艺术品与经籍""佛教影响台湾""我第一次访华""现代风暴中的民族价值观""文化就是力量""中国的意象空间（ideographic space）""我们的中国研究著作""印度师尊在中国""访问中国""引用文献"。其中的"拉古·维拉教授搜集艺术品与经籍"为钱德拉之父当年的访华日记汇译。

图 76 《印度和中国》封面

图 77 《玄奘与丝绸之路》封面（黄潇提供）

图 78 《佛教图像学辞典》（15 卷本）第一卷封面

图 79 《新德里国家博物馆藏敦煌佛教绘画》封面

由此可见，《印度和中国》与师觉月的《印中千年文化关系》不同，后者是纯粹的学术探索，而前者是融学术思考与父子俩的个人回忆、资料汇编、图例解说、词汇索引等于一体的百科全书。钱德拉在这部带有工具书性质的著作中，回忆了自己与父亲的中国之旅及相关思考，考察了印度文化特别是佛教文化在当代中国的传播与变异发展，记载了父亲和自己与中国各阶层人士的亲密接触与学术交流，披露了许多相关的文献资料和史料信息，为研究现代中印文化交流的中印学者提供了相当的便利。

关于拉古·维拉的中国印象及其对自己的影响，钱德拉在《前言》中写道："本书是家父拉古·维拉教授、我及我们的同行九十年来，探索过去2300年两大文化与文明交流的旅行记……我的父亲曾为玄奘的旅行、欧洲的中国风（chinoiserie）、西方哲学家对中国政治体制独立发展的推崇而深受感染。"[1] 钱德拉还说："然而，对家父拉古·维拉教授而言，中国是孔子经典、卓越艺术家、建筑师、画家、或方或圆的精致的佛像雕塑家的象征，是底蕴深厚的佛教思想承载者，是世界文化联系的一大分支，是保存了成千上万佛经的一大民族，而这些佛经的梵文原著在其发祥地印度已经失传。我们家收藏的中国绘画，还有来自上海的与南条文雄编纂的中文三藏，占据了住宅的整面墙，它们在我逐渐成熟的心灵中留下了深刻印象。此后的年代里，当我开始研究中亚时，丝绸和经文（sutras）再次浮现

---

[1] Lokesh Chandra, *Indian and China*, New Delhi: International Academy of Indian Culture and Aditya Prakashan, 2016, p.7.

在我的脑海，它们是中国和经文之路（Sutra Route）的象征。"[1] 此处的"经文之路"似指丝绸之路，因为"sutra"一词可表"线、丝线"之意。

在该书的最后，钱德拉较为详细地介绍了拉古·维拉、自己以及其他印度和西方学者关于中国的研究著述和相关工具书等（这些书都是在印度出版，其中相当一部分收入钱德拉主编的"百藏丛书"），其中包括：拉古·维拉编译的《翻梵语》（1943年，2007年改名再版）、拉古·维拉1941年收到中国画家丰子恺赠书后所编译的《中国诗画中的非暴力》、拉古·维拉主编的梵藏蒙满汉《佛教术语五语辞典》、钱德拉与辛佳尔姐弟合编的《拉古·维拉教授中国之旅》（Prof. Raghu Vira's Expedition to China, 1969）、《梵藏蒙汉〈翻译名义大集〉》（Sanskrit-Tibetan-Mongolian-Chinese Mahāvyutpatti, 1979）、12卷本梵汉藏蒙满《多语种佛典》（Multingual Buddhist Texts, 1979—1981）、《辽代中国佛教塑像》（Chinese Buddhist Sculptures of the Liao Dynasty, 1993）、《千佛像》（Iconography of the Thousand Buddhas, 1996）、《佛教图像辞典》（Dictionary of Buddhist Iconography, 1999—2005）、《中国佛教的印度起源》（Indian Roots of Chinese Buddhism, 1999）、《梵汉辞典》（Sanskrit-Chinese Lexicon, 2007）、《明朝木刻所绘佛祖生平》（Life of Lord Buddha from Chinese Sutras Illustrated in Ming Woodcuts, 2010）、前述S. K. 乔杜里的《梵语在中国与日本》（2011）、尼尔马拉·夏尔玛的《佛教汉语词创译者

---

[1] Lokesh Chandra, *Indian and China*, p. 15.

鸠摩罗什》(Kumārajīva: The Transcreator of Buddhist Chinese Diction, 2011)、洛克希·钱德拉和尼尔马拉·夏尔玛合编的《新德里国家博物馆藏敦煌佛教绘画》(Buddhist Paintings of Tun-Huang in the National Museum, New Delhi, 2012)等等。[1]

洛克希·钱德拉和印度文化国际学院的一位女学者尼尔马拉·夏尔玛合编的《新德里国家博物馆藏敦煌佛教绘画》于2012年出版。这是对经由英国人掠去、后流落在印度的中国瑰宝的部分呈现。该书主体部分以图文并茂的方式，介绍新德里国家博物馆藏敦煌绘画艺术。值得注意的是，该书绝大部分图例均标明Stein（即斯坦因搜集之意），但却没有一处明确提到这些精美的艺术品是如何来到印度的（很容易让印度国内外不明就里的读者误以为Stein便是一位普通的收藏家而已），这种无意或精心的"历史遮蔽"或"政治过滤"耐人寻味，中国读者和学者不可随意忽略这一点。包括洛克希·钱德拉和尼尔马拉·夏尔玛在内的印度学者，将大英帝国退出南亚次大陆后馈赠给1947年获得独立的印度的所有政治遗产和历史积淀，视为理所当然的一笔丰厚财富。该书的开篇部分用了约50页篇幅，介绍了佛教向西域的传播、敦煌石窟的开掘、敦煌艺术的发展史等。该书对于与佛教绘画、雕塑联系紧密的印度音乐、舞蹈有所揭示，如作者谈到了斯坦因掠去的一幅佛陀立姿像的左右两种手势或曰手相（mudrā，手印）：abhaya-cum-kaṭaka mudrā（无畏指环印）与dhyān mudrā（禅

---

[1] Lokesh Chandra, *Indian and China*, pp.430-453.

定印）。[1] 遗憾的是，此处并未结合婆罗多《舞论》等印度古代艺术理论著作进行阐释，给读者留下了丰富的想象空间和探索余地。该书还谈到了敦煌壁画所绘飞天舞女及其所持各式乐器，并以佛教义理和印度乐器、乐理进行印证、阐发。[2] 该书也有一些小的瑕疵，如解说一幅神像的印度宗教内涵时，将大自在天（Maheśvara，即湿婆神）的两个儿子kumāra（鸠摩罗天，即湿婆神的儿子战神塞健陀）与Vināyaka（毗那耶迦天，即湿婆神的儿子象头神）的位置弄错。[3]

钱德拉与拉达·巴纳吉合编的《玄奘与丝绸之路》于2008年出版，这是2003年于印度英迪拉·甘地国家艺术中心举行的"玄奘与丝绸之路"国际学术研讨会的论文结集。除去洛克希·钱德拉所写的"引言"和另一位作者所写的"前言"，该书收录包括20篇论文，作者只有樊锦诗一位中国学者，其他学者包括钱德拉、拉达·巴纳吉、莫普德、S. K. 乔杜里、S. K. 帕塔卡等印度学者和一些西方学者。[4]

在《玄奘与丝绸之路》和《印度与日本的文化交流》的作者介绍中，钱德拉自称"著名的藏学、蒙古学与中日

---

[1] Lokesh Chandra and Nirmala Sharma, *Buddhist Paintings of Tun-Huang in the National Museum, New Delhi*, New Delhi: Niyogi Books, 2012, p. 53.
[2] Lokesh Chandra and Nirmala Sharma, *Buddhist Paintings of Tun-Huang in the National Museum, New Delhi*, pp. 45-47.
[3] Lokesh Chandra and Nirmala Sharma, *Buddhist Paintings of Tun-Huang in the National Museum, New Delhi*, p. 49.
[4] Lokesh Chandra, Radha Banerjee, eds., *Xuanzang and the Silk Route*, New Delhi: Indira Gandhi National Centre for the Arts & Munshiram Manoharlal Publishers, 2008.

佛教学者"。事实的确如此,钱德拉在这几个领域都有不俗的表现。例如,他在2014年出版的《印度与日本的文化交流》中,不仅谈及印度与日本的文化交流史,也谈到了自己与父亲和日本的文化渊源(包括自己于1936年即9岁时始习日语、1970年初访日本和1998年日本Soka大学授予名誉博士学位等),但其重点还在探讨日本与印度的文化互动。书中一些信息较为重要,如钱德拉提到日本东京大学博士候选人岛田寿雄(Toshio Shimada)曾于1971年至1972年在其指导下学习印地语和婆罗多《舞论》。[1] 钱德拉还谈到苏祇婆经由龟兹向中国内地介绍印度7个乐调的史实,但其叙述存在颇值商榷之处。[2] 这似乎体现了严格意义上的东方学家与汉学家之间复杂而微妙的差异。其实,钱德拉的叙述逻辑与师觉月的导师S.列维1913年所撰《所谓乙种吐火罗语即龟兹语考》一文的观点几乎一致:"细考上述诸声(指苏祇婆向中原传入的娑陁力和鸡识等七个音调。——笔者按)之名,不难知三声之为sadja,六声之为pancama,七声之为vrsa,四声之为sahagrama,皆梵文乐律专名,足证龟兹之已取法于印度矣。"[3] S.列维还称:"中国与龟兹,除外交及宗教关系外,更有音乐之关系……中国有龟兹乐,起自吕光灭龟兹(383),因得其声。"[4] 钱

---

[1] Lokesh Chandra, *Cultural Interflow between India and Japan*, New Delhi: International Academy of Indian Culture and Aditya Prakashan, 2014, p.249.
[2] Lokesh Chandra, *Cultural Interflow between India and Japan*, pp.266-267.
[3] [法]谢阁兰、伯希和等著:《中国西部考古记、吐火罗语考》,冯承钧译,北京:中华书局,2004年,第68~69页。
[4] [法]谢阁兰、伯希和等著:《中国西部考古记、吐火罗语考》,冯承钧译,第67页。

德拉还谈到自己的名 Lokeśvara 与神名 Śiva（湿婆）、Avalokiteśvara（观自在）之间的联系。他对此颇有感慨。[1]

与《印度和中国》相似，钱德拉的《印度与日本的文化交流》一书也开列了他与其他印度学者关于日本研究的英文著述清单，其中包括拉古·维拉与日本学者的合著《印度雕像中的佛陀与菩萨》和《罗摩衍那在中国》、钱德拉父子俩的《日本的梵语真言和咒语》（Sanskrit Bījas and Mantras in Japan, 1965）、钱德拉与罗尼（Sharada Rani）合著《日本手印》（Mudrā in Japan, 1978）、高利·戴薇（Gauri Devi）的《日本神秘手印》（Esoteric Mudrā of Japan, 1999）、钱德拉的独著《日本曼荼罗秘像》（The Esoteric Iconography of Japanese Maṇḍalas, 1972）、《日本梵文抄本》（Sanskrit Manuscripts from Japan, 1972）、《梵和陀罗尼辞典》（Sanskrit-Japanese Dictionary of Dhāraṇīs, 1981）等等。[2] 该清单还罗列了一些日本学者的独著或其与印度学者合作的相关英文著述，这既显示了日本与印度的历史文化联系远非国内学

---

[1] 例如，他在书中这样写道：During my visit to China, whenever I asked about the history of Chinese Buddhism, invariably the answer was: "you will find it in Japan" ... What once was alive in Asia from Samarkand to Kanchi, Srilanka to Sumatra, Java to Champa, China to Korea lives today only in Japan that enables us to knit stray pieces of evidence into a coherent whole. Asia looks to Japan where shines the mind undisturbed. From the Indian seed of Enlightenment, Zen has grown on Japanese soil. Asia wants to be a pilgrim-being with Japan on a path that leads to self-reliance (jiyu) and self-being (jizai), to use Zen terms. Finally, my name Lokesh is Lokeśvara/Kannon and Chandra is Moon. Here I am in Japan to do homage to Kannon. Chandra reminds me of a verse of Saigyo on hermit's hut. It is a rendezvous with moonlight that drips in through the torn and tumbledown hut of grass. 参见 Lokesh Chandra, Cultural Interflow between India and Japan, p. 302。
[2] Lokesh Chandra, Cultural Interflow between India and Japan, pp. 374-377.

者想象的那么模糊，也说明了以钱德拉父子俩为代表的印度学者和日本学界长期以来的学术交流成效显著，它还说明印日两国学者在推广各自文化软实力方面的长期战略合作几成机制化运作。反观钱德拉父子俩迄今为止在相关领域与中国学者合作罕见的历史与现实，中国学者理应思考其因其果。正是在这个意义上，如果国内学者继续将钱德拉视为长期聚焦中国佛教或中印古代文化交流史研究的汉学家，必将是一个不大不小的自欺欺人的"笑话"。

以上对20世纪以来印度的中国学研究做了力所能及的简介。本章最后再对近年来中印两国联合攻关以促进中国学、印度学研究发展的新趋势做一简介。

## 第五节 《中印文化交流百科全书》简评

2010年，中国总理温家宝和印度总理M.辛格发表《中华人民共和国和印度共和国联合公报》，确定编纂《中印文化交流百科全书》。这便是中印两国政府顶层设计的跨国合作项目"中印文化交流百科全书"。随后，中印联合编审委员会成立，主持该项目的实施。先后参与相关词条撰写、翻译的双方人员，包括玛妲玉、嘉玛希、那济世、邵葆丽、阿维杰特·巴纳吉等印度学者，也包括薛克翘、刘建、葛维钧、朱明忠、王邦维、黄夏年、赵佳梓、姚卫群、陈明、姜景奎、尕藏加、黎跃进、金姗姗、钮卫星、叶少勇、王汝良、张远、张幸、范晶晶、周利群、张忞煜、贾岩、任筱可、王凌男、张然、刘文亮、乔安全等中国学者。2014年6月30日，时任中国国家副主席李源潮在北京人民大会堂与印度副总统安萨里共同出席中英文版 1 卷本《中印文化交流百科全书》（下简称《百科》）发布会。2015 年 9 月，两卷本（详编上、下册）中文版《中印文化交流百科全书》（下简称《详编》）在北京出版。这标志着 1947 年印度独立以来 70 年中最大规模的一次中印学术合作取得了圆满成功。

图 80 《中印文化交流百科全书》（1 卷本）

图 81 《中印文化交流百科全书》（2 卷本·上册）

历史地看，中印学术合作由来已久，或许可以追溯到公元 1 世纪至 4 世纪左右。当时，印度来华的译经僧人很多，他们与中国僧人一起译经，这一时期的代表人物是道安和鸠摩罗什。此后至宋代，汉语界的译经活动一直有印度来华僧人参与译经场的相关工作。历史上，印度僧人到中国西藏地区传播佛教和翻译佛经者也不少。[1] 上述译经

---

[1] 关于古代印度僧人来华参与中国汉地与藏地译经工作的情况，参阅中印联合编审委员会：《中印文化交流百科全书》，第 2~10 页。

活动，有一些便带有或浓或淡的合作成分。

到了20世纪上半叶，由于泰戈尔等人的大力推动，中印间中断数个世纪的文化交流得以恢复，中印学术合作也得以实现。略举一例。印度学者V.V.郭克雷早年留学于德国波恩大学，回印后，1945年至1948年于国际大学中国学院工作。在此期间，与中国学者金克木合作校勘梵本《阿毗达摩集论》，并指导中国学者周达甫攻读孟买大学博士学位。1947年，独立后的印度政府在北京大学设立印度讲席，师觉月获聘，在北京大学任教。在北京期间，他与周达甫合作研究菩提伽耶出土的汉文碑铭，并撰写论文《对菩提伽耶汉文碑铭研究的新解读》，发表于《中印研究》杂志。

1962年中印边境冲突发生后，任何形式的跨境中印学术合作都不再现实。1988年，中印关系开始步入解冻期。以此为契机，中印学术合作以各种方式得以恢复。例如，1994年，谭中应印度文化关系委员会之邀主编出版了《印度视界》。[1]这本书的撰稿者大多是印度学者，但也包括郭沫若、谭云山、季羡林、袁传伟、巫白慧、金鼎汉、林承节、耿引曾、张敏秋等中国学者的论文或文学作品等。2009年到2012年，印度、美国、中国、新加坡等国举办了多次泰戈尔国际学术研讨会纪念其150周年诞辰。中印两国学者合作主编、两国学者参与撰文的中文版和英文版《泰戈尔与中国》先后在北京和新德里出版。通观2010年

---

[1] Tan Chung, ed., *Indian Horizons*, Vol. 43, No. 1-2, New Delhi: Indian Council for Cultural Relations, 1994.

在北京出版的中文版《泰戈尔与中国》,全部16篇文章的作者包括两位中国学者及11位印度学者。[1] 对比两个版本可知,2011年在新德里出版的英文版《泰戈尔与中国》多了5篇文章,它们是阿米亚·德武的《泰戈尔的语言魅力》、利姆丽·巴塔查里亚的《一个洁净的国度》、M. K. 雷易的《我们的当代人泰戈尔》、邵葆丽的《泰戈尔与孟加拉社会现代性:帮助女性进入文化主流》和拉嘉斯利·巴苏的《文明社会、文明与泰戈尔》。[2] 近年来,谭中在推动"中印大同"运动过程中,先后组织了多种形式的中印学术合作,迄今已初见成效。

印度古代宗教文学研究之难已成共识,原因主要在于古代语言的晦涩难解与宗教知识的隔膜。可喜的是,中国与印度学者在此领域的合作研究出现了新气象,例如,印地语文学研究专家薛克翘和姜景奎、乌尔都语研究专家唐孟生、印度印地语专家沃茨博士(Dr. Rakesh Vats)等勉力合撰的《印度中世纪宗教文学》已经出版。它填补了国内印度学研究领域的重要空白。用其中一个作者的话来说,在迄今的国内印度文学研究语境中看,该书"应该说比从前有所进步了"。[3] 正是在上述历史的、现实的中印学术合作基础上,也是在中印关系健康发展的基础上,《百科》与《详编》得以"顺产"。

---

[1] 王邦维、谭中主编:《泰戈尔与中国》,北京:中央编译出版社,2010年。
[2] Tan Chung, Amiya Dev, Wang Bangwei & Wei Liming, eds., *Tagore and China*, New Delhi: Saga Publications, 2011, pp. 199-212, pp. 221-240, pp. 241-251, pp. 313-324, pp. 325-333.
[3] 薛克翘等著:《印度中世纪宗教文学》(上卷),北京:昆仑出版社,2011年,第3~5页。

## 第四章 1989年至2021年的汉学研究

下面对1卷本《百科》与2卷本《详编》做一简评，它们有以下特色：

该书1卷本和2卷本包罗万象，内涵丰富，当得起百科全书的美誉。中英文版1卷本《百科》于2014年6月出版，全书设置近800个条目，配图1300多幅，158万字。全书囊括、介绍了中印各个领域的交流历史与现状。根据《详编》的编辑委员会所撰"前言"可知，该2卷本条目增至2159条，配图增至2310幅，附录增加了专有名词对照表。条目编排上做了重大改变，由分类编排改为按条目标题汉语拼音音序编排。"全书以条目为主体，对两千多年来中印两国的贸易关系、科技交流、佛教交流、宗教哲学交流、语言学交流、文学交流、艺术交流、民俗养生健身交流、交通往来、外交往来、学术交流等进行全面总结与描述"。[1] 客观而言，《百科》和《详编》因受某些条件限制仍存某些遗憾，但却为中国读者（暂不论印方读者）提供了系统考察中印文化交流史的非常宝贵的"望远镜"与"显微镜"。该书许多词条的信息非常全面、新颖，为从事中印文化交流史、印度学、佛学、东方学等领域研究的中外学者，均提供了无比珍贵的导航。笔者本人在研究中常常参考该书且获益匪浅，对此深有体会。例如，书中这条信息对从事相关领域研究的中医学者可谓弥足珍贵："2012年，印度学者V. J. 德士潘德与中国香港学者范家伟，在香港城市大学中国文化中心合作出版了

---

[1] 中印联合编审委员会编：《中印文化交流百科全书》（详编上），那济世撰，张忞煜译，"前言"。

《龙树与中世纪中国眼科学》一书,将古代汉语文献中的龙树眼科论述译成英文,是当代中印医学交流的又一佳例。"[1]

就每一板块而言,其内容丰富自不待言,且板块(主题)与板块之间的比例也把握得较为合适。例如,在1卷本中,关于中印佛教交流,该书以120多页即近全书五分之一的篇幅进行设计,这客观地体现了中印古代文化交流的真实面貌。该板块以流派、圣地、道场和寺院、人物、典籍、理论教法等为线索进行串联,其中的佛教人物又分为印度人物、西域人物和中国人物3类。这样的设计全面而系统地展示了佛教在中印古代交流中发挥的巨大作用。相反,中印古代语言学交流、中印科技交流和中印医学交流的篇幅相对单薄,这似乎与这些领域的中印古代交流在中印文化交流中所占比例较为适应。

就《百科》和《详编》而言,在编写人员的年龄构成、学科领域的分配上,编委会的考虑较为妥帖。就中方人员而言,既包括老一辈的印地语学者薛克翘、梵文学者葛维钧和王邦维、孟加拉语学者刘建,也包括中年印地语学者姜景奎、梵文学者陈明、藏语学者尕藏加,还包括青年印地语学者张忞煜等、梵文学者叶少勇和张远等、孟加拉语学者张幸等。此外,还有一些主要以英语为媒介参与词条撰写的研究人员。就学科领域而言,该书先后囊括了研究或翻译印度古代医学、佛学、包括梵语文学和印地语文学在内的古代和现代文学、印度教哲学、天

---

[1] 中印联合编审委员会:《中印文化交流百科全书》,陈明撰,第47页。

文等领域的老、中、青三代学者，其阵营之豪华、研究领域之广泛，是19世纪末至20世纪上半叶的中国学者无法想象的。

或许由于编写和出版的时间非常紧迫，《百科》和《详编》大量采用了薛克翘、葛维钧、刘建、朱明忠、黄夏年、赵佳梓、姚卫群、尕藏加、钮卫星等学者的前期成果并对其增删加工后收入相应词条。这些学者的研究成果都是经历了岁月的考验，其质量之上乘毋庸置疑。范晶晶、周利群、贾岩、任筱可、王凌男、张然、刘文亮、乔安全等一批非常年轻的中国学者加盟，弥补了某些领域研究力量不足的缺憾。

《百科》和《详编》还有一大特色，这也是中印两国政府顶层设计理念的具体表现之一，那就是互换研究视角：印度学者以印度视角撰写中国方面的相关词条，中国学者撰写与印度相关的词条。在印度方面，鲁迅、郭沫若、林语堂、茅盾、徐志摩、巴金、艾青、胡适、梁漱溟、闻一多及灵鹫山等涉及中国文化名人、地名的词条由那济世、嘉玛希、邵葆丽等分别撰写；在中国方面，类似例子则数不胜数。更值得注意的是，中印学者的合作，填补了中国对印度很多领域了解的空白，如中国近代物质财富和文化艺术对孟买建设的历史影响、当代印度中国学研究专家的生平事迹与代表作的介绍文字，分别由那济世、玛妲玉、邵葆丽和嘉玛希等印方4人负责撰写。当然，中方撰写的当代中国印度学研究专家的相关信息，也对印方学者的研究同样有益。由于众所周知的原因，印方参与相关词条撰写者仅5人而已。这使印方对涉及中印文化交流诸多内容的介绍显得相对薄弱。媒体对该书的评价是:"《中印文化交流百科全书》是对中印文化交流史的全面系统总结,是中印两国文化交流与合作的新成果……全书的编纂工作遵循实事求是的原则,以史实为依据,客观准确地反映中印两国在历史上的双向文化交流。"[1] 应该说,这一评价基本准确,但若仔细审视,该书离"客观准确地反映"中印交流史的最完美的理想境界,尚存一定的差距,或存在某些遗憾。下面笔者将尝试"吹毛求疵"地论及这一点。

一、该书有些板块的主题命名值得商榷,如"中印哲学交流"便是如此。这一部分统摄了藏传佛教因明学、内明、宋明理学、魏晋玄学、耆那教、印度教六派哲学、梵我同一、解脱、老子、孔子、孙中山、康有为、《奥义书》、《梵经》和《薄伽梵歌》等诸多中印概念或历史人物、经典。其中的因明学、耆那教和《薄伽梵歌》等显然并非哲学范畴可以统摄。因此,将其改为"中印宗教哲学交流"或其他标题或许更妥。整体来看,全书对中印文学、艺术、学术等领域交流对话的词条阐发,似乎存在很大的拓展空间。

二、该书某些地方的著述体例未达高度统一,倘若《百科》或《详编》他日再版,可以考虑相应的解决办法,如在书后单列古典印度学、中印关系史博士论文,单列近几十年国家与教育部立项的涉及印度研究的项目名称。因为,无论是国内学界还是印度汉学界,对此并不缺乏了解

---

[1] 冯文礼:《〈中印文化交流百科全书〉问世》,中国社会科学网,2014年7月1日。

的兴趣。与此相应，从《百科》和《详编》二书附录看，印度学者研究中国的著作或重要论文，还有很多并未收录。这也值得再版时设法补充。

三、参与词条编写的中方人员集中于北京一地，外地学者仅少数人参与撰写，这对整合全国的印度学、佛学等领域研究力量以集中展示一个大国的学术水平，或借此交流以促进相关领域研究走向深入，无形中是一种制约。印方人选从地域分布上看，囊括了印度迄今为止仅有的4个开设正规中文教学的大学，这或许与中方、印方长期从事中印文化交流史研究的学者严重不足有关。

四、由于各种复杂因素，《百科》与《详编》的许多词条或无法反映它所涉及的领域的详细信息与丰富内容，或未及时补充印度学界的新成果与新信息，而这些遗漏的信息或成果，要么可与国内已有的研究成果构成有效而生动的历史互动，要么可以激活国内的印度学、东方学或中印文化交流研究。例如，梵语诗学虽然在20世纪上半叶以前没有被译介到国内（许地山等少数人也只是略微涉及而已），但自20世纪中后期金克木和黄宝生师徒二人译介以来，它对中国比较文学界、印度文学艺术研究界的影响与日俱增，但在《百科》与《详编》中，只是列出《舞论》《印度古典诗学》两条予以说明，省略了欢增《韵光》、新护《舞论注》、曼摩吒《诗光》和世主《味海》等传世名著（国内许多学者通过金克木和黄宝生先生等的译介已对其有些了解，欢增的韵论、新护及其味论的地位在印度与西方受到无比的推崇），这是一大遗憾。印度古典艺术方面的单列词条也存在诸多遗憾，如没有单独介绍《乐舞渊海》《表演镜》《画经》等著名典籍，而国内学者陈自明等人的相关著作和马维光的译作《表演镜诠》已经涉及这些经典。多年以来，国内学界对《利论》、《爱经》、《诗律经》、波你尼《八章书》等重要经典已经有所了解，但该书未单列词条予以解说。印度古代三大医典即《遮罗迦本集》《妙闻本集》和《八支心方要本集》等享誉世界，它们对藏地医学发展影响深远，但"医学交流"篇未出现关于它们的单列词条。印度学界对《八支心方要本集》原貌真相还存在争议[1]，这些没有反映在相关的词条阐释中。此外，关于印度建筑艺术理论及其著作的介绍也缺乏相应词条。由此可见，倘若《百科》与《详编》再版，其待补充的内容还有很多。

五、《百科》和《详编》在介绍印度与中国研究对方的学术名家时，无意中遗漏了一些有成就的学者。当然，这可能会牵涉到复杂的人际关系协调问题，如何处理，值得未来修订该书时三思。

六、由于国内对印度汉学研究某些领域的了解不够或搜集资料不完整、核对有误等，致使《百科》和《详编》的某些地方出现不必要的失误。例如，那济世撰写的印度汉学家"泰无量"词条或许是原文有误，将其代表作《中国现代文学（1918—1937）论战》误写为《1918—1936现代中国的文学论战》。译者和编者均未发现那济世的失

---

[1] Vagbhata, *Astanga Hrdayam*, Vol. 1, Varanasi: Chowkhamba Krishnadas Academy, 2016, pp. ix–xiv.

误，故未能以脚注或文中加括号的方式进行说明。[1]

七、可能是出于印刷成本的考虑，该书省略了词条编撰时所用的全部参考文献。[2] 解决这一问题的方法非常简单，再版时附录参考文献即可。

---

[1] 中印联合编审委员会：《中印文化交流百科全书》，第501页；中印联合编审委员会编：《中印文化交流百科全书》（详编下），第649页。
[2] 例如，《百科》介绍当代印度汉学研究时，引用了笔者和另一位学者的相关论文，却缺乏相应注解。参见该书第272至273页。

# 第五章
# 印度汉学研究基本规律及相关思考

前面几章对 20 世纪以来的印度汉学研究史做了勉力探索。最后,笔者尝试对其发展的基本特征、规律和未来趋势等进行说明,并对 90 年来中印研究对方的一些异同进行探索,再对当前如何在良性互动中促进印度汉学研究提出对策。[1]

## 第一节　基本规律与发展趋势

20 世纪初至今,印度汉学研究发展路径较为独特。至少在 20 世纪 80 年代以前,借用世界史学者的定义,它的主流走的是一条依附式发展道路。它的依附对象和模仿内容,主要包括欧美汉学界的相关研究机构及其治学方法、理论体系。20 世纪 80 年代末至今,大多数印度学者仍然在主流上遵循依附式发展模式。

何平先生指出,伊曼纽尔·沃勒斯坦（Immanuel

---

[1] 本节相关内容,参考尹锡南：《印度的中国学研究发展规律及相关问题》,《东南亚南亚研究》2018 年第 2 期,第 82~89 页。

Wallerstein，1930—）的全球史学世界体系论在后来衍生出了许多左翼学者的依附理论，这是解释拉丁美洲现代经济社会发展的重要框架。依附论在分析模式上拒绝以国家为研究单位，主张把世界视为一个整体的分析对象，因此划分世界中心和边缘地带。德籍学者贡德·弗兰克等是这一理论的代表人物。依附理论发展了马克思主义关于剥削是在生产过程中把剩余价值从一个阶级向另一个阶级转移的论点，扩大到分析在世界范围内的流通过程中剩余产品从一个区域向另一个区域实行的不平等转让及其影响。许多拉美学者以依附理论解释社会经济和政治的不平等、获得解放的殖民地人民缺乏自主权、殖民统治社会心理和文化话语的霸权操控等。拉美经济学家通过对国际贸易不平等条件的分析，揭示战后初期拉美地区继续不发达的原因。事实上，一国经济能否不依附世界经济体系而获得发展，尚属学术讨论范畴的未定之论。[1] 但是，这并不妨碍我们部分借用依附理论观察和思考印度学界的中国学研究发展轨迹。换句话说，此处将分析第三世界经济社会欠发达状态的一种世界史理论，推广至分析印度汉学领域的知识生产和文化生态建设。就印度学界而言，它对西方汉学的依附发展，不仅体现在语言和资料借重上，更体现在方法承袭和理论移植上。当然，这种依附式发展结出的学术"硕果"，并不全属"青涩的生果"，有的带有创新色彩浓厚的"甜味"。也就是说，印度学界对西方汉学、中国学的依附式发展，并非是亦步亦趋的消极接受。因此，此处旨在以

---

[1] 何平：《西方历史编纂学史》，北京：商务印书馆，2010年，第415~418页。

客观中性的视角观察印度学界的依附式发展。

前文说过，印度汉学研究缺乏前现代的汉学研究传统，因此其开端远不及法国汉学为代表的欧洲汉学早。它比法国汉学晚了200多年，因为印度第一位本土汉学家师觉月是在法国接受的系统教育和训练。另外一些著名汉学家如V. V. 郭克雷与P. V. 巴帕特分别在德国海德堡大学和美国哈佛大学学习汉语与汉学，他们与师觉月一样，接受的自然是传统汉学模式。拉古·维拉的情况也大致如此。印度1947年独立至1962年中印边境冲突，短短的15年时间，其规模有限的汉学研究的依附式发展不可能发生实质性变化。这便是1962年中印边境冲突以前印度汉学发展概况。边境冲突后，在福特基金、富布莱特基金等美国基金资助下，许多印度学者选择留学美国，印度学界开始全面接受美国的学术影响，迅疾从欧洲传统汉学模式转入美国区域研究模式的依附式发展，传统汉学被挤压至边缘位置。下面举例说明。

1947年以前亦即20世纪上半叶，法国汉学在中国古代史、中国宗教、敦煌学和考古学等领域均有不同寻常的研究成果问世。沙畹和伯希和、S. 列维等是其中的杰出代表。向达先生评价伯希和等师觉月的导师时说过："法国的汉学家因能运用比较语言学的工具，加上对于中亚、印度、波斯、阿拉伯以及中国的渊博的历史、地理知识，所以在汉学研究上能有光辉灿烂的成就。他们所用的比较研究的方法，以及对于一个问题的新的看法，新的解释，这都不是我们的乾嘉学者所能办得到的。"[1] 师觉月的印度学研究便带有明显的 S. 列维式或伯希和式风格，这是融语言、历史、考古、宗教、神话、文艺于一体的跨学科、跨语种研究。1927 年，师承法国汉学家的师觉月在法国完成 2 卷本法语博士论文《中国佛教藏经：译者与译文》，这是印度中国学的开端，也可视为印度汉学在依附式发展道路上迈出的坚实第一步。迄今为止，国内对师觉月著作的系统深入研究很少，对其法语版博士论文的研究则极为罕见，其难度之大，也从一个侧面说明了师觉月汉学研究的依附式特色非常鲜明。

拉古·维拉和钱德拉父子涵盖汉学与藏学的东方学研究值得关注。父子二人先后在欧洲汉学重镇之一荷兰攻读博士学位，均受到荷兰汉学的深刻影响。以钱德拉为例，前文说过，他子承父业，在佛学、藏学、佛教艺术、考古等领域成就卓著，他主编或合编的著作包括《藏梵辞典》（19 卷）、《蒙古甘珠尔佛藏》（108 卷）、《佛教艺术辞典》（15 卷）、《西藏文献史料》、《藏传佛教图像》等。无独有偶，在钱德拉父子师承的荷兰汉学界，也不乏此类人物，其中最著名的是高罗佩。高罗佩精通中文、日文、藏文、梵文等 15 种语言，对中国古代文学、佛教、医学、房中术、古琴演奏和篆字雕刻等均有研究，出版了《琴道》《中国书画鉴赏汇编》《秘戏图考》和《中国古代房内考》等著作。[2] 施古德（Gustaaf Schlegel，1840—1903）、哥罗

---

[1] 向达：《悼冯承钧先生》，冯承钧：《冯承钧学术论文集》，邬国义编校，上海：上海古籍出版社，2015 年，第 680~681 页。
[2] 何培忠主编：《当代国外中国学研究》，第 219~220 页。

特（Jan Jakob Maria de Groot，1854—1921）和戴闻达（Jan Julius Lodewijk Duyvendak，1889—1954）等荷兰汉学家也在各自领域做出了贡献。这些汉学家对钱德拉父子的影响，是不可能忽略的。期待国内学者未来能对他们在涵盖汉学的东方学研究过程中的依附式发展进行深入探索。

1962年以后，部分印度学者赴美留学，攻读硕士或博士学位。嘉玛希在美国威斯康星大学获得博士学位，导师为莫里斯·迈斯纳。他的博士论文《中国的农民社会与马克思主义知识分子：方志敏和信江地区革命运动的起源》，大量参考美国出版的中国研究著作与未出版的博士学位论文。在研究方法上，嘉玛希不仅娴熟地运用马克思主义的历史唯物论考察中国农村的百年发展史，也运用葛兰西的文化霸权论和法侬的后殖民理论等分析方志敏等领导的中国农民运动。[1]

谈玉妮在荷兰莱顿大学接受了伊维德等汉学家的影响，但却在某种程度上完成了对其西方师傅们的超越，因为她注重借用西方时髦的理论话语和思想"利器"，解剖中国现代文学的"话语操控"与"抵抗性叙事"，揭示中国现当代作家所在政治场域的"严苛"与"刻板"。谈玉妮在谈到为何采纳皮埃尔·布尔迪厄的理论时指出："这么一种视角有助于我们阅读文学时发现，女性在建构其社会世界观时发挥了什么作用。女作家描写女性人物的方法，有助

---

[1] Kamal Sheel, *Peasant Society and Marxist Intellectuals in China: Fang Zhimin and the Origin of a Revolutionary Movement in the Xinjiang Region*, pp. 68, 117, 134, 161, 164, 220.

第五章　印度汉学研究基本规律及相关思考　　417

于我们认识女性是如何回应中国的性别话语（gender discourse）。"[1] 关于福柯话语理论之于中国女性文学研究的方法论意义，她指出："话语理论的运用，有助于再度关注人物分析；它有助于我们在一种话语世界（a universe of discourse）中对人物进行定位。在描叙人物的历史、文化背景时，这种话语世界与人物存在着联系……我的出发点在于说明，文学为何也是一种独特的话语。一个文学文本并非自我封闭，而是涉及一种关系的网络，这种关系网构成了一个话语世界（A literary text does not stand alone but is implicated in a web of relationships that make up a universe of discourse）。"[2] 她还写道："尽管传统的模仿式研究方法（mimetic approach）关注人物的心理，话语研究却以这么一种方式定位描叙的瞬间（representational moment）：与人物相关的话语涉及社会话语。"[3]

若论依附式发展，《中国述评》的例子更为典型。它诞生之初，便是模仿英国于1960年创刊的中国研究杂志《中国季刊》进行运作的。《中国季刊》是欧洲最早专门研究当代中国的学术刊物，也是欧美中国学研究界刊载研究当代中国成果的重要刊物，它对《中国述评》的诞生和长期运转无疑具有典型的示范价值。笔者于2011年至2012年在德里大学东亚学系访学时发现，该系图书室和阅览室存有《中国季刊》历年的过刊，这似乎说明，它对该系研究中国问题的师生具有重要的参考价值。考虑到《中国述

---

[1] Ravni Thakur, *Rewriting Gender: Reading Contemporary Chinese Women*, p.26.
[2] Ravni Thakur, *Rewriting Gender: Reading Contemporary Chinese Women*, p.114.
[3] Ravni Thakur, *Rewriting Gender: Reading Contemporary Chinese Women*, p.115.

评》与德里大学东亚学系的历史渊源,《中国季刊》的重要性也就不言而喻了。通过阅读可知,《中国述评》创刊初期的1965年至1967年间,它在封底等处常常刊载《中国季刊》的论文目录,算作为该刊拓展印度市场。

印度汉学研究在人员构成上较有特色,存在一些复杂的变化。20世纪20年代至60年代初,由于泰戈尔、谭云山等人的努力,也由于中印关系处于友好阶段,巴宙(1918—)、杨允元(1914—2007)、饶宗颐(1917—2018)、冉云华(1924—)和周达甫(生卒年不详)等中国学者先后到达印度,他们在或长或短的逗留期内,与印度学者展开学术合作,或向印度学者学习,这极大地促进了印度汉学研究的水平。其中,获益最多的是谭云山所在的国际大学。1962年中印边境冲突后,由于印方大规模的排华行为,在印中国人急剧减少,这一浪潮对在印华人学者不无冲击。中印两国外交关系处于停滞状态,中印人员往来和学术交流也是如此。时至今日,我们很难看到中国学者或加入印度国籍的华人学者长期驻印并与印方学者展开合作研究。随着谭云山逝世,谭中夫妻多年前移民美国,当下印度中国学研究界,似乎难见华人学者的身影。即便是一些中国学者受美国福特基金或中印政府交换奖学金项目资助先后赴印留学,但他们在印期间与印方进行学术合作的机会不多。这与谭云山和谭中父子在印组织学术攻关或培养学术后备力量不可相提并论。

可以说,近50年来,印度汉学研究界难见中国大陆学者身影(中国台湾和中国香港地区在印学者待考)。谭中移居美国后,印度汉学界似乎缺乏华人学者加盟。这和美国汉学研究界不断有华人学者加盟形成鲜明对比,如文学理论家刘若愚(1926—1986)、叶维廉(1937—),哲学家杜维明(1940—),宗教哲学家秦家懿(1934—2001),历史学家余英时(1930—2021),当年的北大才女田晓菲(1971—,美国汉学家宇文所安之妻)等,便是曾经或现在仍然活跃于美国汉学领域的主力。他们在激活美国汉学研究方面做出了各自的努力。有的华裔学者甚至还激活了中国大陆学者的相关领域研究,如夏志清先生于1961年推出的英文著作《中国现代小说史》,对张爱玲、沈从文、钱锺书等的评价深刻地影响了国内学者。该书于1979年出版汉译本,后又多次重印。夏志清对张爱玲的评价的确别开生面:"但是对于一个研究现代中国文学的人说来,张爱玲应是今日中国最优秀、最重要的作家。"[1] 2017年11月,在尼赫鲁大学搜集资料时,笔者在与狄伯杰的交谈中得知,该校已有学习中文的研究生计划研究张爱玲,这是值得期许的。根据美国学者的研究显示,1945年至1987年,海外华人在美国攻读博士学位者中,以中国研究为主题的博士论文784篇。这些论文主要研究中国政治、外交、军事、经济、历史、考古、语言文学、艺术、宗教哲学、教育和社会问题等,其重中之重则是对当代中国问题的研究。[2] 换句话说,784篇华人撰写的英语博士论文,大部分是涉及现实问题的汉学研究而非高罗佩和伯希和意义上的传统汉学。这是华人学者对美国学术亦即学术政治的一

---

[1] [美]夏志清:《中国现代小说史》,刘绍铭等译,第403页。
[2] 参阅仇华飞:《美国的中国学研究》,第85页。

种特殊贡献。当然,即便如此,那些不属此类的博士论文,自然在更为有效地沟通中美文化心灵的汉学研究方面有所奉献。印度学界的情形与此相反,这不可避免地影响其汉学研究的广度和深度。

当今华人学者在印度汉学研究中的缺失,对师觉月式的印度汉学研究冲击尤甚。在这方面,狄伯杰的相关叙述可以佐证。他说,1927年,谭云山和泰戈尔会面后,国际大学的汉学研究才有了雏形。1928年,谭云山来印,开始建立所谓的"圣蒂尼克坦汉学派"。这一学派致力于两项极其重要的工作:研究语言和典籍,研究佛经。由于国际大学教学研究的重点在于汉语佛经,因此形成了"文本校勘流派"亦即梵汉佛经对勘。该项工作要求校勘者或译者精通汉语文言文,进而深入研究和阐释汉译佛经。然而,随着1962年中印边境冲突爆发,两国关系恶化和破裂,印度国际大学的佛典研究和翻译(将印度已丧失原著的某些汉译佛典回译为梵语或印地语等印度语言)陷入后继无人的状态。1962年之后的很长一段时间里,国际大学中国学院几乎未能招生。中印关系的恶化给该校的佛经研究带来了巨大的打击。国际大学中国学院近十多年来情况开始好转,中国学院在汉语教学、中印教育合作与交流等方面进步很快。"令人扼腕的是,中国学院已经失去了当初教学、研究的动力与目的。它原本的目标在于促进中印两国的文化交流,推动佛学研究,传播中印宗教、哲学、历史和文学。尽管有学者尝试过重拾典籍研究传统,但由于该方向要求学者对中文典籍有一定研究,因此可承担此项任务的

## 第五章 印度汉学研究基本规律及相关思考 421

人必定不多。"[1] 狄伯杰此处的叙述有些保留、遮掩，他没有明确地点出谭云山、周达甫和巴宙等人当年在国际大学等印度各个教学研究机构与印度学者合作研究的史实。事实上，正是通晓文言文的华人学者的存在，才使晦涩难解的汉译佛经的解读更加顺利。

1962年后，在印华人学者的数量急剧减少（与英迪拉·甘地等印度高层人物有过私交的谭云山与谭中父子一家是极为罕见的个案，但也受到了印度方面的歧视性待遇），直接到中国大陆学习文言文和现代汉语的印度学者也极为罕见，这是几十年来印度学界长期深入研究中国传统文化者寡，涉华研究者出言必谈中印关系或中国政治、中国军事者众的部分成因。谈玉妮、狄伯杰等中生代学者，即便翻译或研究中国文学，同时也聚焦政治要素或兼职研究中印关系、中国三农问题等，也就不难理解了。谈玉妮论述中国现当代女性文学时所借用的"文学场域"或"主流话语""霸权话语"，似乎也可用来评述她自己关于中国的"学术叙事"语境和背景。

由此可见，与欧美汉学研究相比，印度学界的研究内容按照时间排序呈现出自己的特点。1962年之前，由于华人学者的存在与师觉月等部分留学欧美的印度汉学家的努力，也由于中印关系的主流是友好交往，这一时期的汉学

---

[1] ［印］狄伯杰：《中印情缘》，张雅欣等译，第262~265页。笔者于2005年2月、2011年12月和2017年11月三访国际大学中国学院，每次都仔细查看该学院的图书馆，发现20世纪40年代以来中国方面赠送的很多线装书已经处于非常陈旧、破损的状态，罕见问津者。最近的一次造访发现，上海一家单位为该学院赠送了很多新书。此外，孙波、董友忱等学者与笔者先后赠阅该图书馆的资料，被摆放在显眼的位置供读者借阅。

研究可圈可点。它集中关注汉译佛经、印度佛典、中印佛教联系和中印古代文化交流史等。1962年后，印度学界的主流转向中印关系与中国政治、中国军事、中国外交等方面的研究，谭中和哈拉普拉萨德·雷易等少数学者的传统汉学研究属于顽强的"抵抗性叙事"，但它难以抗衡现实问题研究的"霸权话语"。谭中等极少数印度学者的汉学研究，在美国学者与美籍华人学者的汉学成果面前，其比例显得十分不协调，虽然谭中等人的汉学研究也有很高的学术价值。例如，在谭中先后出版两部代表作的20世纪70年代至80年代，美籍华人余英时分别出版了《历史与思想》（1976）、《红楼梦的两个世界》（1978）和《士与中国文化》（1987）等，而纯粹的美国人宇文所安则出版了《初唐诗》（1977）、《晚唐诗》（1980）、《追忆：中国古典文学中的往事再现》（1986）、《迷楼：诗与欲望的迷宫》（1989）。宇文所安还于1996年、2006年、2010年先后出版研究中国古代文学的三种著作和一本文学史即《剑桥中国文学史》。这种例子在印度至今未见有人效仿，最有资格效仿宇文所安的狄伯杰却分身乏术。这是因为，狄伯杰必须同时投身于最紧迫、最现实或许也是他认为最有价值的中印关系、"一带一路"和中国外交研究，他还得应付中国《环球时报》与印度诸多英文报刊的约稿。

宇文所安的《初唐诗》汉译本于1986年由广西人民出版社出版，这就是说，该书出版9年后才被中国大陆广大读者所熟知或了解。宇文所安在书中展示了自己对中国古代文学的热爱和理解。例如，他在论述陈子昂的代表作《登幽州台歌》时说："后人记住陈子昂，主要是由于这些朴素的诗句，而不是其他所有雅致的风景描写。诗中直接感人地描写个人的孤独：他处于空间和时间之中，与过去和未来相脱离，在巨大无垠的宇宙面前显得十分渺小……怀古诗是陈子昂喜爱的诗体之一，这首诗称为怀古诗的变体最为合适。"[1]他在附录中谈论唐代宫廷诗的"语法"时说："诗歌不是国际象棋，宫廷诗与游戏相似的方面，屈从于两种压力……到了八世纪中期，'语言'和诗篇的'言语'在所关注的目标上达到了平衡。"[2]印度迄今为止似乎很少有学者发表、出版关于中国古代文学理论翻译和研究的论文、著作，这令人扼腕感叹！反观西方世界的汉学家，他们在此领域披荆斩棘，创获颇多。"从二十世纪后半期起，英语世界对中国文论的翻译和研究开始增多并逐步取得了重大的进展，学科设置日趋完备，学科梯队业已形成，科研成果十分突出。"[3]西方英语世界在中国古代文学理论研究方面成果十分可观。[4]这与印度汉学界在此领域"万马齐喑"却无人察觉的可悲境况构成鲜明反差。

20世纪末至今的30多年，是印度中国学研究开始步入正规的时期。由于谭中和哈拉普拉萨德·雷易等少数学者的长期坚持和悉心培养，加上印度学者主动访学于中国大陆、中国港台地区或欧美国家的汉学研究机构，印度新一代汉学家与中国问题专家迅速成长，其学术成果在数量上

---

[1] [美]宇文所安：《初唐诗》，贾晋华译，北京：生活·读书·新知三联书店，2014年，第140页。
[2] [美]宇文所安：《初唐诗》，贾晋华译，第342页。
[3] 王晓路：《西方汉学界的中国文论研究》，成都：巴蜀书社，2003年，第154页。
[4] 具体情况可参阅：王晓路：《西方汉学界的中国文论研究》，第156~191页。

远超1988年以前，其中的某些成果具有很高或一定的"含金量"。这一情况已在前几章分门别类地做了或简或略的陈述、分析。这里再就其不足或缺憾进行补充说明。

整体而言，近30年来，印度学界的汉学研究规模十分有限，仅有的一些研究大多局限于中国现代文学领域（这似乎与研究这一领域的语言门槛较低相关）。整体看，印度学界非常缺乏对中国古代历史、宗教、哲学、语言、艺术、考古、文学与文艺理论的系统了解和研究及翻译，这自然与上述领域要求学者通晓文言文相关，而印度目前尚缺全面系统而稳定持久的文言文教学机制与足够的师资力量。就中国现当代研究领域而言，印度学者太过关注中印关系、中国外交、西藏和新疆问题、南海局势、中国政治局势和经济发展新动向等，而有意或无意地忽视研究红军长征、抗日战争和解放战争等中国学者兴趣浓厚且成果已达"汗牛充栋"的领域（这一点耐人寻味且值得中印两国学者深思），他们也缺乏对中国传统医学、政治学、古代哲学思想、天文地理等的系统研究和全面译介。"红军长征的英雄事迹不仅传遍了全中国，而且很快传到世界许多国家……可以毫不夸张地说，红军的长征是中国在世界上影响最大的重要事件之一，也是使他们感到震惊和赞叹不已的世界奇迹之一。"[1] 自从美国记者埃德加·斯诺在英国出版《红星照耀中国》（即《西行漫记》）后，还有一些西方学者和记者先后撰写了报道和研究红军长征的书。令人不解

---

[1] 中共中央党史研究室第一研究部编著：《红军长征史》，北京：中共党史出版社，2006年，第498页。

的是，迄今为止，包括嘉玛希和玛姐玉、狄伯杰在内的汉语优秀的印度学者，无人涉及这一课题的研究，这似乎也是印度学界在此领域迄今未出现专著（笔者也尚未见到研究长征的专题论文）的主要因素之一。现有的顶层设计的中印经典互译工程，也无法在短期内有效改变上述不理想状况，因为这些以印地语为媒介选译到印度的经典，只是丰富博大的中国文化"冰山之一角"，而印地语译本在印度某些不流行印地语的地区，还存在语言隔膜而无解的尴尬。根据有的文献透露，最初决定翻译为印地语、孟加拉语、乌尔都语或梵语的中国经典为《诗经》《周易》《道德经》《论语》《庄子》《墨子》《楚辞》《唐诗三百首》《红楼梦》，最初决定翻译为汉语的印度经典包括《梨俱吠陀》、《政事论》、《古拉尔箴言》（瓦鲁瓦尔著）、《甘地全集》、《印度的发现》（重译）。[1] 即便如此，汉译印度经典和印译中国经典也只是触及中印文化宝库的一角而已。

此外，由于印度是所谓的"民主国家"，印度学者的政治意识特别强烈，他们对毛泽东思想或当代儒学的观察，往往不自觉地带有政治色彩或意识形态偏见，而对中国现当代文学等的研究，往往聚焦于研究对象或作品的政治内涵，忽略艺术审美的分析。前述谈玉妮的中国女性文学研究是一个典型案例，而邵葆丽的中国现当代文学研究也似乎存在后继乏力的问题。这与政治分析削弱、模糊作品的艺术魅力不无关联。试想，研究缺乏艺术魅力的一种作品

---

[1] 孟昭毅、郁龙余、朱璇：《天竺纪行：郁龙余、孟昭毅学术之旅》，北京：北京大学出版社，2013年，第159页。

或一位作家，谁能长期坚守？其实，若是对沈从文等其他更多的现代作家进行解读，带给谈玉妮和邵葆丽们的艺术魅力将会是别致而新鲜的。遗憾的是，她们似乎已经迅速或缓慢地滑过了中国文学研究的百花园。未来的印度汉学，或许只有寄望于年轻一代的学者了。

总体上看，当前印度汉学研究比之以前，有了很多新变化。嘉玛希、那济世、M.莫汉迪等学者和洛克希·钱德拉等东方学家还在坚守岗位，属于中生代的中青年学者如玛妲玉、潘翠霞、阿尔卡·阿查利亚、谢钢、斯瓦兰·辛格、莫汉·古鲁斯瓦米、墨普德、邵葆丽、谈玉妮、沈丹森、万可达等尚处学术研究的最佳时期，身处印度或留学中国大陆、中国港台地区等地的20岁至30岁新生代还在学习和成长中。

通过前文的介绍可知，21世纪初，印度学者在传统汉学与中国现实问题的许多领域皆有不同程度的发挥，虽然其在汉学领域尚存不少的空白未及开拓，但整体而言，与刚刚过去的20世纪相比，其产出成果涉及领域之广是不言而喻的。考虑到中印关系自2017年出现洞朗对峙后的微妙波动和存在的某些不确定因素，如对未来的印度汉学发展趋势进行预测，似乎存在一定的难度。但是，结合过去几十年尤其是1988年以来印度汉学研究的历史轨迹进行观察，人们似乎可以得出这么一种印象：就中国现实问题研究而言，印度学界必定会投入比以前更多的人力、物力和财力。印度学界重点关注的领域将是中印各层次、各领域的关系往来，也就是中国的政治体制、军事发展、安全战略、核武器与航母发展、经济发展等。他们也将兼顾中国社会变化、教育改革、环境气候、文化发展等方面的议题。就传统汉学而言，随着新一代来华印度青年的学术成长，未来将会出现一些开拓新领域、创造新气象的新人，而玛妲玉与狄伯杰等汉学领军人物，也将会带领新一代印度学者巩固已有阵地，开拓新的疆域。

有一个新的动向值得注意，这就是印度近年来出现了跨越传统汉学与中国现实问题研究的学者，这方面首屈一指者为谭中与狄伯杰二人。谭中早年投身中印近现代关系史和中国近现代文化思想史研究，后来翻译中国唐代诗歌，撰写涉及中国文学、历史的论文，后来发起旨在中印友好的"中印大同"运动，并撰写相关的时政论文。如果将此命名为引领印度中国学航向的"谭中现象"似不为过。年轻一代的狄伯杰代表印度本土学者跨越汉学与现实问题研究的综合性模式。一方面，他是中印近现代关系史研究者，是中国古代文学翻译者、研究者；另一方面，他近几年出版了几本中印关系和中国外交研究著作，还主编涉及中国台湾研究的著作，名副其实地跻身于国际关系研究者行列。这便是现已成为事实的类似"谭中现象"的"狄伯杰现象"。

## 第二节　印度汉学与中国印度学比较

印度的传统汉学亦即狭义的中国学研究，与中国传统的印度学研究亦即印度文史哲等领域研究，同属学科意义上的东方学研究，二者的内容和对象虽然多有不同，但也存在中印古代文化交流、佛教等领域的交集。到了现代时期特别是1988年以来，中印研究对方出现了许多比较值得探索的地方。本节对此情况进行简要说明。

首先，中印互相研究对方存在步调不一致即时间不同步的情况。

一般而言，中印两国都是在20世纪初开始严格意义上的西式印度学、汉学研究的，这以先后求学欧陆东方学重镇的季羡林、师觉月为代表。尽管如此，二者仍存在某些细微的差别，因为中国对印度的记载和思考并不存在太过明显的历史断裂。历史地看，限于资料和其他复杂因素，印度古代关于中国的文字记载，除了《政事论》和《摩诃婆罗多》等少数经典，迄今难觅多少蛛丝马迹，近代亦不例外，相反，中国古代至近代关于印度的记载倒是非常丰富。按照西方的学术研究标准来衡量，18世纪至20世纪初，除去印度在华士兵的中国日记和一些来华旅游者的中国印象实录，印度本土学者缺乏关于中国的研究，而晚清人物康有为、梁启超和黄懋材等人对印度的考察记录或相关述评，似乎算作现代中国印度学研究的一种预备或前奏。这说明，近代时期的中国学者、政治家在认识印度、思考印度方面，走在了印度同行的前边。印方学者对此深有感触并加强了这方面的翻译和研究。[1]

---

[1] 关于黄懋材印度之行的具体情况，参阅林承节：《中印人民友好关系史（1851—1949）》，第17～29页。根据笔者在印度访学期间（2011—2012年）的了解，玛姐玉教授曾经指导一位女博士候选人研究黄懋材的几卷印度纪行，并英译其中的一些章节。笔者为此向其提供了黄懋材印度游记的光盘和打印稿。2015年10月21日，嘉玛希教授访问四川大学，他告诉笔者，自己计划在中国学者帮助下，将黄懋材、康有为等人的印度游记译为英文。中国学者刘曦在《中国述评》发表论文，探索康有为的印度观察和相关思考。这些事例说明，黄懋材和康有为等人的印度之行及其相关记载与思考，受到中印学界的高度重视，林承节先生的著作对印度学界启迪颇深。2021年5月30日，嘉玛希先生在发给笔者的电子邮件中告知，他近期正在翻译康有为致梁启超的信件。

正是在此意义上，笔者认为，与德国、法国、美国、俄罗斯等西方国家的汉学或日本、韩国等东方国家的汉学相比，印度没有类似的前现代汉学传统。如何解释这一看似反常、实则平常而又合理的学术现象呢？除了印度相关的历史文献没有保存下来、英国殖民统治对印度学术研究的左右和支配、古代汉语和现代汉语难以熟练掌握等复杂因素，无法否认的是，印度古代至今强烈的民族自尊和宗教文化"送去主义"思维在此发挥了决定性作用。前述印度学者 D. M. 达塔在 60 年前撰文分析和批评过印度历史上存在的"文化傲慢"现象。[1] 或许正是借佛教西传华夏之际展露无遗的这种民族本位逻辑或文化中心思维，使得在华弘扬佛法的印度古人并无多少"拿来主义"精神，从而导致其译介中华经典态度消极，进而影响一代又一代的印度后人。英国殖民统治期间，印度学者对中国的经典翻译和学术研究难觅踪影，其中原因亦如前述。换句话说，殖民统治盛行的几个世纪，中印两国直接交流的机会几乎完全丧失，因此在学术领域的互动环节产生了断裂。

1924 年泰戈尔访华、1947 年印度独立和 1949 年中华人民共和国成立，这些历史事件，共同促成了 20 世纪中印文化交流和学术互动的几次高潮。不过，从 1924 年至 1962 年，时间只有短短的 38 年。1962 年以后，中印两国的政治关系坎坷起伏，令人感慨万千，两国文化交流和学术互动经历了过山车一般的颠簸颤抖。在此背景下，中印

---

[1] Dhirendra Mohan Dutta, "Our Debt to China and Japan," Kshitis Roy, ed., *Sino-Indian Studies*, Calcutta: Visva-Bharati Publishing Department, Vol. 5, Parts 3 & 4, 1957, p. 39.

研究对方出现了新的特色。对于现实问题的关注，成为双方学者的首选，而文学、历史、语言艺术和宗教哲学等领域的研究，在很大程度上退居次席，其研究者的人数比例远低于从事中印关系、中国政治或印度政治等领域研究的学者数量。当然，中印研究双方也存在思想理念上的某种差异，这是一种特殊的"时间差"。再以三份刊物为例略做说明。

如果将印度的《中国述评》与中国的《南亚研究季刊》及《南亚研究》进行比较，20世纪中后期中印研究对方的异同会看得很清楚。《南亚研究季刊》的前身即20世纪70年代的《印度问题研究参考资料》或《南亚研究资料》等，主要刊载介绍印度政治、经济、军事、国防、社会、对外关系等方面的时政报道和论文，近似于"印度观察"模式，这与《中国通讯》同一时期的"中国观察"模式颇为接近。20世纪80年代以来的30多年中，《南亚研究季刊》以刊登印度经济、社会、政治及中印关系等领域的论文为主，人文领域的论文甚少，这和《中国述评》近30年刊载社会科学和人文科学两大领域的论文较为均匀形成反差。20世纪80年代创刊的《南亚研究》在很长一段时期兼顾刊发社会科学与人文科学领域的论文，近年来已基本不再刊载人文领域的论文。换句话说，《中国述评》开始定型、定位为兼顾人文科学与社会科学的中国研究模式时，中国的两大代表性期刊《南亚研究》和《南亚研究季刊》却反其道而行之，回到了20世纪60年代至80年代的"印度观察"模式，这与《中国述评》创办初期的"中国观察"模式何其相似。基于特殊"时间差"的这样一种历史循环与学术轮回,似乎说明印度的中国学期刊开始在某种理念上领先于中国的同行。当然,这也与多年来《中国述评》的编辑班子较为稳定且内部的传帮带平稳顺利相关,也与它保持了某种程度的学术独立和机制化运作等因素相关。似乎可以将这种"时间差"视为印度某些学术群体的中国研究开始步入理性成熟期,而其某些学术同行尚未达到这一境界。

正如前述,20世纪与21世纪之交,中印学者研究对方出现了新的变化。自20世纪60年代以来,印度学者持续不断地关注中国军事、政治发展和中印关系。与印度学者不同,中国学者对于印度文学、历史、宗教哲学等人文学方面的关注,自20世纪至今没有明显断裂,但对印度政治、经济、军事、安全外交和中印关系等现实问题的研究,是从20世纪与21世纪之交开始的。具体而言,印度1998年的核试验,在很大程度上促使中国学界和公众开始关注印度的崛起。这种存在"时间差"的学术不对称现象耐人寻味。

其次,20世纪以来,中印研究对方的学者的素养及成长环境等,也值得比较,因为它们对中国的印度学、印度的汉学研究内容、方法等分别产生了潜移默化的影响。

20世纪上半叶,中印研究对方的学者中,既有季羡林和师觉月、拉古·维拉等远赴西方的"依附式发展",也有同一时期金克木、吴晓铃、徐梵澄、常任侠、巫白慧、周达甫和沈纳兰、泰无量等人分别去印、来华,效仿大唐玄奘的本土取经。20世纪30年代至40年代,中印两国学者不约而同地开辟走向中国学或印度学研究的特殊渠道。

这便是先后走向欧美的汉学研究、印度学研究重镇,向西方的学术大家们"淘宝取经",奠定自己的汉学或印度学基础。例如,季羡林留德10年,终成一代梵学大师。师觉月在法国学习古代汉语和佛教等,回印后也为印度汉学研究的草创立下了汗马功劳,其关于中印古代文化交流的代表作受到中印学界的推崇和引用。

同样,金克木、巫白慧、刘安武、刘国楠和金鼎汉等赴印学习者,为现代中国的印度学研究打下了宝贵的基础。沈纳兰和泰无量等人则成为印度汉学研究的重要人物,沈纳兰的汉学造诣,对其儿子沈丹森走上汉学研究之路,无疑具有重要的表率作用。客观地看,在季羡林和师觉月等人的"依附式发展"道路之外,中印学者互赴对方国家实地"探宝",也不失为一条捷径,它同样为这些学者研究对方打下了坚实的基础。此外,这种"依附式发展"和本土田野考察式的学习和研究经历,也潜移默化地影响了这些学者日后所从事的研究方向。"总之,到印度独立、中国解放前,中国学、印度学已作为一门学科在两国开始创立,有了专门的机构、专门的人员,并开始取得研究成果。虽然这还只是很小的迈步,但总算从荒野中初辟蹊径,以后的前进已有路可循"。[1]

1962年至1988年期间,印度汉学研究者主要奔赴美国学习、研究,那济世和哈拉普拉萨德·雷易等少数人奔赴中国香港和中国台湾地区。中国大陆学者极少此等机遇,

---

[1] 林承节:《中印人民友好关系史(1851—1949)》,第421~422页。需要指出的是,印度独立以前,也有部分印度学者在西方学习汉语,从此进入汉学研究领域,师觉月便是一例。

因此错失了许多培育良才的宝贵机会。20 世纪 80 年代中印关系解冻后,中印双方学者以"依附式"或本土田野式姿态步入印度学、汉学领域者日渐增多,前一种模式以复旦大学的刘震、北京大学的张幸和德里大学的谈玉妮等为代表,后一种模式以中国社会科学院的王宏纬、云南大学的吕昭义和印度国际大学的阿维杰特·巴纳吉、万可达等为代表。此外,还出现了兼采上述两种研究路径的一些学者,如分别在印度、中国与英国求学、研究的狄伯杰,在中国与美国先后攻读硕士与博士学位的沈丹森,先后在英国牛津大学和印度尼赫鲁大学留学的张力,先后在英国伦敦大学和尼赫鲁大学留学的邱永辉,先后在美国和印度访学的尚劝余,等等。从目前的发展趋势看,中印两国研究对方的学者将会越来越多地重视、采纳本土田野的求学、访学或调研模式,这是因为,从当前人文科学与社会科学"联姻"越来越亲密的趋势看,只有重视到对象国的调研、访学或资料收集,才可保证研究成果的学术质量维持在较高的水准上。当然,关于这一点,部分从事人文学科如语言学、文学、历史、佛教研究的学者或许不一定赞同。

总体而言,20 世纪以来,中印研究双方在各个领域,特别是传统的印度学和汉学领域出现了许多重要的学术大师、领军人物或某一方向的代表性人物,如中国的季羡林、金克木、刘安武、黄宝生、黄心川、王邦维、郁龙余、薛克翘等,印度的师觉月、谭中、洛克希·钱德拉、哈拉普拉萨德·雷易、嘉玛希、狄伯杰等。他们是上述各个研究模式的受益者。长期以来,存在着中印学者的个人互动。例如,季羡林与师觉月和狄伯杰、葛维钧与哈拉普拉萨德·雷易[1]、谭中与王邦维和郁龙余之间的学术互动便是如此。中印学者长期而频繁的学术经历，对于促进彼此的学术创新有百益无一害。笔者在与谭中、嘉玛希、玛姐玉和狄伯杰等人的交流中，获益匪浅，这似乎也是一个旁证。

20世纪以来，中国印度学与印度汉学常常受制于历史传统、时代环境和双边关系等复杂因素，这对其研究内容的选择产生了不可忽视的影响。这便涉及中印学者的研究动力、研究内容的异同。整体而言，20世纪初至今，中印研究对方的内容呈现出很多相似的特点，同时也折射出一些差异。首先，佛教是双方均感兴趣的话题。由于中国古代对印度佛教文化的长期译介，国内的印度学研究具有十分丰富的资源。国人对印度佛教文化的兴趣，使得一些人将此视为印度文化的代表，从而对其展开研究，产生了很多相关的成果，出现了季羡林等著名学者及其代表作。佛教源自印度，很多佛经原文在印度已经失传，因此，印度学者对此保持浓烈的探索兴趣。印度方面以师觉月、P. V.

---

[1] 2011年12月7日，笔者在加尔各答拜访雷易先生时，他一见面便提及中国社会科学院退休研究员、著名的梵学研究专家葛维钧先生等中国学者的大名，表现了他对中国学者的深厚感情和真挚友谊。2021年5月15日，笔者通过微信，拜托刘建先生转告葛先生有关雷易先生仙逝的消息。5月21日，葛先生通过微信请刘先生转达他给笔者的回复："……最难过的是他（指雷易先生，下同。——引者按）去世了。他是我所见到的最为老实厚道，谨慎谦恭，不知名利为何物的人。1980年代初，他来北京时，我曾陪他去国图借书。1990年代，他开始翻译耿引曾《中国载籍中的南亚史料汇编》后，曾就原文理解和翻译问题与我数度通信讨论，显示出十分认真的治学态度。该书的翻译是一件让人望而生畏的浩大工程，而他竟然在接近老年时毅然只身投入这一工作，使人极为感佩。全书翻译是否已经完成我不知道。我和他的书信往还一直持续到四五年前，只是最后几年往往只能在年终互致贺卡，表明彼此之间从未忘记而已。他在退休后定居加尔各答，因善瑜伽，故得长寿。我们应该永远记住这位真正的好人。"7月5日凌晨，葛先生再次委托刘建先生转告笔者，同意公开他的上述感言，并对笔者的研究表示了鼓励。特此致谢葛先生和刘先生！

巴帕特和沈丹森等为代表。不过，正是在佛教研究领域，两国学者体现出某些差异。在中国一方，季羡林等注重以梵文和巴利语的印度佛典为基础进行考察，而其他一些学者以古代汉语为工具，专攻汉译佛经和中国佛教，他们的研究也时常涉及佛教的印度文化背景。中国学者在研究中国佛教时，往往联系汉译佛经、西域历史和敦煌文化等。印度学者师觉月重在探寻佛典中的跨文化信息。前文第一章说过，师觉月通晓梵文、巴利语和藏语等，用力最多的两个领域为印度学与佛学（主要包括印度佛教经典与中国汉译、藏译佛经）。从研究所涉及的地理范围来看，他跨越了中国、中亚国家和印度在内的南亚国家。目前，中国学者黄宝生的梵汉对勘系列已经出版多种，这是印度和西方学者尚未系统做过的工作。朱庆之提出了佛教汉语的概念，这值得印度学界注意。刘震、叶少勇等青年学者先后进行了涉及佛教经典的相关研究。与中国近年来重视培养多语种的佛教研究后备人才相比，印度学界似乎缺乏通过古代汉语、梵语、巴利语、藏语和日语等全面、深入研究佛典的青年梯队学者。后备力量的学术着力点，将决定未来中印佛典研究或佛教研究的分野。应该说，这一领域应该成为未来中印学术合作的重中之重。

其次，中印古代和近现代文化交流史也是两国学者的共同兴趣所在。在这方面，季羡林的《中印文化交流史》（1993）、林承节的《中印人民友好关系史（1851—1949）》（1993）、薛克翘的《中国印度文化交流史》（2008）、师觉月的《印中千年友好关系》（1944）、狄伯杰的《20世纪上半叶的中印关系》（2001）、余德烁的

《公元1世纪至7世纪的中印关系史》(2005)、玛姐玉的《在华印度人（1800—1949）》(2005)、玛姐玉与夏丽妮·萨克瑟纳合著的《中国与孟买的建设》(2009)等是这方面的代表作。一般而言，中国学者在这方面的著述占有中文资料的优势，更多地挖掘和展示了中印古代交流的特殊魅力，印度学者则占有解读、补充印度语言文献及英文资料的先天之利。

此外，中印关系或中印关系史是两国学者感兴趣的话题，它吸引了大量的中印学者，先后产生了许多著作。这方面的独著包括王宏纬的《喜马拉雅山情结：中印关系研究》(1998)、赵蔚文的《印中关系风云录（1849—1999）》(2000)、赵干城的《中印关系现状、趋势与应对》(2013)、狄伯杰的《1904年至2004年的印度与中国：一个世纪的和平与冲突》(2005)与《中印关系的未来前景》(2012)等。

此外，也有双方各自感兴趣并重点研究的主题或领域。例如，以云南学者为代表的学术群体关注孟中印缅经济走廊建设和重建跨世纪的中缅印通道（史迪威公路），近年来出版了相关的著作多种。[1] 然而，印度方面对这些议题的关注度显然很低，其公开发表的论文和出版的著作似乎很少提及此类著述。再如，中国的泰戈尔研究已经成为佛教研究之外的一大热门，集中了通过汉译、英语或孟加拉语进行研究的各类学者。在印度，鲁迅研究曾引起许多学

---

[1] 例如：牛鸿斌、任佳编：《跨世纪的中缅印通道：重建史迪威公路研究》，昆明：云南人民出版社，2005年。

者的关注,但时过境迁,现在的印度学者虽仍有人关注鲁迅,但公开发表或出版的论文、著作非常有限。印度学者的一大热门是西藏研究,其中蕴含的地缘政治因素不言而喻。

上溯至1962年,几乎是印度单方面高度重视中国研究。近年来,中国国家社会科学基金立项的印度研究课题,多涉及印度研究,传统印度学范畴的立项则包括梵文或巴利语佛典、印度文论史、《舞论》、《政事论》、格比尔印地语诗歌、中印佛教文学比较、中国印度学、印度英语文学等。这种情况说明,中国的印度学研究已经进入古典学研究和现实问题研究兼顾的新阶段。这一学科资助的体制运作和顶层设计,无疑将保证中国学者对印度传统文化、现实问题等各个领域、方面的全面关注。反观印度学界,近年来却曝出政府削减中国研究相关经费资助的消息,假若真是如此,这是一大遗憾,它将不利于未来的中印学术互动和人文交流。

综上所述,1947年至今,中印两国对对方的研究走过了一段蜿蜒曲折的道路。在印度,虽然汉学家们对中国历史、中国文学乃至中国宗教哲学等进行了层次不一或规模不等的研究,但相对于印度学者的中国现实问题研究(如政治、军事、国防、外交、经济、社会、妇女问题等方面)而言,研究规模和成果不成比例。某种程度上,这一问题在中国的印度学研究界同样存在,但却没有印度的情况那么严重。毕竟中国古代对印度文化全方位的研究传统一直延续至今,基本上没有出现大的断裂。例如,中国学者季羡林和黄宝生等人对印度两大史诗的翻译、黄宝生对梵语文学理论的翻译研究及其关于梵文佛教经典的校勘均为典范。当然，某些印度学者的中国研究也有十分出色的表现，例如哈拉普拉萨德·雷易对于古代中印关系的研究和对于汉文南亚史料的英译，便是值得中国学界关注的重要成果。玛妲玉、嘉玛希、谢钢、斯瓦兰·辛格、狄伯杰、莫普德、邵葆丽等中坚力量或后起之秀正在崛起，印度未来的中国学研究必将更上层楼。

总之，检视中印两国短暂而又漫长的20世纪印度汉学研究史和中国的印度学研究史，不禁令人感叹，因为其中的蜿蜒曲折恰如一个多世纪以来复杂坎坷的中印关系史。对于中印两国的汉学研究史和印度学研究史，值得从各个视角进行考察，因为它们是一面真实的镜子，折射出中印关系的过去、现在和未来。

## 第三节　中国学者如何与印度汉学界互动

印度汉学研究虽然是印度学者和部分海外印度学者，特别是美籍印裔学者（按照印度双重国籍法，他们还属于印度公民）在印度境内外所从事的学术活动的产物，表面上看起来与中国并无多大联系，但仔细思考，若从一个长的历史时段看，其成果对印度汉学研究、中国印度学研究都将发生程度不一的影响。因此，就如何在中印学术互动中促进印度汉学研究，笔者尝试提出一些建议，供学界同人参考。

先谈谈如何在中印学术互动的基础上促进邻国印度的汉学研究。关于这一点，笔者有如下思考和一些肤浅的建议。

　　第一，重视印度的汉学研究，因其为世界汉学的重要组成部分。师觉月、拉古·维拉、洛克希·钱德拉、哈拉普拉萨德·雷易、谭中、嘉玛希、玛妲玉、邵葆丽和狄伯杰等人的相关成果，即便放在世界汉学的相应领域看，也有其程度不一的学术价值，其独特的印度视角保证了这一点。因此，关注印度汉学的中国学者必须收集足够的一手资料，对其重要代表作进行认真阅读，仔细研究，以保证研究的质量。根据笔者的经验，目前国内学者对印度汉学家及其英文著作、论文有过一些了解，但还不够系统，不太全面而深入，以后须在系统而深入的研究方面下功夫。

　　第二，中国学者大多习惯美国汉学、日本汉学、英国汉学、德国汉学、法国汉学及俄罗斯汉学等的研究路径或论述逻辑，对于规模相对有限、历史不长的印度汉学则了解不多。鉴于此，学者们须带着"学术同情"，尽量理解或还原印度汉学家在印度境内从事中国文史哲研究时面临资料局限的困窘、语言解读之难、孤军奋战之难、西方理论视角禁锢、国内舆论的不利以及政府财政支持的极度缺乏等。有的学者如嘉玛希和狄伯杰等平时要承担极为繁重的本科生、研究生教学工作，这也制约或分散了他们集中进行研究的学术精力。此外，还有一种观察视角与立场的问题。张西平教授指出："我们不仅仅要纠正西方汉学家知识的差误、认识的缺漏，更重要的是要走出汉学家中国研究的一些范式，重建中国学术的叙述……由于中国文明是完全独立于西方文明发展起来的一个文化体系，完全套用西方的知识体系来解释中国的文化历史显然是有问题的。

我认为，从梳理西方汉学的研究模式进入中国传统历史叙述方式，厘清得失，接续传统，融合新知，是我们摆脱西方中心主义的文化叙述，重建当代中国学术的一个有效路径。"[1] 这里虽然是评析如何对待西方汉学的问题，但放在这里似乎同样适用。这就是说，我们必须纠正印度汉学家的"知识差误"和"认识缺漏"，以达到"重建中国学术"的目的。因此，有条件的中国学者应对印度汉学家做面对面的实地访谈，交换相关看法，以达到学术对话和相互促进的目的。这些都是研究印度汉学成果必备的科学而理性的心态、立场或视角，因为印度汉学自发端起走的是一条"依附发展"之路。另外，汉学研究不是纯学术研究，其中也暗含了某些政治选择或动机。中国学者在阅读和研究相关文献时，必须警惕某些印度汉学家的隐蔽手法或微妙心态给汉学研究刻意造成的负面影响。[2] 这一点，对于分析和鉴别印度的中国现实问题研究著作、论文尤为重要，因为这些著作和论文更易与意识形态、国家利益等发生无缝对接。

第三，中国学者须在鉴赏印度汉学成果时，摒弃其中的糟粕和负面因素，欣赏其研究的亮点和长处，努力向中国学术界进行介绍。重点选择介绍或翻译质量上乘、对印度学界具有某种影响力的代表性汉学成果，使其重要人物

---

[1] 转引自毛莉：《"一个平等对话的时代开始了"——学者建议在跨文化视野下研究海外中国学》，《中国社会科学报》（第1版）2015年7月28日。

[2] 2011年冬，笔者参加德里大学历史系举办的亚洲古代史国际学术研讨会。在会上，前述学者沈丹森与一位美国青年学者以"图文并茂"的PPT，将郑和下西洋形象地图解为沿路烧杀抢掠的"海盗"行径。笔者和另一位留学生当即起身反驳，但沈氏以中国学者没有看见相关的历史文献为由进行辩驳。

## 第五章 印度汉学研究基本规律及相关思考

为国内读者、研究汉学者所熟知，为未来中印学界对话创造有利条件和坚实的基础。[1] 在这方面，姜景奎教授已经有所作为，他不仅主持翻译了师觉月的代表作《印中千年文化关系》，还于近期作为译审，协助出版了狄伯杰的英文传记《中国情缘》的汉译本（张雅欣译）。另外一个复杂的问题是，印度现代语言众多，迄今为止，印度学者以印地语、孟加拉语、奥里亚语、马拉雅兰语、泰米尔语、马拉提语或乌尔都语等印度语言进行的汉学研究和中国经典、现代作品翻译，已经出现了很多成果，而国内印地语、马拉提语、乌尔都语、泰米尔语学者对印度同行的上述成果译介似乎极为少见。那济世、马尼克、邵葆丽、狄伯杰、莫普德、史达仁等汉学家，以奥里亚语、孟加拉语、印地语和泰米尔语为媒介，对中国古典和现代文学作品进行译介，但国内似乎很少有学者依据相关译语，对其译介成果进行介绍和研究。至于奥里亚语、马拉提语等国内几乎无人掌握的印度语言，如译介其相关的汉学成果，只能暂时寄望于印度同行的帮助了。总之，上述这些方面的工作，期待未来能有起色。[2]

第四，鼓励国内学者与印度学者以英语、印地语、孟

---

[1] 例如，笔者曾经向中国学术界第一次介绍玛妲玉教授的汉学代表作《在华印度人：1840—1949》。该文参见《东南亚南亚研究》2011 年第 2 期，第 84~88 页。

[2] 笔者近年来曾向国内几位著名的印地语学者建议，对狄伯杰关于中国古代诗歌的印地语译本进行专题研究，也曾建议他们将贝拿勒斯印度大学梵文系退休教授、著名梵语诗学研究权威 R. P. 德维韦迪（Rewa Prasad Dwivedi）先生 2007 年出版的《梵语诗学批评史》译为汉文，但迄今似乎未见任何回音。笔者为此深感遗憾与困惑。看来，国家相关部门的顶层设计在此应有所作为，应出台鼓励政策和提供充足的资金支持，使国内优秀的印地语学者可以全身心投入译介事业之中。

加拉语、乌尔都语等翻译钱锺书、任继愈等中国学者重要的文史哲研究著作,鼓励翻译季羡林、金克木、刘安武、薛克翘、王宏纬、吕昭义等学者研究印度古典学和中印关系等现实问题的相关著作,并争取两国的相关资金资助,以各种方式在印度出版,以促进中印之间的汉学对话和学术沟通。[1]

第五,采取"请进来"和"走出去"相结合的方式,建立促进印度汉学研究发展的长效机制或基金会(或许可以将其命名为"中印学术合作基金会""印度中国学研究基金会"或"印度汉学发展基金"),鼓励和支持中国文史哲学者常住印度,与尼赫鲁大学、德里大学、国际大学、贝拿勒斯印度大学等高校和印度中国研究所等机构的汉学家展开合作研究、作品翻译,也鼓励和支持印度的文史哲学者或印度汉学研究者常住中国,与中国顶尖的文史哲专家展开合作研究、作品翻译等。现实的困难在于,印度目前似乎缺乏协调全印中国学学者协同攻关的老资格权威,因此,在采用上述方式的基础上,或许可以期待未来能出现几位领衔导航的印度汉学大师。

第六,以战略眼光和未来意识看待中印人文交流和学术合作的重要价值。狄伯杰指出:"中国文化在印度的情况却十分惨淡,教育交流也因此受限。中国有 70000 名韩国留学生,却只有 14000 名印度留学生,而在印度留学的中

---

[1] 笔者曾于 2012 年出版《印度比较文学论文选译》,其中收录笔者翻译的印度学者 I. N. 乔杜里的《印度对〈道德经〉的回应》一文(参见本书"附录3")。狄伯杰在其英文传记中转述了该译文论及玄奘等人如何翻译"道"的一段文字。这似乎可以视为印度学者对中国学者翻译印度汉学成果的一种特殊回应。参见:[印]狄伯杰:《中印情缘》,张雅欣等译,第 318 页。

国学生只有1200人。"[1] 他还说："很遗憾，我们在印度还没有设立孔子学院。如果美国可以开设100多家孔子学院，那么印度至少可以设美国的半数，因为它们能够极大提升印度的汉语学习需求，从而增进两国之间的互相理解。不仅如此，印度的语言教师还能有机会进入中国最好的大学接受培养。"[2] 因此，中国必须加大对印度青年学者的培养和扶持力度，增加面向印度青年学者的留学名额和资助力度。必须特别注意培养20岁至30岁左右的印度新生代学者，尤其是培训其文言文阅读和分析能力，培养其全面认识、解读中国古代文史哲典籍的能力。这一点的重要意义，我们可以从狄伯杰的传记中得到解释。他坦承当年对中国古代文化的热爱，也叙述在北京大学求学期间受益于林承节和耿引曾并对研究中印近现代关系史发生浓烈兴趣的往事。[3] 狄伯杰由热爱中国传统文化出发，现已成为印度著名的"知华派"一员，在中印学术交流方面贡献着自己的力量。设若没有北京求学的经历，他对中华文化和中印关系发展的认识，也许是完全不同的一种面貌。前文已经说过，随着中印边境冲突和美苏冷战造成的世界影响，印度汉学遭受了沉重的挫折。当时很多无法到中国大陆学习的印度学者转道欧美攻读学位，这对印度汉学研究是一种制约。历史的悲剧不容重演。

第七，在国家层面设立面向印度汉学家的专项奖励如"玄奘奖""师觉月奖""谭云山奖"或"季羡林奖"，三

---

[1] [印] 狄伯杰：《中印情缘》，张雅欣等译，第325页。
[2] [印] 狄伯杰：《中印情缘》，张雅欣等译，第279~280页。
[3] [印] 狄伯杰：《中印情缘》，张雅欣等译，第92、104、105页。

年或两年为一期，邀请国内顶尖的文史哲专家进行评审，以此激发印度学者的汉学研究与翻译热情。尽管季羡林、金鼎汉、郁龙余和姜景奎等中国学者先后获得印度政府或科研机构（如印度文学院）颁发的印度研究奖，但在人数和资助力度上还不够。特别需要指出的是，印度方面的奖励，缺乏对中国青年学者的资助和足够的感召力。目前，印度官方因资金不足等尚未设立面向中国学者的印度学研究基金。在此现实尴尬前，可以考虑单独设立国内的"印度学研究基金会"，以资助留印学习、翻译和出版相关著作等方式，扶持和鼓励国内的印度研究者特别是新生代印度学爱好者。

第八，主动设置汉学研究议题或相关研究中心。21世纪初以来，中印双方曾以殖民主义时期的中印关系、孟中印缅经济走廊建设、鲁迅作品研究等为主题举行过国际学术研讨会，当下，这一思路仍可延续。中国学者似乎可在主动设置议题上下功夫，如设立汉学与印度学对话论坛、中印双向认知学术论坛、中印古典学比较、印度两大史诗与中国少数民族史诗、孔子儒学与印度宗教等双方感兴趣的话题或学术论坛。中国方面可以考虑在北京、上海、四川或广东等省市的高校或科研机构设立专门的印度汉学研究中心，为此配置专业性的研究人员，建立印度汉学研究网站和网络数据库，以方便国内学者的相关研究，并为中印两国学界的对话创造条件。

# 参考资料

## 1　中文专著与译著

[1] 北京大学南亚研究所编:《中国载籍中南亚史料汇编》（上），上海：上海古籍出版社，1994年。

[2] 蔡枫、黄蓉主编:《跬步集：深圳大学印度学研究文选》，北京：北京大学出版社，2011年。

[3] D. D. 高善必:《印度古代文化与文明史纲》，王树英等译，北京：商务印书馆，1998年。

[4] 邓小平:《邓小平文选》（第三卷），北京：人民出版社，1993年。

[5] [印] 狄伯杰:《中印情缘》，张雅欣等译，北京：中译出版社，2017年。

[6] 丁玲:《丁玲精选集》，北京：北京燕山出版社，2015年。

[7] 杜继文、黄明信主编:《佛教小辞典》，上海：上海辞书出版社，2001年。

[8] 段渝主编:《南方丝绸之路研究论集》，成都：巴蜀书社，2008年。

[9] 法显著，章巽校注：《法显传校注》，上海：上海古籍出版社，1985年。

[10] 范晶晶：《缘起：佛教譬喻文学的流变》，上海：中西书局，2020年。

[11] 冯承钧：《冯承钧学术论文集》，邬国义编校，上海：上海古籍出版社，2015年。

[12] 〔明〕巩珍：《西洋番国志·郑和航海图·两种海道针经》，向达校注，北京：中华书局，2012年。

[13] 郭德焱：《清代广州的巴斯商人》，北京：中华书局，2005年。

[14] 郭良鋆：《佛陀和原始佛教思想》，北京：中国社会科学出版社，2011年。

[15] 〔印〕H. P. 雷易：《中国学在印度》，《中外关系史论丛》第3辑，北京：世界知识出版社，1991年。

[16] 何培忠主编：《当代国外中国学研究》，北京：商务印书馆，2009年。

[17] 何平：《西方历史编纂学史》，北京：商务印书馆，2010年。

[18] 何兆武、柳卸林主编：《中国印象：世界名人论中国文化》，桂林：广西师范大学出版社，2001年。

[19] 胡为雄：《毛泽东思想研究简史》，北京：中央文献出版社，2014年。

[20] 惠立、彦悰著，孙毓棠、谢方点校：《大慈恩寺三藏法师传》，北京：中华书局，2008年。

[21] 季羡林译：《五卷书》，北京：人民文学出版社，2001年。

［22］季羡林：《中印文化交流史》，北京：中国社会科学出版社，2008年。

［23］季羡林：《季羡林全集》（第九、十三、十四卷），北京：外语教学与研究出版社，2010年。

［24］江泽民：《江泽民文选》（第一卷），北京：人民出版社，2006年。

［25］［古印度］憍底利耶：《利论》，朱成明译注，北京：商务印书馆，2020年。

［26］金克木：《金克木集》（第一、二卷），北京：生活·读书·新知三联书店，2011年。

［27］［印］卡·古普塔：《中印边界秘史》，王宏纬译，北京：中国藏学出版社，1990年。

［28］［美］柯文：《在中国发现历史——中国中心观在美国的兴起》，林同奇译，北京：中华书局，1989年。

［29］李侃等：《中国近代史》（第四版），北京：中华书局，1994年。

［30］［美］雷蒙德·H.怀利：《毛主义的崛起：毛泽东、陈伯达及其对中国理论的探索（1935—1945）》，杨悦译，北京：中国人民大学出版社，2014年。

［31］刘家和、王敦书主编：《世界史·古代史编》（上卷），北京：高等教育出版社，2014年。

［32］刘明翰主编：《世界史·中世纪史》，北京：人民出版社，1996年。

［33］刘炎生：《中国现代文学论争史》，广州：广东人民出版社，1999年。

［34］刘祚昌等主编：《世界史·近代史》，北京：人民出

版社，1996年。
[35] 林承节：《中印人民友好关系史（1851—1949）》，北京：北京大学出版社，1993年。
[36] 林光明、林怡馨、林怡廷编著：《新编密教大辞典》（第1册），台北：嘉丰出版社，2017年。
[37] ［英］罗素：《中国问题》，秦悦译，上海：学林出版社，1996年。
[38] 吕昭义：《吕昭义学术文选》，昆明：云南大学出版社，2014年。
[39] 吕昭义：《英帝国与中国西南边疆：1911—1947》，昆明：云南大学出版社，2014年。
[40] 吕昭义：《英属印度与中国西南边疆（1774—1911年）》，昆明：云南大学出版社，2016年。
[41] 毛泽东：《毛泽东选集》（第一、二、三卷），北京：人民出版社，2009年。
[42] 毛泽东：《毛泽东选集》（第五卷），北京：人民出版社，1977年。
[43] 孟昭毅、郁龙余、朱璇：《天竺纪行：郁龙余、孟昭毅学术之旅》，北京：北京大学出版社，2013年。
[44] ［美］莫里斯·迈斯纳：《马克思主义、毛泽东主义与乌托邦主义》，张宁、陈铭康等译，北京：中国人民大学出版社，2013年。
[45] ［英］内维尔·马克斯韦尔：《印度对华战争》，陆仁译，北京：世界知识出版社，1981年。
[46] 牛鸿斌、任佳主编：《跨世纪的中缅印通道：重建史迪威公路研究》，昆明：云南人民出版社，2005年。

［47］牛力、邵建东：《毛泽东在1962》，北京：解放军出版社，2015年。

［48］钱理群、温儒敏、吴福辉：《中国现代文学三十年》（修订本），北京：北京大学出版社，2000年。

［49］仇华飞：《美国的中国学研究》，北京：中国社会科学出版社，2011年。

［50］任佳、牛鸿斌等：《穿越时空的商道：滇印民间贸易研究》，昆明：云南人民出版社，2005年。

［51］任佳、牛鸿斌、周智生：《中国云南与印度：历史现状和未来》，昆明：云南人民出版社，2006年。

［52］［英］斯坦因：《西域考古记》，向达译，北京：商务印书馆，2016年。

［53］［美］斯图尔特·R.施拉姆：《毛泽东的思想》，田松年、杨德等译，北京：中国人民大学出版社，2013年。

［54］尚庆飞：《国外毛泽东学研究》，南京：江苏人民出版社，2008年。

［55］沈志华：《毛泽东、斯大林与朝鲜战争》，广州：广东人民出版社，2017年。

［56］［印］师觉月：《印度与中国：千年文化关系》，姜景奎等译，北京：北京大学出版社，2014年。

［57］谭中编：《谭云山与中印文化交流》，香港：香港中文大学出版社，1998年。

［58］谭中、耿引曾：《印度与中国：两大文明的交往与激荡》，北京：商务印书馆，2006年。

［59］谭中主编：《中印大同：理想与实现》，银川：宁夏

人民出版社，2007年。

［60］［印］谭中、郁龙余主编：《谭云山》，北京：中央编译出版社，2012年。

［61］〔元〕汪大渊著，苏继庼校释：《岛夷志略校释》，北京：中华书局，2009年。

［62］王邦维、谭中主编：《泰戈尔与中国》，北京：中央编译出版社，2010年。

［63］王宏纬：《喜马拉雅山情结：中印关系研究》，北京：中国藏学出版社，1998年。

［64］王宏纬：《当代中印关系述评》，北京：中国藏学出版社，2009年。

［65］王桧林主编：《中国现代史》（上册），北京：北京师范大学出版社，1991年。

［66］王晓路：《西方汉学界的中国文论研究》，成都：巴蜀书社，2003年。

［67］文富德：《印度经济：发展、改革与前景》，成都：巴蜀书社，2003年。

［68］［美］魏斐德：《历史与意志：毛泽东思想的哲学透视》，李君如等译，北京：中国人民大学出版社，2013年。

［69］［美］夏志清：《中国现代小说史》，刘绍铭等译，杭州：浙江人民出版社，2016年。

［70］谢保成、魏红珊、潘素龙编：《中国近代思想家文库·郭沫若卷》，北京：中国人民大学出版社，2014年。

［71］［法］谢阁兰、伯希和等：《中国西部考古记 吐火罗语考》，冯承钧译，北京：中华书局，2004年。

[72] 许容祯：《文化中国：Krishna Prakash Gupta 与印度中国学研究》，台北：台湾大学政治学系中国大陆暨两岸关系教学与研究中心，2012 年。

[73] 徐志刚译注：《论语通译》，北京：人民文学出版社，2000 年。

[74] 玄奘、辩机著，季羡林等校注：《大唐西域记校注》，北京：中华书局，2000 年。

[75] 薛克翘：《中印文化交流史话》，北京：商务印书馆，1998 年。

[76] 薛克翘：《中国印度文化交流史》，北京：昆仑出版社，2008 年。

[77] 薛克翘等：《印度中世纪宗教文学》（上卷），北京：昆仑出版社，2011 年。

[78] 〔明〕严从简：《殊域周咨录》，余思黎校释，北京：中华书局，2009 年。

[79] 姚卫群：《印度宗教哲学概论》，北京：北京大学出版社，2006 年。

[80] 叶永烈：《陈伯达传》，成都：四川人民出版社，2017 年。

[81] 义净著，王邦维校注：《南海寄归内法传校注》，北京：中华书局，1995 年。

[82] 尹锡南：《印度的中国形象》，北京：人民出版社，2010 年。

[83] 尹锡南译：《印度比较文学论文选译》，成都：巴蜀书社，2012 年。

[84] 尹锡南：《印度中国观演变研究》，北京：时事出版

社，2014年。

[85] 尹锡南：《中印人文交流研究：历史、现状与认知》，北京：时事出版社，2015年。

[86] 郁龙余等：《梵典与华章：印度作家与中国文化》，银川：宁夏人民出版社，2004年。

[87] [美]宇文所安：《初唐诗》，贾晋华译，北京：生活·读书·新知三联书店，2014年。

[88] 袁行霈主编：《中国文学史》（第一卷），北京：高等教育出版社，2014年。

[89] 章培恒、骆玉明主编：《中国文学史新著》（上卷），上海：复旦大学出版社，2014年。

[90] 张敏秋主编：《跨越喜马拉雅障碍：中国寻求了解印度》，重庆：重庆出版社，2006年。

[91] 张玉安主编：《东方研究》，北京：国际文化出版公司，2002年。

[92] 张忠祥：《尼赫鲁外交研究》，北京：中国社会科学出版社，2002年。

[93] 郑师渠主编：《中国近代史》，北京：北京师范大学出版社，2015年。

[94] [日]中村元著，林光明编译：《广说佛教语大辞典》（上卷），台北：嘉丰出版社，2009年。

[95] 中共中央党史研究室第一研究部编著：《红军长征史》，北京：中共党史出版社，2006年。

[96] 中印联合编审委员会编：《中印文化交流百科全书》，北京：中国大百科全书出版社，2014年。

[97] 中印联合编审委员会编：《中印文化交流百科全书》

（详编上、下），北京：中国大百科全书出版社，2015年。

[98] 周宁：《天朝遥远：西方的中国形象研究》（上卷），北京：北京大学出版社，2006年。

[99] 朱绍侯、齐涛、王育济主编：《中国古代史》（上册），福州：福建人民出版社，2014年。

[100] 朱政惠：《美国中国学史研究——海外中国学探索的理论与实践》，上海：上海古籍出版社，2004年。

## 2　中文论文、译文与网络文章

[1] [美] 沈丹森：《中印研究的兴起、发展与现状——沈丹森在复旦大学的讲演》，陈源源译，原载《文汇报》，2014年5月19日，中国人民大学复印报刊资料《中国外交》2014年第7期全文转载。

[2] 邓红英：《国内中印边界争端研究综述》，《东南亚南亚研究》2016年第1期。

[3] 韩华：《友好邻邦还是安全威胁——中印如何看待对方》，《南亚研究》2002年第2期。

[4] 洪健荣：《近四十年鸦片战争史研究的典范》，《台湾师范大学历史学报》1999年第27期。

[5] 贾岩、姜景奎：《译介与传播：鲁迅的印度"来生"》，《鲁迅研究月刊》2017年第11期。

[6] 姜智芹：《英语世界中国当代文学译介与研究的方法论及存在问题》，中国中外文艺理论学会、四川大学中文系汉语言文学研究所主办：《中外文化与文论》

（第 24 辑），成都：四川大学出版社，2013 年。

[7] 马海燕：《第五届世界汉学大会举行》，中国新闻网，2016 年 11 月 11 日。

[8] [美] 裴宜理：《中华人民共和国和美国的中国学研究：50 年》，黄育馥摘译，《国外社会科学》2004 年第 2 期。

[9] [印] 斯瓦兰·辛格、石之瑜：《印度的中国研究评论》，施汶译，《国外社会科学》2010 年第 3 期。

[10] [印] B.坦克哈：《印度的中国学研究：正在改变的范式》，张燕晖译，《国外社会科学》2007 年第 4 期。

[11] 谭中：《现代印度的中国学》，载《南亚研究季刊》2011 年第 1 期。

[12] 王邦维：《北京大学的印度学研究：八十年的回顾》，《北京大学学报（哲学社会科学版）》1998 年第 2 期。

[13] 阎纯德：《从传统到现代：汉学形态的历史演进》，《文史哲》2004 年第 5 期。

[14] 佚名：《第六届世界汉学大会在中国人民大学举办》，中国人民大学网站，2018 年 11 月 3 日。

[15] 尹锡南、陈小萍：《二十世纪以来印度中国研究的脉络和基本特征》，《南亚研究季刊》2011 年第 1 期。

[16] 尹锡南：《在历史深处钩沉和思考中印关系：简评玛妲玉的〈在华印度人：1840—1949〉》，《东南亚南亚研究》2011 年第 2 期。

[17] 尹锡南：《印度汉学：从"中国研究"到"中国观

察"》,《中国社会科学报》2013 年 2 月 1 日。

[18] 尹锡南：《从〈中国述评〉看当代印度的中国研究》,《东南亚南亚研究》2016 年第 4 期。

[19] 尹锡南：《印度学者师觉月的汉学研究》,《国际汉学》2018 年第 1 期。

[20] 尹锡南：《印度汉学界的中国现当代文学研究》,李怡、毛迅主编：《现代中国文学与文化》,成都：巴蜀书社,2018 年。

[21] 尹锡南：《印度的中国学研究发展规律及相关问题》,《东南亚南亚研究》2018 年第 2 期。

[22] 尹锡南：《当代印度的中国现实问题研究简析》,《东南亚南亚研究》2018 年第 4 期。

[23] 尹锡南：《新时期中印人文交流的意义、问题与对策》,《南亚研究季刊》2019 年第 4 期。

[24] 尹锡南：《当代印度汉学家的中国历史研究》,《国际汉学》2020 年第 2 期。

[25] 郁龙余：《印译中国诗歌：古老文化的交融》,《中国社会科学报》2013 年 2 月 9 日。

[26] 章立明：《印度中国研究经历三个阶段》,《中国社会科学报》2012 年 12 月 19 日。

[27] 邹松：《印度汉学家狄伯杰：认识中国不能少了文学》,《人民日报》2017 年 2 月 22 日。

[28] 周宁：《"我们的遥远的近邻"——印度的中国形象》,《天津社会科学》2010 年第 1 期。

## 3　学位论文与会议文集

［1］金鹏:《符号化政治:并以"文革"时期符号象征秩序为例》,复旦大学博士学位论文,2002年。
［2］李贻贤:《谭中的汉学研究》,四川大学硕士学位论文,2016年。
［3］任佳主编:《孟中印缅地区合作论坛通讯、重要发言及论文集》,2011年第2期。
［4］王琼林:《师觉月的汉学研究》,四川大学硕士学位论文,2016年。
［5］赵晨诗:《论美国汉学到中国学的变迁:以费正清为中心》,北京语言大学硕士论文,2007年6月。
［6］赵恒:《艾尔弗雷德·马汉史学思想初探》,淮北师范大学硕士学位论文,2014年。

## 4　英文资料

［1］ Bagchi, Prabodh Chandra, *India and China: A Thousand Years of Cultural Relations*, New York: Philosophical Library, 1951.
［2］ Bagchi, Prabodh Chandra, tr., *She-Kia-Fang-Che*, Calcutta: Visva-Bharati Publishing Department, 1959.
［3］ Bagchi, Prabodh Chandra, *Indological Studies: A Collection of Essays*, Santiniketan: Visva-Bharati Research Publications Committee, 1982.

[ 4 ] Bagchi, Prabodh Chandra, *India and China: A Thousand Years of Cultural Relations*, New Delhi: Munshiram Manoharlal Publishers, 2008.

[ 5 ] Bagchi, Prabodh Chandra, *India and China: Interactions through Buddhism and Diplomacy: A Collections of Essays by Professor Prabodh Chandra Bagchi*, compiled by Bangwei Wang and Tansen Sen, London, New York, Delhi: Anthem Press, 2011.

[ 6 ] Bapat, P. V., *India's Cultural Contacts with Other Countries and the Role of Buddhism in Establishing the Same*, Delhi: Delhi University Press, 1959.

[ 7 ] Basham, A. L., *A Cultural History of India*, Oxford: Oxford University Press, 1975.

[ 8 ] Basham, A. L., *The Wonder That Was India: A Survey of the History and Culture of the Indian Subcontinent before the Coming of the Muslims*, Third Revised Edition, New Delhi: Picador India, 2004.

[ 9 ] Bhattacharya, Manik, *Heritage and New Culture: A Study of Lu Xun's Writings*, Published by the Author, 2014.

[ 10 ] Bhattacharyya, Amit, *Transformation of China, 1840-1969*, Kolkata: Archana Das & Subrata Das, 2017.

[ 11 ] Chakrabarti, Sreemati, *China and the Naxalites*, New Delhi: Radiant Publishers, 1990.

[ 12 ] Chakrabarti, Sreemati, *Mao, China's Intellectuals and the Cultural Revolution*, New Delhi: Sanchar Publishing House, 1998.

[13] Chandra, Lokesh, Radha Banerjee, eds. , *Xuanzang and the Silk Route*, New Delhi: Indira Gandhi National Centre for the Arts & Munshiram Manoharlal Publishers, 2008.

[14] Chandra, Lokesh and Nirmala Sharma, *Buddhist Paintings of Tun-Huang in the National Museum, New Delhi*, New Delhi: Niyogi Books, 2012.

[15] Chandra, Lokesh, *Cultural Interflow between India and Japan*, New Delhi: International Academy of Indian Culture and Aditya Prakashan, 2014.

[16] Chandra, Lokesh, *Indian and China*, New Delhi: International Academy of Indian Culture and Aditya Prakashan, 2016.

[17] Chandra, Lokesh, *Dictionary of Buddhist Iconography*, Vol. 1-15, New Delhi: International Academy of Indian Culture and Aditya Prakashan, 1999-2005.

[18] Chatterji, Suniti Kumar, *Select Papers*, Vol. 3, Calcutta: Prajna, 1984.

[19] Choudhuri, Indra Nath, *The Genesis of Imagination: Selected Essays on Literature, Theory, Religion and Culture*, New Delhi: Sterling Publishers, 2001.

[20] Chaudhuri, Saroj Kumar, *Sanskrit in China and Japan*, New Delhi: International Academy of Indian Culture and Aditya Prakashan, 2011.

[21] Chopra, Surendra, ed. , *Sino-Indian Relations*, Amritsar: Guru Nanak Dev University, 1985.

[22] Choudhury, Paramesh, *Indian Origin of the Chinese Nation: A Challenging, Unconventional Theory of the Origin of the Chinese*, Calcutta: Dasgupta & Co. Private Ltd., 1990.

[23] Das, Sisir Kumar, ed., *The English Writings of Rabindranath Tagore*, Vol. 3, New Delhi: Sahitya Akademi, 2002.

[24] Deepak, B. R., *India-China Relations in the First Half of the 20th Century*, New Delhi: A. P. H. Publishing Corporation, 2001.

[25] Deepak, B. R., *India & China 1904 - 2004: A Century of Peace and Conflict*, New Delhi: Manak Publications, 2005.

[26] Deepak, B. R., tr., *My Life with Kotnis (Narrated by Guo Qinglan and compiled by Xu Baojun)*, New Delhi: Manak Publications, 2006.

[27] Deepak, B. R., tr., *Cini Kavita*, New Delhi: Prakashan Sansthan, 2009.

[28] Deepak, B. R., *China: Agriculture, Countryside and Peasants*, New Delhi: Manak Publications, 2010.

[29] Deshingkar, Giri, *Security and Science in China and India (Selected Essays)*, New Delhi: Samskriti, 2005.

[30] Deshpande, Govind Purushottam, Alka Acharya, eds., *50 Years of Crossing a Bridge of Dream: India and China*, New Delhi: Tulika, 2000.

[31] Dutt, Gargi, *Rural Communes of China: Organizational*

*Problems*, Bombay: Asia Publishing House, 1967.
[32] Dutt, Gargi and V. P. Dutt, *China's Cultural Revolution*, Bombay: Asia Publishing House, 1970.
[33] Dutt, V. P., *China and the World: An Analysis of Communist China's Foreign Policy*, New York: Frederick A. Praeger Inc. Publishers, 1966.
[34] Dutt, V. P., ed., *China: the Post-Mao View*, New Delhi: Allied Publishers, 1981.
[35] Gupta, Karunakar, *The Hidden History of the Sino-Indian Frontier*, Calcutta: Minerva Associates Publications, 1974.
[36] Gupte, R. S., *History of Modern China: Nationalism and Communism in China*, New Delhi: Sterling Publishers, 1974.
[37] Jain, Jagdish Chandra, *Amidst the Chinese People*, Delhi: Atma Ram & Sons, 1955.
[38] Jain, J. P., *China in World Politics: A Study of Sino-British Relations 1949 – 1975*, New Delhi: Radiant Publishers, 1976.
[39] Kumar, Shive & S. Jain, *History of Modern China (1839 – 1980)*, New Delhi: S. Chand & Company Ltd., 1985.
[40] Kumar, Yukteshwar, *A History of Sino-Indian Relations: 1st Century to 7th Century A. D.*, New Delhi: A. P. H. Publishing Corporation, 2005.
[41] Lamb, Alastair, *The Mcmahon Line: A Study in the*

Relations between India, China and Tibet, 1904 to 1914, Vol. 1: Morley, Minto and Non-interference in Tibet, London: Routledge & Kegan Paul, 1966.

[42] Lamb, Alastair, British India and Tibet: 1766-1910, London and New York: Routledge & Kegan Paul, 1986.

[43] Mehra, Prashotam, The McMahon Line and After: A Study of the Triangular Contest on India's North-eastern Frontier between Britain, China and Tibet, 1904-1947, Delhi: Macmillan, 1974.

[44] Menon, K. P. S., Delhi-Chungking: A Travel Diary, London: Oxford University Press, 1947.

[45] Menon, K. P. S., China: Past & Present, Bombay: Asian Publishing House, 1968.

[46] Mitra, Sabaree, Literature and Politics in 20th Century China: Issues and Themes, New Delhi: Books Plus, 2005.

[47] Mitra, Sabaree, Chinese Women Writers and Gender Discourse, New Delhi: Books Plus, 2008.

[48] Mohanty, Manoranjan, The Political Philosophy of Mao Tse-tung, Macmillan, 1978.

[49] Mohanty, Manoranjan, ed., China at a Turning Point: Perspectives after the 19th Party Congress, New Delhi: Pentagon Press, 2019.

[50] Mukherjee, Amitava and Sudhir Banerjee, Chinese Policy Towards Asia, New Delhi: Sterling Publishers,

1975.

[51] Mukherji, Priyadarsi, *Chinese and Tibetan Societies through Folk Literature*, New Delhi: Lancer's Books, 1999.

[52] Mukherji, Priyadarsi and Cristina Beatriz del Rio Aguirre, tr. *Cross - Cultural Impressions: Ai Ch'ing, Pablo Neruda and Nicolas Guillen*, Delhi: Authors Press, 2004.

[53] Mukherji, Priyadarsi, *Netaji Subhas Chandra Bose and the Indian Liberation Movement in East Asia: Declassified Documents in China and India*, New Delhi: Har-Anand Publications, 2008.

[54] Murty, K. Satchidananda, *Far Eastern Philosophy*, Mysore: University of Mysore, 1976.

[55] Nag, Kalidas, ed., *Tagore and China*, Calcutta: Federation of Indian Music and Dancing and Calcutta Art Society, 1945.

[56] Nair, V. G., ed., *Professor Tan Yunshan and Cultural Relations between India and China*, Madras: Solar Works, 1958.

[57] Nair, V. G., *China and Burma Interpreted*, Santiniketan: Sino-Indian Cultural Society, 1947.

[58] Narain, V., ed., R. Shamasastry, trans. *Kautiliya Arthasastra (Sanskrit Text with English Translation and an Exhaustive Introduction)*, Varanasi: Chowkhamba Vidyabhawan, 2010.

[59] Panda, Jagannath P., ed., *China Year Book 2015: China's Transition under Xi Jinping*, New Delhi: Pentagon Press, 2016.

[60] Panikkar, K. M., *In Two Chinas: Memoirs of a Diplomat*, London: George Allen & Unwin Ltd., 1955.

[61] Panikkar, K. M., *India and China: A Study of Cultural Relations*, Bombay: Asia Publishing House, 1957.

[62] Pathak, Suniti Kumar, *The Indian Nītiśāstras in Tibet*, Delhi: Motilal Banarsidass, 1974.

[63] Patil, R. K., B. J. Patel and F. N. Rana, *Report of the Indian Delegation to China on Agrarian Co-operatives*, New Delhi: Government of India Planning Commission, 1957.

[64] Phadke, R. V., *China's Power Projection*, New Delhi: Manas Publications, 2005.

[65] Phukon, Girin and Dhiren Bhagawati, eds., *Mao Zedong and Social Reconstruction*, New Delhi: South Asian Publishers, 1996.

[66] Pillai, P. V., *Perspectives on Power: India and China: An Analysis of Attitudes Towards Political Power in the Two Countries Between c. Seventh and Second Centuries B. C.*, Ahamedabad: South Asia Books, 1977.

[67] Pillai, Mohanan B., ed., *Foreign Policy of India: Continuity and Change*, New Delhi: New Century Publications, 2010.

[68] Radhakrishnan, S., *India and China: Lectures Delivered in China in May 1944*, Bombay: Hind Kitabs Ltd., 1954.

[69] Raman, G. Venkat, *State Authority and Decentralization: A Comparative Study of Mao Zedong and Deng Xiaoping's Thoughts on Development Strategy*, Gurgaon: Hope India Publications, 2008.

[70] Ray, Haraprasad, *Trade and Diplomacy in India-China Relations: A Study of Bengal during the Fifteenth Century*, New Delhi: Radiant Publishers, 1993.

[71] Ray, Haraprasad, ed., *Contribution of P. C. Bagchi on Sino-Indo Tibetology*, Kolkata: The Asiatic Society, 2002.

[72] Ray, Haraprasad, *Trade and Trade Routes between India and China, c. 140 B. C. - A. D. 1500*, Kolkata: Progressive Publishers, 2003.

[73] Ray, Haraprasad, *Northeast India's Place in India-China Relations and Its Future Role in India's Economy*, Kolkata: Institute of Historical Studies, 2003.

[74] Ray, Sibnarayan, ed., *Selected Works of M. N. Roy (1927-1932)*, Vol. 3, Delhi: Oxford University Press, 1990.

[75] Roy, Kshitis, ed., *Sino-Indian Studies*, Vol. 5, Parts 3 & 4, Calcutta: Visva-Bharati Publishing Department, 1957.

[76] Roy, M. N., *Revolution and Counter-revolution in*

*China*, Calcutta: Renaissance Publishers, 1946.
[77] Roy, M. N., *My Experiences in China*, Calcutta: Renaissance Publishers, 1945.
[78] Roy, M. N., *M. N. Roy's Memoirs*, Bombay: Allied Publishers Pvt. Ltd. , 1964.
[79] Roy, M. N. , *Men I Met*, New Delhi: Ajanta Publications, 1968.
[80] Saksena, Shalini, *India, China and the Revolution*, New Delhi: Anmol Publications, 1992.
[81] Saraswati, Baidyanath, ed. *Sacred Science Review*, 2004.
[82] Sen, Tansen, *Buddhism, Diplomacy, and Trade: The Realignment of Sino - Indian Relations, 600 - 1400*, Honolulu: University of Hawai Press, 2003.
[83] Sheel, Kamal, *Peasant Society and Marxist Intellectuals in China: Fang Zhimin and the Origin of a Revolutionary Movement in the Xinjiang Region*, New Jersey: Princeton University Press, 1989.
[84] Sheel, Kamal, Lalji Shravak, Charles Willemen, eds. , *India on the Silk Route*, New Delhi: Buddhist World Press, 2010.
[85] Singh, A. K. , *A History of China in Modern Times*, New Delhi: Surjeet Publications, 1984.
[86] Singh, B. K. P. , *China's Tibet Policy*, New Delhi: Sumit Enterprises, 2009.
[87] Singh, Jasjit, ed. , *India, China and Panchsheel*,

New Delhi: Sanchar Publishing House, 1996.
[88] Sundarlal, *China Today: An Account of the Indian Goodwill Mission to China, September – October 1951*, Allahabad: Hindustani Culture Society, 1952.
[89] Surie, Pooram, *China: A Search for Its Soul, Leaves from a Beijing Diary*, New Delhi: Konark Publishers, 2009.
[90] Surie, Pooram, *China: Confucius in the Shadows*, New Delhi: Knowledge World Publishers, 2015.
[91] Tagore, Amitendranath, *Literary Debates in Modern China: 1918–1937*, Tokyo: The Centre for East Asian Cultural Studies, 1967.
[92] Tagore, SourindroMohun, *Universal History of Music*, Varanasi: Chowkhamba Sanskrit Series Office, 1963.
[93] Tan Chung, ed., *Indian Horizons*, Vol. 43, No. 1–2, New Delhi: Indian Council for Cultural Relations, 1994.
[94] Tan Chung, *China and the Brave New World: A Study of the Origins of the Opium War 1840–42*, New Delhi: Allied Publishers, 1978.
[95] Tan Chung, *Triton and Dragon: Studies on Imperialism and Nineteenth Century China*, New Delhi: Gian Publishing House, 1986.
[96] Tan Chung, ed., *Across the Himalayan Gap: An Indian Quest for Understanding China*, New Delhi: Gyan Publishing House, 1998.

[97] Tan Chung, ed., *In the Footsteps of Xuanzang: Tan Yunshan and India*, New Delhi: Indira Gandhi National Centre for the Arts, 1999.

[98] Tan Yunshan, *Modern Chinese History: Political, Economical and Social*, Waltair: Andhra University, 1938.

[99] Tan Yunshan, *What is Chinese Religion*, Nanking and Santiniketan: The Sino-Indian Cultural Society, 1938.

[100] Tan Yunshan, *Cultural Interchange between India and China*, Santiniketan: The Sino-Indian Cultural Society, 1940.

[101] Tan Yunshan, *China, India and the War*, Calcutta: China Press, 1944.

[102] Tan Yunshan, *Ahimsa in Sino-Indian Culture*, Santiniketan: The Sino-Indian Cultural Society of India, 1949.

[103] Tan Yunshan, *China's Civilization and the Spirit of Indian and Chinese Cultures*, Santiniketan: The Sino-Indian Cultural Society of India, 1949.

[104] Tan Yunshan, *The History of the Chinese Language and Literature*, Santiniketan: The Sino-Indian Cultural Society of India, 1952.

[105] Tan Yunshan, *The Universal Mother in Sino-Indian Culture and Chinese Universalism*, Santiniketan: The Sino-Indian Cultural Society, 1960.

[106] Tan Yunshan, *Some Aspects of Chinese Buddhism: Buddha Jayanti Lecture*, Santiniketan: The Sino-Indian Cultural Society, 1963.

[107] Tankha, Brij and Madhavi Thampi, *Narratives of Asia from India, Japan and China*, Calcutta and New Delhi: Sampark, 2005.

[108] Thakur, Ravni, *Rewriting Gender: Reading Contemporary Chinese Women*, London and New Jersey: Zed Books, 1997.

[109] Thampi, Madhavi, *Indians in China: 1800 – 1949*, New Delhi: Manohar Publishers, 2005.

[110] Thampi, Madhavi, ed., *India and China in the Colonial World*, New Delhi: Social Science Press, 2005.

[111] Thampi, Madhavi and Shalini Saksena, *China and the Making of Bombay*, Bombay: The K. R. Cama Oriental Institute, 2009.

[112] Thapar, Romila, *The Penguin History of Early India from the Origins to AD 1300*, New Delhi: Penguin Books, 2003.

[113] Yang, Anand A., Kamal Sheel, and Ranjana Sheel, tr., *Thirteen Months in China: A Subaltern Indian and the Colonial World, An Annotated Translation of Thakur Gadadhar Singh's Chīn Me Terah Mās*, Delhi: Oxford University Press, 2017.

[114] *China Report*, Vol. 1 (1964) –Vol. 54 (2018).

[115] *Visva – Bharati Annals*, Vol. 1, 1945, Calcutta: Visva – Bharati Publishing Department.

[116] *Visva – Bharati Quarterly*, Vol. 47, No. 3 – 4, 1981 – 1982, Calcutta: Visva–Bharati Publishing Department.

# 附录1　印度汉学研究部分重要书目

[1] Bagchi, Prabodh Chandra（师觉月）, *India and China: A Thousand Years of Cultural Relations*, New York: Philosophical Library, 1951.

[2] Bagchi, Prabodh Chandra, *Indological Studies: A Collection of Essays*, Santiniketan: Visva-Bharati Research Publications Committee, 1982.

[3] Bagchi, Prabodh Chandra, *India and China: Interactions through Buddhism and Diplomacy: A Collections of Essays by Professor Prabodh Chandra Bagchi*, compiled by Bangwei Wang and Tansen Sen, London, New York, Delhi: Anthem Press, 2011.

[4] Bapat, P. V., *2500 Years of Buddhism*, New Delhi: Publications Division, Ministry of Information and Broadcasting, Government of India, 1971 (1956).

[5] Bhattacharya, Manik, *Heritage and New Culture: A Study of Lu Xun's Writings*, Published by the Author, 2014.

[6] Chakrabarti, Sreemati, *China and the Naxalites*, New Delhi: Radiant Publishers, 1990.

[7] Chakrabarti, Sreemati, *Mao, China's Intellectuals and*

the Cultural Revolution, New Delhi: Sanchar Publishing House, 1998.

[8] Chandra, Lokesh, Radha Banerjee, eds., Xuanzang and the Silk Route, New Delhi: Indira Gandhi National Centre for the Arts & Munshiram Manoharlal Publishers, 2008.

[9] Chandra, Lokesh and Nirmala Sharma, Buddhist Paintings of Tun - Huang in the National Museum, New Delhi, New Delhi: Niyogi Books, 2012.

[10] Chandra, Lokesh, Cultural Interflow between India and Japan, New Delhi: International Academy of Indian Culture and Aditya Prakashan, 2014.

[11] Chandra, Lokesh, Indian and China, New Delhi: International Academy of Indian Culture and Aditya Prakashan, 2016.

[12] Chandra, Lokesh, Dictionary of Buddhist Iconography, Vol. 1-15, New Delhi: International Academy of Indian Culture and Aditya Prakashan, 1999-2005.

[13] Chatterji, Suniti Kumar, Select Papers, Vol. 3, Calcutta: Prajna, 1984.

[14] Choudhury, Paramesh, Indian Origin of the Chinese Nation: A Challenging, Unconventional Theory of the Origin of the Chinese, Calcutta: Dasgupta & Co. Private Ltd., 1990.

[15] Das, S. K., ed., Talks in China, Calcutta: Visva-Bharati Publishing Department, 1999.

[16] Das, S. K., ed., The English Writings of Rabindranath

*Tagore*, Vol. 3, New Delhi: Sahitya Akademi, 2002.

[17] Deepak, B. R., *India-China Relations in the First Half of the 20 th Century*, New Delhi: A. P. H. Publishing Corporation, 2001.

[18] Deepak, B. R., *India & China 1904-2004: A Century of Peace and Conflict*, New Delhi: Manak Publications, 2005.

[19] Deepak, B. R., Trans., *Cini Kavita*, New Delhi: Prakashan Sansthan, 2009.

[20] Deshingkar, Giri, *Security and Science in China and India (Selected Essays)*, New Delhi: Samskriti, 2005.

[21] Ganguli, B. N., *In New China*, Bombay: Indian Council for World Affairs, 1955.

[22] Gupta, Karunakar, *The Hidden History of the Sino-Indian Frontier*, Calcutta: Minerva Associates Publications, 1974.

[23] Gupte, R. S., *History of Modern China: Nationalism and Communism in China*, New Delhi: Sterling Publishers, 1974.

[24] Jetly, Nancy, *India China Relations 1947-1977: A Study of Parliament's Role in the Making of Foreign Policy*, New Delhi: Radiant Publishers, 1979.

[25] Karanjia, R. K., *China Stands Up and Wolves of the Wild West*, Bombay: People's Publishing House, 1952.

[26] Kaul, T. N., *India, China and Indochina: Reflections of a "Liberated" Diplomat*, New Delhi: Allied Publishers, 1980.

[27] Kondapalli, Srikanth, *The People's Liberation Army: Evolving Dynamics*, New Delhi: Institute of Defence and Studies Analysis, 1996.

[28] Kondapalli, Srikanth, *China's Military: The PLA in Transition*, New Delhi: Knowledge World in Association with Institute for Defence Studies and Analyses, 1999.

[29] Kondapalli, Srikanth, *China's Naval Power*, New Delhi: Knowledge World in Association with Institute for Defence Studies and Analyses, 2001.

[30] Kondapalli, Srikanth and Emi Mifune, eds., *China and Its Neighbours*, New Delhi: Pentagon Press, 2010.

[31] Kondapalli, Srikanth and Priyanka Pandit, eds., *China and the BRICS Setting up a Different Kitchen*, New Delhi: Pentagon Press, 2017.

[32] Kondapalli, Srikanth and Hu Xiaowen, eds., *One Belt, One Road: China's Global Outreach*, New Delhi: Pentagon Press, 2017.

[33] Kumar, B. K., *China through Indian Eyes: A Select Bibliography 1911 – 1977*, New Delhi: Concept Publishing Company, 1978.

[34] Kumar, Shive & S. Jain, *History of Modern China (1839–1980)*, New Delhi: S. Chand & Company Ltd., 1985.

[35] Kumar, Yukteshwar, *A History of Sino-Indian Relations: 1st Century to 7th Century A. D.*, New Delhi: A. P. H. Publishing Corporation, 2005.

[36] Maurya, Abhai, ed., *India and World Literature*, New

Delhi: Indian Council for Cultural Relations, 1990.

[37] Mehra, Prashotam, *The McMahon Line and After: A Study of the Triangular Contest on India's North-eastern Frontier between Britain, China and Tibet, 1904-1947*, Delhi: Macmillan, 1974.

[38] Mehra, Prashotam, *Negotiating with the Chinese 1846-1987: Problems and Perspectives (Within an Epilogue)*, New Delhi: Reliance Publishing House, 1989.

[39] Menon, K. P. S., *Delhi-Chungking: A Travel Diary*, London: Oxford University Press, 1947.

[40] Menon, K. P. S., *China: Past & Present*, Bombay: Asian Publishing House, 1968.

[41] Menon, K. P. S., *Twilight in China*, Bombay: Bharatiya Vidya Bhavan, 1972.

[42] Mitra, Sabaree, *Literature and Politics in 20th Century China: Issues and Themes*, New Delhi: Books Plus, 2005.

[43] Mitra, Sabaree, *Chinese Women Writers and Gender Discourse*, New Delhi: Books Plus, 2008.

[44] Mohanty, Manoranjan, ed., *Chinese Revolution: Comparative Perspectives on Transformation of Non-Western Societies*, New Delhi: Ajanta Publications, 1992.

[45] Mukherji, Priyadarsi, *Chinese and Tibetan Societies through Folk Literature*, New Delhi: Lancer's Books, 1999.

[46] Mukherji, Priyadarsi, *Netaji Subhas Chandra Bose and the Indian Liberation Movement in East Asia: Declassified Documents in China and India*, New Delhi: Har-Anand

Publications, 2008.
[47] Murty, K. Satchidananda, *Far Eastern Philosophy*, Mysore: University of Mysore, 1976.
[48] Nag, Kalidas, ed., *Tagore and China*, Calcutta: Federation of Indian Music and Dancing and Calcutta Art Society, 1945.
[49] Nair, V. G., ed., *Professor Tan Yunshan and Cultural Relations between India and China*, Madras: Solar Works, 1958.
[50] Pande, Ira, ed., *India China: Neighbours Strangers*, New Delhi: HarperCollins Publishers, 2010.
[51] Panikkar, K. M., *In Two Chinas: Memoirs of a Diplomat*, London: George Allen & Unwin Ltd., 1955.
[52] Panikkar, K. M., *India and China: A Study of Cultural Relations*, Bombay: Asia Publishing House, 1957.
[53] Radhakrishnan, S., *India and China: Lectures Delivered in China in May 1944*, Third edition, Bombay: Hind Kitabs Ltd., 1954.
[54] Ray, Haraprasad, *Trade and Diplomacy in India-China Relations: A Study of Bengal during the Fifteenth Century*, New Delhi: Radiant Publishers, 1993.
[55] Ray, Haraprasad, *Chinese Sources of South Asian History in Translation: Data for Study of India-China Relations through History*, Vol. 1, Kolkata: The Asiatic Society, 2004.
[56] Ray, Haraprasad, *Chinese Sources of South Asian History in Translation: Data for Study of India-China Relations*

*through History*, Vol. 2, Kolkata: The Asiatic Society, 2006.

[57] Ray, Haraprasad, *Chinese Sources of South Asian History in Translation: Data for Study of India-China Relations through History*, Vol. 3, Kolkata: The Asiatic Society, 2009.

[58] Ray, Haraprasad, *Chinese Sources of South Asian History in Translation: Data for Study of India-China Relations through History*, Vol. 4, Kolkata: The Asiatic Society, 2011.

[59] Ray, Haraprasad, ed., *Contribution of P. C. Bagchi on Sino-Indo Tibetology*, Kolkata: The Asiatic Society, 2002.

[60] Roy, Kshitis, ed., *Sino-Indian Studies*, Vol. 5, Part 3 & 4, Calcutta: Visva-Bharati Publishing Department, 1957.

[61] Roy, M. N., *My Experiences in China*, Calcutta: Renaissance Publishers, first edition, 1938, second edition, 1945.

[62] Roy, M. N., *Revolution and Counter-revolution in China*, Calcutta: Renaissance Publishers, 1946.

[63] Roy, M. N., *M. N. Roy's Memoirs*, Bombay: Allied Publishers Pvt. Ltd., 1964.

[64] Roy, M. N., *Men I Met*, New Delhi: Ajanta Publications, 1968.

[65] Roy, M. N., *Selected Works of M. N. Roy (1927-1932)*, (Vol. 3) Delhi: Oxford University Press, 1990.

[66] Saksena, Shalini, *India, China and the Revolution*,

New Delhi: Anmol Publications, 1992.
[67] Sen, Surendranath, *India through Chinese Eyes*, Madras: University of Madras, 1956.
[68] Sen, Tansen, *Buddhism, Diplomacy, and Trade: The Realignment of Sino-Indian Relations, 600-1400*, Honolulu: University of Hawai Press, 2003.
[69] Seth, Vikram, *Three Chinese Poets*, New Delhi: Viking, 1992.
[70] Sheel, Kamal, *Peasant Society and Marxist Intellectuals in China: Fang Zhimin and the Origin of a Revolutionary Movement in the Xinjiang Region*, New Jersey: Princeton University Press, 1989.
[71] Sheel, Kamal, Lalji Shravak, Charles Willemen, eds., *India on the Silk Route*, New Delhi: Buddhist World Press, 2010.
[72] Singh, A. K., *A History of China in Modern Times*, New Delhi: Surjeet Publications, 1984.
[73] Singh, K. Natwar, *My China Diary: 1956-1988*, New Delhi: Rupa & Co., 2011.
[74] Sundarlal, *China Today: An Account of the Indian Goodwill Mission to China, September - October 1951*, Allahabad: Hindustani Culture Society, 1952.
[75] Surie, Pooram, *China: A Search for Its Soul, Leaves from a Beijing Diary*, New Delhi: Konark Publishers, 2009.
[76] Tagore, Amitendranath, *Literary Debates in Modern China: 1918-1937*, Tokyo: The Centre for East Asian Cultural

Studies, 1967.

[77] Tan Chung, *China and the Brave New World: A Study of the Origins of the Opium War 1840 - 42*, New Delhi: Allied Publishers, 1978.

[78] Tan Chung, *Triton and Dragon: Studies on Imperialism and Nineteenth Century China*, New Delhi: Gian Publishing House, 1986.

[79] Tan Chung, ed., *Indian Horizons*, Vol. 43, No. 1 - 2, New Delhi: Indian Council for Cultural Relations, 1994.

[80] Tan Chung, ed., *Across the Himalayan Gap: An Indian Quest for Understanding China*, New Delhi: Gyan Publishing House, 1998.

[81] Tan Chung, ed., *In the Footsteps of Xuanzang: Tan Yunshan and India*, New Delhi: Indira Gandhi National Centre for the Arts, 1999.

[82] Tan Chung, Amiya Dev, Wang Bangwei & Wei Liming, eds., *Tagore and China*, New Delhi: Saga Publications, 2011.

[83] Tan Chung, Zhang Minqiu and Ravni Thakur, eds., *Across the Himalayan Gap: A Chinese Quest for Understanding India*, New Delhi: Konark Publishers, 2013.

[84] Tan Yunshan, *What is Chinese Religion*, Nanking and Santiniketan: The Sino-Indian Cultural Society, 1938.

[85] Tan Yunshan, *Cultural Interchange between India and China*, Santiniketan: The Sino-Indian Cultural Society, 1940.

[86] Tan Yunshan, *Ahimsa in Sino-Indian Culture*, Santiniketan: The Sino-Indian Cultural Society of India, 1949.

[87] Tan Yunshan, *The History of the Chinese Language and Literature*, Santiniketan: The Sino-Indian Cultural Society of India, 1952.

[88] Tan Yunshan, *The Universal Mother in Sino-Indian Culture and Chinese Universalism*, Santiniketan: The Sino-Indian Cultural Society, 1960.

[89] Tan Yunshan, *Some Aspects of Chinese Buddhism*, Santiniketan: The Sino-Indian Cultural Society, 1963.

[90] Tan Yunshan, *Sino-Indian Culture*, Calcutta: Visva-Bharati Publishing Department, 1998.

[91] Tankha, Brij and Madhavi Thampi, *Narratives of Asia from India, Japan and China*, Calcutta and New Delhi: Sampark, 2005.

[92] Thakur, Ravni, *Rewriting Gender: Reading Contemporary Chinese Women*, London and New Jersey: Zed Books, 1997.

[93] Thampi, Madhavi, *Indians in China: 1800-1949*, New Delhi: Manohar Publishers, 2005.

[94] Thampi, Madhavi, ed., *India and China in the Colonial World*, New Delhi: Social Science Press, 2005.

[95] Thampi, Madhavi and Shalini Saksena, *China and the Making of Bombay*, Bombay: The K. R. Cama Oriental Institute. 2009.

[96] Uberoi, Patricia, ed., "Special Number on Lu Xun: Literature, Society and Revolution", *China Report*, Vol. 18, No. 2 & 3, March-June, 1982.

[97] Vira, Raghu, *Chinese Poems and Pictures on Ahimsā*, Nagpur: International Academy of Indian Culture, 1955 (1954).

[98] Vira, Raghu and Chikyo Yamamoto, *Rāmāyaṇa in China*, Nagpur: International Academy of Indian Culture, 1938, 1955.

[99] Vohar, Ranbir, *Lao She and the Chinese Revolution*, Massachusetts: Harvard University Press, 1974.

[100] Wang Bangwei and Tansen Sen, eds., *India and China: Interactions through Buddhism and Diplomacy, a Collection of Essays by Professor Prabodh Chandra Bagchi*, Gurgaon: Anthen Press India, 2011.

[101] Yang, Anand A., Kamal Sheel, and Ranjana Sheel, tr., *Thirteen Months in China: A Subaltern Indian and the Colonial World, an Annotated Translation of Thakur Gadadhar Singh's Chīn Me Terah Mās*, Delhi: Oxford University Press, 2017.

[102] [印] 狄伯杰:《中印情缘》, 张雅欣等译, 北京: 中译出版社, 2017 年。

[103] [印] 莫汉·古鲁斯瓦米、左拉瓦·多利特·辛格:《追龙: 印度能否赶超中国》, 王耀华等译, 北京: 时事出版社, 2010 年。

[104] [印] 师觉月:《印度与中国: 千年文化关系》, 姜景奎等译, 北京: 北京大学出版社, 2014 年。

[105] [印] 谭中:《谭云山与中印文化交流》, 香港: 香港中文大学出版社, 1998 年。

［106］［印］谭中、耿引曾：《印度与中国——两大文明的交往与激荡》，北京：商务印书馆，2006年。

［107］［印］谭中主编：《中印大同：理想与实现》，银川：宁夏人民出版社，2007年。

［108］［印］谭中、郁龙余主编：《谭云山》，北京：中央编译出版社，2012年。

# 附录2 《泰戈尔与中国》(选译)

## 泰戈尔与中印合作[1]

卡利达斯·纳格 著　尹锡南 译

　　诗人(指泰戈尔,下同。——译者按)神圣的父亲即大仙德温德拉纳特非常痴迷于东方哲学与宗教,早在1877年,他就不辞辛劳地进行了一次中国旅行。从那些遥远日子里只言片语的记载中,我揣测,他在航行到中国之前,在他自办的著名的《真理智慧报》(*Tattva Bodhini Patrika*)上发表了一些相关的文章,旨在唤起印度人对道家思想和儒家思想的兴趣。造访缅甸和马来西亚后,德温德拉纳特抵达香港。由于不满香港的商业气息和欧化风格,他继续前行到广州,人们后来对中华民国之父孙中山(1866—1925)的回忆使此地变得神圣。1882年,刚结束首次欧洲之旅回印的21岁的年轻诗人泰戈尔,在《文艺女神》(*Bharati*)上发表了他的文章《中国的死亡贸易》,严厉谴

---

[1] 译自Kalidas Nag, ed., *Tagore and China*, Calcutta: Federation of Indian Music and Dancing and Calcutta Art Society, 1945, pp.50-58。

责欧洲列强执行的惨无人道的鸦片政策。1905 年至 1906 年间，身为《孟加拉观察》（*Banga Darsan*）的主编，泰戈尔写了一篇关于 L. 迪金森的《约翰中国佬信札》（*Letters from John Chinaman*）的评论，他高度地赞美中国人的生活与理想。自此，他对中国民族主义运动的进程保持着强烈的兴趣，中国的民族运动在 1912 年中华民国建立时达到了高潮。1913 年，当诺贝尔文学奖桂冠戴在他的头顶时，他的《吉檀迦利》旋即被译为汉语。1916 年至 1917 年间，当第二次穿越远东和太平洋访问美国时，他亲身接触到许多中国和朝鲜的崇拜者，他开始与他们互通书信。1921 年，当诗人创办国际大学时，他特意邀请到法国著名的印度学家和汉学家 S. 列维（Sylvain Levi）教授，以便在此和我们的一些印度学者一道，开始进行汉梵研究（Sino-Sanskrit research）。加尔各答大学研究生系的著名创始人 A. 穆克吉先生给予诗人以热情的配合，将一些年轻有为的学者派到了国际大学，师觉月（P. C. Bagchi）教授便是其中之一。师觉月受到 S. 列维教授中印学的极大启发，便跟随他到了巴黎大学，在那里，他以研究中国佛教经典的学术论文获得博士学位。师觉月在加尔各答大学始终坚持他的中印学研究，而学者 V. 夏斯特里（Pandit Vidhuhsekhar Sastri）在圣蒂尼克坦从事中国佛教与藏传佛教的比较研究。1923 年，当我从巴黎大学回来后，诗人热情地邀请我帮助他组建国际大学的一些系。他非常高兴地向我透露，由于受到以梁启超博士为首的中国朋友的邀请，他不久将访问中国。不久，对于诗人的个人邀请具有了民族的性质，尽管中国朋友承诺解决诗人演讲巡游的费用，对亚洲文化深感兴趣的 S. J. K. 比尔拉（Seth Jugal Kishore Birla）给诗人提供了一笔一万卢比的资金，以便他能将克迪莫亨·沈（Kshitimohan Sen，或译"沈谟汉"）教授、南达拉尔·鲍斯（Nandalal Bose）教授和我等三位印度学者带到中国。时任国际大学乡村福利系的恩厚之（L. K. Elmhirst）先生作为诗人的秘书随行，还有一位美国的社会工人葛玲小姐（Miss Greene）也加入了群体，这便成了一个正规的访问中华民国的国际大学代表团（Visva-Bharati Mission），时间恰巧在孙中山博士于 1925 年逝世前一年。1924 年 3 月 21 日，我们拔锚起航，开始了意义重大的航行。我们很高兴与一位著名军官李同忠（Li Tong Cong，音译）先生同行，他将前往他在广州的司令部。诗人于 26 日到达仰光后，华侨团体在位于肯门郸（Kenmendine）的中华学院（Chinese College）里为他举行了隆重的招待会。中华学院的院长林我将（Lim Ngo Chiong）把诗人的演说译为中文。后来，他作为我们的第一位汉语教师，来到圣蒂尼克坦，在此服务了几年（1925—1926）。驶过新加坡和香港后，我们终于抵达中国海岸，于 4 月 12 日踏上上海的土地。年轻而才华横溢的中国诗人徐志摩代表我们的中国朋友前来迎接我们，著名的领袖张嘉森（即张君劢，下同。——译者按）先生在美丽的花园里热烈欢迎诗人一行。时值我们的孟加拉新年除夕，诗人以其无以伦比的方式感谢中国朋友，以新的祈愿祝福他们的夏季绽放新葩。我们从上海被带到美丽迷人的杭州西湖一带，13 世纪来到中国的威尼斯旅行者马可·波罗曾经对此赞不绝口。当我们参观银铃石窟

(Yenling grotto)[1]时，主人提醒我们，这是印度佛教的洞窟。我们这才明白，许多个世纪以前，一位来自东印度的佛门高僧造访过此地。他帮助中国朋友，宣扬永恒的慈悲教义，直至圆寂此地。这个故事深深地打动了诗人，他在杭州当众发表了演说："印度高僧与中国人民完全融为一体，正是通过他们这种精神融合和爱的奉献，印度人才在过去赢得中国的心，将来也会如此。"诗人也热切期盼赢得中国的心。令人尊敬的75岁的中国诗人陈三立先生握着"印度诗人弟弟"（brother poet of India）的手，泰戈尔博士深受感动。

我们下一站将访问南京，它在蒋介石将军的领导下，即将成为统一后的中国首都（1927—1928）。作为孙逸仙博士"三民主义原则"的坚定支持者，他帮助孙博士平定了1923年的广州叛乱（应指1924年10月间孙中山和蒋介石等在共产党人支持下平定陈廉伯等发动的针对广东革命政府的商团叛乱，作者此处所叙时间有误。——译者按）。1924年，在孙博士的教导下，蒋将军去了莫斯科，对苏联的军事组织进行了一番深入的研究。回国后，他在革命军中复职。从1927年底到1928年10月，他已当选为南京国民政府主席，我们会看到他在中国组织统一战线的"辉煌业绩"。我们发现南京是中国的重要文化中心，这里有一所优秀的大学（应指当时邀请泰戈尔演讲的东南大学。——译者按）和一个图书馆，诗人在此对学生和公众发表了一次令人鼓舞的演讲。他受到了省督韩紫石和督军齐燮元

---

[1]"银铃石窟"是音译，具体坐落在哪里，没有考据到。——译者注

（齐当时任江苏督军兼苏皖赣巡阅使。——译者按）的热情欢迎，齐燮元决定着中国东南方三大省即江苏、安徽和江西的命运。

来到山东后，我们敬拜了圣人孔子。诗人一行受到了麦法官（Justice Mai）亦即复兴中国佛教协会会长的热情接待。我们拜访了莲宗（Lotus sect，即净土宗。——译者按）寺庙，诗人在济南府的山东基督教大学发表关于圣蒂尼克坦的演讲。

最后，我们到达历史名城北京，亲密接触了现代中国的一些著名领袖人物。就其他人而言，我们还得感谢泰戈尔接待委员会主席梁启超博士和国立北京大学（文学院）院长胡适教授暨博士的热情接待，在我们与新中国（New China）的学者、思想家和艺术家们取得联系的过程中，他们始终提供了宝贵的帮助。我们会见的人还包括：著名哲学家梁漱溟教授、与欧肯（Eucken）教授合著《中国与欧洲生活哲学》的张嘉森先生、前外交部长王达实（Wang ta Shi，音译，似指王宠惠。——译者按）先生、前内阁总理熊希龄先生、国立大学（应指于1923年7月由北京国立高等师范改名而来的北京师范大学。——译者按）校长和前教育总长范源濂先生、前法制局局长林长民先生、北京大学校长蔡元培先生、红十字会会长和杰出的妇女领袖凌秀熙女士（Mrs. Hsiung-she Ling，音译）、北京女子师范学院院长（应为国立北京女子师范大学。——译者按）杨荫榆女士、德国的中国哲学研究权威卫礼贤博士以及前皇帝溥仪的家庭教师庄士敦（Johnston）教授。每天，我们都在北京体验中国的文化生活，克迪莫亨·沈教授开始研究中国宗教与哲学，南达拉尔·鲍斯教授和我则观赏了大部分重要的中国艺术和古玩珍藏品，造访了一些著名中国画家的画室。鲍斯教授和我被邀请到国立北京大学发表关于印度艺术的演讲，很荣幸的是，胡适博士担任了我们的中国听众的翻译人。胡适博士是美国著名哲学家杜威（John Dewey）最欣赏的弟子。杜威和罗素阁下曾先后被邀请到中国做巡回演讲。像为我们在北京的演讲做翻译一样，胡适博士也为这二位的演讲进行翻译。我们的朋友徐志摩为诗人在中国其他地方发表的演讲担任翻译。北京清华学院（时为清华学校，下同。——译者按）教务长张彭春博士也曾慷慨相助。

## 末代皇帝邀请我们进宫

我们在北京逗留期间，最妙的事莫过于宣统皇帝给诗人一行发来的邀请。1911年革命后，他被允准在紫禁城的皇宫里度过少年时代。普通人等从未梦想能进入专为"天子"特设的宫廷禁区。在一位经验丰富的英国学者庄士敦博士的指导下，宣统皇帝仍在接受西方教育。庄士敦对佛教思想和中国艺术颇感兴趣。庄士敦先生拜会了诗人，并做了一些准备工作，以便诗人在觐见宣统皇帝时能够免却不必要的繁文缛节。两年以前即1922年，中国青年运动的领袖胡适博士很荣幸地受到皇帝邀请进宫。既然亚洲获诺贝尔奖的诗人（Poet-Laureate of Asia）可以接受邀请，宣统皇帝就吩咐当时掌管皇宫内务的杰出中国学者和诗人郑孝胥（末代皇帝溥仪宫中的内务府大臣。——译者按）进行妥善安排，以在御花园里招待诗人一行。泰戈尔博士及其随行人员到达了宫殿大门即神武门,他们在那里受到了宫廷高官的迎接。我们得穿过一个接一个的庭院,一行人越接近皇帝住的地方,中国官员的人数就越少,因为,只有极少数中国官员能够有幸进入"天子"的居住范围。从大门走到主殿大约花了一小时。

著名画家南达拉尔·鲍斯在孟加拉语信中栩栩如生地描述了这次访问(此信已被译为英文):"我们一个接一个地(in single file)走近皇帝。首先是诗人、庄士敦教授(皇帝的导师)和中国翻译,接着是女士们,最后是克迪莫亨先生、卡利达斯和恩厚之。当我们以中国礼节对皇帝及其两个皇后和皇妃(应指皇后婉容和淑妃文绣。——译者按)致敬时,他们都站立不动。诗人将孟加拉的桑卡(Sankha,即贝壳制作的手镯)作为礼物送给皇后和皇妃,他告诉她们,这些手镯是为女性带来荣华富贵的吉祥信物。恩厚之赠予皇帝一套诗人(即泰戈尔。——译者按)的作品,而我(南达拉尔)则赠给皇帝几件艺术版画。诗人向帝王家族表达了来自印度的问候,并向他们祝福。他谈起古代中印之间的友好联系,并说我们愿重新建立那种古老的联系。皇帝亲自带领我们游览皇宫,并向我们展示许多从未向他人展示的东西。皇帝向诗人赠送了一尊宝贵的佛陀像和一幅极为珍贵的中国画。诗人和皇帝合影留念,诗人还和著名中国诗人郑先生合影。"

在写于1924年5月9日的另一封信中,南达拉尔·鲍斯描述了他对北京及其艺术中心的生动印象:"故宫(现已改为博物院)最为壮观。宽敞的房间里到处都是无价珍宝,敞开的庭院和宽阔的走廊装饰得如梦似幻,无数的博物馆中珍藏着丰富的艺术品。第一眼看到这些时，我惊得目瞪口呆。我们可曾有过如此的富丽堂皇？想到这里，我不禁有点沮丧。我以这种想法来安慰自己：允许我们再次转世为人的话，那么，如果那些东西属于我们的话，他们会来到身边；如若不属于我们的话，也会有其他一些事情发生。中国幅员辽阔，它在艺术方面具有特别非凡的成就。或许，它在艺术和工艺方面最为辉煌，但西方的影响却已经开始腐蚀着它。在极为精美的手绘本地画旁，从美国、日本进口的彩色印刷年历开始找到了立足之地。女人们开始喜欢美国的高跟鞋，男人们则对欧洲的衣服产生了兴趣，他们喜欢像英国士兵那样把头发剪短。在皇宫里，紧挨着一条妙不可言的柔和美丽的老地毯，铺开的是一条丑陋不堪的很摩登的地毯，上面随意地设计了一些俗艳至极的紫罗兰（wall flower）。不幸的是，一切都在按照美国的方案进行设计，甚至连这些居住的房子都在改变模样……我们最为关注的这群人都是现代派，他们蔑视一切。他们急于彻底摆脱古老传统，但有时却不太明智。我很担忧，因为他们往往盲目地任由外国影响所摆布。也有一群年老的传统派，他们拒绝探视任何现代的东西。不过，仍有一些真正的行家，他们真正能够欣赏艺术。几乎与我们自己创办印度东方艺术学会（Indian Society of Oriental Art）的方针一样，他们也创办了自己的一个学会。我正尝试在他们的学会与我们自己的加尔各答学会之间建立固定联系。他们将原创六幅画作为一份礼物赠给诗人。我们已经收集了许多拓本（rubbings），它们非常漂亮。我也正在尝试将一两位中国画家带回去，但这是一项极为棘手的工作……中国人甚至比我们更恋家。我正在到处广发邀请，伺机劝说一些人到印度来。"

## 诗人在北京过生日

5月8日即孟加拉历2月25日（25th Baisakh），我们这个来自圣蒂尼克坦的一小群人在诗人的房间里安静地庆贺他的生日。南达拉尔·鲍斯在随后的信中记录了这一事件："我们三个印度人代表自己和自己的同胞们庆祝师尊（Gurudev）的生日。卡利达斯先生赋诗一首，克迪莫亨先生吟诵了一首挺有意义的梵文颂诗，我则作画一幅。中国人给他起了一个新的名字（竺震旦），意思是 the thundering morn of India（'印度雷鸣之晨'，此处的英文释义并未准确传达梁启超所赠中文名字的寓意。——译者按）[1]，还给了他一方精巧优美的镌刻着这个新名字的大印石。他们还赠予他十五六幅画、一个名为'千花'的漂亮的中国茶杯和其他许多东西。《齐德拉》（或译《花钏女》。——译者按）的演出非常成功。在戏剧编排和其他一些细节方面，我略微帮了一点儿忙。他们的眼睛似乎有些问题，但他们看上去竟还有些像曼尼普尔人（印度东北部的一个民族。——译者按）。男演员和女演员们看起来都很像，齐德拉公主很可能真的是他们中的一员。"

1924年5月10日发行的《东方时报》（*Far Eastern Times*）对这次生日庆典做了生动形象的报道。为了这次演

---

[1] 关于泰戈尔获赠名字的含义、寓意及梁启超相关解说，参见梁启超：《梁启超全集》，第7册，北京：北京出版社，1999年，第4257页；或参见谭中、耿引曾：《印度与中国——两大文明的交往和激荡》，北京：商务印书馆，2006年，第24页。——译者注

出，诗人对戏剧《齐德拉》做了特殊的改编，以方便中国男女演员，主要是组成"新月"剧团的年轻业余演员们的表演。场景渲染非常出色，服装姿态恰到好处，这体现了中国人自然浑成的艺术气质。引人注目的是，林徽因小姐是如此年轻的一个少女（girl），英语表达却无懈可击（perfect）。张歆海教授扮演主角阿周那，青年诗人徐志摩扮演爱神（Madana），爱神的表演非常出色。兴高采烈地坐在诗人旁边的是著名京剧演员梅兰芳，他穿着晚礼服，很明显，这种印度之夜的色彩方案使他若有所思。

在戏剧开演以前，为庆贺诗人的64岁生日而举行了一次正式聚会。胡适博士担任了这次庆典的主持人。他说为了纪念这个日子，中国朋友决定赠予印度诗人一个特殊的中文名字。命名仪式由著名学者和历史学家梁启超主持。他宣称，泰戈尔博士名字中的 Rabi 意为 sunlight（阳光），Indra 意为 thunder（雷鸣），他通过研究发现，印度原本表示中国的词语 China-sthana 可以译为"震旦"亦即雷鸣之晨。如果再加上表示印度的古代汉字"竺"，那么，泰戈尔博士的名和姓便是"竺震旦"亦即"印度雷鸣之晨"，这个名字可以将中国文化与印度文化深远而长久地结合在一起。人们对此等匠心独具的语言绝技报以长久的掌声，以示敬意。接下来，泰戈尔博士的两个印度弟子为观众助兴。沈教授吟诵了一首梵语颂诗，这使某些观众感到惊奇，他们原以为"你们不可能说一门死语言"。纳格博士则以孟加拉语吟诵了泰戈尔的诗歌，此即《鸿雁集》（Balaka）中的《新年》一诗。这时，泰戈尔身着孟加拉长袍，在热烈的掌声中登台解释，他怎么创作《齐德拉》，这部戏剧的创作动机又是什么,等等。在为泰戈尔博士献歌这一点上,新月社值得高度称赞。这是一种无比美妙的敬意,中国人在这一点上超越了其他民族。在北京,就在一个大厅里(指北京的协和大礼堂。——译者按),所有的艺术和文学不分国别地结合在一起。

这次聚会后的第二天即5月9日,中国观众涌向真光影戏院聆听诗人的第一次公开演讲。梁启超博士先向大家介绍了泰戈尔。诗人说,1861年,当他出生时,随着其他事物一道,三大运动开始在自己的本土风起云涌。首先是巨大的思想运动,它反对以静止的眼光看待宗教,试图大胆地振兴宗教……其次是文学运动,亦即文学的复兴……第三个运动就是追求民族自我表述的运动,它的目标是,不仅在个人层面上,而且在整个民族的层面上,自由无拘地表述自己,抛弃舶来的生活与行为理念。演讲者(指泰戈尔。——译者按)谈到了东方对西方的影响,以及东方在物质层面和精神领域接受西方标准的趋势。他以生动的语言呼吁抛弃实利主义(或译"物质主义")准则,这引起了听众们极大的注意。发表这番开场白以后,诗人念起一些事先写好的讲稿来,这些讲稿后来以《中国演讲集》(*Talks in China*)为题出版。

诗人在北京休息时,克迪莫亨·沈、南达拉尔·鲍斯和卡利达斯·纳格等参观了一些重要的历史遗迹和中国佛教艺术中心。现任中央研究院主任的李济教授当时担任我们一行的导游和翻译。关于这次历史性的游览,沈教授所写的一封信透露了一些重要的细节:"由于中国政府的帮助,我们的旅行很是舒坦。他们提供了一辆小车,还备有餐厅、寝室和厨房。我们有一个厨师和一个男孩。除此之外,一队卫兵也与我们同行。每到一个重要的驻地,军官们都要进行盘问……所有这些预防措施都很必要,因为路上到处都有土匪。不过,相对说来,我们还算安全,因为,身为印度人,所有人都非常尊敬我们,大家都带着敬意对我们说'阿弥陀佛'……我们到达洛阳(在北京以西900英里处)(1英里约为1.6千米。——译者按),这是一个地道的中国城镇,没有谁讲英语或懂得英语的……我们接下来到了龙门,易水河绕着它的两边奔流。这里有成千上万的石窟寺,每一个石窟都有佛教遗迹和雕像,这些是2000年来人类虔诚崇拜的产物。我们在几处庙龛点燃了焚香……接下来我们参观了白马寺。大约2000年以前,正是在白马寺这里,最早的来自印度的声音开始传播佛教。"

离开北京后,我们一行人造访山西,那时,此地由模范省长阎锡山统治。他提供一大片土地,以供按照室利尼克坦的模式建立实验性农场。他的模范省将改善当地人民的生活福利作为首要目标。

接着,我们被带到了汉口,此地在后来的历史上扮演了重要的角色,因为,国民党在1926年广州第二届全国代表大会进行重组以后,1927年,国民政府从广州迁移到汉口,汉口国民政府瓦解以后,南京成为令人振奋的领袖蒋介石的第二个首都。我们从汉口乘船回到上海,在张嘉森先生的住处为诗人和随从一行举行了激动人心的告别会。但是,在中国的最重要的告别会却是由国际学院(International Institute)[1]主持的,

---

[1] 原著没有交待是哪所院校的国际学院,译者遵照原著翻译。——译者注

时值诗人即将离开北京之前。吉尔伯特·雷德（Gilbert Reid）博士主持这次告别会，台上则是穿着各自服装的九种宗教的代表。《北京导报》（*Peking Leader*）于 5 月 26 日对诗人的最后一次演讲做了部分报道："他（泰戈尔）说，来到中国不久，别人问他是否信仰神灵。在答复这个问题时，他觉得无以回应。但他发现，很难信服世界及其所有的美只不过是机械过程的产物这一观点。对他来说，鲜花、树木、鸟儿，这一切都富含深意，体现了一种人格个性而非简简单单、平淡无奇的过程……美的声音感染着他，他情不自禁地相信，这声音背后蕴涵着一种人格，在鲜花中，在阳光里，在世界上所有美丽事物中，他发现了这种人格个性。你可分析它的香味、它的颜色和它的形态，但是你不可洞察玫瑰花的魅力，而这种魅力使得你愿意将它当作信使献给你的爱人……泰戈尔博士最后说道，他为被赐予的这种表达方式感激不尽，这是一种诗歌的表达方式。他发现，只有通过诗歌，才可以表达美的真实和真实的美。"

诗人的部分演说和讲话发表在他的《中国演讲集》中，但是要对他这次重要旅行获得一个全面的印象，人们必须多少研究一下当时的中国报刊，还得研究论述泰戈尔其人其作的中文书籍。一位著名中国学者谭云山就写过一本这样的书，1927 年 7 月，他在新加坡准备赴爪哇的途中邂逅了诗人。谭教授记叙了他在 1927 年至 1937 年的 10 年中，如何使自己在圣蒂尼克坦建立一个永久的中国研究中心的美梦成真，这也幸亏得到了他的中国朋友，特别是戴季陶先生阁下的慷慨支持。1940 年，戴季陶非常愉快地亲自造访了泰戈尔博士的国际大学。1937 年 4 月，诗人正式创办了中国学院（China Bhavan），作为第一任会长，他还发起组织了印度中印学会（Sino-Indian Society of India）。我们的民族领袖如圣雄甘地、潘迪特·贾瓦哈拉尔·尼赫鲁等对此表示热烈祝贺。1939年，在诗人的大力支持下，潘迪特·尼赫鲁受邀访问了重庆。同一年，尊敬的太虚方丈云游印度各地，在他之后，作为来自中国的文化大使（cultural ambassador），戴季陶先生于1940年向病榻上的诗人表达了敬意。另一位著名中国画家徐悲鸿为诗人画了肖像，这些画陈列在圣蒂尼克坦和加尔各答的印度东方艺术学会。学会的创始人和主持人阿巴宁德拉纳特·泰戈尔博士对中国艺术非常痴迷。他曾经在加尔各答自己的画室迎接过一群中国画家，并为他们安排了画展，这些画得到了人们的高度称赞。他的弟子即圣蒂尼克坦艺术学院主任南达拉尔·鲍斯教授是中国艺术的忠实崇拜者，他已经昭示了同时吸纳中国和印度绘画技法的新路径。中国向我们呈现了亚洲艺术和文化的新世界。从中国回来以后，我在1925年至1926年间创办了大印度学会（Greater Indian Society）。在过去20年，该学会与我在加尔各答大学的学术同行进行合作，发表和出版了关于中国文化的文章与著作，这些成果涉及印度历史。在我们美术方向的研究生课程中，中国、印度支那和中亚占有重要的地位。这样来看，泰戈尔博士在1924年进行的历史性访问，在潜力巨大的中印文化合作方面翻开了新的篇章。这场世界大战结束以后，如果且只有当中印被允许自由遵循它们传统的和平方略和文化合作的话，那么，人类的一半将会因此受益，对于其他人而言，这不会是一个无足轻重的经验。

## 泰戈尔与中国[1]

恩厚之 著　尹锡南 译

罗宾德拉纳特·泰戈尔访华不仅是最具有历史意义的事件，它还体现了泰戈尔自己对现代世界的个人认知。说它具有历史意义是因为，正如南京的省督所说："七百多年来，我们在中国等候着再度聆听印度的声音。许多世纪以来，印度的声音一直在启迪着我们，直到蒙古人的入侵完全隔断了彼此的视线和友谊。"他接着说："请记住，对我们来说，印度从来不是十分真实的印度，相反，她有些近似天国，高处世俗红尘之上，超脱于永恒冰雪之外。从印度那边曾经传来一脉新的知识、学问和文化，音乐、戏剧、雕塑、绘画与哲学，还传来了曾经影响整个中国生活的一种宗教。我们一直还在念叨六十多个佛教徒的名字，在公元200年至1200年之间，他们成功地征服了那些漫长而艰险的旅程。"在从印度出发以前，泰戈尔常说，对印度人而言，很有必要努力探究现代中国的理想抱负。他拒绝造访古代建筑，这并非是他不感兴趣，而是由于时间短暂，况且，他还带了一队印度专家，他们中一位是艺术家，一位是梵文学者，一位是历史学者，他们将考察中国历史的方方面面。在此期间，他决定竭尽全力，会见现代中国的学生、教授、作家，活跃的画家、演员、歌唱家和音乐家，以探索他们的思想智慧和理想抱负。

---

[1] 译自 Kalidas Nag, ed., *Tagore and China*, pp. 62-63。

在南京、北平和天津，他非常好奇地发现，学生们疑心重重地注视着他。他们曾经听说，印度好像属于领袖人物的家园，这些领袖想把"西方"拒之门外，推广手工纺织，拒斥现代科学的厚礼。他们以为，和许多从西方回来的人一样，泰戈尔也会鼓励他们只往后看，珍惜其传统文化，形成一种空灵超脱的思想观念。泰戈尔的形体容貌，他的胡须和衣着似乎印证了他们的忧虑。甚至连学者、作家和艺术家们都花了一点点时间才摆脱自己先前的偏见。然而，从胡适开始，他们很快就意识到，这是一颗最为现代的智慧头脑，它乐意探索现代世界的任何问题。他恳请中国人不仅要鉴别新的西方的虚假和真实所在，还要明辨往昔古老的中国文化之精华所在，并明白它必须以新的方式和新的眼光面对一个崭新的世界。心有灵犀一点通，他们热情地聆听着泰戈尔的讲述，他自己如何努力地让孟加拉从语言和音乐的古代桎梏里挣脱出来，同时又如何地珍爱往昔印度文化中的精华，以便那种对西方服饰和习惯的东施效颦（mere aping）永远不会导致印度人忘记这点：如果印度必须多方地学习西方，它也还有很多的东西赠予西方。

他旅行到很远的地方，拜见山西省长，接受了对方赠送的晋祠的古代道观，并获得了足够土地以便在中国创办实验中心。印度人、中国人和其他人可以像诗人自己在室利尼克坦的乡村重建机构所做的那样，在此进行乡村经济和社会问题的研究。他欣赏梅兰芳的表演。在一位中国名士家里，在为他特意举办的绘画聚会上，他在丝绸上挥毫作画。他一直强调，印度专家们应该与中国人同住同行，这样，他们不仅会发现中国古代的宝藏，也会邂逅和理解工作的和在家休息的中国人。

最为重要的或许是,他对一群中国年轻思想家和作家的要求即刻做出了回应,并在巡游中国的整个过程中,坚持将他们中的一两位带在身边随行随住。这样,他开始理解和欣赏诗人徐志摩,最后和他建立了长久的友谊。在各种条件下以多种方式旅行时,他们凑在一起,便是如此地嘻嘻哈哈,相互逗趣。

当他离开北平奔赴日本时,他的随行人员中除了三位印度人,还包括了一位中国的将军学者(scholar-general),一位中国教授,一位中国诗人。他想说:"除非你亲自看看日本,亲自感受它的文化应该怎样地感激中国,而这样一种文化之丰富内涵却被你们抛而弃之,你们又怎能认识自己的古代中国?跟我来看一看吧!尽管他们的政治野心误入了歧途,他们试图盲目地模仿全盘西化,他们却仍然拥有许多优秀的东西。世界上还有哪个地方,工作的男男女女会如此重视培育鲜花,如此珍视自然之美?"当这些中国朋友从日本回国后,他们在北平举办了一次展览会,以向世人说明,他们不仅受到了日本艺术家和作家的热情接待,而且也以此证实日本文化的丰富多彩。日本文化在很大程度上直接起源于唐宋时期与佛教中国的联系交流。直到发生徐志摩死亡的悲剧,泰戈尔从未与他中断过联系。他们都钟情文学,也都喜出新见,迷恋诗歌,喜欢幻想,耽于快乐,这使他们建起了中印之间的一座永恒之桥,这应该有助于后世的一代又一代人进行一种互惠互利的交流,圣蒂尼克坦的中国学院已经象征了这种交流,在那里,中国和印度的学者一同分享泰戈尔的静修林(Ashram,亦译学校、精舍或寓所)生活,分享一个独一无二地拥有中国经典的图书馆的财富。

## 远东新闻报道泰戈尔访华[1]

卡利达斯·纳格　编　尹锡南　译

在启航赴华前夕,诗人表达了一些非常重要的观点:"当中国的邀请函送达我时,我感到,这是发给印度的邀请,作为她谦卑的儿子,我必须接受这一邀请。印度很贫穷,她缺乏物质财富,没有值得吹嘘的政治权力和军事成就。这份邀请表明,她却仍有值得馈赠世界的东西。在商业和政治的竞争冲突中,在无比贪婪和深仇大恨的纷争倾轧中,在毁灭一切的冲突对立中,印度仍有她的救世福音(message of salvation)献给世界……印度明白,只有在精神财富和心理安康方面,文明才能达到其目的,通过物质产品的丰腴富饶,通过失控的权力与权力竞争,文明不能达到目的。她始终坚信人类的团结统一,她还勇敢地宣称,只有懂得所有生灵在精神方面的统一和谐,人类才明白真理。国际大学将此视为自己的理想,她正在请求整个世界一同分享人类共同遗产中一切卓越辉煌和真实的东西。国际大学是印度对人类至高真理的自我奉献。我期盼着我们的访问会重新建立中印之间的文化和精神联系。我们将邀请中国学者,并尽力安排学者之间进行交流。如果能做好这点,我会感到高兴。我相信,当中国学者来到印度时,

---

[1] 选译自 Kalidas Nag, ed., *Tagore and China*, pp.34-50。

你们会热情地迎接他们。"（1924年5月20日报道）

## 泰戈尔在缅甸（略）

### 缅甸华侨的招待会

当泰戈尔从加尔各答起航时，那儿没有什么重要的华侨组织，尽管他们作为小商贩成千上万地居住在加尔各答。但是，他抵达仰光时却发现了一个巨大而有素养的华侨团体，他们在仰光郊区肯门郸的中华学校为这位印度诗人举行了招待会。缅甸华侨领袖陶森科（Tao Sein Ko，M. L. C.，音译）主持了这次重要聚会。中华学校校长林我将（Lim Ngo Chiong）先生代表华侨接待理事会欢迎泰戈尔博士一行。林校长说："我毫不怀疑，泰戈尔博士及其著名同伴组成的代表团，将标志给中国人民以巨大精神影响的又一个时代。这就好比唐朝时期佛陀教诲在中国广为流传……我们希望通过他的努力，东方与西方的精华可以同时焕发光彩，这将对整个世界的进步、统一和完美做出贡献。"

作为主持人，陶森科先生在致辞时说："佛陀属于印度，泰戈尔博士也属于这个国家。他现在即将去北京履行使命，发表一系列关于宗教哲学的演讲。他们已经听说了很多有关圣蒂尼克坦即寂静乡（abode of Peace）的消息。在这个充满痛苦焦虑的世界上，所有人都需要和平安宁，中国尤其需要安宁。我希望泰戈尔博士此次访问将终结冲突纷争，将和平安宁的黎明带给中国。"

在缅甸华侨团体对诗人所说的这番动人的言辞中，我们还读到了其他一些信息："您光临本城自然是对我们的鼓舞，也将鼓励我们认识真善美……我们热切期望您的这次中国之行成为一座航标灯，引导中国及其人民迈向和平友好……您曾经努力缩短东西方的距离。不用多久，您就会在我们那拥有古老文化和文明的国度里受到欢迎，在世界的那个地方，您将传播有助于进步的声音……我们完全相信，您的声音将带着希望，鼓舞那些正在努力维护祖国和平与繁荣的爱国工人们。"

被这些欢迎词所深深地打动，诗人发表了一些思想深刻的观点："我的朋友们啊！我们生活在一个伟大的时代。曾经有个时期，印度的使者们带着一种新的生活哲学来到了中国……当这些使者到达中国并接触当地生活时，这便出现了一种思想和艺术的伟大觉醒，这是中国和印度历史上的辉煌时代，文学自此繁荣，科学自此发达。[1] 我们生活在现代。现代时期的一大好处就是其中的生活充满热情。我的朋友们啊，永远不必为生活忧虑。必须体验生活，在错误中体验生活。不要停靠在你的墓碑前，试图以此等愚蠢之举获得平安无忧。因此，刚刚觉醒的中国将通过错误

---

[1] 此处的英文为：My friends! It is a great age in which we have been born. At one time the messengers from India went to China with a new philosophy of life……When the messengers reached China and came into contact with life there, then there was a great illumination of mind and art; literature and science flourished in that age great both in the history of China and India. We have been born of this modern age。参见 Kalidas Nag, ed., *Tagore and China*, p. 37。相关的中文译文是："古时代，各大国皆各有不同之文化及刺激人类之脑筋，如以中国自身论，当印度消息传到该处时，各人之脑筋中将发光，艺术将扩张，文学及科学亦然，此系中国和印度最大之时代，欧洲亦然。"——泰戈尔：《过缅甸对华侨的演讲》（时间：1924年3月26日）。原载《文学周报》第118期，1924年4月21日。转引自孙宜学编著：《泰戈尔与中国》，石家庄：河北人民出版社，2001年，第165页。——译者注

而发现真理……我们东方人信奉某种根本的真实,信仰卓越的生命哲学,如果我们在人类自己的心灵深处坚持真理,我们便可到处行走,虽会招致灾亡,然却获得永生……这便是我将要告诉你们国家的真理(message)。"

主持人陶森科先生颇有学者风度,他希望诗人访华达到最有意义的目的,即鼓舞中国最为睿智者维护他们的古代传统。

泰戈尔博士最后热情邀请中国与缅甸朋友访问圣蒂尼克坦,因为,正如他说,只有遵守他的国际大学制定的文化路线,东方人与西方人的持久合作才能实现。

离开缅甸以前,诗人和随行人员与一些著名学者如Shwe Zan Aung建立了个人联系,该学者是伦敦巴利语佛典学会教授里斯·戴维斯女士和仰光大学卢切(Luce)教授的合作者,卢切教授正在帕岗寺和其他历史遗址方面进行关于佛教壁画的特殊研究。

### 泰戈尔在马来亚(略)

### 诗人与随行人员在中国

#### 在香港

经历了几天紧张忙碌的带有新加坡特色的聚会、晚宴和宴会后,诗人一行起航出发,于1924年4月12日到达香港。这是中国的第一个港口,但是,非常令人惋惜,它已不再属于中国,因为尽管我们在码头和市场碰见了成千上万的中国苦力,但香港这个城市的每一寸土地都是英国的,香港是英国与远东进行"大宗贸易"的一个商场。一些孟加拉医生和其他多数来自锡克教群体的印度人登上汽船甲板迎接诗人。我们在此惊喜地见到了 W. W. 霍奈尔爵士先生，他是从前的孟加拉公共教育处主任，此刻却已被任命为刚成立的香港大学副校长（Vice-Chancellor）。霍奈尔先生提出想在他家款待我们，而我们的印度朋友却请他谅解，得胜般兴高采烈地把诗人带去和我们的同胞一道分享普通的印度饭菜。诗人刚一到达香港，邻近各国领袖的书信开始纷至沓来，他们想把获诺贝尔奖的亚洲诗人请到自己的国家去。中华民国之父孙逸仙博士的代表前来迎接诗人，邀请他访问广东，但是，由于命运作梗，孙博士和泰戈尔博士这两位中国与印度最伟大的健在的领袖人物却无法相见。众所周知，孙逸仙因病逝世于 1925 年初。来自厦门大学的深孚众望的中国副校长（实为校长。——译者按）林文庆博士也亲自前来邀请泰戈尔博士访问厦门大学，他许诺将在厦门大学设立一个关于印度历史文化的特别教席（special chair）。1931 年，他对泰戈尔的《金帆船》表达了令人鼓舞的赞美声。诗人的秘书恩厚之先生已经开始为诗人筹划一个涵盖面很广的项目，它将囊括印度支那、暹罗（泰国，近来已经通过新的路径建立了联系）和荷属东印度（诗人将在 1927 年而非现在造访此处）。1924 年 4 月 14 日，诗人在孟加拉新年这一天所写的一封信中已经开始酝酿着巨大的梦想："应该毫不迟疑地建造'珍奇屋'（Birla Sadan），以接待安置中国学者们。应该热烈欢迎第一批中国学者，准备好一切，使他们生活舒适……我们或许要在此地（中国）待到五月末，然后在日本待到六月末，然后去爪哇、暹罗和柬埔寨。"（我们知道，诗人计划中的这一访问直到几年后即 1927 年到 1928 年间才得以成行。)

香港的尼玛兹家族（Nemazi family）和新加坡的尼玛兹家族一样，非常尊重泰戈尔博士及其随行人员。他们安排诗人一行乘汽车巡游香港岛，欣赏美景、高处山上的大学和九龙美丽的住宅区。九龙只有白人才有权拥有地基，近来尼玛兹家族也获准在此拥有宅基地。因为是一个商业城市，当地报纸（应指英文报纸。——译者按）并不怎么关注文化方面的信息。中文报纸或许登载过更多的有趣报道，但我们对中文一无所知。我们只是从 4 月 10 日出版的《中国邮报》（China Mail，这是香港当时的一份英文报纸。——译者按）的一段文字中猜到了香港方面的反应："他坦承自己只是一个诗人……使所有人高兴。文学没有地理边界，这很好。谁向这个世界传播真理，我们就聆听他的智慧倾诉，不管他原本属于哪个国家。出于个人偏好，我们或接受或拒斥某些思想，但是，非常明显的是，我们会赞美卓越人物的伟大思想。当某些伟人传播明智务实者冷嘲热讽的原理时，我们或可怀抱希望。泰戈尔主张世界大同。当世界被分为六个或七个部分时，这似乎是一种难以采纳的不可思议的观点。一直以来的呼声便是'随他前行'。泰戈尔向北到了北京，履行一项使我们激动和羡慕的使命。北边很幸运，我们期盼泰戈尔计划返程时，香港也能拥有这番幸运。香港比任何其他地方都更愿意接受诗人的思想，也更值得诗人宣扬他的思想原理。"

离开香港以前，锡克教团体在当地名叫祖师门（Gurudwara）的地方盛情款待诗人和随行人员，他们还唱起颂神曲为诗人助兴。

### 在上海

诗人一行终于到达上海,在此逗留了一阵子。著名的学者、政治家张嘉森博士在他的漂亮花园中举办了盛大的招待会,许多名流聚集一堂,诗人在中国土地上发表了他的第一次演讲(1924年4月12日):"朋友们,对我来说,这是一个异常欣喜的日子。我住在亚洲一个遥远的地方,却被邀请到你们的国家,我为此深表感激……当初接到你们的邀请函时,我有一点点紧张……这些人邀请我去他们的国家,他们究竟对我有何期盼,我必须为他们奉献什么样的真理信息呢?……一种责任感驱使我坐下来,准备我的中国演讲……但是春天到了,诗人心中有了自己的感应……歌潮如此汹涌,仿佛春天繁花盛开,我无暇履行职责,而是继续创作诗歌,谱写乐曲……不过,你们的确不要奢望诗人们会履行约定。诗人们只想在他们的乐器上表现出可被感知的生命的神秘微颤,并在先知先觉的悦耳佳音中赋之以声。我想,诗人的天职就是招徕那种可以感知但却无法听闻的声音,鼓舞人们矢志不移地实现梦想,将未绽之花的最初音讯带给一个似信非信的世界……精明世故者和无信仰者已经造成了各种纷争,而正是那永葆童心者,那有梦在心者,那坚定信念者构筑了辉煌灿烂的文明。正如你们将在自己过去的历史中领悟的那样,这种创造的天赋具有广阔无垠的信念。现代的怀疑论者向来都是苛刻挑剔,他们什么都创造不了,只能败事有余。那么,且让我们坚定而乐观地相信,我们生于这样一个时代,各个民族正团结在一起。流血杀戮和痛苦不幸不会永远持续,这是因为,身为人类,我们绝不会在动荡不安和角逐竞争中发现自己的灵魂、良心。我回想起印度向你们馈赠爱意、与你们称兄道弟的那个时代。我期望,那种亲密的血缘关系仍然存在,它潜藏在东方人民的心灵深处。那条道路上的世纪杂草可能已经蔓延滋生,但是,我们仍将发现它的踪迹。我请求你们并肩相助,开启中国、印度和我们所有亚洲邻居之间的友谊之路。

"我期盼,你们中间会突然出现一些伟大的梦想家,他们将宣扬关于爱的一种宏伟真理,并借此超越一切差异,弥合无数个世纪以来日益扩大的情感裂痕。在亚洲,一代代伟大的梦想家已经以他们洒下的爱之甘露滋润着这个温馨世界。亚洲再度等待出现这类梦想家,从事这项工作,它并非战争,亦非为了获利,而是建立基于心灵沟通的密切联系。这一时代即将来临,我们会再度为同属一洲倍感自豪,从亚洲发出的光芒熠熠四射,穿透了困厄乱象的风暴乌云,照亮了众生之路。"

对上海日侨团体的演讲(略)

泰戈尔与在华西方记者交锋(略)

### 在南京

离开上海后,诗人在南京停留。1928年(实为1927年。——译者按)起,南京被定为国民政府的首都。诗人在南京与军事长官(督军)、尊敬的齐燮元阁下做了一番长谈,齐燮元当时主管着江苏、安徽和江西等三省。诗人坦率地告诉督军,他感到非常难过,因为,他"发现中国处于内战造成的巨大痛苦之中,内战削弱了中国人民的力量,此刻中国需要全力以赴地抵抗外来敌人的侵略蚕食"。他同时还说,在所有伟大的文明中,真正有价值的东西是和平的结晶,是文学、艺术、音乐及所有永恒的东西。他说,当一个国家被内乱弄得积贫积弱、元气大伤时,人民的创造资源就会完全枯竭,所有的精神创造也会被扼杀窒息……他说:"中国责任巨大,因为它有一个伟大的文明,而以国内纷争和内战危害这种文明便是犯罪,这在世界历史上将永远不可饶恕。"督军感谢诗人的坦诚相告,也感激他在一个非常关键的时刻来到中国传播真理,人们极其需要这一真理。接下来,诗人与省督韩紫石进行了愉快的交谈。韩紫石是一位佛教学者,他说,他将竭尽全力地支持鼓励中印之间的学者与学生交流。

## 泰戈尔在北京

1924 年 4 月 23 日,泰戈尔与随行人员乘坐豪华专列"蓝捷号"(Blue Express)抵达北京时,北京火车站欢声雷动,人们抛撒着鲜花,还响起了猛烈的爆竹声(uncanny sound of crackers),这是中国人热情好客的一种奇怪方式。人群中有当地各个组织与大学的代表、英美日代表,一些印度人也出现在那里,林长民、蒋梦麟和梁启超博士等著名学者领袖和其他人士也前来迎接。4 月 25 日出版的《华北正报》(North China Standard,这是当时的日本外务省在北京出版的一份英文报纸,前后存在了 11 年时间。——译者按)对此做了生动的报道:"近年来,在中国知识界,再没有比罗宾德拉纳特·泰戈尔来访更加激动人心的事件了。许多人来到中国,然后离开,但却没有谁受到如此热情的接待。怎么解释这一现象?这是因为,泰戈尔博士属于东方,中国知识分子尊敬他,其实也就是尊重东方文明。此外,泰戈尔博士带着一种真理福音来到中国,对年长与年轻的中国人而言,这不能不具有巨大的吸引力。因为试图将西方文明移植到中国的土壤、根基和枝丫中,中国青年常常为人诟病。几年以前,这类批评指责确有道理,然而,自那以后,已有明确证据表明,中国青年开始从信奉西方实利主义转向从祖先的文化中寻求心灵安慰。另一方面,中国青年意欲透过西方文明检视祖先的教诲,这将因泰戈尔先生的话而得到支持。因此,要不了多久,中国青年与中国老年人之间将会做出妥协,如果这真是泰戈尔先生访华的最终效果的话,他将为中国文明的事业大助一臂之力。"

4月24日出版的《北京日报》(Peking Daily News,或译《每日新闻》,这是此前北洋政府创办的英文报纸,陈友仁曾经担任该报编辑。——译者按)这样报道说:"对中国文化界来说,见到泰戈尔博士这位印度伟大诗人真是荣幸。现今时代,理论和思想无比混乱,人们茫然而不知所措,不知道追随哪种潮流才是正道。帝国主义的拥护者尚未绝迹,而共产主义思潮似乎已经涌入所有的国家……但是,我们几乎没有听说谁能指出人类所犯的根本错误,并开出一种良方,这将使世界重获新生。泰戈尔博士已经对西方文明进行了一番彻底的审视,他明白,那种文明究竟缺乏了什么。他知道,东方思想还得履行自己的使命。"在接受《北京导报》的专访时,诗人表示,希望能在短暂访华期间,以某种方式呼吁中国人民设法复兴东方文化。

4月25日,诗人在位于六国饭店(Wagon-Lits Hotel,六国饭店是由英国人于1900年建造的,当时的各国公使、官员及上层人士常在此住宿、餐饮、娱乐,成为达官贵人的聚会场所,后更名为华风宾馆。——译者按)的英美协会（Anglo-American Association）发表演讲。这次演讲非常重要，以致《北京日报》和《远东时报》都对这次盛会做了报道。英美协会会长弗朗西斯·艾格伦（Francis Aglen）爵士主持了这次聚会，但请求美国大使舒尔曼（J. G. Schurman）博士向众人介绍泰戈尔，因为，他是协会中唯一一位与泰戈尔博士有过私交的人。他说："对于英语听众来说，今天的演讲者无需介绍。正如爱默生所言：'当上帝将一位思想家派到这个世界时，这个世界就得留神。'我们人类确乎讲究实用，注重功利，但在其灵魂深处，却有理想主义的潜流。这是其获得卓越成就的根本缘由。在英语世界中，没有谁能说服我们相信，我们已经完全屈服于实利主义，屈服于边使用边腐朽的感官之物，因为，他用来说服我们的语言会反对他自己，这种语言就是莎士比亚、华兹华斯、贝克和格拉斯顿的语言，是爱默生和林肯的语言。然而，西方仍有很多东西要学习东方。所有民族都献出自己的一份力量，毕竟，所有民族都属于人类。印度是一个神圣庄严、丰富多彩、极富灵性的文明家园。我想，这一文明再也没有比印度的泰戈尔博士更好的阐释者。现在，我很荣幸地将他介绍给你们。"

泰戈尔博士的答复（略）

## 在中国的最后几天

1924年4月26日，在国立北京大学，各个官方机构与非官方组织安排了一个盛大的招待会，人们聚集一堂，诗人对现代中国的学生和学者们发表了演讲。他们起初对诗人特别强调以东方文化抗衡西方文明颇有微词，但不久便发现，这位印度诗人远非保守反动，事实上，他还代表了那个时代极其重要的革命力量。诗人的英语秘书恩厚之先生写道："北京复兴运动的学者和文人们对诗人的思想有些怀疑，不敢确信他对中国古代传统的热情赞扬是否有些保守反动。他发表的第一次演讲完全赢得了他们的心。他们发现，与其说他一直是文学领域的一位革命家，不如说他是所有领域的革命者。"燕京女子学院的学生们在给诗人的一封信中也体现了同样的感情色彩："看着您，我们就宛如仰望高山之巅。我们不知道怎样表达对您的敬慕之情。为了表达我们深深的敬意，我们想邀请您在日落时或月亮升起后光临我校，那个时候，我们已经完成了课业。如蒙您赏光，使我们荣幸地与您相见，我们将感激不尽。我们谨祝您'一路平安'。"

不用说，对于来自成长中的中国女性发自内心的这种热情和理解，诗人也进行了热情的回应。他从未放弃任何一个机会接见各个妇女组织的成员，这些组织在合适的时机到来时，在现代中国的杰出女性蒋介石夫人那里，会得到进一步的繁荣发展。

在具有历史意义的地坛（Temple of the Earth）公园，诗人面对数千名中国学生和学者发表了一次值得纪念的演讲。他说："我自己认为，亚洲一直在等待、现在还在期待着发出自己的声音。亚洲过去并不总能如愿发声。曾有这样一个时期，亚洲拯救世界于野蛮状态中。接下来便是黑暗降临亚洲，我不知道怎么……我们必须从麻痹昏愦中奋起，以证明我们并非乞丐，这是我们的责任。请在你们自己的家园中搜寻价值不朽的东西，这样，你们将会自救，并能拯救整个人类。由于变为剥削者，由于它的剥削榨取，西方正日益变得道德沦丧。我们愿搜寻发现自己与生俱来的基本权利。我们必须以自己对人类精神道德力量的忠实信念与之抗衡。我们东方从不敬服将军，也不敬畏与谎言打交道的外交官，我们只崇拜精神领袖。依赖这些领袖，我们将脱离苦海，否则便根本无法得救。归根结底，物质力量并非无比强大。权力（power）会粉碎自身。机关枪和飞机将活生生的人毁灭在它们的武力之下，西方正日益衰落，不可救药。我们不会追随西方进行残酷自私的你争我夺……你们的文明是基于社会生活的灵魂信仰而孕育形成的。许多个世纪以来，你们诚实忠厚，心地善良，并不只是显示强壮的一面，这就孕育了你们的智慧。这便赐予你们辉煌的历史。因为我谈到了亚洲，你们便前来聆听我的讲话，我为我们的亚洲大陆感到自豪，我也对你们给我的热情欢迎表示感谢。"

在北京时，主人们带领诗人及其随行人员参观了颐和园、孔庙和国立博物馆（National Museum）等各种历史建筑。诗人在西山待了好几天，他在中华学院发表了题为《中国与世界文明》的精彩演讲。5月7日出版的《京津泰晤士报》（Peking and Tientsin Times，或译《天津时报》，系英国当时在华创办的英文报纸。——译者按）对此做了相关报道。这便是其中几段的文字摘录："在我们各自的国家车间（national workshops）彼此隔绝的状态下，我们曾经培育了自己的文化。我们却没有智慧与机会与世界历史协调我们的工作……我们现在必须向整个世界而非仅仅向我们自己人民中的崇拜者证明我们的文化价值……既然我身在中国，我就问问你们，也问问自己，从你们自己的家中，能够虔诚恭敬地拿出什么东西献给这个新的时代？我曾经听说，你们中国人基本上是实用主义者，甚至是实利主义者[1]。……我绝不相信你们是实利主义者。世界上没有哪个伟大的民族是彻头彻尾的实利主义者……实利主义具有排他独断性。由于这种排他性，实利主义者坚持声称他们的个人享有权。不过，你们不是个人主义者……你们的社会是集体心灵的创造结晶，这不可能是实利主义和利己主义的心态。你们与自己的人民和客人们分享财富……我曾经漫游你们的国家，我发现，你们付出了极大的努力，使你们的这方土地变得肥沃富饶，你们也以令人称奇的完美心态，把日常所用之物装饰得美轮美奂……你们的北京体现了人类社会的非凡绝妙之美……粗俗地讲求实用扼杀美。眼下，我们全世界都在大量生产各种产品物件，这是一个阻碍完美生命之路的巨大的帝国机构。[2] 文明期盼着完美无瑕，因为文明之魂只能以美进行表达。这必定是你们对这世界做出的贡献。利用这个机会，我真心实意地恳请你们，不要被那些巨大而粗俗的力量、那种保守的精神、那成千上万毫无意义和目的的复制品所迷惑，从而拒斥美。请拥抱完美的理想，并重视所有相关的工作和你所有的活动。"

作为中国青年的一员代表，针对上述演说，清华学院

---

[1] 此处英文是：I have heard it said that you Chinese are more or less pragmatic and even materialistic. 此句未见于 S. K. Das 主编的英文版《中国演讲集》(*Talks in China*) 第 63 页相关段落，令人费解，疑似删掉。——译者注

[2] 此处原文是：Gross utility kills beauty, We have now all over the world a huge production of things, huge organisation of empire obstructing the path of life。此处英文与 S. K. Das 主编的英文版《中国演讲集》第 64 页相关段落有异。——译者注

的王文显教授（Prof. J. Wong Quincey）[1]在《京津泰晤士报》上发表了批评意见："对于他的演讲内容，我们又能说些什么呢？我们的第一印象大致是，当一位诗人作诗时，合乎逻辑的理性批评无奈其何……不过，经过一番仔细分析，我们又惊喜地发现，泰戈尔根本不是在作诗……唯独在中国，我们才可在日常用品中发现形式和色彩的美，唯独在中国，我们才可邂逅功利与美的巧妙融合……但这是否就是她对新的世界文化的唯一贡献呢？如果泰戈尔从知识而非直觉的角度谈论美的话，答案就是否定的。公平地说，我们不能苛求诗人，我们必须记得，他是以心灵之眼在搜寻……同样公平的是，对于西方来说，在严厉谴责愚蠢自私的实利主义以及与真正文明精神不相协调的丑恶现象（此处原文 hediousness 实为 hideousness 之误。——译者按）这点上，欧洲和美国最为杰出而开明的心灵丝毫并不亚于泰戈尔。实利主义与那些丑恶现象已经将西方带到了巨大倒退的边缘。我们期望，西方的先知预言者们能在泰戈尔温柔而动人的心声前发现新的力量和友谊。莎士比亚、雪莱和其他诗人已经使我们非常了解进步的悲剧所在、进步所造成的严重浪费。现在只等泰戈尔为我们指出，进步与完美之间充满敌意。这种思想丰富多彩、博大精深。我们中国人是否弥合了进步与完美之间的裂痕？泰戈尔认为是的。我们仍然愿意赞同他的观点。我们有可能弥合这种裂痕，我们最多是希望如此。"

---

[1] 王文显是当时的清华学校（作者此处称"清华学院"）教师。关于王文显的生平及著述，参见杨婷：《作为清华学院派戏剧教育家的王文显研究》（贵州师范大学 2008 年硕士学位论文）。——译者注

# 附录3 印度对《道德经》的回应[1]

## I. N. 乔杜里

毋庸置疑，多少世纪以来，公元前570年诞生的中国古代著名哲学家老子及其《道德经》吸引了许多印度作家和学者的注意。他们翻译了《道德经》，并阐释世界上第一种属于隐居者的哲学思想。与周游列国开展政治改革的孔子不同，老子遵循宇宙之道，喜欢在隐居状态中行事。无名便是极乐，因此，智以愚显，胜以败显，强以弱显，长而不宰，知者弗言。

道的意思就是方法、道路，如同鸟儿掠过天空留下的那条路，身后无影无踪，因此，道是一条我们无法用眼捕捉的路。道隐无名。为无为，此即老子所谓"无为"。老子在《道德经》第一句中说："道，可道，非常道。"（《道德经》第一章，作者未注明引用老子语言的具体出处，现根据今人标点本补充每处引语的具体来源。下同。——译者按）而今，一条道路确实可以供人行走，但老子却说，道非行走之道，道非尔等可行。如果我必须走向你，我得沿着一条道路走来，但如果我必须走向自己，

---

[1] 译自 Indra Nath Choudhuri, *The Genesis of Imagination: Selected Essays on Literature, Theory, Religion and Culture*, New Delhi: Sterling Publishers, 2001, pp.190-205. 原载尹锡南译：《印度比较文学论文选译》，第483~497页。

我该遵循哪一条道？人们如果沿着一条道路出发寻找自己，他将永远不能抵达自己。这折射出《奥义书》的至高教诲："灵魂的智慧"。事实上，我们不要求从道路出发走向自己。非行者，行于己。老子因此说："道，可道，非常道。"抵达自己内心的人不走寻常道，绕道而行。非行即达。道（Tao）便是那条道路（path）的名称。它意味着，人们不能靠行走道路而需凭滞留道路以抵达自己内心。那些厌恶贪婪、讨厌行尸走肉的人，那些已经有所觉悟的人，知道该在什么地方停下。道就是天则（Rita，亦译为"圣法""圣训""仪式""真理"或"正义"。——译者按），天则并非来自一位权威人物，而是自然形成的。天则就是密教中神秘的修习仪式（sadhana），亦即俱生（sahaja，亦译为"和合""共生"。——译者按）。老子说："名，可名，非常名。"（《道德经》第一章）一旦我们对某事某物进行命名，我们就会减损某一特定对象的无限性，使其成为有限实体。因此，老子认为，道不可道。记忆往往产生在时间之内，它需要时间进行命名。所有在时间之内发生的都将变动不居。因此，有限时间和有限空间里的神灵之名并非永恒之名（Eternal Name）。你虽明白，但你无法言说。你可感知，但你无法阐释。你可体验，但你无法表述。道超越时间，也无以言说。因此，老子想表达的是，如你意欲抵达，留神所有道路，否则你会迷失方向。如果你想参拜神灵，召唤神灵，不可直呼其名，否则你会功败垂成。

我们可以在中国和印度的思想智慧中发现很多相似之处。中国思想来自远古时代的老子哲学，他试图探究生命背后的基本统一，这和印度智者的作为如出一辙。因此，两方思想中的任何相似都会提醒人们注意,是印度影响了中国的老子哲学,还是老子哲学受到了印度的影响?无疑,通过佛教,印度思想给予中国极其深远的影响,中国也似乎影响了印度的某些思维方式,尤其是影响了密教的易行乘(sahajayana,亦译为俱生乘,它是对印度密教中左道密教的称呼,强调人的本能,信奉密教经典的极乐说。——译者按)。除此之外,我们在许多情况下还可发现中印思想令人叫绝的相似之处。例如,《奥义书》中很多地方也有与老子类似的说法:"对某人来说未知,其实就是已知;对某人来说已知,其实就是无知。"

在《道德经》中,相似的话也曾说过:"知者弗言,言者弗知。"(《道德经》第五十六章)《奥义书》和《道德经》在这方面的态度非常明确:我们知道便是知识,我们不知道便是无知。然而,神秘之处在于,我们所知道的只是我们不了解的东西。

老子认为,当一切问题得以解决,你却发现什么也没有解决。神秘莫测的是万事万物超乎常人的理解。从无知进入有知状态便成为智者,超越智慧而通晓万物便成为神秘隐士。隐士知道,一切无从知晓。你已经超越无知,现在你得超越智慧。事实上,我只知道我不知道的东西,这就是智慧的神秘莫测。《自在奥义书》的仙人说:"那些崇尚无知的人陷入弊目的黑暗,那些热衷知识的人陷入更深的黑暗。"[1] 即便是整个世界充满光亮,它仍是有局限的。

---

[1] 此处采用黄宝生译文,黄宝生译:《奥义书》,北京:商务印书馆,2010年,第250页。——译者注

光亮形成边界。漆黑一片的小房间使其无限广阔。小小的黑暗也是广阔无垠,而璀璨灯光仍存局限。因此,老子认为,道如同陷入黑暗的深海无边无际,被神秘包裹。当老子说"湛兮似或存"(《道德经》第四章)时,他的意思是,作为绝对真理的道如此渊深浩博,无以名状。解决一切问题,便揭示所有秘密。然而,宇宙之谜仍未得解。反过来说,当深海一片漆黑时,神秘倍加神秘。

知道梵的人只是填满罐子,关上房门,抹平意义的尖锐,清理混乱不堪,让光线不再刺眼。这是所谓神秘均等(mystic equality)。在《自在奥义书》中,作为养育者的太阳神之一普善(Pusan)按照要求放出光芒,聚合光辉,降低阳光辐射强度,以便人们能够在太阳中看到原人(Purusa)。[1] 这同时表现了一种动静结合的状态。此即神秘均等,一种两极之间的永恒平衡。这在《道德经》中称为气,这是一种和谐状态。它是平等(Samatva),意味着所有的对立不复存在。这种神秘均等在《薄伽梵歌》中叫作智慧坚定(Sthitaprajna),因为,在获得知识时,人们不能靠得太近或离得太远,不能受其所益或为其所损,不能因其受人尊敬或因其蒙受羞辱,因此,道是这世上最宝贵的东西。相反的两面可以且必须为你拥有。两者会赋予你双翼,这样,你可在内心深处自由翱翔。从这里延伸出老子的一个重要概念即"和合共生"(sahaja)的观念,亦即正常或自然的观念。这是因为,真理所在之处,既无真理

---

[1]《自在奥义书》写道:"普善!唯一的仙人!控制者!太阳!生主之子!请放出光芒,聚合光辉!我看到了你的极其美好的形象,那个,其中那个原人,我就是他。"黄宝生译:《奥义书》,第251~252页。——译者注

也无谬误,万物乃其本原。真理具有这种完全不同的内涵。老子这样阐释自然的理念:"人法地,地法天,天法道,道法自然。"(《道德经》第二十五章)

自然的意思是,万事万物均来源于宇宙,自然万物是一整体。它是超越了人为机巧的绝对自由。因此,当万事万物自然运转时,它们是如此完美和谐,因为,它们并未阻挡作为宇宙第一定律的道自由自在地发挥作用。

我们对此多做一点解释。从德的角度更容易理解道。道是万事万物得以形成的本源。在此过程中,每一事物都从无所不在、遍及一切的道那里获得一些东西,这就是德。因此,德是一个指称万事万物自然状态的概念,自然,某事某物的德就是它的本原状态。由道形成万物,由德万物成其本原。当老子说道生万物时,他的意思其实就是,道允许万物自然地、自发地创造自己。毫无疑问,这整个论及事物正常状态的概念已被佛教神秘主义者所采用。伯希和肯定地说,由于迦摩缕波(Kamarupa)的日冑王(Bhaskara Kumara)提出建议,公元644年,玄奘将《道德经》翻译成了梵文。师觉月记述了当初翻译道这个词的有趣故事。玄奘建议把道译为Marga,中文读作"摩羯",而道教徒却把它译为bodhi(菩提)即精神启迪。一番长时间争论后,玄奘成功地说服了道教徒反对者,使其承认道的最恰当译法是Marga,它的意思是道路。这样,《道德经》的梵文翻译未遇更多阻力而顺利完成。然而,这一译本现已不复存在。人们有理由相信,这一译本到了印度,并在佛教徒神秘主义者中间流传开来。按照自己的需要,他们利用《道德经》的译本创立了一个新的派别即密教的俱生乘（sahajayana）。这一派别的基本玄学原则被叫作"和合共生"，亦即自然原则。它并未在任何其他印度哲学中得到采纳。俱生乘的标准文本把"和合共生"解释为万物创造受其本质约束。

"和合共生"本质上既非积极亦非消极，它以空为特色。它超越语言界说，它由自我亲证。

这种思想和道家哲学相似。道家认为，生命的目的在于体悟道的存在，这可以在自然状态中实现。这就是"和合共生"。对于道教徒来说，变成（to be）比行动（to do）绝对重要得多。因此，人们必须保持无为状态，以便一切可以自然而然地发生。象征至高无上的天空和大地与万事万物的生长发育没有关联，因为，它们是自然而然地形成的。这就是所谓无为之道（什么也不做），或进一步说，这就是为无为之道（以什么也不做达到做好一切的目的）。如果人们懂得，"世界万物的本性是对立统一"（Dvandatmakam Jagat，商羯罗大师语），应该努力领悟梵的本质，与其合一，那么，他们就会理解整个"无为"的概念。这是永远宁静的一种状态。老子说，万事万物充满对立，这一特性是所有生命的精髓。因此，不管我们做什么事情，同时都会产生对立的两极。不明白邪恶就不可能感知善良。我们的生命往往由这些特性构成。善良和邪恶是同一事物的两个方面。你将体验一种关于花之美的全新视角，那种美超越美丽和丑陋，超越任何判断。爱你的敌人意味着把他作为一个敌人来看待。宽恕别人是你容纳冲天怒火的神圣方式。因此，道超越可爱的与厌恶的、期望的与失望的、美丽的与丑陋的、善良的与邪恶的差异。老子并未将对立的东西视为敌对，他不理解相反的为何会演变成对立。如果你想画一条白线，你须得有黑色的背景。因此，说白色是黑色的对立面的人是错误的。我们必须利用黑色，以最大限度地创造白色。我们身边的男与女、火与水、天与地都以对立的方式存在。数论认为，神我或原人与自性或原质（Prakriti）、吠陀神话中的天空神（Dyava）与地母神（Prithivi）、黎明女神（Usa）和萨那克塔（Sanakta）等互为补益，尽管他们本质上在依照天则运转的创造、维持和最后毁灭等过程中是相对的。缺乏对立性，我们将一事无成。亚里士多德说过，黑暗是黑暗，光亮是光亮。它们有区别且独立存在。二者之间没有聚合点。点起一盏灯，黑暗消失。把灯吹灭，除了黑暗，什么也没有。

亚里士多德的思想是禁锢的，老子的思想是灵活的。老子认为，万事万物向对立面移动而产生变化。老子认为，黑暗不是黑暗，光亮也不是光亮。黑暗是光亮的微弱形式，光亮是黑暗的辉煌形式。生变为死，死又转化为生。正因对立面之间相互补益，"反者道之动"（《道德经》第四十章）。这就是说，如果有什么动作走到极端的地步，它必然会采取回归的姿态。"祸兮，福之所倚；福兮，祸之所伏……正复为奇，善复为妖。"（《道德经》第五十八章）道的行动是缄默的在场（unproclaimed presence），是一种不事喧嚷、沉默不语和静止不动的在场。圣人行不言之教。佛陀陷入沉默。

在老子《道德经》中，大约有70种相对的概念，如善与恶、刚强与柔弱、美与恶（丑）、阴与阳等等。它们大多数可以归入主动与被动、坚强与柔弱、争执与宽容等范畴。在所有这些对应关系中，老子欣赏比前者更施惠于人的后者。他深信，人们会从后者那里获益匪浅。他劝导人们：通晓阳（积极力量）而遵循阴（消极力量），认识白但追随黑，理解荣耀但保持谦卑。因为很容易从有利的立场位置挪移或跌倒，你最好在自己不太欣赏的地方站稳脚跟。要言之，老子方法论的核心是，从与目标截然相反的地方开始追求目标。弱之胜强也，柔之胜刚也。老子说："天下之至柔，驰骋于天下之至坚……吾是以知无为之有益也。"（《道德经》第四十三章）无为体现了被动、让步和安宁的特殊价值。只有无为能帮助弱者战胜对手，变得坚强。老子还说过："天下莫柔弱于水，而攻坚强者莫之能先。"（《道德经》第七十八章）举世皆知，水滴石穿，水砺岸礁，其为沙尘。同时，水的卓绝之处在于它惠及他人，在于它卑微谦恭。它心安理得位居最低，我们只对它报以睥睨。这就是水的本质为何近似于道。

老子还进一步认为，某物越是微妙精深，越是强壮有力。力量在于微妙玄通而非庞然醒目。最伟大的力量来自最精微的东西。道冲，而用之或不盈，而力亦无以计。当事物变得越来越精妙时，其作用倍增。事物最后变为虚空即"空无"（sunya），一种绝对力量，佛教的"空"观念。佛教的终极实在并非神灵，亦非存在或物质，而是"虚空"（sunyata，亦译为"空""无""空相""空性""性空""空法""空义""空门""空寂"或"空法性"。——译者按），它常被译为 emptiness（空无一物）。

龙树（Nagarjuna）的中观派思想认为，所有的价值判断皆起于"虚妄分别"（Vikalpa，亦译为"分""思"

"念""想""分别""执着""妄想""差别"或"种种分别"等。——译者按),人的思维是一种辨异性的、分支性的、二元对立的思维方式。对他来说,这种虚妄分别是人类痛苦的根源,因为人们执着于虚妄分别,将辨异性和二元对立式思维视为真实可靠。如果我们从虚妄分别中解脱出来,意识到二元式辨异的空洞无效,那么,通过对万法皆空的认识,我们将从痛苦中得到解脱。这一点可以下图进行解说:

$$
\begin{array}{c}
空 \\
(既非善亦非恶) \\
\uparrow \\
善 \longleftrightarrow 恶 \\
佛教思想
\end{array}
$$

老子认为,个体越是虚空,道的显豁越是完美。道如器皿之虚,我们必须避免的是,持而盈之。我们想使自己的生命变得圆满而不空虚,但生命既不完美也无缺憾,没有什么圆满。下图可以说明这一点:

$$
\begin{array}{c}
我们处于 \\
虚空 \mid 圆满 \\
\longleftrightarrow \\
之间
\end{array}
$$

我们必须追求这种自我完全被泯灭的中间状态即虚空。自我期待圆满。因此,在饱和与丰盈之中没有圆满,而在虚空之中却能生出圆满。丰盈之处可以再度充实,但虚空之处再不能淘空。饱和之处不见圆满。因此,虚空便是圆满。这样,人的存在只有一种圆满,即圆满的虚空,完完全全的虚空。所以,道如虚空器皿。老子说:"大象无

形！"(《道德经》第四十一章)

老子认为，无论器皿多么满溢，它都不是不可探测。虚空器皿深不可测，因为没有办法测度虚空。可以测度的只是虚幻（maya），既然它可被测度，它就只是可被测度而非真实的幻觉，因为，真实无量（unmeasurable），它不可测度。事实上，老子的《道德经》以这样的句子开头："道，可道，非常道。"它的意思是，可以想象揣度的道绝非纯粹的永恒之道。换句话来说，可以理解领悟的任何东西都不是真理。尊敬的拉杰尼什（Rajneesh）曾经解释过这一点。他说，真理总是在沉默中得以充分认识。真理是一种感知体验，而不是来自冥思苦想。如果它来自冥思苦想，它就可以用语言进行表达。真理不可言说，但在试图言说的过程中，言说者却期望能认识那不可言说的真理。冥思苦想只能走向真理的反面。罗宾德拉纳特·泰戈尔说过，联系到丑，美才可感知。

老子显然想说，天下皆知美之为美，斯恶已。"故有无相生。"（《道德经》第二章）生命的真谛在于彼此相依。万事万物互为补益。应该在对立面之间创造和谐统一。《自在奥义书》中说，人们认识不显现的原初物质（Prakriti）即永恒不变的真理，以及由原初物质衍生显现的现象世界，也就是说，通晓不显豁于世的原初物质和显豁于世但注定走向毁灭的现象世界，就会超越生死而达到解脱。[1] 老子要求人们达到一种绝圣弃智的状态，因为，只有如此，人

---

[1]《自在奥义书》写道："我们听到智者们向我们解释说：那不同于生成，也不同于不生成。同时知道生成和不生成这两者的人，凭毁灭超越死，凭生成达到不死。"参见黄宝生译：《奥义书》，第251页。——译者注

们才可拥有智慧。

人们往往看到事物的两极。当人们忘记美时，丑也不复存在。绝圣弃智也是一种无为的状态。是以圣人处无为之事。印度的观念认为，人无时无刻不在行动，这种行动就是 gati（行动），就是运动。但不要以为自己就是行动的实行者，因为，人们既不痛苦于也不享乐于自己的业（行动之果）。要从行动产生的羁绊束缚中解脱出来而达到真正的独立，《薄伽梵歌》因此说道："他既不为自己行动的结果而痛苦，也不为其而欢喜。"

确实，道家哲学和《奥义书》的自我哲学在超越层面上存在某些绝妙的相似。毫无疑问，它们都是各自对于中国和印度的独立贡献。在题为《印度与中国的古代交流》(*India & China：Ancient Contacts*) 的长文中，S. K. 查特吉博士承认，在不同时期和不同地区分别独立传入中国和印度的某些思想显示，就现象世界的探索而言，人类思想有过一种普遍的反应。因此，人们很容易比较作为万物根源的道的哲学思想构建的天则。印度哲学中的至高之梵（Para-Brahman）被视为天则和正法（Dharma），它既是一种超越存在也是一种普遍存在。

我们对此再做一些详细的比较。按照道家思想，最高真实的确存在，但它并不控制宇宙。相反，印度认为，最高真实即至高之梵掌控天则和正法，同时还以见证者身份出面执行：Dva Suparna Sayuja Sakhaya samanan vrksam parisasvajate tayor anyah pippalam svadv atty anasnann anyo'bhicakasiti。[1] 因此，大梵既行动也监督。道家思想认为，天地象征最高真实，其本质微妙幽深，不可测度。相反，吠檀多中的大梵或曰最高真实，亦即灵魂或曰个我受到鼓励，从"正常"的现象世界清醒，以亲证梵我合一的状态。道家思想不期望人们完全超脱于现象世界，但比我们大多数人平时对此的认识更为深刻。因此，信奉道家学说的人毫不费力地说服人们从其所处的现象世界超脱，以体验那种据说更加快乐和永恒的精神世界。此处的"体验式发现"（seeing）毫不费力，它是自然而然发生的过程。克尔凯郭尔（Soren Aabye Kierkegaard）说过，怎样发生是一个巨大的秘密。这是一种得心应手、不费吹灰之力的认知。你自己已经成为目标，你从未离开家园。因此，这种无为状态并非简单的被动状态，相反，它是绝顶卓越的富有魔力的状态。《奥义书》说，通过梵的力量，眼睛可视但不可目睹梵，耳朵可听但不可听闻梵，头脑思索但无法认识梵。眼不及彼，言不及彼，思不及彼。我们无从得知也无人告知最高真实如何能被教诲（Na tattra Caksurgacchati na Vaggacchati. No mano na vidmo na vijanimo）。道也无法用语言来表述，也不能靠感觉器官来认识。"视之不见名曰夷，听之不闻名曰希，博之不得名曰微。"（《道德经》第十四章）因此，道无法探测。这就是道，它以平和冲淡为特色，

---

[1] 作者此处只引用原文前四个单词，此处依据相关资料补齐原文。梵文的翻译依据黄宝生先生译文。《剃发奥义书》第三章写道："两只鸟结伴为友，栖息在同一棵树上，一只鸟品尝毕钵果，另一只鸟不吃，观看。"黄宝生译：《奥义书》，第303页。——译者注

生而不有，为而不恃，长而不宰。(《道德经》第十章)尽管万事万物以道的存在而存在，但道却虚空无形。尽管以德表述自己，并且是生命背后如同天则的隐秘现象，道与印度的正法一样，也是万物的本质特征。

道如何超越已知和未知、智慧和无知？智慧和无知本质上都是客观存在，但道不能视为我们思考认知的客观对象，道只能被视为我们的主体，如同人与自身的统一，这就是主观实现（亲证）。老子说"道，可道，非常道"时，他像中国古代作家习惯所为，把第一个道用作名词，然后将其用作动词。这意味着，道是绝对真理，人们将言说道。当我们读他的下一句时，这一点变得更加明显："名，可名，非常名。"言说的名如同被人表述的词，失去了它的渊博丰盈和微妙精深。于是，它不再被视为作为绝对真理的"常道"。作为思想的道否认作为语言的道，然而，在同一个词中，它们互为连理、密切相关：

道＝永恒不变＝梵＝法身（佛教）

包括 S. K. 查特吉博士和师觉月等人在内的印度学者普遍存在这样一种观点：密教仪式中的男女双修起源于中国的道教。他们说，Vamacara（左道即密教的性）这个术语是 Cinacara（中国功）的变体。道教中的阴阳概念契合女性与男性。阳相当于男性或光和热的积极力量，而阴代表女性或黑暗寒冷的消极力量，这二者必须协调一致。从哲学意义上讲，这表明，道显示了阴阳两种力量的相互协调、相互作用。阴阳和谐产生行动和反应。阴阳和谐使阴和阳的两极之间保持平衡。在西方的物质主义中可以发现阳，在佛教涅槃思想和吠檀多大梵思想的出世观念中可以发现阴。在道家看来，阳在运动中变为阴，阴在运动中变成阳。

在道家思想中，存在的基础并非永恒不变，并非如同克什米尔湿婆派的味欢喜（rasananda）的那种永恒极乐状态，而是相反两极永远的平衡状态，好比我们理解的"气"，永远变化而又恒常不变。

气是一个关键词，暗示我们如何达到一种和谐状态。道家思想中出现的阴性主义（Yinism）或对女性原则的提升近似于印度的性力派思想（Saktism）。《道德经》问我们，开启和关闭天堂大门时，你能否扮演女性角色？在密教思想中，神灵抑或佛陀的神秘能量来自他的双修女伴。他从她那里获得了永恒快乐。怛多罗（Tantras，指密教经典。——译者注）起源于6世纪的印度，它衍生于阴即性力思想，尽管在《奥义书》中也可发现对女性永恒能量的揭示：雪山神女乌玛（Umahaimavati）。男女交合（Mithuna）一词传达了这样一种观念：两种要素在相互依赖中彼此补益，互相依靠，互相引导或互相受益。对于宗教经典中探讨司空见惯的男女之事，某些西方人下意识地感到特别尴尬。但是，中国和印度的世界观认为，男欢女爱和宗教原理有着必然的联系。在关乎严肃哲学思考和诗学思考的印度经典文本中，在论及万事万物的宗教哲学体系中，诸如陶钧、器皿、绳索和布料等司空见惯的东西均占有非常重要的地位。中国人的思维方式具有模糊不定和同步共识的特色，它并非像西方思维那么确定不移、排他唯一和先后有序。因此，老子可以以悖论方式谈论道：大智若愚。大辩若讷。（第四十五章）其去弥远，其知弥渺。（第四十七章）是以圣人行不言之教。（第二章）信者信之，不信者亦信之。(第四十九章) 这一切使得圣人处无为之事。人们喜欢引用孟加拉语的神秘教义 (Caryas),它基于一些可谓并不协调和睦的主张,但却显示出和道家思想、密教易行乘教义绝妙的一致:"我的屋子在镇上;我独居无伴,罐中无米;我却一直敬奉神灵。青蛙与毒蛇一起生活。聪明的他的确愚蠢。身为小偷,他确实诚实。豺狼每日里与狮子争斗。谁能听懂尊敬的腾塔诺的歌声?"《道德经》的矛盾在于,它不是用来增强美学效果,而是给那些试图悟道者在不可言说的精神真理上提供一些线索。最后,老子说,圣人不敢为天下先,而甘居末位。事实上,有这样两种人:不甘人后者和甘居人后者。

这后一种人只是偶尔才诞生一位,如佛陀、老子和基督。那些不甘人后、蜂拥向前者数不胜数。那些甘居人后者都是大公无私的人。他们认为知识无用,行动多余,欲望害人,荣耀财富毫无价值。这就是《薄伽梵歌》里边所说的无欲行动。所有这些都涉及人类选择而非自然发生的问题。一个人可能会按照他的本性生存,天性可能会造福于他。"在幽深寂静之处,思想完全处于虚空沉默之中。只有这里可见最高真实的美德"。智慧机巧惯常会破坏自然状态,其结果是导致人们误入迷津。如果你想从世俗羁绊中得到解脱,不要破坏自然状态。如果你不想破坏自然状态,那就绝圣弃智。一旦绝圣弃智,就会见素抱朴。那么,来自神经中枢的一切世俗兴趣也就烟消云散。

# 附录4 《在华十三月》的中国书写

随着近代印度、中国相继沦为西方列强的殖民地或半殖民地，中印两国的人员往来以英属印度士兵、军官来华镇压太平天国起义和义和团运动等历史事件为标志，近代印度与中国的知识分子直面交流的机会却几乎断绝。因此，在近代中印文化交流几乎隔绝的条件下，印度知识精英缺乏必要的一手文献和实地考察，也缺乏足够的汉学研究动力和兴趣，自然也就难以留下多少有价值的汉学研究著述。当然，任何事物没有完全的绝对。1900年，作为英属印度军队一员来华镇压义和团起义的操印地语的下级军官的中国叙事，就是耐人寻味的例外。[1] 他们在中国战场写下的中国日记及以此为基础在后来出版的印地语书籍，主要描述其眼中的中国形象，也涉及对中国文化、中国社会和前途的认识和思考等，其中有些内容兼具朦胧的汉学要素。本文以国内学者早已熟悉但却无缘见其著作的印地语作家T.G.辛格（Thakur Gadadhar Singh, 1869.10—1920.10，下文简称"辛格"）为例，对此做一简介。

---

[1] 这方面的具体情况，参见中印联合编审委员会编：《中印文化交流百科全书》，第301~303页；中印联合编审委员会编：《中印文化交流百科全书》（详编下），第734~735页。

## 1. 辛格来华及其写作背景

1840年鸦片战争拉开了西方列强加倍掠夺和压迫中国的序幕。民族沦亡的危机如同"达摩克利斯之剑"悬在中国人的头上,中国从此陷入半殖民地半封建社会的悲惨境地。第二次鸦片战争、中日甲午战争、八国联军侵华等一系列重大历史事件使中国陷入更大的亡国危机之中。中国人民饱受外国列强和国内封建统治者的双重剥削,处于水深火热之中。1857年民族大起义失败后,印度不仅在实质上,也在名义上完全陷入殖民状态。关于近代印度与中国的区别,历史学家认为:"如果说中国的处境和印度有什么区别,那就是:清王朝还是一个统一的国家……中国和印度人民在受害的性质和趋势上是同样的,区别只在于程度。最早沦为殖民地的印度,最早尝到苦果。不过,中国人民的命运并不好些。"[1] 在这种感同身受的心理基础上,印度人民特别是有过在华经历或对中国有过诸多了解的印度人,对中国抱有深深的同情,并对外国列强侵略和掠夺中国深恶痛绝,对其罪行予以深刻揭露。在印度人的心目中,近代中国是文化意义或政治语境中的东方同盟者,是令人同情的东方兄弟,也是一面明晃晃的镜子。在这面"镜子"前,印度人照出了自己的苦难,照出了自己的悲悯。[2]

在同情中国的人中,来华印度官兵是一个特殊的群体。无论是英国发动第二次鸦片战争,还是1900年英国参与镇

---

[1] 林承节:《中印人民友好关系史(1851—1949)》,第45页。
[2] 此处相关介绍,参考尹锡南:《印度中国观演变研究》,第27~29页。

压义和团运动的八国联军行动，都有相当部分的英属印度官兵参加。在这些人中，有的以印地语最早记录了近代印度对中国苦难命运的同情。

19世纪末，中国爆发了以"扶清灭洋"为口号的义和团运动。英国殖民者调集了部队，加入八国联军的侵华行动。这支英军中照例包括了很多印度官兵，其中一位便是前述的T. G. 辛格。辛格与同胞都是被派往中国战场充当殖民炮灰的。在华期间，他冒险以印地语写下了大量的战地日记，记载了自己的中国见闻。回到印度后，辛格以《在华十三月》（英译为 Thirteen Months in China）为题出版了自己的战地日记。印度共产党总书记、曾经四次访华的高士（Ajoy Kumar Ghosh，1909—1962）曾经主编英文杂志《新纪元》（New Age）月刊，该刊1953年1月号登载了桑格尔（O. P. Sangal）对辛格日记的介绍。高士称辛格日记为"有历史价值的稀有的文件"。[1] 辛格的日记真实地记载了他对殖民战争的反感和对中国人民的同情。1954年2月，丁则良在《光明日报》上就此撰文进行介绍（详见下文的附图扫描件）。丁氏认为，尽管限于当时的历史条件，辛格的觉醒还没有达到国际主义的高度，但他的日记"标志着在帝国主义压迫下殖民地半殖民地的各国人民，尽管语言不通，肤色不同，就已经有了相互同情，对帝国主义

---

[1] 丁则良：《义和团运动时期一个印度士兵的日记》，载《光明日报》1954年2月20日，第5版。该文后来被收入史学双周刊社编：《义和团运动史论丛》，北京：生活·读书·新知三联书店，1956年，第110~114页。此处相关介绍，参考林承节：《中印人民友好关系史（1851—1949）》，第51~54页。

附录4 《在华十三月》的中国书写 531

者同怀憎恨的心理"。[1]

图 82 丁则良在《光明日报》(1954年2月20日第5版) 撰文介绍辛格日记（范静提供，原件存四川大学图书馆文理分馆）

上述内容是迄今为止绝大多数中国学者所能见到的基本信息。再看看近年来出版的《中印文化交流百科全书》关于辛格的介绍（印度贝拿勒斯印度大学中文教授、汉学家卡玛尔·希尔即嘉玛希等撰，乔安全译）:[2]

T. G. 辛格 (Thakur Gadadhar Singh, 1869.10—1920.10)，印度作家。生于今印度北方邦坎普尔县桑

---

[1] 丁则良:《义和团运动时期一个印度士兵的日记》,载《光明日报》1954年2月20日,第5版。
[2] 中印联合编审委员会编:《中印文化交流百科全书》,第301页; 中印联合编审委员会编:《中印文化交流百科全书》(详编下),第735页。此处文字编排有少量改动。相关内容参见 Anand A. Yang, Kamal Sheel, and Ranjana Sheel, tr., *Thirteen Months in China: A Subaltern Indian and the Colonial World, an Annotated Translation of Thakur Gadadhar Singh's Chīn Me Terah Mās*, Delhi: Oxford University Press, 2017, pp. 1-27。

切蒂村一个旃代尔拉其普特家庭。其父 T. D. 辛格曾于 1864—1878 年在孟加拉第五本地人步兵团服役。他 17 岁高中毕业，加入孟加拉第七拉其普特团。18 岁时，受命参加英缅战争。1894 年因良好的教育背景被任命为部队教员。1896 年晋升为一级准尉，这是当时印度人在英军中所能获得的最高职位。1900 年中国爆发义和团运动，随第七拉其普特团前往中国，在那里度过 13 个月。

  T. G. 辛格不仅是英军的一名印度本土拉其普特军官，其印地语著述也享有美誉。由他撰写的游记兼回忆录《在中国的十三个月》[1] 于 1901 年出版。1902 年 5 月 1 日，勒克瑙知名英文报纸《拥护者》对该书予以好评："作者极为仔细地观察并记录了军旅生活中稍纵即逝的事件细节，并用质朴的印地语加以呈现，字里行间点缀着丰富的个人见解，这些都是作者的过人之处。该书具有明显的超越性，因此在尚处萌芽阶段的印地语文学里留下了永恒的印记。"该书以一位印度中尉的视角写就，为人们详细了解义和团运动、八国联军占领北京，以及中国人民在与八国联军的斗争中所遭受的各种暴行提供了一份可供参考的资料，同时提出了印度和中国联手抵抗西方统治的可能性。

  辛格用印地语撰写的另一部著名游记《英王爱德华兹加冕礼目击记》是他在英国的游记，于 1903 年出版。由于这两部著名的游记，他被誉为现代印地语文

---

[1] 即《在华十三月》。——译者注

学史上的第一位游记作家。其他主要著作有《日本的国家制度》《俄日战争》《武士道》《国外旅行》《外国家庭》《佛陀的哲学》《战争与和平概论》《眼睛与视角》等。他还创办了期刊《妇女之友》，致力于揭示和解决妇女问题，使女性接受教育并享有更多权利。

关于《在华十三月》的作者辛格，该书第一译者、出生并成长于印度的美国西雅图华盛顿大学历史系教授杨雅南（Anand A. Yang）在该译本"引言"中写道："印地语文学批评家、文学史家们一般都称辛格为印地语旅行文学这一文类的前驱（pioneer）。他常与婆罗登杜·哈利西钱德拉（Bharatendu Harischandra）相提并论……辛格声名显赫，因为他的《在华十三月》（*Chīn Me Terah Mās*）常被视为跨国旅行叙事（overseas travel narratives）的第一部印地语书。"[1] 辛格此书在涉及中国文化和时代背景时，引述和参考了一些英语书，它们主要是以下 4 本：罗伯特·哈特（Robert Hart）发表于 1900 年的《北京使馆区：民族暴动与国际插曲》（*The Peking, Legations: a National Uprising and International Episode*）、内维尔·P. 爱德华兹（Neville P. Edwards）出版于 1900 年的《描述当前战争事件的中国故事》（*The Story of China with a Description of the Events Relating to the Present Struggle*）、亨利·诺尔曼（Henry Norman）出版于 1895 年的《远东人与远东政治：英国、法国、西班牙、葡萄牙殖民地及西伯利亚、中国、日本、朝鲜、暹罗（泰

---

[1] Anand A. Yang, Kamal Sheel, and Ranjana Sheel, tr., *Thirteen Months in China*, p. 4.

国）和马来亚旅行研究》(The People and Politics of the Far East: Travels and Studies in the British, French, Spanish and Portuguese Colonies, Siberia, China, Japan, Korea, Siam and Malaya)、A. H. S. 兰道尔（A. Henry Savage Landor）出版于 1901 年的《中国与八国联军》（China and the Allies）。[1] 由此可见，辛格是一位英语水平很高的学者型军官。这从其印地语原著《在华十三月》大量运用英语词汇甚至大段摘抄英语句子的情况可见一斑。

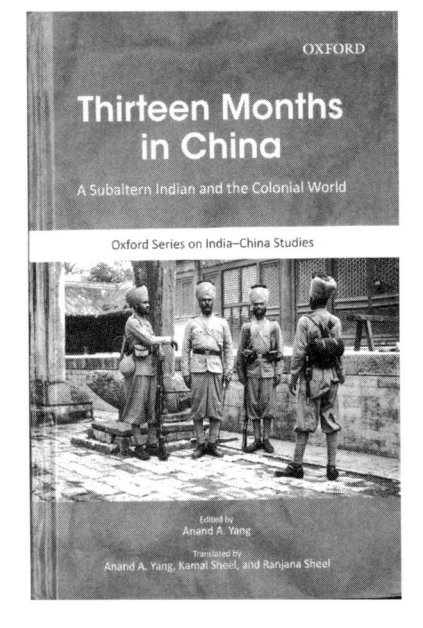

图 83 《在华十三月》英译本封面

既然如此，辛格为何要选择母语印地语作为游记的书写载体？按照杨雅南教授的解释，辛格出于这么一些考虑：

---

[1] Anand A. Yang, Kamal Sheel, and Ranjana Sheel, tr., *Thirteen Months in China*, p. 8.

第一，他须在当时印度国内关于天城体印地语和乌尔都语的争论中表明自己的立场——"此外，辛格运用梵文化的印地语书写其中国报道，与其雅利安协会（Arya Samaj，或译为"圣社"）的倾向相当地一致，其著作有大量的证据。"[1] 第二，辛格想为战场归来的同胞们和未到过中国却想了解这场战争"胜利"的人们提供一手信息，而其中大部分人是不懂英语的印地语读者："换句话说，这在相当程度上是一位底层人（subaltern）撰写的涉及底层体验（subaltern experience）的书，其潜在阅读对象是同胞底层人（fellow subalterns）和正在兴起的读者大众。辛格在两层意义上是一位底层人：他是当时的一位下级军官，一位纳亚克（naik）而非苏贝达尔（subedar），即协调军中上下级关系的一种级别；从葛兰西（Gramscian）意义上看，他是试图通过其印地语著作发声的一位消音的弱势人（unvoiced and disempowered person）。辛格相信他有期盼听闻自己叙述中国战争故事的一批听众。"[2] 第三，辛格有意隐瞒自己的生平，刻意隐瞒身份，也有非常现实的考量，即在同情中国的心态下，报道八国联军在中国的屠杀和抢劫，撕下外国侵略者在他们所谓的"野蛮人"的领土上以"文明"的面具从事的罪恶行动。"作为'英属印度军队'（British Indian force）的一位'皇家'（loyal）士兵——注意他强调其殖民地附属性——他不能表露感情，绝对不允

---

[1] Anand A. Yang, Kamal Sheel, and Ranjana Sheel, tr., *Thirteen Months in China*, p. 6.
[2] Anand A. Yang, Kamal Sheel, and Ranjana Sheel, tr., *Thirteen Months in China*, p. 9.

许在印刷品上公开发表。在此意义上,以印地语创作赋予辛格相对的匿名性(anonymity),因为它甚至使得他的书到达预定的识字人(literate)和文学读者手中。显然,他成功地保持了低调(low profile),因为他的书大体上没有引起英语世界(English-speaking world)的注意,即便它被登记在册。作为印量巨大的印度出版物,按照1867年第二十五条法令(书籍印刷和登记法令),它被搜集而送往伦敦,在印度(现在为英国)事务图书馆(India Office Library)大量的档案文献中开始了一种书架生涯(shelf life)"[1]。

辛格此书出版后售出1000本左右,说明他对读者市场的判断是较为准确的。当地舆论对此书褒贬有之。但是,由于没有英译本,辛格没有招来不利的后果,相反,作为第七拉其普特团的一员,他还被选为赴英参加爱德华兹国王加冕仪式的代表之一。辛格的"底层叙事"策略完全奏效。

以上便是辛格来华背景及其写作、出版《在华十三月》的相关插曲。接下来对该书的中国形象描写、泛亚思想和中国文化思考等进行简略分析。

### 2. 辛格笔下的中国形象

杨雅南教授透露说,他在上世纪90年代于英国图书馆邂逅了辛格的印地语著作。此后,他在翻译中得知印度贝拿勒斯印度大学汉学家嘉玛希伉俪也在着手翻译此书,遂

---

[1] Anand A. Yang, Kamal Sheel, and Ranjana Sheel, tr., *Thirteen Months in China*, p. 10.

主动提出联手翻译。这是该书第一个英译本诞生的由来。[1] 该书 2017 年在印度牛津大学出版社出版。三位译者迻译此书，既是探索殖民主义时期的印度近代史，也是对中印近代历史交流特殊性的一次学术考古。

杨雅南教授在该书"引言"中指出："辛格对世界的底层观（subaltern view），部分源自他不同于统治其国家并将其权力滥用于中国的英国白人的人种和种族观念，影响了他的现场报道和他对中国与世界（短兵相接的）短暂历史的认识。这使他全身心地拥抱中国，即便他在此参与对中国和中国人民的战争。辛格公开表达了对中国的同情和友爱（affinity），因为这甚至可见于其书的开头几行。"[2] 杨教授还说："考虑到（八个）联军国家，尤其是英国普遍存在的对中国和'拳民'（Boxers）的负面心态，他（辛格）对中国的同情性描述越发引人瞩目。例如，可将其与爱德华兹《中国故事》（Story of China）的叙事基调（tenor）相比较。这是他参考某些历史信息的一本书。后者将中国描写为'亚洲'的'病夫'，她在相当大的程度上被……顽固的风俗、迷信和偏见所阻碍和迟滞。"[3] 杨教授还指出："辛格的书也显得别具一格，因为他从印度，特别地从一个北印度底层人（Hindustani subaltern）的视角观察中国。他的职责之旅（tour of duty）使他与亚洲另一

---

[1] Anand A. Yang, Kamal Sheel, and Ranjana Sheel, tr., *Thirteen Months in China*, pp. 26-27.
[2] Anand A. Yang, Kamal Sheel, and Ranjana Sheel, tr., *Thirteen Months in China*, p. 20.
[3] Anand A. Yang, Kamal Sheel, and Ranjana Sheel, tr., *Thirteen Months in China*, p. 21.

地方发生了直接的联系。他的思考与当时西方亚洲书写的大多数形成强烈反差，西方作品大都受到了占主流的东方主义思想（discourse of Orientalism）的感染……辛格的泛亚洲身份认同（shared Asian identity）意识也延伸到日本和日本人。"[1] 上述观察显示，辛格笔下的中国，首先是其悲天悯人心态下描绘的一块"伤心之地"。

《在华十三月》分为三部分，第一部分题为"中国战争：海上航行"（The War in China: the Sea Voyage），第二部分题为"战争场景：天津使命"（War Scenes: Mission Tianjin），第三部分题为"直隶省杂记"（Miscellaneous Accounts: Zhili Province）。其中的前两部分属于典型的"战争游记"，中国形象就在这种酷似旅行文学的生动描述中体现出来。

按照辛格日记的记载，1900年6月29日，作为英属印度军队的一员，他与同伴们在加尔各答登船离开印度，前往中国战场。在海上航行的日记开头部分，辛格写道："波汹浪涌，令人激动，给这样的场景增添了宜人的气氛。很快，翻腾的海水和太阳的红霞消失不见。慢慢地，黑暗笼罩了一切。可以说一切沉入了黑色的海水之下。一阵恐惧溜进我的脑海。老天爷啊！天神们是否要将古老的中国征服，使其走向（与印度）相同的命运？否则，将近四千年来处于和平与昏睡状态的一个国家，其某些人为何变得如

---

[1] Anand A. Yang, Kamal Sheel, and Ranjana Sheel, tr., *Thirteen Months in China*, p. 24. 杨雅南教授认为，书中出现的 Hindustani、Hind、Bharat、Aryavarta 均表示"印度"。参见该书第27页注释1。作者依据辛格的出生地，在此将其译为 Hindustani "北印度"。

此鲁莽冲动（impetuous）？在凉爽而白色的海水中，血红色是一种不祥的征兆。中国皎洁的月亮是否也将沉沦？雅利安国（Aryavarta，印度）上灿烂闪耀的太阳已经沉落。我想起毗邻的日本已经显示过中国的羸弱。与邻居们的争端确实有害。"[1] 辛格的这些话耐人寻味。他在海上触景生情，由印度沦为英国殖民地的伤心史联想到近邻中国即将遭受的命运。他还联系日本的觉醒和迅速崛起，思索中国羸弱不堪的根源。在辛格看来，"将近四千年来处于和平与昏睡状态的"中国，她的某些人即义和团官兵们"变得如此鲁莽冲动"，以致即将招来八国联军的攻打，这令人非常不解。他认为，义和团运动是一种盲目的行为。"拳民们（Boxers）在中国犯了大错，因为其完全依赖自己想象的超自然力，结果导致国家即帝国走向毁灭"[2]。

辛格的上述话说明，他的心态是复杂的。他同情中国，但又将八国联军的侵略根源错误地部分归结为义和团运动的领导者和参与者。这说明辛格并未完全认识八国联军侵华的殖民主义实质。正因如此，他对中国的同情首先是一种同为弱者、同病相怜状态下的条件反射。例如，他在分析义和团起义的根源时指出："（基督传教士组成的）先遣军（advance guard）在华工作了相当长一段时间。与军事上的先遣部队相比，传教士的宗教（或曰基督教）卫士的

---

[1] Anand A. Yang, Kamal Sheel, and Ranjana Sheel, tr., *Thirteen Months in China*, p. 34. 相关译文也可参见：丁则良：《义和团运动时期一个印度士兵的日记》，载《光明日报》1954年2月20日。通过比较，丁氏的译文与作者依据的英译本差异很大。

[2] Anand A. Yang, Kamal Sheel, and Ranjana Sheel, tr., *Thirteen Months in China*, p. 117.

挺进(advance)毫不逊色——可以说是越来越快。许多中国当地人成了传教士的信徒,开始损伤了他们同村人的感情,这就好比溃疡使身体产生疼痛。"[1] 在历数中国各地当时反洋教运动出现的"暴力事件"及外国列强借机向中国索赔施压的细节后,辛格指出:"为上述事件感到愤愤不平,拳民们举行了武装起义。能将此视为其恶行(badmashi)吗?如果我们看看自然法则(laws of nature)就会发现,弱者总被认为有罪。羸弱是巨大的原罪(Weakness is a great sin)。梵文谚语'羸弱命中注定'(durbale daiva ghataka)表达了同样的意思。因此,弱者怎能不被视为罪人(sinners)?按照这种说法,把目前的暴乱归结为拳民们的'流氓行径'(hooliganism)是老练的英明。"[2]

随着中国之旅的延伸和不断的观察、思考,辛格对外国列强侵略、掠夺中国的殖民主义行径有了一种较为清醒的认识。他的笔下,出现的是列强结伴而来后被任意欺凌和宰割的中国形象。1894年中日甲午战争后,失败的中国被迫于1895年4月17日与日方签订了丧权辱国的《马关条约》。俄罗斯等西方列强不满日本在华利益一家独大而损害自身利益的局面,因此产生了俄、德、法等三国干涉还辽的历史事件,列强们因此获得了程度不一的殖民利益。日本获赔白银三千万两,俄罗斯强租旅顺港,德国强占胶州湾,英国"购买"威海卫。辛格对此进行了这样的描

---

[1] Anand A. Yang, Kamal Sheel, and Ranjana Sheel, tr., *Thirteen Months in China*, p. 117.
[2] Anand A. Yang, Kamal Sheel, and Ranjana Sheel, tr., *Thirteen Months in China*, p. 119.

述:"尽管(中日两国)签订了《马关条约》,包括所有欧洲国家在内的外国列强(foreign powers)并不欣赏强化日本在华利益的条约。所有人都为可怜的中国的衰落(downfall of poor China)洒下鳄鱼泪(shed crocodile tears)!读者们,你们都必须赞美这些欧洲列强,因为他们同情中国。他们说中国交出辽东(半岛)和旅顺港(Port Arthur)会损失惨重,因此日本须放弃从中国获得的五百万英镑。作为中国真正的、善意的朋友,日本同意如此。作为欧洲列强集团的召集人,俄罗斯现在贷款给中国作赔偿金,作为回报,它控制了旅顺港。这便是它们如何强迫(obliged)中国的情形。"[1]

由于同情中国,辛格揭露了英、日、俄等八国联军的士兵对中国人犯下的战争罪行,展示了遭受列强侵略的一幅幅悲惨的中国形象。例如,关于1900年7月17日的天津之行,辛格记载道:"正如前述,天津是无人区(people-less)!除了死尸残骨和十来岁到二十岁的一些年轻人,天津城一无所有。剩余的只是一些从燃烧的大火中留下来的房屋和东西的残存物。腐烂的、燃烧的尸体很多。吉祥的《薄伽梵歌》中描写的地狱清晰可见。进入城市,宛如走进严酷的地狱。这儿曾经发生过对这座地狱的穷苦人东西的大规模抢劫……今天,整个中国都在大火中燃烧!一座孤城(a city orphaned)!"[2]

---

[1] Anand A. Yang, Kamal Sheel, and Ranjana Sheel, tr., *Thirteen Months in China*, p. 155.
[2] Anand A. Yang, Kamal Sheel, and Ranjana Sheel, tr., *Thirteen Months in China*, p. 78.

辛格在叙述1900年8月13日八国联军攻打北京的事件时写道："今天是八个世界强国（eight world powers，即八国联军）攻打北京城的一天。曾有一个时期，全世界都仰慕中国皇帝的辉煌。中国人以其智慧和知识闻名于世。这片国土上的子孙们因其丰功伟绩而知名。中国的长城至今仍被视为世界奇迹之一。直到今天，无人可以复制他们高质量的玉器、瓷器制造工艺。世界各国官方代表会带着贡品出现在朝廷前。今天，这同一位皇帝和同样的这些中国人已变得无法拯救自己的生命和家园！那些统治者和人民曾经筑起长城保护自己免遭不开化的野蛮部落的袭击。他们的这一伟业震惊世界——文明世界！今天，同样的这些国王（皇帝）和人民，面对生命威胁时，却在身体、经济、军事、政治力量上全面显示出无能。这或许归结于他们的命运或懒惰、没有正常的思维！"[1] 这种历史辉煌与现实惨淡的强烈反差，说明辛格眼中的中国的命运令人担忧、前途暗淡。

辛格对中国这片"伤心之地"的血色黄昏的集中描述，莫过于第三部分题为"劫掠与暴行"（Loot and Atrocities）的一节文字。对于日军等战争暴行的叙述，也是对中国悲惨历史的真实记录。他这样写道："外国在中国的劫掠与暴行确实始于天津……天津是一座有银行和铸币厂房（mint house）的繁华大城市，它遭到了日本人、俄国人、法国人的大规模抢劫。除了许多物品，俄军和法军还洗劫、卷走

---

[1] Anand A. Yang, Kamal Sheel, and Ranjana Sheel, tr., *Thirteen Months in China*, pp. 97-98.

了成百上千的银锭（tonnes of silver）。除此之外，士兵们还有私款银子和其他东西。"[1] 当迟来的英属印度士兵到达天津时，大部分市民早已逃走。士兵们成群结队地开始抢劫。"表、棍杖、伞和扇子都是劫掠而来的，有时靠暴力威胁中国人而得，有时则是杀死他们后获得的！任何拖延不交东西的行为，将会以这些手无寸铁的中国人的性命为代价。自然，只是拿走想要的东西，而尸体留给狗啃。人曰：'捐献赠物会征服三界'。中国人捐出自己的身体，其身体却被捐给了狗。在印度，每隔半年或一年，作为城市的雇员，付给其两到三个安那（anna），（专门搬运尸体的低等种姓）杜姆（Dom）杀狗，使其往生（liberate）。这儿的情况一样，不同的是人的往生。即使只有一丁点东西，任何人都会因此丧生。唯一的区别是，在印度，杀狗者是杜姆；在这儿，杀人者是'文明人'（civilized people）和体面的印度人（decent Hindus）。疯狂的劫掠和暴行甚至持续到从天津进军北京。在战争中，杀人和被有武器的对手杀死是英勇，但是杀死无助的弱者是一种胆怯的谋杀行为！这类谋杀此处不计其数！"[2]

辛格还对八国联军拍卖掠夺而来的战利品进行了实录："当士兵们敲开中国人的门时，房屋主人常常会立即开门，但是此人首先被杀，因为劫掠者害怕被房东杀死！这种无所顾忌的状态甚至持续到外国军队征占了首都北京……在

---

[1] Anand A. Yang, Kamal Sheel, and Ranjana Sheel, tr., *Thirteen Months in China*, p. 293.
[2] Anand A. Yang, Kamal Sheel, and Ranjana Sheel, tr., *Thirteen Months in China*, p. 294.

1900年8月的第三、四个星期里,中国的银价降到了最低……卖家多半是俄国人、日本人,买家常常是英属印度士兵。钟表成千上万,价格从八百、一千、五百到六百卢比,以低价出售。女性的金银珠宝也以同样方式出售。读者们啊!所有这些东西都是杀死无力自卫的中国人后掠夺而来的。人们为什么会心甘情愿地将其财富放到外国人的脚下?"[1]

根据辛格的观察,日本士兵不仅人数众多,作战勇敢,还有另一个引人瞩目之处:战争暴行。辛格这样描述日本士兵的罪行:"在旅顺港,中国与日本打了一仗,日本人赢了。这事没过多少日子,然后,我们从报纸上获悉,日本人杀死了伤兵,还把其战俘活生生地扔进火中。听说了日本人的这些野蛮行径后,我们的心撕裂了。我们已经习惯了极其痛苦地面对日本人的野蛮行为。在那些日子里,英国报纸竭尽全力(left no stone unturned)地公开地、猛烈地谴责日本人,因为据说没有哪个文明的欧洲民族(civilized European race)会以如此野蛮的方式行事。不过,目睹了在中国的抢劫、掠夺和暴行后,我们确实非常反感,不想再目睹或听闻这些消息。很难说八个来华的外国列强中,哪一个劫掠最力,哪一个排名第几。我只能说,无论何人,无论何处,只要他逮住了机会,就会这么做的!"[2] 关于日本士兵对中国人犯下的滔天罪行,辛格还以自己的

---

[1] Anand A. Yang, Kamal Sheel, and Ranjana Sheel, tr., *Thirteen Months in China*, p. 298.

[2] Anand A. Yang, Kamal Sheel, and Ranjana Sheel, tr., *Thirteen Months in China*, p. 292.

亲身见闻,描述了一段又一段令人发指的战争插曲。1900年8月5日,在北仓,辛格等人发现了一位受伤呻吟的中国人。随行的印度军医 R. 阿瓦斯提(Ramdutt Awasthi)为其包扎疗伤后,将其交给另一位中国人。两人对印度医生感激不尽。当印度医生后来带人想把中国伤员运回医院继续治疗时,惊讶地发现四五个日军正抓住伤员的脚,拖在路上。伤员绷带滑落,头上流血,奄奄一息。他的同伴则被日军钉在了墙上!"谁敢看一眼这么恐怖的场面?医生大人(doctor sahib)立马返回!在另一处,一个年轻的中国人被七八个外国人踢死……所有这些踢人者(players)都来自文明的国家!"[1]

辛格发现,列强士兵不仅抢劫杀人,还强奸并杀死中国妇女。村里的水井到处都是遭到强奸后投井自杀的妇女。辛格亲眼看见一位妇女,她带着五六岁大的男孩在地里耕作。看到外国士兵后,害怕遭到强暴的她丢下孩子,跳进河中,试图自杀,以免受辱。"多可怜!男孩躺在河岸上尖声哭叫,女人正在捶打胸膛,试图淹在河里自杀!这是多么令人心碎的(heart-wrenching)情景!我立即命令陪伴我们的中国苦力跑去并跳进河里救她。读者,没有我的命令,苦力们不准备拯救这位淹没的妇女!……最后,这位被淹的妇女被救了上来,得救的还有男孩。他们被送到村里,她几乎是半死状态。这清楚地说明,妇女们自行决定

---

[1] Anand A. Yang, Kamal Sheel, and Ranjana Sheel, tr., *Thirteen Months in China*, p. 295.

自杀"[1]。

辛格的亲身经历和上述记载,从一个侧面有力地印证了中国近代历史教科书相关内容的真实性、权威性:"八国联军所到之处,烧杀奸淫,犯下骇人听闻的累累暴行。大沽繁华地区被夷为平地。原有5万多居民的塘沽'已无华人足迹'。俄兵把北塘万户人家烧杀大半。天津城内尸体遍地……侵略者在大肆抢劫、强奸妇女之时,随意杀人……八国联军侵入北京,到处杀人放火,特别是曾安设义和团神坛的地方,房子烧毁,人皆杀害……联军强奸妇女,甚至掳为'官妓',许多妇女因怕侮辱而自杀……使馆人员及传教士也参加抢劫。日军从户部抢去300万两银子,并烧房毁灭罪证。英军、美军把抢来的东西造册拍卖,卖的钱按官阶高低分赃……俄军粗野,抢掠颐和园的珍宝,并常随意把物件打碎……联军统帅瓦德西供认:'所有中国此次所受毁损及抢劫之损失,其详数将永远不能查出,但为数必极重大无疑。'"[2]

除了通过八国联军战争暴行的描写间接刻画晚清中国受列强凌辱、欺压和宰杀的弱国形象,辛格还通过中印比较等方式书写中国积贫积弱的现实形象,并从宗教视角出发暗示中国"缺乏"完美宗教或"笃信错误宗教"的虚幻形象。这一点可见于该书最后一节"中国与印度"(Chin aur Hind)。

---

[1] Anand A. Yang, Kamal Sheel, and Ranjana Sheel, tr., *Thirteen Months in China*, p. 297.
[2] 郑师渠主编:《中国近代史》,北京:北京师范大学出版社,2015年,第188~189页。

附录4 《在华十三月》的中国书写　　547

　　辛格首先指出,中国与印度都是世界文明古国,但近况却都不如人意:"谁不知道在亚洲大陆,中国和印度都是巨大而肥沃的国度,并有最优秀的文明。众所周知的是,在整个世界,已知最古老的书(此前确实没有书的存在)是吠陀。雅利安人最先开始吠陀的教义。这便是为何雅利安国(印度)成为全世界的师尊(guru)。中国也是古老的国家。中国悠久的历史始自(约)公元前2500年。从那时起,除了少数例外,中国一直处于自己的国王的独立统治下。世界上出产的任何东西,也的的确确长在中国。如此的中国,本应该处于最发达的状态!但恰恰相反!中国已陷入极度贫困的状态。"[1] 辛格引用一位不知名的英国传教士的话,对中国、印度、英国普通人的收入状况做了具体的比较,以印证中国、印度底层人民的艰辛贫困。这位西方传教士认为,七个因素造成了近代中国的积贫积弱:傲慢自负(vanity)亦即虚幻的国家自立、贪污、人口过多、挥霍浪费(profligacy)、女文盲多、鸦片消费、笃信错误的宗教(belief in a false religion)。[2] 关于第七个要素,辛格引用传教士的话说:"中国人极其害怕鬼魂,在恶棍和骗子的引导下,大把大把花钱,通过敬拜男神女神保佑自己。中国人天性很敏锐、睿智,但是很明显,由于他们不断地信奉错误的宗教,变得没有理性或不聪明了。前

---

[1] Anand A. Yang, Kamal Sheel, and Ranjana Sheel, tr., *Thirteen Months in China*, pp. 299-300.
[2] Anand A. Yang, Kamal Sheel, and Ranjana Sheel, tr., *Thirteen Months in China*, p. 303.

述传教士大人指出,中国人和我们印度人都得小心。"[1]辛格通过逐一比较,认为印度与中国一样,都有一些共同的积贫积弱因素。不过,他似乎认为,印度人笃信宗教,这一点要优于信奉"错误宗教"的中国人。他对此很自信。因此,他在书的最后对印度同胞亦即《在华十三月》的印地语读者们说:"宗教教育是一种卓越的教育,宗教力量也是一种激动人心的力量。人心平静如流水,而宗教力量是火一样的力量……亲爱的雅利安人啊!你们的宗教之船出现了宗教的混乱,只是由于没有熟练的引路人!谢天谢地,现在已不再有这种缺陷!现在开启你们的宗教之船,这是吠陀一样的整个宇宙之图。因此,沿着吠陀指引的道路方向,瞄准那艘幸运之船,你们的旅行无疑将抵达彼岸,以幸福为结局。"[2]

由此可见,辛格虽然谴责八国联军对中国人的劫掠、屠杀和强奸,但是他的宗教之眼或西方(文化)之眼阻碍了他对中国全面而正确的认识,也阻碍了他对八国联军侵华的殖民主义实质的深入认识。他借用西方传教士的话思考中国,便是明显的例子。在另一处分析八国联军侵略中国的直接原因时,辛格的宗教之眼或文化误读发挥了作用:"基督传教士在华宣传救世。中国的一个傻瓜儿子(似乎指中国的皇帝。——引者按)愚昧无知,不想在活着时获得拯救。仁慈的传教士们信奉一句名言'做善事是圣人的

---

[1] Anand A. Yang, Kamal Sheel, and Ranjana Sheel, tr., *Thirteen Months in China*, p. 304.
[2] Anand A. Yang, Kamal Sheel, and Ranjana Sheel, tr., *Thirteen Months in China*, p. 307.

附录4 《在华十三月》的中国书写 549

人生目标'(Paropkarava Santahi Jeevanam),诚心诚意地发誓拯救中国人,因此,将中国卷入一场宗教战争。宗教的力量是巨大的!啊,宗教,我们反复地赞美你!我们一再向您谦卑致敬!您有千万种身形。吠陀中描述的'千头人'(Sahasra Shirsh Purush),或许只描述您的多种身形!我从所有方向向您所有的身形致敬!您一再保佑我们印度人。化身为佛陀,您赋予我们永久的和平……我们印度人高度信仰宗教。"[1] 这里的话自然是对八国联军侵华动因隔靴搔痒似的曲解,还折射出印中文化或印中形象的优劣、高下之分。这在印度知识分子当时无法直接了解中国文化(如中国道教、中国佛教等)的背景下,是一种可以理解的文化误读或宗教误读。辛格提到的"千头人"即《梨俱吠陀》中所说的"原人"(purusa)。从宗教哲学起源看,"原人"的概念和意象出现得非常早,例如,《梨俱吠陀》第十卷的《原人歌》写道:"原人之神,微妙现象,千头千眼,又具千足;包摄大地,上下四维;巍然站立,十指以外。唯此原人,是诸一切;既属过去,亦为未来;唯此原人,不死之主;享受牺牲,升华物外……是故原人,超越十方。"[2] 稍后,《原人歌》还写道:"原人之口,是婆罗门;彼之双臂,是刹帝利;彼之双腿,产生吠舍;彼之双足,出首陀罗。彼之胸脯,生成月亮;彼之眼睛,显出太阳;口中吐出,雷神火天;气息呼出,伐尤风神。从彼

---

[1] Anand A. Yang, Kamal Sheel, and Ranjana Sheel, tr., *Thirteen Months in China*, p. 46.
[2] 巫白慧译解:《〈梨俱吠陀〉神曲选》,北京:商务印书馆,2013年,第253页。

肚脐,产生空界;从彼头顶,展现天界;从彼两耳,产出方位。如是构成,诸有世界。"[1]《梨俱吠陀》是印度古代最早的诗歌汇编,其中的《原人歌》非常形象地表达了印度早期的神学思想,对现象世界与超验世界的关系进行了艺术的辨析。

总之,辛格对中国形象的描述是复杂多维的。他的中国书写,还包括对中国现实、中国历史和传统文化等诸方面的观察和思考。这一点后文还将论及。

### 3. 辛格的泛亚情结

某种程度上,辛格对中国的同情,既与同处殖民语境的现实政治背景发挥效力有关,也与他复杂的宗教和文化误读有关。这种同情,还延伸、演化到印度与中国联合成立"印中国"的思想境界。这是其泛亚情结或曰"泛亚理念"(pan-Asian notions)[2]、"共同的亚洲身份"(shared Asian identity)[3]的第一层内涵。

到了中国,耳闻目睹外国列强对中国人民的欺压和迫害,辛格的心情难以平静。他对八国联军烧杀抢掠的罪行做了这样的生动记载:"到了早晨,我醒了。同样化为灰烬的村庄、乱窜的狗和零零散散的尸体再度映入眼帘。在河岸边,几乎每隔四十到五十码,我们就瞥见一到两具尸体。从大沽到天津的路上,我估摸着陈尸成百上千。几乎所有村庄被烧毁,看不见任何(完好无损的)村子。每一个灰

---

[1] 巫白慧译解:《〈梨俱吠陀〉神曲选》,第 255~256 页。
[2] Anand A. Yang, Kamal Sheel, and Ranjana Sheel, tr., *Thirteen Months in China*, p. 23.
[3] Anand A. Yang, Kamal Sheel, and Ranjana Sheel, tr., *Thirteen Months in China*, p. 24.

堆上，每一栋被毁的房屋上，都可看见飘扬着一两面法国、俄国或日本的旗帜。在某些村子，偶尔可见一位活着的老人身影，他靠着一根棍子（lathi）站着。看到这种场景，即便是石头也会感伤落泪！我们没有必要同情，因为我们来与中国人作战。但是……看到与我们同肤色的人们，我们即便没有付诸行动，心中却被其激起一种'情感'（emotion）。中国人是佛教徒。（我那时还不知道孔子思想）他们与印度人共享一种宗教（share a religion）。作为亚洲的居民（inhabitants of Asia），他们也几乎算是同胞（fellow countrymen）。就肤色、传统和文化而言，他们也没有什么区别。神灵（parameshwara）为何要对他们施加这种痛苦！神灵难道不愿拯救（help）他们？"[1] 辛格虽然如同《摩诃婆罗多》中的阿周那，为了黑天教导的达摩（正法）原则而不惜与亲人开战，但是，他对中国人的宗教、人种、肤色等的误读，他对佛教联系中印古代文化交流的历史记忆，他对中印同处亚洲的地域认识，使其自觉超越了英属印度军队下级军官的身份，从而上升到悲天悯人的思想层面，确立了一种朦胧的"中印命运共同体"（借用当下流行的术语）意识、一种连带意识。这的确是20世纪初难能

---

[1] Anand A. Yang, Kamal Sheel, and Ranjana Sheel, tr., *Thirteen Months in China*, p.48.相关内容也可参见丁则良：《义和团运动时期一个印度士兵的日记》，载《光明日报》1954年2月20日，第5版。丁文的相关内容是："……我们的心总是安不下来，因为到底我们是来和这些中国人作战了……一看到他们的肤色和我们的差不多，心中就有一种情感油然而生。中国人是信佛教的，和印度人信的是同一种宗教。我们同是亚洲大陆上的居民，所以中国人也还是我们的邻人呢。他们的肤色、风俗、礼貌和我们的也没有很大的差别。为什么上帝要降这样的灾害（指帝国主义军队的屠杀抢劫等。——则良）到他们的身上呢？难道我们不倒是应该去帮助他们吗？"

可贵的前卫思想。

　　由此不难理解，辛格在中国与印度近代历史的苦难阵痛中升华了思想。他接下来这样写道："看到中国的苦难，心里涌起同情（sahanubhuti）的浪潮。为了德里而攻打拉合尔（Lahore），为了斋普尔（Jaipur）而攻打奇托尔（Chittor），我们的祖先们是多么的天真！他们为了阿克巴（Akbar）攻打拉托尔（Rathors），为了英国人攻打兰吉特（Ranjit）。他们的心脏和大脑为何被虫蛀（worm-eaten）了？因此，我揣测大约是神灵（Bhagavan）为了中国人的利益而制造了这种幻象。如果中国落入了我们力量强大的政府（英属印度政府。——译者按）之手，它将平静而安宁地睡去，就像我们神圣的雅利安国（印度）正在经历的那样。这将是好消息。神啊，那就这样吧！也赋予中国以雅利安国曾经有过的神力（shakti）吧！创造一个'印中国'（Hind-Cheen），构建一个伟大的亚洲强国（a great Asian power）！阿门！"[1] 对于这些话，似乎可以这样理解：辛格对印度近代史多有"哀其不幸，怒其不争"的愤懑和无奈（"平静而安宁地睡去"自然是一种暗含讥讽的反语），对于英属印度士兵参与八国联军攻打北京、天津的侵略行为感到不解和羞愧，对于中国遭受外国列强欺凌表示无限同情，加之前述的宗教、人种、地域（亚洲）认同感，使他灵感一现，产生了某种程度上类似谭中等印度学者首倡的"中印大同"（Chindia）的"印中国"思想。相

---

[1] Anand A. Yang, Kamal Sheel, and Ranjana Sheel, tr., *Thirteen Months in China*, pp. 48–49.

同的是，这些不同时代的学者、作家均倾向于中印借助历史文化纽带抱团取暖、互相帮助，创造和谐共荣的强大的亚洲力量；不同的是，作为英王治下殖民地的一位臣民，辛格限于印度尚未独立的客观条件，尚未具有印度民族自治或国家独立的清晰概念，自然也无法上升到亚洲国家合作共赢的思想层面。

这一点，可以根据辛格自己的叙述进行说明。1901年3月6日，当辛格及其印度同胞们在北京天坛兴高采烈地庆祝霍利节（Holi，洒红节）时，一位美国人来访。攀谈中，美国人向辛格宣讲国家独立的政治理念，表达了对印度未来迎来民族独立的期盼。辛格的答复和感想是："我告诉他（指美国人。——引者按），不，先生，甚至没有哪个印度人梦想这类事！印度现在活得很舒服，坚信其最重要的职责是赞颂提供舒适的国王。它希望英国永远统治印度。"[1] 美国人认为每一个民族实行自治，是自然的法则。辛格却认为，没有自治能力的人，天生该为别人所统治。如果一个国家能够自治，别人对其进行统治，当然是错误的。"按照这一法则，当印度完全具备自治的必要条件时，英国应该主动地将统治权移交给印度人，不管其愿意与否。在讨论这些问题时，他（美国人）告诉我们美国与英国进行的独立战争的全部故事。我们的读者应该知道，因此没有必要在此赘述。此外，他的政治评论与我们没有任何关系。我们只是关心自己的宗教（dharma）和历史（story）。

---

[1] Anand A. Yang, Kamal Sheel, and Ranjana Sheel, tr., *Thirteen Months in China*, p. 291.

美国人获得了独立,因此才到处吹嘘独立。"[1] 辛格的某些思想,在与自己同年出生的印度民族独立运动领袖甘地(1869—1948)那儿,似乎也有相应的痕迹。换个角度看,辛格并非安于现状,死心塌地地认同英国殖民者对印度的统治。相反,辛格具有强烈的民族自尊,但却迫于报刊检查等潜在的风险,不得不绕着弯子说话。例如,他承认英国殖民印度的积极一面:"我们印度人(Hindu)相信,英国人是为了我们自己的利益而统治我们。即使我们在国内、在心里确信这一点,又如何向外国人证明呢?亲爱的忠实的印度人!因此,必须抛弃基于区域、种姓、职业及其他因素形成的差异,以一个'印度民族'(Hindu Kaum)站起来,证明英国人对印度的统治是团结而非分裂我们。要证明我们对英国统治的忠诚,从头脑中抛弃'分而治之'(phut dalkar rajya karna)的概念,没有比这更好的办法。"[2] 稍后,辛格却以寓言般的笔调抒发了自己的民族自尊,巧妙地寄托了民族独立、国家富强的期盼:"圣雄克里希纳打破所有的小邦,其目标也是把印度变为一个美丽的大婆罗多国(Bharat)……婆罗多国(Bharatvarsha)是一个古代的帝国。它是文明的、睿智的,威严无比。没有一场大战,不可能将所有小国合为一体。这便是为何克里希纳发现战争是唯一的解决办法。……啊,婆罗多国!在一个虚弱的婆罗多国,外国干涉的大门因此打开。啊!克

---

[1] Anand A. Yang, Kamal Sheel, and Ranjana Sheel, tr., *Thirteen Months in China*, pp. 291-292.
[2] Anand A. Yang, Kamal Sheel, and Ranjana Sheel, tr., *Thirteen Months in China*, pp. 58-59.

里希纳神的信徒今天不再可见。"[1]

正是一种朦胧而可贵的连带意识或"印中命运共同体意识",使得辛格在和英国士兵的交往中表现异常。在奔赴天津的船上,辛格邂逅一名爱尔兰士兵。这名士兵对中国的贬低让他十分反感。辛格这样写道:"或许他(爱尔兰士兵)因为我可以说英语而注意到我……(他说)互相同情是好事,但是中国人不是一个文明的种族(civilized race, sabhya jati),他们纯属野蛮人!他们不值得同情!诸如此类的话,便是他的忠告!他还想照顾我,给我所有的食物和饮料:啤酒、朗姆酒、面包、饼干、黄油、羊肉。听到我拒绝他提供的所有东西,他非常惊讶。他坚持说:'至少拿一杯柠檬果汁露。'他如此大方,我最终被迫接受了他的礼物。"[2]

印度士兵跟随宗主国英国殖民者参与了屠杀,这是辛格没有回避的难堪话题。具有朦胧的连带意识的他对此深感羞辱和不安:"数百条船载着外国联军驶向北京。一路上,他们任何时候只要见到河岸上有不幸的中国人,就会用他作打靶练习(target practice)。很痛心的是,我必须目睹不幸的中国人像床上的臭虫一样被打死。我非常羞愧地坦陈,我听说过印度士兵也参与过某些野蛮的暴行和屠杀(carnage)。这些鲁莽的士兵没有任何道德意识观念,他们

---

[1] Anand A. Yang, Kamal Sheel, and Ranjana Sheel, tr., *Thirteen Months in China*, p. 63.
[2] Anand A. Yang, Kamal Sheel, and Ranjana Sheel, tr., *Thirteen Months in China*, p. 49.

认为荷枪实弹杀人是其天职（utmost duty）。"[1]

辛格泛亚情结的第二层内涵是，辛格对日本的脱亚入欧和迅速崛起印象深刻，由于日本也处于亚洲范围，因此也产生了一种区域连带意识。但是，这是一种区别于"印中国"的更加微妙的"泛亚理念"。

杨雅南教授指出："辛格的'共同的亚洲身份'意识，还延伸到日本和日本人。作为战士，他崇拜并震惊于他详细描写的日本士兵的技能和勇敢，他还点名介绍具体的个人。作为代表殖民主子作战的一位底层人（subaltern），他对日本不惜赞美之词，因为它将自己成功地转变为一个世界强国。而且，作为印度人，意识到白种人与黑种人、欧洲与亚洲的区别，他毫不惊讶地把日本人归类为'同一肤色'（same colour），即与中国人、印度人一样的黑色。此外，他还把日本与印度联系起来，强调两国人民都崇拜太阳，强调太阳族（Suryavanshi）之间的相似，拉其普特人认为自己是（太阳）神的后代，而日本的刹帝利（武士）认为自己是太阳族的一部分。然而，他对日本的亲切感并未遮蔽他对日本人参与在华暴行的认识。"[2]

辛格对日本军人的"武士道"精神记忆犹新。他说："听说日本士兵的勇敢故事后，我思考了许多问题。我内心里对他们满是赞赏。'愿神赋予我们同样的卓越'。我的脑

---

[1] Anand A. Yang, Kamal Sheel, and Ranjana Sheel, tr., *Thirteen Months in China*, pp. 295-296.
[2] Anand A. Yang, Kamal Sheel, and Ranjana Sheel, tr., *Thirteen Months in China*, pp. 24-25.

海中一再想到这个念头。"[1] 辛格还在书中描绘了许多细节。例如,在攻打天津的战斗中,日本中士长西(Naganishi)的作风彪悍和战斗至死给辛格留下了深刻影响。辛格赞誉道:"感谢他的勇敢!感激他的勇气和持久的忍耐力!从长西尽职尽责的行动中,人们可以领略真正的、完美的达摩(正法)要义!"[2] 在引用前述的亨利·诺尔曼著作关于1894年中日甲午战争后果的相关文字后,辛格写道:"亲爱的读者,注意这些问题!我现在大声地告诉你的是,日本的辉煌进步是在短期内取得的。这一点震惊了西方列强。从许多小岛的集合体变为强大的帝国,日本的时来运转使当今的专家们感到惊讶!"[3]

辛格在赞赏日本国家进步的同时,还联系印度的现实进行思考。例如,他首先分析日本近代迅速崛起的一些基本要素,如日本人具有战争牺牲精神、自我克制、自我独立意识等。日本进步的原因还包括革新传统、宗教统一、为先进知识和艺术教育及其他技能而发展外语教育、发展商业、采纳其他先进国家的方法、推广更先进的战争技术等。辛格接着写道:"尽管谈的是其他国家,我们一想到自己的国家就感到困惑。我们发现这儿没有将我们带入进步之路的上述品质。也没有人注意获得这些必需的技术!"[4]

---

[1] Anand A. Yang, Kamal Sheel, and Ranjana Sheel, tr., *Thirteen Months in China*, p. 70.
[2] Anand A. Yang, Kamal Sheel, and Ranjana Sheel, tr., *Thirteen Months in China*, p. 168.
[3] Anand A. Yang, Kamal Sheel, and Ranjana Sheel, tr., *Thirteen Months in China*, p. 283.
[4] Anand A. Yang, Kamal Sheel, and Ranjana Sheel, tr., *Thirteen Months in China*, pp. 65-66.

稍后，辛格还专门讨论了日本人的"先进品质"即国民性格。在他看来，日本人的三大优秀品质是自我奉献精神、热爱教育和（外国）语言、独立自主意识。他接着转向国内问题亦即印度的发展前途的思考："自我牺牲、独立、追求知识、传播知识、贸易、学习战争技术，这些引领进步，是宗教之翼……因此，亲爱的婆罗多族子孙啊！亲爱的神灵子孙啊！在宣传宗教之前，先了解我们当代文明世界的历史吧！只有如此，所有人才会尊重你们的宗教成就。"[1] 正是因为日本的国家进步和迅速崛起于世界东方的瞩目现实，才使得内心深处渴望民族进步、国家强盛的辛格对日本顶礼膜拜、赞誉有加，并以"肤色相同"、同处亚洲等心理暗示法进行自我演绎："朋友们会说，和英国人一样，你们有同样的眼睛、耳朵、鼻子和其他器官，为什么你们不能取得进步？那么，我会告诉他们，一切都相似，但我们的皮肤是黑色！……不过，来到这儿（中国。——引者按）以后，我发现日本人和我们有着同样的肤色（黑色。——引者按），干着惊人的事业！进步确实等着他们！……这儿（印度。——引者按）一切皆无可能。需要的是'勇气'和'自我奉献'。我们也需要热情似火地服务于政府。我们不应该一直穿着黑外套！阿门！"[2] 这些话说明，辛格期望印度同胞学习肤色同样为"黑色"的日本人，为早日扔掉列强赋予的黑色面具或标签而努力，为

---

[1] Anand A. Yang, Kamal Sheel, and Ranjana Sheel, tr., *Thirteen Months in China*, p. 69.
[2] Anand A. Yang, Kamal Sheel, and Ranjana Sheel, tr., *Thirteen Months in China*, pp. 70–71.

民族强盛或国家独立而奋斗。

辛格以"黑色"命名中国人、日本人和印度人的肤色，看似不合常理，实则暗含玄机。这是一种主动的话语解构，带有强烈的政治色彩。值得注意的是，尽管在黑人与白人、东方与西方的二元对立中自觉解构西方列强的殖民话语，在印度和日本的区域连带意识上，辛格也没有达成类似"印中国"的"泛亚理念"即"印日国"。这其中的道理不难理解。前述辛格对日本士兵在华暴行的揭露，不能不说是其中的一个重要原因。日本对外扩张的民族性格，也不符合辛格的心理期待，因为，日本脱亚入欧所带来的积极变化及依靠军事实力向外扩张的明显迹象，没有逃过辛格的观察。例如，他写道："确实，日本早先也有这种毛病。但是，一旦他们发现当今真正进步的太阳只在西方闪耀，就急切地效仿西法，在自己的国家播撒西方的种子……日本国家实力的扩张，已经在亚洲地图上产生了许多变化。坦率而清醒地说，他们的政治领袖和职业人士甚至把西方国家甩在了身后。日本人急不可耐地获取新的领土。他们脑海中可能从未想过失败的问题。"[1]

正因如此，辛格并未在印度、中国和日本三国基础上，形成一种更加广泛的"泛亚理念"。与辛格心态不同的是小他三岁的印度著名宗教哲学家奥罗宾多·高士（Aurobindo Ghose，1872—1950）。高士在题为《印度与蒙古人》的文章中说："亚洲的觉醒是20世纪的一个事实。

---

[1] Anand A. Yang, Kamal Sheel, and Ranjana Sheel, tr., *Thirteen Months in China*, p.284.

在这一觉醒过程中，远东的蒙古人已经开了个好头。"[1]这里的"蒙古人"应指东亚即远东的中国人与日本人等。高士说："水到渠成时，中国军队将攻打印度的喜马拉雅大门，日军舰队则出现在孟买港口，英国又有什么力量来抵抗中日力量的大联合？……英国人将被蒙古人的科学技术所粉碎。"[2]按照高士的设想，中日将联合把英国殖民者从印度土地上赶出去。然后，印度将在中国、日本等国的帮助下获得民族独立。或许可以这样说，高士没有像辛格在华目睹日军暴行那样的亲身经历，也没有历史包袱和心理潜印象，自然就有中、日、印三方参与的泛亚联盟的艺术设计。

### 4. 辛格眼中的中国历史与文化

辛格在书中不仅真实地记载了八国联军侵华的暴行，记录了他的中国印象和相关思考，还以前述的西方学者如内维尔·P.爱德华兹和A.H.S.兰道尔等的著作为重要参考文献，对中国历史做了简要的回溯，并对中国文化的重要内容或侧面进行摘要式点评。从这个意义上说，《在华十三月》大致可以视为20世纪初蹒跚起步的印度汉学研究萌芽之一，因为其相关回溯和点评比著名汉学家师觉月要早了20多年。1927年，师觉月关于中国汉译佛经的2卷本法语博士论文《中国佛教藏经：译者与译文》出版，这可视为现代印度汉学研究的正式开端。根据相关记载，师觉

---

[1] Sri Aurobindo Ghose, *Sri Aurobindo Bande Mataram*, *Early Political Writings*, Vol. 1, Pondicherry: Sri Aurobindo Ashram, 1972, p. 814.

[2] Sri Aurobindo Ghose, *Sri Aurobindo Bande Mataram*, *Early Political Writings*, Vol. 1, p. 815.

月的汉学研究代表作《印中千年文化关系》首次发表于《大印度学会》(Greater India Society) 1927 年第 2 期。

辛格关于中国历史的简略介绍，主要涉及 18 世纪以来的清朝内政外交，见于该书第二部分的后半部分。[1] 其介绍中国文化的文字，则构成第三部分的主体内容（即便不算介绍北京名胜古迹和风土人情的开头部分）。[2] 这些内容主要是开阔印地语读者的眼界，满足其无法亲眼目睹中国风物但却心向往之的好奇。

辛格指出："中国是一个非常古老的国家。关于这个国家起源的日期，至今尚无明确的了解。尝试思索一下基督诞生前数千年发生的重要事件。回忆一下希腊、罗马繁荣期和埃及、亚述（Assyria）、巴比伦的强盛时期！中国目睹了所有这些文明的兴衰沉浮。在所有这些文明之前，中国已达到进步与文明的高峰。"[3] 这种对中国文明的高度赞扬，如非同情中国、粗略了解中国历史且具有亚洲区域连带意识者，或许是难以表达的。

辛格接着以内维尔·P. 爱德华兹出版于 1900 年的《描述当前战争事件的中国故事》为基础，先对晚清中国的人口数量、伏羲和黄帝以来的中国古代史脉络做了简略回顾，再集中笔力介绍如下内容：18 世纪以来以茶叶和鸦片等为基本内容的中、英、印三角贸易，1840 年爆发的鸦片战争

---

[1] Anand A. Yang, Kamal Sheel, and Ranjana Sheel, tr., *Thirteen Months in China*, pp. 135-156.
[2] Anand A. Yang, Kamal Sheel, and Ranjana Sheel, tr., *Thirteen Months in China*, pp. 201-282.
[3] Anand A. Yang, Kamal Sheel, and Ranjana Sheel, tr., *Thirteen Months in China*, p. 135.

及随后签订的《中英南京条约》，1851年至1864年的太平天国起义，1861年咸丰帝去世和同治帝继位，1898年康有为等推动的百日维新（戊戌变法）和戊戌政变，1894年至1895年的中日甲午战争，慈禧太后（Empress Dowager）垂帘听政，等等。由于依据的是西方学者的二手文献，辛格并不能确切了解中国近代史的真相。例如，他对光绪皇帝在康有为等人推动下发动的具有进步意义的戊戌变法表示谴责，对发动戊戌政变和囚禁光绪皇帝、诛杀谭嗣同和林旭等拥护维新变法的"戊戌六君子"的慈禧太后表示同情："她（慈禧太后。——引者按）相信康有为用了什么外国魔法，才真正转变了（光绪）皇帝的头脑！否则，皇帝为何无缘无故地下令将等级如此高的大臣们革职？她下令将光绪皇帝囚禁在皇宫中，逮捕和处死康有为。接着发生了什么！不久，皇帝被抓，囚禁在宫中的一间小屋里。读者们啊！叙述这些事件时，我热血沸腾。神灵才知道别人想什么，而我为这些自私自利的大臣们的恶行而热血沸腾，它促使我做出激烈的回应。啊！凭借子虚乌有的指控，这些自私的人离间了母亲和她的儿子，因此播下了国家毁灭的种子。"[1] 辛格还说："怎么能因为发生的这一切而责怪慈禧太后呢？她犹如皇宫内一位安静的女神！当皇帝都不可能公开露面时，何况皇太后！在这种情况下，很自然，她会被其旧臣的话所左右。因为这些欺骗行为，自私的朝

---

[1] Anand A. Yang, Kamal Sheel, and Ranjana Sheel, tr., *Thirteen Months in China*, p. 152.

臣们应受到谴责!"[1]《在华十三月》的译者在注解中指出: In contrast to Edwards and most contemporary western writers, Singh does not echo their criticisms of the "wily" Empress Dowager and her role in blocking reforms(与爱德华兹和当时绝大多数西方作者不同,辛格没有附和他们对"狡猾"的慈禧太后及其阻碍改革的角色的抨击)。[2]

论者指出,以康有为为首的新兴资产阶级维新派所发动的百日维新虽然失败,但是其历史意义和积极影响不可低估。"尽管维新派有这样那样的错误,但是他们毕竟是站在那个时代前列的政治力量,他们的变法主张是符合中国历史发展方向的……虽然,短暂的戊戌变法没能达到自强御侮的目的,但它仍具有重要的爱国救亡意义,它把民族救亡意识提高到一个新水平……洋务运动是为了维护和加强封建制度,而戊戌变法则是要逐步变封建专制制度为资本主义民主制度,这在中国历史上是破天荒的,它符合中国近代社会发展的大趋势。戊戌变法也是一个思想启蒙运动……资产阶级的新文化,无论在内容上,还是形式上,开始成为中国近代文化的主流。"[3] 由此可见,辛格或许是对中国戊戌变法的历史背景没有深入了解而谴责康有为等维新派人士,或许是他身为"圣社"成员而拥抱印度传统文化的习惯心态所致。

---

[1] Anand A. Yang, Kamal Sheel, and Ranjana Sheel, tr., *Thirteen Months in China*, p. 152.
[2] Anand A. Yang, Kamal Sheel, and Ranjana Sheel, tr., *Thirteen Months in China*, p. 181.
[3] 郑师渠主编:《中国近代史》,第171页。

辛格还提到了1793年英国马戛尔尼使团来华因拒绝磕头拜见乾隆皇帝所引发的礼仪冲突事件。辛格注意到外国使节来华觐见皇帝时的礼仪新变化:"自从1793年首先免除这种卑躬屈膝的致敬礼仪(即磕头礼。——引者按),已经过去了108年。当前和平谈判的下述条款完全废除了这种行为。"[1] 马戛尔尼拜见乾隆皇帝时,是否免除磕头礼而代之以单膝跪地礼,后世已无法准确考证。辛格此处所谓的免除磕头礼的说法,自然依据的是英国学者的记载。

辛格对中国文化和民俗风情的描述和介绍,涉及如下内容:中国儒、释、道三教,汉语,财神、灶神、门神和占卜问卦等民间信仰,女人缠足,传统服装,饮食,民间游戏,小孩取名,各种节日,姓名,古代小说,等等。辛格还介绍了翰林院、总理衙门、学校、天坛、日坛、月坛、先农坛、颐和园、万里长城、丝织品、瓷器、交通工具等五花八门的内容。内容之所以如此零散琐碎、排列无序(介绍中不断穿插各种互不相干的主题和内容),似乎与辛格大量地摘抄西方学者的著作或文章直接有关。下面略举几例加以说明。

关于中国的宗教及儒、释、道三教相融的历史现象,辛格指出:"在中国,三种宗教很流行:大智者(Mahatma)孔子的宗教、大智者佛陀的宗教和道教。也有穆斯林和基督徒,但他们不能认为是中国的宗教群体。为了传播上述大智者的教义,北京有四个庙宇。孔教(儒教)、道教和佛教,

---

[1] Anand A. Yang, Kamal Sheel, and Ranjana Sheel, tr., *Thirteen Months in China*, p. 276.

这三种宗教混合在一起，很难区分彼此。"[1] 按照辛格的观察，当时的中国，上至皇帝，下至百姓，举国供奉孔子。对照印度教在印度的发展现状，辛格表示了极大的担忧："在我心里，为了我们的印度社会，所有的忧虑和委屈都在激荡，我的痛苦像一场野火爆发、燃烧了！神何时保佑我们安宁？"[2] 总体而言，辛格对他所谓的三种中国宗教，并无太多的学理探讨，只是走马观花地介绍而已。

关于汉语，辛格写道："中国语言可能没有一种字母表。它是一种单音节语言。咨询中国学者后，我发现他们的语言有214个基本词……汉语没有词性，只能在句子的语境中理解词义。词语不是靠耳朵而是靠眼睛辨认，因为每一个语音可有50种不同的含义。将它们写出来，便可区分。'车'这个字可有18种不同的写法和18种不同含义，但其拼音完全一样。它只能在语境及其与表达对象的关系中来理解。"[3] 辛格认为，他听到过500种不同的发音，但全中国的书写字母却是一样的，只是各省的拼读不一致而已。就汉语的口语而言，其区别犹如印地语和孟加拉语的差异。中国的普通话指的是类似印地语或乌尔都语那种印度全国都说的语言。外国人确认北京话、广东话为中国的官方语。辛格感叹道："读者们啊！看看这是什么样的一种幻象？还好，这不是我们国家的情形！梵文的每一个基

---

[1] Anand A. Yang, Kamal Sheel, and Ranjana Sheel, tr., *Thirteen Months in China*, p. 201.

[2] Anand A. Yang, Kamal Sheel, and Ranjana Sheel, tr., *Thirteen Months in China*, p. 209.

[3] Anand A. Yang, Kamal Sheel, and Ranjana Sheel, tr., *Thirteen Months in China*, p. 222.

本词根也有不同的含义,但从来没有如此混乱。"[1] 辛格对汉语和梵语的区别的理解是肤浅的,事实上,汉语和梵语各有特点,梵语语法的严谨复杂和汉语音调的变化、词汇的丰富多彩、拼写的别具一格,都是外国初学者必须面对的艰巨任务。1924年7月,辜鸿铭在为法国《辩论报》所撰的《泰戈尔与中国文人》一文中说:"孔庙外形宏伟,具有古典的朴素特点,这是中国的形象,真正的中国形象。喇嘛庙具有蒙昧和神秘的特点,加上那里有许多偶像,有的丑陋不堪,色情下流,这是印度的形象。实际上,中国文明与东方文明的差别,大大超过东方文明与现代西方文明的差别。"[2] 由此可见,辛格和辜鸿铭一样,在面对异邦文明时,难免出现"萝卜青菜,各有所爱"的文化偏见。

关于中国小说创作,辛格写道:"中国语言中不乏戏剧和小说。中国人拥有各种原创的、富于想象力的文学作品,它们自从野蛮时代就开始产生,并不落后于世界上任何国家。他们最有名的一颗珍珠是《红楼梦》。它有4000多页。据说它由令人悲伤的、迷人而美丽的语言写成,曾经有帝王下令禁止它的广泛出售。它的内容太过浪漫,被视为对青年一代有害。"[3]

辛格和他的同胞、著名诗人泰戈尔一样,对中国女子

---

[1] Anand A. Yang, Kamal Sheel, and Ranjana Sheel, tr., *Thirteen Months in China*, p. 223.
[2] 姜景奎主编:《中国学者论泰戈尔》(上),银川:阳光出版社,2011年,第128页。
[3] Anand A. Yang, Kamal Sheel, and Ranjana Sheel, tr., *Thirteen Months in China*, pp. 280-281.

缠足的陋习进行了抨击:"与我们国家一样,中国人认为天鹅般行走的姿态是美的,但他们并不尝试这种行走姿态,而将女人们的双脚变为天鹅的脚。将美丽的人类器官变得类似于鸟类器官,这定然是残忍而丑陋的,但这种做法还在持续,因为它是一种古老的传统方式。因为相似的理由,许多国家也保持着这类做法。许多不开化的民族(uncivilized races)有许多诸如此类的做法,导致身体受到伤害。"[1]

关于为孩子命名,辛格写道:"中国人对于名字很迷信。为了让孩子的一生免遭困境,远离鬼魂和邪恶的眼睛,孩子们出生后常取贱名,如狗、虫、牙、废物等。在印度,也给孩子们取一些贱名,如废物、便便(excrement)等。"[2]

以上为辛格对中国文化和民俗风情的一般介绍。整体而言,他的相关介绍和评述离严肃谨慎的汉学研究还差得远,至多不过是一种睁眼看中国的萌芽意识而已,这也是殖民主义时代印度知识分子朦胧而自发的异文化观照。

总而言之,《在华十三月》的历史学、比较文学研究价值都不可否认,对于考察中印近代人文交流史而言,更是弥足珍贵的稀世文献。杨雅南教授的下述评点便是明证:"由于在华短暂停留了十三个月,由于熟悉关于中国历史和

---

[1] Anand A. Yang, Kamal Sheel, and Ranjana Sheel, tr., *Thirteen Months in China*, p. 251.
[2] Anand A. Yang, Kamal Sheel, and Ranjana Sheel, tr., *Thirteen Months in China*, p. 264.

社会的英语著作，盖达塔尔·辛格成为20世纪初印度了解中国的极少数人之一。确实，在任何一种南亚语言中，作为第一种以亲身经历全面报道中国和介绍中国历史的著作，他的书引人瞩目。回溯1839年至1842年第一次鸦片战争，应征入伍并参加英国在华战役的印度土著士兵（sepoy）成千上万，但无人为我们留下关于其（中国）经历的任何重要的书面线索。"[1] 期待更多的学者关注这本独具特色的印地语战争游记，也期待《在华十三月》早日汉译出版。

---

[1] Anand A. Yang, Kamal Sheel, and Ranjana Sheel, tr., *Thirteen Months in China*, viii.

# 后　记

本书即《印度汉学史》为 2015 年教育部人文社会科学重点研究基地重大项目"20 世纪以来印度的中国学研究史"（批准号：15JJD810017）的阶段性成果之一。自 2015 年 12 月 9 日立项以来，笔者经过近 3 年的持续努力，终于在 2018 年 3 月 15 日完成撰写并提交结项成果，当年 5 月 28 日通过结项验收。最初 50 多万字的书稿，似乎将自己的心血全部耗尽，这种完稿后的沉重感较之往常罕见。由于各种复杂的因素，笔者决定先将其中涉及印度汉学研究的部分整理出来，作为该项目的阶段性成果之一先行问世，以利于国内的海外汉学研究界、南亚学界甚或中印学界互动交流。

系统地研究印度汉学史，是多年前笔者萌发的誓愿。这种意念一旦萌发，探索的兴趣和愿望就越发强烈。虽然偶尔可见国内外学者以专文或译文的形式介绍印度汉学或中国学发展概况，但在阅读一些国内学者的世界汉学史著作时，往往很难见到其关于印度汉学的详细介绍。国内以"德国汉学史""俄罗斯汉学史""荷兰汉学史""法国汉学史""美国汉学史""日本汉学史"等字眼命名的专著先后出版，但以"印度汉学史"命名的专著迄今仍是一个空白。鄙人颇为失落，因为根据本人对印度的几次田野考察和资料收集来看，印度汉学虽缺乏前现代基础，但其依附式发展从未停止前进的步伐，且结出了不少果实。印度是世界文明古国，在"一带一路"建设不断推进并不同程度地涉及南亚各国的时代背景下，不对印度汉学（或中国学）研究进行历史梳理，于情于理皆无法交代。作为印度文学研究爱好者与中印友好关系愿景的向往者，在多年等待业内专家撰写并出版此类著作无望的情况下，笔者几经踌躇，不揣浅陋，完成了这本《印度汉学史》。[1] 从早年关注印度作家笔下的中国题材开始，到勉力分析印度的中国形象或中国观演变，再到研究印度汉学、中国学发展史，笔者走过了一条又一条艰难而又清晰的羊肠小道。

凡是业内专家都非常明白，研究印度汉学史的最大难度是资料的系统收集极其不易，其中原因非常复杂。关于20世纪以来的印度汉学与中国研究文献，笔者自2004年首次访学印度起，一直在自觉地搜寻。2011年7月至2012年2月、2017年11月、2020年1月，笔者先后借访学德里大学东亚学系和赴国际大学、尼赫鲁大学、印度国家传统医学部开会、交流等机会，购买、复印或拍摄了大量相关文献资料。笔者还几次赴中国国家图书馆或拜托别人在此收集相关资料，如本书中提及的拉古·维拉和兰比尔·婆诃罗等的著作，便是笔者请王冬青博士在中国国家图书馆扫描的。正是这些珍贵的历史文献，才使笔者在印度汉

---

[1] 换一个角度看，笔者终于实现了多年前的一个梦想即出版印度史研究三部曲：《印度比较文学发展史》（2010年）、《印度文论史》（2015年）、《印度汉学史》（即本书）。

学史的梳理中有了一点自信。

笔者遵从国内学者的通行做法，将印度中国学视为包括汉学研究的广义概念，因此较为顺利地完成了重要的关键词梳理，这对确定整体框架至关重要。接下来的问题是，如何界定印度学者的身份？本书集中介绍印度本土学者，但也专题介绍了草创期对印度汉学贡献巨大的中国学者谭云山先生。就印度海外学者而言，笔者只将沈丹森一人纳入考察范围，这主要是因为国内似乎尚未对其代表作进行专题介绍。就考察时间而言，因为印度汉学并无前现代基础，笔者遂将考察起点定在 20 世纪初。

写作本书也是回归学术训练之初的美妙体验。最大的惊喜之一是，2016 年 6 月底 7 月初，笔者在系统检视当年在尼赫鲁大学、德里大学和印度中国研究所等 3 家单位勉力收集和复制的各年《中国述评》时发现，它的创刊时间是 1964 年 8 月，创刊号上写着"中国通讯"字样，1967 至 1984 年，英文刊名由 China Report 变为小写的 china report。这些令笔者惊讶的信息，让笔者切身体会到田野调查的重要性。后来，我在网上查到了《中国述评》数据库的各期信息，但该刊数据库省略了创刊之初的 3 期杂志即 1964 年 8 月、10 月和 12 月号，并难以见到英文刊名小写的真实状态！回想当年，孤身一人在德里大学和尼赫鲁大学之间穿梭往来，为了搜集这本杂志各期精华而费尽心血，而今这些努力终于有了"高额"回报，心中确实无比欣慰。后来看到印度学者玛妲玉教授等回顾该刊历史时称 1964 年 12 月为其创刊时间，笔者顿觉极为有趣，做学问真是如履薄冰。看来，在任何国家、任何时候与任何学者那儿,强调田野调查与一手资料的重要性,都不为过。

写作中不乏特别的乐趣。笔者多年前在印度的大江南北走过,留下了行行深刻的足迹。书中出现的许多印度学者,特别是谭中、哈拉普拉萨德·雷易、泰无量、马尼克、嘉玛希、那济世、玛妲玉、洛克希·钱德拉、狄伯杰、阿维杰特·巴纳吉、邵葆丽、潘翠霞(胡佩霞)、莫普德、谈玉妮等,均与笔者有过交流。2011年12月7日,80岁高龄的哈拉普拉萨德·雷易先生执意来到笔者下榻的加尔各答一家旅社与笔者攀谈,并以新作相赠,他还在扉页上写下:印中友好万岁!当我在书桌前与这些学者进行心灵对话时,他们熟悉的音容笑貌刹那间齐齐涌来!不久前,听说哈拉普拉萨德·雷易先生和泰无量先生先后仙逝的消息,顿觉茫然。

印象颇深的是,在撰写谈玉妮一节时,笔者惊讶于她对欧陆文化批评理论的娴熟,惊讶于她以女性主义理论和皮埃尔·布尔迪厄、福柯等人的思想资源对中国当代文学的犀利解构,惊讶于她将中国女作家进行政治和意识形态"解剖"后毅然挥别中国文学的决绝姿态!为了读懂并较为理想地剖析谈玉妮、邵葆丽、兰比尔·婆诃罗等印度学者的研究姿态,笔者几乎使尽了浑身解数,因其著作要求研究者熟悉西方现代理论与比较文学的复杂套路。

书稿已经定型且即将正式出版,笔者自然要感谢许多为此书直接或间接出力的中外学者与友人。困难的是,要感谢的人实在是太多了,以至于笔者困惑于从何处开始下笔,好在此前的几本拙著或译著的《后记》已经向众多的中外学者和友人鸣谢,此处只对直接涉及本书资料收集、构思和写作的相关人士表示致谢。

首先感谢德里大学东亚学系退休教授玛妲玉女士。2010年夏季，当笔者困惑于如何拿到印度大学邀请函时，她及时地伸出了援手，这使笔者得以在2011年7月第二次赴印访学。正是这次为期8个月的访学，为笔者搜集印度汉学文献提供了保障。她还向笔者赠送合著的英文力作《中国与孟买的建设》，这些均成了本书的写作素材。

感谢尼赫鲁大学狄伯杰教授。当我之前（2005年3月、2011年11月、2017年11月）去印度新德里和杜恩大学时，总能以各种方式与这位"中国女婿"见面。10多年来，狄伯杰先生总是大方及时地伸出援手，为笔者在尼赫鲁大学图书馆等处收集文献提供了巨大的帮助。他的赠书也是中印学者友好交往的一种象征。

感谢国际大学中国学院院长阿维杰特·巴纳吉教授、该院退休教授那济世先生。他们师生俩在笔者先后3次访问该校期间（2005年2月、2011年12月、2017年11月），为笔者收集相关文献提供了宝贵的帮助。感谢在国际大学中国学院先后学习中文的印度学生印度杰、桑托西、朗青（Ramanuj Baidya）和苏佳怡（Sreeja Hazra）等在笔者收集资料时提供的各种帮助。

感谢贝拿勒斯印度大学退休教授嘉玛希先生。他不仅邀请我访问该校、参加学术研讨会，还为我收集资料提供诸多帮助，并提供了许多有益的汉学信息。

邵葆丽教授、玛杜·巴拉教授、K.C. 马图尔教授等印度学者也曾经在笔者赴印收集资料过程中给予各种无私的帮助，在此一并致谢。

感谢德里大学、尼赫鲁大学、贝拿勒斯印度大学、古吉拉特大学、古吉拉特邦巴罗达的 S. M. 大学、古吉拉特邦阿南德的萨达尔·帕特尔大学等高校的许多印度师生提供的各种帮助。感谢印度德里大学图书馆、德里大学东亚学系图书室、尼赫鲁大学图书馆、国际大学中国学院图书室、新德里印度中国研究所（ICS）图书室等印度图书馆（室）在笔者收集资料时提供的大力支持。特别值得一提的是，国际大学中国学院图书室和德里大学东亚学系图书室为我的一手文献收集贡献巨大，因为许多珍贵的文献如谭云山先生的几乎所有重要的英语论文和《国际大学年刊》创刊号等均为前者珍藏，而许多当代印度学者的中国研究著作则以后者的收藏最为完备。特别感谢国际大学中国学院的阿维杰特·巴纳吉教授和德里大学东亚学系图书室的管理员 Preman 先生（已退休）、Puspa 小姐的慷慨相助！

就中国学者而言，首先得感谢北京大学东方文学研究中心前任主任、著名的中印古代文化交流史和佛学研究专家王邦维先生。2008 年春夏之交，他为笔者赴北京大学学习基础梵文提供了一个极其宝贵的机会，这段经历使笔者受益匪浅。王先生近年来在邮件中耐心解答了笔者关于师觉月佛学研究等的相关问题。2018 年 3 月，王先生委托回成都的北京大学罗志田教授带来一本他和沈丹森合编并在美国出版的师觉月论文集。当年 3 月 30 日，笔者拿到了王先生的赠书，并欣喜地将相关信息补充到本书介绍师觉月的一节中。

感谢中国社会科学院亚太研究所（现为亚太与全球战略研究院）退休研究员、著名的印度文学与文化研究专家刘建先生。笔者在写作本书过程中，常常通过微信咨询许多问题（如兰比尔·婆诃罗的相关信息），他都逐一地耐心答复，给予指点。没有他的悉心指导，本书也许会留下更多的遗憾。

感谢中国社会科学院退休研究员、著名梵学家葛维钧先生惠允笔者引述其对哈拉普拉萨德·雷易的个人点评。葛先生多年前曾经赠书于我，其中一本便是季羡林先生翻译的《梵文基础读本》。葛先生还将其本人摸索多年而来的梵文字体软件赠予我，多年来，几本拙著中的梵文及其拉丁转写体便是赖此软件得以成型。本书的梵文拉丁转写体自然也是如此构成。每念及此，心中阵阵温暖。

感谢中国社会科学院退休研究员、著名印地语文学和中印文化交流史研究专家薛克翘先生。薛先生多年来也不时地赠书于我。他对后学晚辈的热情提携和无私关爱令人难忘！

感谢著名的海外汉学研究专家、北京外国语大学亚非学院前任院长张西平教授！他不仅长期关注、高度重视笔者的印度汉学研究，还热情地帮助笔者联系出版社，促成本书的出版。他还在百忙中拨冗为拙著写下了长篇序言，这令后学者倍感鼓舞！

感谢北京外国语大学《国际汉学》和云南社会科学院《东南亚南亚研究》（现更名为《南亚东南亚研究》）刊载本书涉及的一些前期成果。感谢张西平教授、孙喜勤博士、边秀玲女士、库晓慧女士等的大力支持。

感谢大象出版社非常热情的刘东蓬先生在百忙中为本书的签约、出版而付出的所有努力。

感谢大象出版社责任编辑李爽女士。她的热情友好令人印象深刻。感谢她对笔者的宽容和支持，因为笔者近期身体状况不佳而致交稿时间一延再延，对此，她总是给予善意的理解。她的严谨和审慎细致使本书增色不少。

感谢四川大学南亚研究所领导和同事们对本人工作的大力支持。

感谢华南师范大学尚劝余教授和四川大学南亚研究所张力教授、陈小萍博士、曾祥裕博士、刘思伟博士等在笔者申请前述的教育部基地重大项目时给予的宝贵支持。

感谢广东外语外贸大学印地语教师田克萍老师、西藏民族大学严祥海老师、西藏社会科学院边巴拉姆女士等为笔者多次答疑解惑。2018年3月26日，笔者收到了田老师寄来的狄伯杰关于《论语》和《孟子》等的印地语译本复印件。2021年7月3日，田老师及其爱人胡瑞老师为笔者及时扫描并发来了狄伯杰的几本印地语译著书影。田老师还在百忙中为本书翻译了印地语书名，这是需要特别感谢的。

感谢中国国家图书馆、北京大学图书馆、北京大学东语系图书室、四川大学图书馆等惠允本人复制其所珍藏的相关文献。

感谢在尼赫鲁大学外语学院攻读学位的中国留学生梁玉莹博士。2017年11月，笔者不堪印度雾霾之扰而患病，幸得她及时地一次次伸出援手，或利用自己的小车数次为笔者拉书，或为笔者导航。回想起来，要是没有小梁的帮助，我不可能将重达数百公斤的资料顺利地寄回国内。对她的感激无以言表。

## 后　记

　　感谢数次为我跨国购书提供巨大帮助并提供诸多学术信息的尼赫鲁大学留学生张洋博士（现在国家博物馆工作）。感谢尼赫鲁大学的中国留学生耿燕霞、霍文乐、冯威、金梓达等同学为笔者提供各种帮助。

　　感谢成都中医药大学印度传统医药研究所所长王张教授在百忙之中为笔者提供《中国传统医药辞海》一书的扫描件。感谢多年来先后帮助笔者借阅、下载和复制相关文献的四川大学南亚研究所、文学与新闻学院、历史文化学院的博士和硕士研究生同学（后7位同学暂未毕业），他们是：刘昭、李晓娟、李贻娴、王琼林、杨闰、蒲志敏、牛亚群、解斐斐、高翔、皮婉婷、雷昌秀、王冬青、马金桃、黄潇、曹怡凡、兰婷、范静。感谢这些同学的辛苦付出！

　　笔者在本书的整理、修订中，有许多欣慰，也有诸多遗憾或踌躇。虽然经过17年（2004年至2021年）的资料搜集，笔者已经掌握了绝大多数印度汉学家的主要代表作，但有的文献还是无法获得，有的印地语或孟加拉语文献却无法识读。部分章节内容稍显单薄，既与那一时期的汉学成果数量相关，也与笔者的资料搜集不太理想有关。本书的结构是否合理，每一章节所选的代表性人物及其成果是否真正具有代表性，或许是仁者见仁智者见智。由于笔者不懂印地语、孟加拉语、泰米尔语、乌尔都语、马拉提语、古吉拉特语、旁遮普语、奥里亚语或马拉雅兰姆语等印度现代语言，无法解读以印度语言面世的汉学研究成果（包括翻译作品和原创作品等），只能期望国内懂得这些语言的专家或青年学者未来撰写分语种的印度汉学史，以弥补遗憾。特别值得期待的是，国内资质优异、颇有抱负的印地语学者逐渐增多，他们有望在印地语汉学研究方面首先做出突破性的贡献。

笔者才疏学浅，以跨学科的方法勉力梳理100年来的印度汉学史，难免会出现这样那样的问题或谬误。近几个月来，笔者屡屡饱受腰肌劳损诱发的腰疼折磨，因此在文献阅读和写作修改中，难免会留下诸多不尽如人意之处。期待学界专家和读者们不吝赐教。笔者也期待国内同行在不久的将来推出更加厚重的、优秀的印度汉学史或印度中国学研究史著作。

最后，我向不久前仙逝的哈拉普拉萨德·雷易先生等印度汉学家表示深切的怀念！哈拉普拉萨德·雷易先生期盼中印友好的愿望，化作了笔者写作本书的初心，并将一直陪伴着笔者前行！祝愿中印友好事业排除千难万险后迎来崭新而美好的明天！

2021年7月6日16点28分改定于成都